칸트전집

Immanuel Kant

Grundlegung zur Metaphysik der Sitten
Kritik der praktischen Vernunft

도덕형이상학 정초
실천이성비판

칸트전집 6

임마누엘 칸트

한국칸트학회 기획 ┃ 김석수·김종국 옮김

한길사

『칸트전집』을 발간하면서

칸트는 인류의 학문과 사상 발전에 지대한 영향을 미쳤으며, 지금도 그 영향력이 큰 철학자다. 칸트철학은 여전히 전 세계적으로 가장 많이 논의되며, 국내에서도 많은 학자가 전문적으로 연구하고 있다. 이를 반영하듯 영미언어권에서는 1990년대부터 새롭게 칸트의 저서를 번역하기 시작하여 『케임브리지판 임마누엘 칸트전집』(*The Cambridge Edition of the Works of Immanuel Kant*, 1992~2012) 15권을 완간했다. 일본 이와나미(岩波書店) 출판사에서도 현대 언어에 맞게 새롭게 번역한 『칸트전집』 22권을 출간했다. 국내에서는 칸트를 연구한 지 이미 100년이 훨씬 넘었는데도 우리말로 번역된 칸트전집을 선보이지 못하고 있었다.

물론 국내에서도 칸트 생전에 출간된 주요 저작들은 몇몇을 제외하고는 여러 연구자가 번역해서 출간했다. 특히 칸트의 주저 중 하나인 『순수이성비판』은 번역서가 16종이나 나와 있다. 그럼에도 칸트 생전에 출간된 저작 중 '비판' 이전 시기의 대다수 저작이나, 칸트철학을 이해하는 데 많은 도움을 줄 수 있는 서한집(Briefwechsel), 유작(Opus postumum), 강의(Vorlesungen)는 아직 우리말로 번역되지 않았다. 게다가 이미 출간된 번역서 중 상당수는 관련 분야에 대한 전문성이 부족해 번역이 정확하지 못하거나 원문을 글자대로만 번역해 가독성이 낮아 독자들이 원문의 의미를 제대로 이해하기가 쉽지 않다. 번역자가 전문성을 갖추었다 해도 각기 다른 번역용어를 사용해 학문 내에서 원활하게 논의하고 소통하는 데 장애가 되고 있다. 이 때문에 칸트를 연구하는 학문 후속세대들은 많은 어려움에 빠져 혼란을 겪고 있다. 이런 상황에서 '한국칸트학회'는 학회에 소속된 학자들이 공동으로 작업해 온전한 우리말 칸트전집을 간행할 수 있기를 오랫동안 고대해왔으며, 마침내 그 일부분을 이루게 되었다.

『칸트전집』 번역 사업은 2013년 9월 한국연구재단의 토대연구 분야 총서학 지원 사업에 선정되어 '『칸트전집』 간행사업단'이 출범하면서 본격적으로 시작되었다. 이 사업은 영남대학교 '인문과학연구소' 주관으로 '한국칸트학회'에 소속된 전문 연구자 34명이 공동으로 참여해 2016년 8월 31일까지 진행되었으며, 수정과 보완작업을 거쳐 지금의 모습으로 결실을 맺게 되었다. 이 전집은 칸트 생전에 출간된 저작 중 『자연지리학』(*Physische Geographie*)을 비롯해 몇몇 서평(Rezension)이나 논문을 제외하고는 거의 모든 저작을 포함하며, 아직까지 국내에 번역되지 않은 서한집이나 윤리학 강의(Vorlesung über die Ethik)도 수록했다. 『칸트전집』이 명실상부한 전집이 되려면 유작, 강의, 단편집(Handschriftliche Nachlass) 등도 포함해야 하지만, 여러 제한적인 상황으로 지금의 모습으로 출간하게 되었다. 아쉽지만 지금의 전집에 실리지 못한 저작들을 포함한 완벽한 『칸트전집』이 후속 사업으로 머지않은 기간 내에 출간되길 기대한다.

『칸트전집』을 간행하면서 간행사업단이 세운 목표는 1) 기존의 축적된 연구를 토대로 전문성을 갖춰 정확히 번역할 것, 2) 가독성을 최대한 높일 것, 3) 번역용어를 통일할 것, 4) 전문적인 주석과 해제를 작성할 것이었다. 이를 위해 간행사업단은 먼저 용어통일 작업에 만전을 기하고자 '용어조정위원회'를 구성했다. 위원회는 오랜 조정 작업 끝에 칸트철학의 주요한 전문 학술용어를 통일된 우리말 용어로 번역하기 위해 「번역용어집」을 만들고 칸트의 주요 용어를 필수 용어와 제안 용어로 구분했다. 필수 용어는 번역자가 반드시 따라야 할 기본 용어다. 제안 용어는 번역자가 그대로 수용하거나 문맥에 따라 다른 용어를 사용할 수 있는 용어다. 다른 용어를 사용할 경우에는 번역자가 다른 용어를 사용한 이유를 옮긴이주에서 밝혀 독자의 이해를 돕도록 했다. 사업단이 작성한 「번역용어집」은 '한국칸트학회' 홈페이지에서 확인할 수 있다.

번역용어와 관련해서 그동안 칸트철학 연구자뿐 아니라 다른 분야 연구자와 학문 후속세대를 큰 혼란에 빠뜨렸던 용어가 바로 칸트철학의 기본 용어인 transzendental과 a priori였다. 번역자나 학자마다 transzendental을 '선험적', '초월적', '선험론적', '초월론적' 등으로, a priori를 '선천적', '선험적' 등으로 다양하게 번역해왔다. 이 때문에 일어나는 문제는 참으로 심각했다. 이를테면 칸트 관련 글에서 '선험적'이라는 용어가 나오면 독자는 이것이 transzendental의 번역어인지 a priori의 번역어인지 알 수 없어 큰 혼란을 겪을 수밖에 없었다. 이런 문제점을 해소하기 위해 간행사업단에서는 transzendental과 a priori의 번역용어를 어떻게 구분해야 하는지를 중요한 선결과제로 삼고, 두 차례 학술대회를 개최해 격렬하고도 심도 있는 논의를 진행했다. 하지만 a priori를 '선천적'으로, transzendental을 '선험적'으로 번역해야 한다는 쪽과 a priori를 '선험적'으로, transzendental을 '선험론적'으로 번역해야 한다는 쪽의 의견이 팽팽히 맞서면서 모든 연구자가 만족할 수 있는 통일된 번역용어를 확정하는 일은 거의 불가능한 것처럼 보였다. 이런 상황에서 '용어조정위원회'는 각 의견의 문제점에 대한 다양한 비판을 최대한 수용하는 방식으로 합의를 이끌어내기 위해 오랜 시간 조정 작업을 계속했다. 그 결과 a priori는 '아프리오리'로, transzendental은 '선험적'으로 번역하기로 결정했다. 물론 이 확정안에 모든 연구자가 선뜻 동의한 것은 아니었으며, '아프리오리'처럼 원어를 음역하는 방식이 과연 좋은 번역 방법인지 등은 여전히 숙제로 남아 있다. 그럼에도 이 안을 확정할 수 있도록 번역에 참가한 연구자들이 기꺼이 자기 의견을 양보해주었음을 밝혀둔다. 앞으로 이 용어가 사용되기 시작하면 이와 관련한 논의가 많아지겠지만, 어떤 경우든 번역용어를 통일해서 사용하는 방향으로 진행되길 기대한다.

간행사업단은 전문적인 주석과 해제작업을 위해 '해제와 역주위원회'를 구성하여 전집 전반에 걸쳐 균일한 수준의 해제와 전문적인 주석 작업을 할 수 있도록 '해제와 역주 작성 원칙'을 마련했다. 이 원칙의 구체적인 내용도 '한국칸트학회' 홈페이지에서 확인할 수 있다. 번역자들은 원문의 오역을 가능한 한 줄이면서도 학술저서를 번역할 때 허용하는 범위 내에서 가독성을 높일 수 있도록 번역하려고 많은 노력을 경주했다. 이를 위해 번역자들이 번역 원고를 수차례 상호 검토하는 작업을 거쳤다. 물론 '번역은 반역'이라는 말이 있듯이 완벽한 번역이란 실제로 불가능하며, 개별 번역자의 견해와 신념에 따라 번역 방식도 차이가 날 수밖에 없다. 따라서 번역의 완성도에 대해서는 전적으로 독자의 판단에 맡기겠다. 독자들의 비판을 거치면서 좀더 나은 번역으로 거듭날 수 있는 기회가 있기를 바랄 뿐이다.

『칸트전집』 간행사업단은 앞에서 밝힌 목적을 달성하려고 오랜 기간 공동 작업을 해왔으며 이제 그 결실을 눈앞에 두고 있다. 수많은 전문 학자가 참여하여 5년 이상 공동 작업을 수행한다는 것은 우리 학계에서 그동안 경험해보지 못한 전대미문의 도전이었다. 이런 이유로 간행사업단은 여러 가지 시행착오와 문제점에 봉착했으며, 그것을 해결하는 일은 결코 쉽지 않았다. 그럼에도 이견을 조정하고 문제점을 해결해나가면서 길고 긴 공동 작업을 무사히 완수할 수 있었던 것은 『칸트전집』 간행을 성공적으로 마무리하여 학문 후속세대에게 좀더 정확한 번역본을 제공하고, 우리 학계의 학문연구 수준을 한 단계 끌어올려야겠다는 '한국칸트학회' 회원들의 단결된 의지 덕분이었다. 이번에 출간하는 『칸트전집』이 설정한 목표를 완수했다면, 부정확한 번역에서 비롯되는 칸트 원전에 대한 오해를 개선하고, 기존의 번역서 사이에서 발생하는 용어 혼란을 시정하며, 나아가 기존의 칸트 원전 번역이 안고 있는 비전문성을 극복하여 독자가 좀더 정확하게 칸트의 작품을 이해하게 될 것이다. 물론 『칸트전집』이 이러한 목표를 달성했는지는 독자의 판단에 달려 있으며, 이제 간행사업단과 '한국칸트학회'는 독자의 준엄한 평가와 비판에 겸허히 귀를 기울일 것이다.

끝으로 『칸트전집』을 성공적으로 간행하기 위해 노력과 시간을 아끼지 않고 참여해주신 번역자 선생님 모두에게 진심으로 감사하는 마음을 드린다. 간행사업단의 다양한 요구와 재촉을 견뎌야 했음에도 선생님들은 이 모든 과정을 이해해주었으며, 각자 소임을 다했다. 『칸트전집』은 실로 번역에 참여한 선생님들의 땀과 노력의 결실이라 할 수 있다. 또 한국연구재단의 지원 아래 『칸트전집』 간행사업을 진행할 수 있도록 큰 도움을 주신 '한국칸트학회' 고문 강영안, 이엽, 최인숙, 문성학, 김진 선생님께도 감사의 말씀을 전한다. 『칸트전집』 간행 사업을 원활하게 진행할 수 있었던 것은 무엇보다도 공동연구원 아홉 분이 활약한 덕분이다. 김석수, 김수배, 김정주, 김종국, 김화성, 이엽, 이충진, 윤삼석, 정성관 선생님은 번역 이외에도 용어 조정 작업, 해제와 역주 원칙 작성 작업, 번역 검토 기준 마련 등 과중한 업무를 효율적이고도 성실하게 수행해주었다. 특히 처음부터 끝까지 번역작업의 모든 과정을 꼼꼼히 관리하고 조정해주신 김화성 선생님께는 진정한 감사와 동지애를 전한다. 사업을 진행하기 위해 여러 업무와 많은 허드렛일을 처리하며 군말 없이 자리를 지켜준 김세욱, 정제기 간사에게는 그저 고마울 따름이다. 그뿐만 아니라 열악한 출판계 현실에도 학문 발전을 위한 소명 의식으로 기꺼이 『칸트전집』 출판을 맡아주신 한길사 김언호 사장님과 꼼꼼하게 편집해주신 한길사 편집부에도 심심한 감사의 말씀을 드린다.

2018년 4월
『칸트전집』 간행사업단 책임연구자
최소인

『칸트전집』 일러두기

1. 기본적으로 칸트의 원전 판본을 사용하고 학술원판(Akademie-Ausgabe)과 바이세델판(Weischedel-Ausgabe)을 참조했다.

2. 각주에서 칸트 자신이 단 주석은 ＊로 표시했고, 재판이나 삼판 등에서 칸트가 직접 수정한 부분 중 원문의 의미 전달과 상당한 관련이 있는 내용은 알파벳으로 표시했다. 옮긴이주는 미주로 넣었다.

3. 본문에서 [ ] 속의 내용은 독자의 이해를 돕기 위해 옮긴이가 넣었다.

4. 본문에 표기된 'A 100'은 원전의 초판 쪽수, 'B 100'은 재판 쪽수다. 'Ⅲ 100'는 학술원판의 권수와 쪽수다.

5. 원문에서 칸트가 이탤릭체나 자간 늘리기로 강조 표시한 부분은 본문에서 고딕체로 표시했다.

6. 원문에서 독일어와 같이 쓴 괄호 속 외래어(주로 라틴어)는 그 의미가 독일어와 다르거나 칸트의 의도를 파악하는 데 도움이 될 경우에만 우리말로 옮겼다.

7. 칸트철학의 주요 용어에 대한 우리말 번역어는 「번역용어집」(한국칸트학회 홈페이지 kantgesellschaft.co.kr 참조할 것)을 기준으로 삼았지만 문맥을 고려해 다른 용어를 택한 경우에는 이를 옮긴이주에서 밝혔다.

차례

도덕형이상학 정초

김석수 옮김

차례

일러두기

1. 『도덕형이상학 정초』는 *Grundlegung zur Metaphysik der Sitten*을 우리말로 옮긴 것이다. 번역을 위해 1785년 초판을 기본으로 하되 1786년의 재판과 비교하고, 학술원판(*Grundlegung zur Metaphysik der Sitten*, in *Kant's gesammelte Schriften*, Bd. IV, hrsg. von der Königlich Preußischen Akademie der Wissenschaften, Berlin, 1911, pp.1–163)과 바이셰델판(*Grundlegung zur Metaphysik der Sitten*, in *Immanuel Kant. Werke in Zehn Bänden*, Bd. VI, hrsg. von der Wilhelm Weischedel, Darmstadt, 1983, pp.7–102), 펠릭스 마이너판(Immanuel Kant, *Grundlegung zur Metaphysik der Sitten*, hrsg. von der Karl Vorländer, Felix Meiner Verlag, 1965)을 참조했다. 특히 초판과 재판에 차이가 있을 경우 재판을 기준으로 번역했다.

머리말

고대 그리스 철학은 세 학문으로, 즉 **자연학**,[1] 윤리학, 논리학으로 나뉘어 있었다. 이러한 분류는 사태의 본성에 완전히 적합하다. 그래서 여기에 분류의 원리 정도만 덧붙이면 되지 달리 더 개선해야 할 점은 없다. 우리는 이렇게 함으로써 한편으로는 분류의 완전함을 확실히 하고, 다른 한편으로는 반드시 필요한 하위분류를 제대로 결정할 수 있다.

모든 이성 인식은 **질료적**이거나 **형식적**이다. 질료적 이성 인식은 어떤 한 객관[2]을 고찰하는 반면, 형식적 이성 인식은 객관들의 차이는 고려하지 않고 오직 지성과 이성 자체의 형식 그리고 사유 일반의 보편적 규칙만 다룬다. 이 형식적 철학을 가리켜 **논리학**이라고 말한다. 그러나 특정 대상들과 이것들이 따르는 법칙을 다루는 질료적 철 학은 또다시 두 분야로 나뉜다. 왜냐하면 이들 법칙은 **자연법칙**이거나 **자유법칙**이기 때문이다. 전자의 학문은 **자연학**, 후자의 학문은 윤리학이라고 한다. 전자는 자연론으로도, 후자는 도덕[3]론으로도 명명된다.

논리학에는 어떤 경험적인 부분도 포함될 수 없다. 즉 논리학에는 사유의 보편적이고 필연적인 법칙이 경험에서 가져온 근거에 의존하게 되는 부분이 포함될 수 없다.[4] 논리학이 그런 부분을 포함하면, 그것은 논리학이 아닐 것이기 때문이다. 즉 그것은 지성이나 이성을 위한 규준, 이른바 모든 사유에 타당하면서도 동시에 입증되어야 하는 규준이 될 수 없을 것이기 때문이다. 그에 반해 자연철학[5]과 도덕철학에는 각기 경험적인 부분이 있을 수 있다. 왜냐하면 자연철학은 경험 대상인 자연에 자신의 법칙을 규정해야 하지만, 도덕철학은 인간의 의지가 자연에 의해 영향을 받는 한에서 그 의지에 자신의 법칙을 규정해야 하기 때문이다. 전자가 모든 것이 일어날 때 따르게 되는 법칙이라면, 후자는 모든 것이 일어나야만 할 때 따르게 되는 법칙이다. 그렇지만 후자에서는 일어나야만 하는 것을 종종 일어나지 않게 하는 조건들도 고려해야 한다.[6]

A V; IV 388

우리는 경험에 근거를 둔 모든 철학은 **경험철학**이라고 할 수 있지만, 단지 아프리오리한 원리에서만 학설을 이끌어내는 철학은 **순수철학**이라고 할 수 있다. 후자의 철학이 순전히 형식적이기만 할 때 우리는 이를 **논리학**이라고 한다. 하지만 이 철학이 지성의 특정 대상에 국한될 경우 우리는 이를 **형이상학**이라고 한다.[a]

이런 방식을 거쳐 두 가지 형이상학에 관한 이념이 나오게 되는데, 그것이 바로 **자연형이상학**과 **도덕형이상학**의 이념이다. 자연학에는 경험적인 부분이 있지만 이성적인 부분도 있다. 윤리학도 마찬가지다. 윤리학에서 경험적인 부분은 특히 **실천적 인간학**이라고 하지만 이성적인 부분은 본래적 **도덕학**이라고 할 수 있다.

A VI

모든 산업, 수공업, 기술은 분업을 통해 성장해왔다. 이것은 한 사람이 모든 일을 하지 않고 각자 일을 처리하는 방식에 비추어 다른

---

a) 초판의 'heißt Metaphysik'는 재판에서 'so heißt sie Metaphysik'로 수정. 재판에 따라 옮김.

일과 확연히 구별되는 특정한 일만 함으로써 일을 최대한 완벽하고 더욱더 수월하게 수행할 수 있었기 때문이다. 그런데 일들이 이렇게 구별되지도 나뉘지도 않아서 각자가 모든 일을 다 잘해야 하는 상황이라면 산업은 여전히 대단히 미개한 상태에 머물러 있게 마련이다. 그래서 순수철학이 자신의 모든 부분에서 특수한 전문가가 필요한지 묻는 것 또한 그 자체로 고려할 만한 가치가 없는 것[7]은 아닐 것이다. 대중의 기호에 영합해 자기 자신들도 제대로 알지 못하는 갖가지 비율로 경험적인 것을 이성적인 것과 뒤섞어 팔아먹는 데 익숙한 사람들이 있다. 또 스스로 사유하는 자임을 자처하면서 이성적인 부문만 다루는 다른 사람들에 대해서는 지나치게 골똘히 생각하는 사람이라고 일컫는 이들도 있다. 우리는 이런 사람들에게 다음과 같이 경고할 수 있다. 즉 두 가지 일은 다루는 방식이 너무나 달라 아마도 각자에게 특별한 재능이 필요할 것 같고, 그래서 한 사람이 두 가지 일을 함께하면 단지 서투른 자가 되고 말 것 같아 두 가지를 동시에 처리하지 말라고 경고할 수 있다. 그러면 그것이 학문 작업 전체를 위해서 좀더 나은 상태가 되는 것이 아닐까 하는 점도 역시 고려해볼 만한 가치가 있다. 그러나 나는 여기서 학문의 본성상 우리가 경험적인 부분을 이성적인 부분에서 언제나 주의를 기울여 분리해내야 하고 본래의 (경험적인) 자연학에 앞서 자연형이상학을, 실천적 인간학에 앞서 도덕형이상학을 미리 내놓아야 하는 것이 아닌가 하는 것만 묻고자 한다. 이 두 경우에서 순수이성이 일을 얼마나 많이 수행할 수 있는지 그리고 어떤 원천에서 이 이성이 자신의 이 아프리오리한 가르침을 길러내게 되는지 알려면 이 두 형이상학에서 경험적인 것을 꼼꼼히 제거해야 한다. 그런데 도덕형이상학과 관련해서는 이 같은 일을 모든 도덕교사(그들은 무수히 많다[8])가 추진할 수도 있고, 그 일에 소명을 느끼는 단지 몇몇 사람만 추진할 수도 있다.

A VII

IV 389

내 의도는 원래 '도덕철학'에 맞춰져 있었다. 그러기에 나는 앞에서 제기한 질문을 '경험적일 뿐인, 그래서 인간학에 속하는 것을 모두 떨어낸 순수도덕철학을 한번 작업해보는 것이 정말로 필요하다고 생각하지는 않는가?'라는 문제에만 한정하려고 한다. 그런 도덕철학이 있어야 하는 것은 의무와 도덕법칙에 관한 통상적인 이념으로부터 자명하기 때문이다. 어떤 법칙이 도덕적으로, 즉 구속성의 근거로 타당하려면, 누구나 그 법칙이 절대적 필연성을 지녀야 함을 인정해야만 한다. 예를 들어 '너는 거짓말을 해서는 안 된다'는 지시명령[9]은 인간에게만 적용되는 것이 아니라, 다른 이성적 존재자들이 이에 구애받을 필요가 없다고 해도 이들에게도 적용됨을, 또한 이외의 모든 본래적인 도덕법칙도 그러함을 누구나 인정해야 한다. 따라서 여기서 우리는 구속성의 근거를 인간 본성이나 인간이 처해 있는 세계 상황에서 찾으려고 해서는 안 되며, 오로지 순수한 이성의 개념에서만 아프리오리하게 찾아내려고 해야 한다는 것 또한 인정해야만 한다. 그리고 단순한 경험 원리에만 기초한 다른 모든 수칙은, 심지어 어떤 면에서 볼 때 보편적인 수칙조차도, 그것이 극히 적은 부분에서라도, 비록 동인[10]의 경우라도 경험적인 근거에 기대는 한 실천적 규칙이라 불릴 수는 있어도 결코 도덕법칙이라 불릴 수 없음을 우리는 인정해야만 한다.

따라서 모든 실천적 인식 가운데 도덕법칙은 물론 그 원리도 경험적인 것을 담고 있는 다른 모든 법칙과는 본질적으로 구별된다. 그뿐만 아니라 모든 도덕철학은 전적으로 실천적 인식의 순수한 부분에만 근거한다. 그리고 도덕철학은 인간에게 적용되는 경우에도 인간에 관한 인식(인간학)을 조금도 빌려오지 않는다. 아니, 오히려 이 도덕철학은 이성적 존재자로서 인간에게 아프리오리한 법칙을 제공한다. 물론 아프리오리한 법칙에는 경험으로 예리해진 판단력이 필요

A VIII

A IX

하다. 이는 한편으로는 아프리오리한 법칙이 어떤 경우에 적용되는지 식별해내기 위해서이며, 다른 한편으로는 이들 법칙이 인간의 의지에 작용하여 이 의지로 하여금 실행할 수 있게 해주기 위해서다. 왜냐하면 인간은[11] 너무나 많은 경향성[12]에 영향을 받아서 실천적인 순수이성의 이념을 가질 수는 있지만, 자신이 살아가는 과정에서 구체적으로 실현하기는 결코 쉽지 않기 때문이다.

　따라서 도덕형이상학은 없어서는 안 되는 필수불가결한 것이다. IV 390 그것은 우리 이성에 아프리오리하게 놓여 있는 실천적 원칙들[13]의 원천을 탐구하기 위한 사변적 동인에서도 그러하다. 또한 도덕 자체 A X 가 자신을 올바르게 판정할 실마리와 최상의 규범을 갖추지 못하는 한 온갖 종류의 타락에 빠져들기 때문이기도 하다. 자고로 어떤 행위가 도덕적으로 선하기 위해서는 행위가 도덕법칙에 **합치하는** 것만으로는 충분하지 않고, **도덕법칙 자체 때문에** 일어나야 한다.[14] 그렇지 않다면 도덕법칙에 합치한다는 것은 그야말로 아주 우연적이고 불확실할 뿐이다. 도덕적이지 못한 근거가 이따금 법칙에 합치하는 경우도 있지만, 종종 법칙에 반하는 행위들을 야기하기 때문이다. 그런데 순수하고도 진정한(실천철학에서는 바로 이것이 가장 중요하다) 도덕법칙은 순수철학 이외의 다른 어디에서도 발견할 수 없다. 그렇기 때문에 순수철학(형이상학[15])이 앞서 있어야 하며, 순수철학이 존재하지 않는다면 정말이지 어떤 도덕철학도 존재할 수 없다. 저 순수 원리를 경험적 원리에 뒤섞은 것에는 철학이라는 이름마저 붙일 수 없다. (왜냐하면 철학은 평범한[16] 이성 인식이 그저 뒤섞어서 파악하는 것을 분리된 별도 학문에서 개진함으로써 바로 이런 인식으로부터 자신을 구별 짓고 있기 때문이다) 이러한 것에는 도덕철학이라는 이름은 A XI 더더욱 붙일 수 없다. 바로 이러한 뒤섞음으로 그것은 도덕 자체의 순수성마저도 훼손할 뿐만 아니라 도덕 자신의 고유한 목적에도 반하는 방향으로 나아가기 때문이다.

　그러나 사람들은 여기서 요구된 것이 볼프[17)]의 유명한 도덕철학
예비서에, 즉 그가 명명한 『일반실천철학』[18)]에 이미 들어 있다고 해서
여기서 완전히 새로운 분야로 나아갈 수 없다고 생각해서는 안 된다.
그의 도덕철학은 곧 '일반실천철학'이어야 해서 어떤 특별한 종류의
의지에 관해서는 고찰하지 않았다. 즉 그의 철학은 경험적 동인도 전
혀 없이 전적으로 아프리오리한 원리들에서 규정되어 우리가 순수
한 의지라고 일컬을 수 있는 의지에 관해서는 전혀 고찰하지 않았다.
오히려 그의 철학은 의욕작용[19)] 일반을 고찰하면서 이런 일반적 의
미의 의욕작용에 속하는 모든 활동과 조건을 연구했다. 따라서 그의
도덕철학은 도덕형이상학과는 구별된다. 이 구별은 일반논리학이
A XII　선험철학과 구별되는 경우와 마찬가지다. 일반논리학은 사유 일반의
활동과 규칙을 개진하지만, 선험철학은 순수 사유의 특수한 활동과
규칙만 개진한다. 이른바 선험철학은 대상을 완전히 아프리오리하
게 인식하는 사유의 활동과 규칙만 개진한다. 도덕형이상학은 가능
한 순수 의지의 이념과 원리만 탐구해야지 인간의 의욕작용 일반의
활동과 조건을 탐구해서는 안 되기 때문이다. 사실 이들 활동과 조
IV 391　건은 대부분 심리학에서 나오는 것들이다. 일반실천철학에서도 (아
무런 자격이 없음에도) 도덕법칙과 의무를 논하지만, 그렇다고 이것
이 내 주장을 반박하는 어떤 이의제기가 될 수는 없다. 이 학문의 저
자들 역시 이 학문에 대해 자신들이 생각하는 것에 여전히 충실한 상
태로 머물러 있기 때문이다. 그들은 그 자체가 오로지 이성을 통해서
완전히 아프리오리하게 표상되는, 원래부터 도덕적인 동인을 지성
이 단지 경험들을 비교해서 일반적인 개념으로까지 끌어올린 경험
적 동인과 구별하지 않는다. 오히려 그들은 이러한 동인들의 근원에
A XIII　대한 차이에는 주의를 기울이지 않고 그저 총합의 크고 작음에 입각

해서만 (모든 동인을 같은 것으로 간주하면서) 이 동인을 고찰할 뿐이다. 그리고 이렇게 해서 자신들이 생각하는 **구속성**[20] 개념을 만들어 낸다. 물론 이 구속성 개념은 전혀 도덕적일 수 없다. 그런데도 이 개념은 가능한 실천적 개념들 모두의 근원과 관련하여 이것들이 아프리오리하게 생겨났는지, 아니면 아포스테리오리하게 생겨났는지를 전혀 판단하지 않는 철학에서는 바랄 수도 있는 성질이다.

나는 장차 도덕형이상학을 저술하려고 하며, 이런 계획 아래서 먼저 이『도덕형이상학 정초』를 내놓는다.[21] 물론 도덕형이상학을 위한 기초로는 원래 순수실천이성비판 이외에 다른 어떤 것도 없다. 이는 형이상학을 위한 기초로 이미 출판된 순수사변이성비판 이외에 다른 어떤 것도 없는 것과 마찬가지다. 그렇지만 한편으로 순수실천이성비판은 순수사변이성비판처럼 그렇게 대단하게 필요한 것은 아니다. 왜냐하면 인간의 이성은 도덕적인 것에서는 가장 평범한 지성으로도 상당한 정확성과 세밀함에 이를 수 있지만, 이 이성이 이론적이고 순수한 사용에서는 완전히 변증적[22]이기 때문이다. 다른 한편 A XIV 으로 나는 순수실천이성비판을 완성하려면, 실천이성과 사변이성의 통일을 하나의 공동 원리에 의거해서 동시에 제시할 수 있어야 한다고 요구한다. 결국 하나의 동일한 이성이 있을 뿐이고, 이 이성은 적용될 때에만 구별되어야 하기 때문이다. 그러나 여기서는 그와 같은 것을 아직 완벽하게 할 수 없다. 그렇게 하려면 완전히 다른 방식의 고찰을 도입해야 하는데, 이는 독자를 혼란에 빠뜨릴 수밖에 없다. 바로 이 때문에 나는 순수실천이성비판이라고 명명하는 대신 **도덕형이상학 정초**라는 명칭을 사용하게 되었다.[23]

그러나 셋째로[24] 또한 도덕형이상학은 그 어마어마한 제목에도 불구하고 상당한 정도로 대중성이 있고 평범한 지성[25]에도 합치할 수 있다. 그래서 나는 기초를 놓는 이 예비 작업을 도덕형이상학에서 분리해내는 것이 유용하다고 생각한다. 이렇게 하면 예비 작업에 서 불가피하게 까다로운 것들을 장차 좀더 쉽게 이해할 수 있는 학설26)에는 첨가해야 할 필요가 없게 될 것이다.

하지만 현재의 이 정초는 **도덕성의 최상 원리**를 찾아내고 확립할 뿐이다. 이것만으로도 정초가 의도하는 바를 전적으로 이루어내는 것이며, 다른 모든 도덕적 탐구와도 구별할 수 있는 일을 해내는 것 이다. 이 중요한, 그럼에도 이제껏 아직 충분하게 해명되지 못한 문제에 대한 내 주장은 도덕성의 최상 원리를 전체 체계에 적용함으로써 아주 명료해질 것이며, 어디에서나 알아차릴 수 있는 이 원리의 충분함으로 아주 확실한 신뢰를 얻게 될 것이다. 그렇지만 [이렇게 함으로써] 나는 근본적으로 공익적이기보다는 나에게 더 많이 유익할지도 모를 이점을 포기해야만 했다. 왜냐하면 한 원리를 손쉽게 사용할 수 있고 이것이 외관상 충분해 보인다고 해서, 이것들이 이 원리가 옳다는 것에 대해서 전적으로 확실한 어떤 증거도 제시해주지 않으며, 오히려 이것들은 특정한 편파성을 불러일으켜 그 원리를 결과를 전혀 고려하지 않고 독자적으로 매우 엄정하게 탐구하고 숙고하지 못하도록 하기 때문이다.27)

나는 이 저술에서, 내 생각에 가장 적절한 방법을 채택했다. 그것은 우리가 평범한 인식에서 출발하여 이 인식의b) 최상 원리를 규정하기 위해 분석적으로 나아가고 다시 돌아와서 이 원리를 검토하고 이 원리의 원천들에서 시작해서 이것이 사용되는 평범한 인식으로 종합적으로 나아가는 방법이다. 따라서 이 [저술의 목차] 구분은 다음과 같다.

---

b) 초판의 'derselben'은 재판에서 'desselben'으로 수정. 재판에 따라 옮김.

1. 제1절: 도덕에 관한 평범한 이성 인식에서 철학적 이성 인식으로 이행

2. 제2절: 대중적 도덕철학에서 도덕형이상학으로 이행

3. 제3절: 도덕형이상학에서 순수실천이성비판으로 가는 최종적 행보[28]

제1절
도덕에 관한 평범한 이성 인식에서
철학적 이성 인식으로 이행

우리가 생각할 수 있는 한에서 세계 안에서도, 심지어 세계 바깥에서도 제한 없이 선하다고 여길 수 있는 것은 오직 선의지뿐이다. 지성, 재치, 판단력 그리고 그밖의 정신적 재능이라고 불릴 수 있는 것 혹은 기질의 특성인 용기, 결연함, 끈기도 확실히 여러 가지 면[1]에서 선하며 바람직스럽다. 하지만 의지—이것은 천성을 사용해야 하고, 그렇기에 그것의 고유한 성질이 성격이라고 불리는데—가 선하지 못할 때는 이것들도 극단적으로 악하고 해로울 수 있다. 행운의 선물에서도 사정은 마찬가지다. 권력, 부, 명예, 건강마저도 그리고 행복이라는 이름으로 갖는 전적인 안녕과 자기 처지에 대한 만족도, 이것들이 마음에 미치는 영향을 올바르게 하고, 이렇게 함으로써 행해야 할 원칙 전체를 바로잡아 이 원칙을 보편적이고 합목적적이도록 만드는 선의지가 없는 경우에는 용기를 부추기고 그로써 자주 오만하도록 만들기도 한다. 이성적이고 공평하게 바라보는 사람은 순수하고도 선한 의지의 그 어떤 특징도 전혀 갖추지 못한 존재자가 줄곧 안녕을 누리는 것을 보면 흡족해할 수 없다는 것은 언급할 필요조차 없다. 그래서 선의지는 행복을 누릴 만한 자격에서 없어서는 안 되는 그야말로 불가결한 조건인 것 같다.

더욱이 몇몇 성질은 이런 선의지 자체를 촉진하고 선의지가 행하는 일을 매우 손쉽게 해줄 수도 있다. 그럼에도 이들 성질에는 아무런 내적이고 무조건적인 가치가 없으며, 이들 성질은 언제나 변함없이 선의지를 전제한다. 이 선의지는 사람들이 그런데도 이들 성질에 당연히 가지게 되는 존중[a]을 제한하여, 이들 성질이 자체적으로 선하다고 생각하는 것을 허락하지 않는다. 격정과 열정[2]의 억제, 자제 그리고 냉철한 숙고는 여러 면에서 선할 뿐만 아니라, 심지어 인격의 내적 가치 가운데 일부를 형성하는 것으로 보인다. 그렇지만 이것들을 제한 없이 선하다고 말하기에는 부족한 점이 많다. (물론 고대인은 이것들을 무조건적으로 그렇게 찬양했지만 말이다) 이것들도 선의지의 원칙이 없으면 지극히 악해질 수 있고, 또 악한 자의 냉혹함도 그

런 것이 없을 때 그에 대해 악하다고 여겼던 것보다 훨씬 더 그를 위험스럽게 만들 뿐만 아니라, 직접 우리 눈에도 한층 더 가증스럽게 보이도록 만들기 때문이다.

선의지는 자기가 실현하거나 성취하는 것 때문에, 혹은 설정한 어떤 목적을 성취하는 데 적합하기 때문에 선한 것이 아니라 오로지 의욕작용 때문에, 즉 그 자체로 선하다. 이 선의지는 자체적으로 고찰해볼 때 어떤 경향성을 위해, 아니 말하자면 경향성 전체를 위해 자신이 단지 매번 이루어낼 수 있는 모든 것보다 비교가 안 될 정도로 훨씬 더 높게 평가되어야 한다. 비록 특별히 혹독한 운명이나 계모 같은 자연의 인색한 제공으로 자기 의도를 관철할 능력이 이 선의지에 완전히 결여되어 있다 하더라도 그리고 이 의지가 최대한 노력하는데도 자기로서는 아무것도 이루어내지 못하고 그저 선의지로만 (물론 결코 하나의 단순한 바람이[3] 아니라 우리 역량이 닿는 한에서 모

---

a) 초판의 'Schätzung'은 재판에서 'Hochschätzung'으로 수정. 재판을 따라 옮김.

든 수단을 동원해보는 것으로서) 남는다 하더라도, 이 선의지는 자기 안에 자신의 완전한 가치를 간직한 어떤 것으로서 하나의 보석처럼 그 자체로 빛날 것이다. 유용성이나 무익함은 선의지라는 이 가치에 아무것도 덧붙이거나 덜어낼 수 없다. 그런 것은 흡사 일상 거래에서 보석을 더 잘 다룰 수 있게 하거나 이 보석의 가치를 아직도 충분히 모르는 사람의 주의를 끌기 위한 장식일 뿐이지, 보석의 가치를 잘 A 4 아는 사람에게 추천하고 그것의 가치를 정하기 위한 것은 아니다.

그럼에도 의지를 평가하는 데 약간의 유용성도 고려하지 않는, 의지 자체의 절대적 가치라는 이 이념에는 아주 의아스러운 점이 있다. 그래서 평범한 이성조차 이 이념에 전적으로 동조함에도 다음과 같은 의혹이 솟아날 수밖에 없다. 곧 [이 이념에는] 원대한 환상이 은밀하게 밑바닥에 깔려 있는 것은 아닌지, 우리 의지에 이성을 부가하여 IV 395 다스리도록 한 자연의 의도에서 우리가 자연을 잘못 이해하는 것은 아닌지 하는 의혹 말이다. 따라서 우리는 이러한 관점에서 이 이념을 검토해보려고 한다.

우리는 유기적인, 즉 생명을 위한 목적에 맞도록 꾸려진 존재자의 자연적 소질에서 이 목적에 가장 적절하고 최대한 적합한 것 이외의 어떤 목적을 위한 도구도 그 존재자에게서 발견되지 않는다는 사실을 원칙으로 받아들인다. 그런데 이성과 의지를 지닌 존재자에게 자신의 보존과 안녕이, 한마디로 말해서 자신의 **행복**이 자연의 원래 목적이라면, 자연은 피조물의 이성을 이런 자기 의도의 이행자로 선정하는 조치를 아주 잘못 취한 셈이다. 피조물이 이러한 의도에서 수행해야 하는 모든 행위와 행동규칙 전체는 언젠가 이성을 바탕으로 일 A 5 어날 수 있는 것보다는 본능을 바탕으로 훨씬 더 정확하게 미리 정해질 수 있고, [행복이라는] 목적도 본능을 바탕으로 훨씬 더 확실하게 유지될 수 있기 때문이다. 게다가 이 총애를 받은 피조물에게 이성이 주어져 있다고 한다면, 그에게 이 이성은 단지 자연이 자신에게 준 행운의 소질을 관찰하고 경탄하고 기뻐하면서 이 소질을 심어준 자비로운 동기에 감사하기 위해서만 사용되어야 했을 것이다. 피조물의 욕구능력을 이성의 허약하고 기만적인 지도 아래 예속시켜 자연의 의도를 어쭙잖게 다루기 위해 이 이성을 사용하지는 않았을 것이다. 한마디로 말해 자연은 이성이 **실천적 사용**으로 발전하여 보잘것없는 통찰로 행복과 그것에 이르는 수단을 스스로 생각해내는 오만을 범하지 못하게 방지했을 것이다. 자연은 목적의 선택뿐만 아니라 수단의 선택도 직접 떠맡아 현명하게 미리 배려하여 이 둘을 오로지 본능에만 맡겼을 것이다.

실제로 우리는 또한 개화된 이성이 삶과 행복을 누리려는 의도에 종사하면 할수록 인간이 그만큼 더 진정한 만족에서 멀어짐을, 그래서 이로부터 수많은 사람에게서, 그것도 이성을 가장 열심히 사용하는 사람들에게서, 그들이 사실을 고백할 만큼 충분히 솔직하기만 하면 A 6 다면 **이성혐오증**,[4] 즉 이성에 대한 증오가 어느 정도는 일어남을 목격한다. 왜냐하면 그들은 자신들이 일상적 사치를 위한 기술을 모두 발명하는 것에서 이끌어낸 이익은 말할 것도 없고, 심지어 학문들(이것들도 또한 그들에게는 결국 지성의 호사스러움으로 보이겠지만)에서 얻은 이익 모두를 어림잡아 계산해보고는, 실제로 자신들이 행복을 얻었다기보다는 고통에 더 많이 시달렸을 뿐임을 발견하기 때문이 IV 396 다. 더 나아가 우리는 그들이 단순히 자연적 본능에 이끌려 이에 더 친숙해져 자신의 행동 여부에 이성이 영향을 많이 미치는 것을 용인하지 않는 더 평범한 유형의 인간을 경멸하기보다는 부러워한다는 사실을 마침내 발견하기 때문이다. 또 이런 한에서 우리는 삶의 행복이나 만족과 관련해서 이성이 우리에게 안겨준다고 하는 장점을 우쭐거리며 높이 찬양하는 것을 아주 많이 제한하거나 심지어 무가치한 것으로 과소평가하는 사람들의 판단이 결코 악의가 있거나 세계를 다스리는 자비로움에 고마워할 줄 모르는 것이 아님을 인정해야 한다. 오히려 우리는 이들 판단에는 이들 실존의 다른 그리고 훨씬 더 가치 있는 의도에 관한 이념이 근저에 놓여 있음을 인정해야 한다. 또 이성은 행복이 아니라 본래부터 바로 이런 의도에 완전히 부합하게 되어 있고, 그렇기 때문에 인간의 사적 의도도 대부분 최상의 조건인 바로 이 의도 다음에 위치해야 함을 인정해야 한다.

그 이유는 다음과 같다. 이성은 의지의 대상과 (부분적으로는 이성이 스스로 배가하는) 우리의 모든 욕구 충족과 관련하여 의지를 확실 A 7 하게 이끌기에 충분히 적합하지 못하다. 오히려 심어진 자연적 본능이 이 의지를 훨씬 더 확실하게 그러한 목적으로 이끌지 않았을까 싶다. 그럼에도 이성은 실천적 능력으로서, 즉 의지에 영향을 미쳐야 하는 능력으로서 우리에게 부여되어 있다. 그렇기 때문에 이성의 진정한 사명은 다른 의도에 [이바지하는] **수단으로서** 어떤 것이 아니라 **자체적으로 선한 의지**를 산출하는 것이어야 한다. 이를 위해서 이성은 꼭 필요했다. 이와 달리 자연은 어디에서나 자기 소질을 분배할 때 합목적적으로 진행했다. 따라서 이 의지가 유일하고 완전한 선일 수는 없지만 최고선이자 여타의 모든 선, 심지어 행복을 향한 모든 갈망에 조건이 되는 것은 틀림없다. 이런 경우에 이는, 만약 우리가 다음을 알아차린다면, 자연의 지혜와 아주 잘 일치한다. 즉 제1의 무조건적 의도에 필요한 이성의 개화는 언제나 제약된 제2의 의도인 행복의 달성을 이 생에서는 여러 가지 방식으로 제약한다는 점, 아니 아예 그런 달성을 전적으로 무시할 수도 있지만, 거기서도 자연은 목적에 맞지 않게 처리하지는 않는다는 점이다. 왜냐하면 선의지의 토대 마련을 최고의 실천적 사명으로 인식하는 이성은 이 의도를 달성할 때 경향성의 목적들에 발생하는 많은 피해와 결부된다 할지라도

A 8 자신의 고유한 방식에 따라, 즉 자신만이 거듭하여 정한 목적을 성취함으로써 만족을 얻을 수 있기 때문이다.

IV 397 그런데 그 자체로 높이 평가되어야 하고 더는 [다른 무언가를] 의도하지 않는 이 선의지 개념은 우리의 타고난 건전한 지성과 이미[b] 함께해서 배워야 하기보다는 단지 일깨워야 할 필요만 있다. 이 개념은 우리 행위의 가치 전체를 평가할 때 언제나 상위에 위치하여 다른 모든 가치의 조건이 된다. 이 개념을 진전하기 위해 우리는 의무 개념을 먼저 다루어보려고 한다. 의무 개념은 비록 어느 정도의 주관적 제한과 방해 아래 있기는 하지만 선의지 개념을 포함한다. 이때 이 주관적 제한과 방해는 선의지 개념을 덮쳐 가려서 알아볼 수 없게 하기보다는 대조를 통해 이 개념이 훨씬 더 분명하게 드러나도록 해주며, 그만큼 더 밝게 빛나도록 해준다.

여기에서 나는 이미 의무에 반하는 것으로 알게 된 모든 행위를, 비록 그것들이 이러저러한 의도에 유용하다고 해도 무시한다. 이런 행위들은 의무와 충돌하기조차 하므로 이것들이 의무에서 일어난 것일 수 있는지는 애초부터 이들 행위에서는 전혀 문제가 되지 않기 때문이다. 실제로는 의무에 합치하는 행위이지만, 사람들이 이 행위들을 하려는 직접적인 어떤 경향성도 갖고 있지 않은데도 다른 경향성 때문에 그렇게 하도록 내몰리게 되어 하게 된 행위도 나는 무시한다.

A 9 의무에 합치하는 행위가 의무에서 일어났는지, 아니면 자신에게 집착하는 이기적 의도에서 일어났는지를 우리가 쉽게 구별할 수 있기 때문이다. 행위가 의무에 합치할 뿐 아니라 주체에 이런 행위로 향하는 직접적 경향성이 있을 때, 이런 구별을 알아차리기가 훨씬 어렵다. 예를 들어 가게 주인이 자신에게 찾아온 세상물정 모르는 고객에게 바

---

b) 초판의 'er dem'은 재판에서 'er schon dem'으로 수정. 재판을 따라 옮김.

가지를 씌우지 않은 것은 의무에 합치하는 행위다. 또 거래가 빈번한 곳에서 영리한 상인이 그렇게 하지 않고 일정하게 보통 가격을 유지함으로써 아이도 다른 사람과 마찬가지로 그에게서 안심하고 구매하게 하는 경우도 그에 속한다. 그러므로 이 경우 사람들은 정직하게 대접받은 셈이다. 그렇지만 그것만으로는 상인이 의무에서 그리고 정직의 원칙에서 그렇게 처신했다고 믿기에는 결코 충분하지 못하다. 그 상인은 이익 때문에 그런 처신을 했을 수도 있다. 하지만 또한 이 경우 그가 고객들에게 쏠리는 **직접적 경향성**이 있어서, 그 결과 사랑으로 어느 누구에게도 다른 고객에 비해 가격에서 특혜를 주지 않는다고 여기서 가정할 수는 없다. 따라서 이런 행위는 의무에서도, 직접적 경향성에서도 일어나지 않았고 순전히 이기적인 의도에서 일어났을 뿐이다.

이에 반해 자기 생명을 보존하는 것은 의무일 뿐만 아니라 더욱이나 각자는 모두 자기 생명을 보존하려는 직접적 경향성도 지니고 있다. 그렇다고 하더라도 사람들 대부분이 생명을 보존하기 위해 자주 기울이는 근심 어린 신중함에는 아무런 내적 가치도 없으며, 신중함의 준칙에도 아무런 도덕적 내용이 없다. 그들은 자기 생명을 의무에 합치하게 보존할 뿐 의무에서 그렇게 하지는 않는다. 그에 반해 극심 $\quad$ A 10; IV 398

한 불운과 절망적 슬픔으로 삶에 흥미를 완전히 잃어버렸는데도 이 불행한 사람이 영혼이 강해서 자기 운명에 소심해지거나 낙심하기보다는 오히려 격분하여 죽고 싶어 하는 와중에도 자기 생명을 사랑하지 않으면서도, 경향성이나 두려움에서가 아니라 의무에서 유지하고자 한다면, 그의 준칙은 도덕적 내용을 갖는다.

할 수 있는 한 선행하는 것은 의무다. 게다가 태어날 때부터 동정심이 아주 많은 사람도 여럿 있다. 이들은 허영심이나 사사로운 이익 같은 다른 동인 없이도 자기 주변 사람들에게 기쁨을 확대하는 것으로 내심 즐거워할 수 있고, 다른 사람의 만족—그것이 자기들의 덕택인 한에서—에서 기뻐할 수도 있다. 그러나 나는 이 경우에도 그런 행위가 비록 의무에 합치해서 정말로 사랑스럽다고 하더라도, 그것은 아무런 참된 도덕적 가치를 갖지 못하고 오히려 다른 경향성, 즉 명예를 향하는 경향성과 짝을 이룬다고 주장한다. 그런데 이런 경향성이 다행스럽게도 실제로 공익적이고 의무에 합치해서 명예로운 가치를 지니는 것과 맞아떨어지면, 칭찬과 격려를 받을 만한 것이기는 하지만 존경받을 만한 것은 되지 못한다. 이 준칙에는 도덕적 내용, 즉 그러한 행위들을 경향성이 아니라 의무에서 행하려는 것이 빠져 있기 때문이다. 따라서 [앞에서 언급한] 박애자의 마음에 자신의 비탄으로 먹구름이 끼어 다른 사람 운명에 참여하는 모든 동정심마저 사라져버렸다고 해보자. 곤경에 처한 사람들에게 선행을 베풀 능력이 아직 있는데도 자기 곤궁에 지나치게 몰두해 다른 사람의 곤궁에 아무런 움직임도 없다고 해보자. 그래서 이제 어떤 경향성도 그에게 그렇게 하도록 더는 자극하지 못한다고 해보자. 그런데 이런 극단적인 냉담에서 벗어나 그 행위를 어떤 경향성도 없이 오로지 의무에서만 수행한다면, 그 행위는 이제야말로 진정한 도덕적 가치를 지니게 된다. 한 가지 예를 더 들어보자. 가령 자연이 이 사람 저 사람의 마음에 동정심을 거의 심어놓지 않았을 경우 그(다른 점에서는 정직한 사람)는 기질적으로 냉정하고 다른 사람의 곤궁에 관심이 없을 텐데, 이것은 어쩌면 그가 자신의 곤경을 참고 견디어내는 강인함이라는 특별한 재능을 갖추어서 이와 같은 것을 다른 모든 사람에게도 전제하거나 심지어 요구하기 때문이라고 해보자. 자연이 그런 사람을 (이런 사람은 정말이지 자연이 낳은 피조물 가운데 최악은 아니겠지만) 원래 박애자로 만들지 않았더라도, 여전히 그는 마음씨 고운 기질의 가치보다 훨씬 더 높은 가치를 자신에게 부여할 원천을 자기 안

에서 찾아내지 않겠는가? 물론 그럴 것이다. 바로 거기에서 도덕적
이고 무엇과도 비교할 수 없는 최고 가치인 성격의 가치가 시작된다.
즉 경향성에서가 아니라 의무에서 선행하는 일이 시작된다.

　누구나 자신의 행복을 확보하는 것은 (적어도 간접적으로는) 의무
다. 왜냐하면 그가 많은 걱정거리에 떠밀려 충족되지 못한 욕구들 한
가운데서 자신의 상태에 만족하지 못할 경우 자칫하면 그것이 의무
를 위반하도록 하는 큰 유혹이 되어버릴 수 있기 때문이다. 그러나 여
기서 또한 의무를 고려하지 않는다 해도, 모든 사람은 이미 저절로
행복으로 향하는 아주 강렬하고도 간절한 경향성을 지니고 있다. 바
로 이 행복이라는 이념에 모든 경향성도 합해져서 통일되어 있기 때
문이다. 다만 행복의 수칙이 지닌 성질에 따르면, 이 수칙은 대체로
몇몇 경향성에는 큰 장애가 되며, 그럼에도 사람은 행복이라는 이름
아래 있는 모든 경향성의 만족 전체에 관해서 확정적이고도 확실하
게 파악할 수 없다. 그러므로 경향성이 약속하는 것과 이런 경향성의
만족이 유지될 수 있는 시간과 관련해서 어떤 하나의 특정한 경향성
이 흔들리는 행복이라는 이념을 능가할 수 있다 해도 놀랄 일이 아니
다. 또 사람이, 예를 들어 어떤 통풍환자가 맛있는 것을 먹고 자신이
겪을 수 있는 고통을 감수하기로 했다고 해도 놀랄 일이 아니다. 적
어도 여기에서 그는 어림잡아 계산해보고 건강에 깃들어 있다고들
하는 행복을 아마도 근거 없이 기대하다가 지금 바로 눈앞에 있는 즐
거움을 잃어버려서는 안 되었기 때문이다. 그렇지만 이때도 행복으
로 향하는 일반적 경향성이 그의 의지를 규정하지 않았다 하더라도,
즉 건강이 그에게는 적어도 이렇게 행복을 헤아리는 데 꼭 들어가야
할 필요가 없었다 하더라도, 다른 모든 경우에서처럼 하나의 법칙은
남는다. 즉 자신의 행복을 경향성에서가 아니라 의무에서 촉진해야
한다는 하나의 법칙은 남는다. 그리고 그럴 경우에만 그의 태도는 비

로소 제대로 된 도덕적 가치를 가진다.

　네 이웃을 사랑하고 원수마저도 사랑하도록 지시 명령하는 성경의 구절들도 [우리는] 의심의 여지없이 이렇게 이해해야 한다. 경향성으로서 사랑은 지시 명령될 수 없고, 설혹 경향성이 선행하도록 전혀 몰아대지 않는다 해도, 심지어 자연스럽고도 억제할 수 없는 혐오가 선행을 결코 못하게 해도, 의무에서 행하는 선행은 실천적 사랑이지 정념적 사랑이 아니기 때문이다. 실천적 사랑은 의지에 존재하지 감각의 성벽에 존재하지 않으며, 행위의 원칙에 있지 마음을 누그러뜨리는 동정심에 있지 않다. 오직 이런 실천적 사랑만이 지시 명령될 수 있다.

　둘째 명제는 다음과 같다. 의무에서 한 행위는 그 행위로 성취해야 할 의도에서가 아니라 그 행위를 결심할 때 따르게 되는 준칙에서 자신의 도덕적 가치를 갖는다.[c] 따라서 그 행위는 행위 대상의 현실성에 의존하지 않으며, 욕구능력의 모든 대상과 상관없이 오직 그 행위가 일어날 때 따르는 의지의 원리에만 의존한다. 우리가 행위를 수행할 때 지닐 수 있는 의도 그리고 의지의 목적이나 동기인 행위의 결과가 행위에 무조건적이고 도덕적인 어떤 가치도 부여할 수 없음은 이미 앞서 설명한 것에서 분명하다. 따라서 이런 도덕적 가치가 행위에서 기대되는 결과와 관계하는 의지 안에 존재하지 않는다면, 이 가치가 어디에 존재할 수 있다는 말인가? 이 가치는 그런 행위를 통해 달성될 수 있는 목적과는 상관없이 의지의 원리 안에가 아니고는 다른 어디에도 존재할 수 없다. 의지는 자신의 형식적인 아프리오리한 원리와 질료적인 아포스테리오리한 동기 사이에, 말하자면 이들이 갈라지는 길목에 자리하고 있기 때문이다. 그럼에도 의지는 어떤 무언

---

c) 초판의 'soll, und er hängt'는 재판에서 'soll, *sondern in der Maxime, nach der sie beschlossen wird*, hängt'로 수정. 재판을 따라 옮김.

IV 400

A 14

가를 통해서 규정되어야 하므로 행위가 의무에서 일어난다면, 이 경우 의지에서 모든 질료적 원리는 제거되기 때문에 의지는 의욕작용 일반의 형식적 원리에 따라 규정되어야 한다.

앞의 두 명제에서 도출되는 셋째 명제를 나는 다음과 같이 표현하고자 한다. 의무는 법칙에 대한 존경에서 나오는 행위의 필연성이다. 내가 의도한 행위의 결과인 대상에 대해 나는 **경향성**을 가질 수는 있지만 결코 존경할 수는 없다. 왜냐하면 객관5)이야말로 그저 의지의 결과일 뿐이지 의지의 활동은 아니기 때문이다.d) 마찬가지로 나는 경향성 일반에 대해서 그것이 단지 내 것이든, 다른 사람 것이든 존경심을 가질 수 없다. 나는 기껏해야 처음의[내 경향성의] 경우, 그것을 시인할 수 있을 뿐이며, 두 번째[다른 사람의 경향성]의 경우 이따금 그것을 좋아할 수 있을 뿐이다. 즉 나는 다른 사람의 경향성이 나 자신의 이익에 도움이 된다고 여길 수 있을 뿐이다. 결코 결과가 아니라 오직 근거로서 내 의지와 연결되어 있는 것만이, 즉 나의 경향성에 이바지하는 것이 아니라 경향성을 압도하는 것만이, 적어도 선택할 때 이런 경향성을 계산에서 완전히 배제하는 것만이, 따라서 법칙 자체만이 존경의 대상이 될 수 있고, 이로써 법칙은 지시명령일 수 있다. 그런데 의무에서 한 행위는 경향성의 영향을, 이와 더불어 의지의 모든 대상을 완전히 끊어내야 한다. 따라서 의지를 규정할 수 있는 것으로 의지에 남아 있는 것은 객관적으로는 **법칙** 자체뿐이며, 주관적으로는 이 실천법칙에 대한 순수한 존경심뿐이다. 그러므로 내 모든 경향성을 끊어내고라도 이러한 법칙을 따르려는 준칙*만 있을 뿐이다.

A 15

IV 401

---

d) 초판의 'Wirkung meines Willens'는 재판에서 'eine Wirkung und nicht Tätigkeit eines Willens'로 수정. 재판을 따라 옮김.
* 준칙은 [무언가를 하려는] 의욕작용의 주관적 원리다. 객관적 원리(즉 만일 이

따라서 행위의 도덕적 가치는 행위에서 기대되는 결과에 놓여 있지 않으며, 또 이러한 기대되는 결과에서 행위의 동인을 얻어와야 할 필요가 있는 원리에 있지도 않다. 이런 모든 결과(자신의 쾌적한 상태, 게다가 타인의 행복)는 또한 다른 원인으로도 성취할 수 있었으며, 따라서 이를 위해서 이성적 존재자의 의지가 필요하지는 않았기 때문이다. 그럼에도 무조건적인 최고선은 이성적 존재자의 의지에서 만날 수 있을 뿐이다. 이런 연유로^{e)} 오직 **법칙 자체에 대한 표상**만이 우리가 도덕적이라고 부르는 아주 탁월한 선을 이룰 수 있다. 물론 기대된 결과가 아니라 법칙의 표상이 의지를 규정하는 근거가 되

A 16 는 한, 이 표상은 이성적 존재자에게서만 발생한다. 이 탁월한 선은 이미 법칙에 따라 행동하는 인격 자체에 현재하므로 무엇보다 결과에서 이 선을 우리는 기대해서는 안 된다.*

성이 욕구능력들에 대해 온전히 지배권을 가진다면, 이성적 존재자들에게 주관적으로도 실천적 원리로 이바지하게 되는)는 실천법칙이다.

e) 초판의 'also'는 재판에서 'daher'로 수정. 재판에 따라 옮김.

* 사람들은 내가 이성의 개념을 통해 이 문제에서 빠져나갈 길을 명확하게 제시해주기보다는 존경이라는 말을 내세워 단지 애매모호한 감정 속으로 달아나버리려고 한 것처럼 비난할 수도 있다. 존경도 마찬가지로 하나의 감정이지만, 결코 [외부] 영향으로 받아들인 감정이 아니라 오히려 이성 개념을 통해 자체적으로 일어난 감정이다. 그래서 존경이라는 감정은 경향성이나 공포에 기초하여 일어날 수 있는 첫째 종류의 모든 감정과는 구별된다. 나에 대한 법칙으로 직접 인식하는 것을 나는 이 존경과 더불어 인식한다. 이때 존경이라고 하는 것은 내 감관에 미치는 다른 영향을 매개로 하지 않고 오로지 내 의지를 하나의 법칙 아래 예속한다는 의식을 뜻한다. 법칙을 통해 의지를 직접적으로 규정하고, 이 규정함을 의식하는 것을 우리는 존경이라고 일컫는다. 그래서 존경은 법칙이 주체에 미친 영향의 결과로 여겨지지 법칙의 원인으로 간주되지는 않는다. 원래 존경은 나의 자기애에 대해 단절을 행하는 가치들을 표상하는 것이다. 존경은 경향성이나 공포와 비슷한 어떤 것을 동시에 지니기는 하지만, 이들 경향성의 대상으로도, 공포의 대상으로도 간주되지 않는 어떤 것이다. 따라서 존경의 대상은 **법칙**뿐이다. 게다가 존경의 대상은 우리가 우리 **자신**에게 부과하고 그것도 그 자체로 필연적인 것으로 부과하는 법칙일 뿐이다. 우리는 자기애에 물어보

그러나 의지를 단적으로 그리고 제한 없이 선하다고 할 수 있으려 A 17; IV 402
면 법칙을 표상할 때 이로부터 기대되는 결과를 고려하지 않고 표상
하는 것이 의지를 규정해야 한다. 그러나 어떤 종류의 법칙이 그런
법칙일 수 있는가? 어떤 법칙을 준수할 때 의지에 일어날 수도 있는
모든 충동을 나는 그것에서 빼앗았다. 그래서 이제 남아 있는 것이라
곤 행위 일반의 보편적 합법칙성이며, 이것만을 의지의 원리로 사용
해야 한다. 즉 나는 또한 '내 준칙이 보편적 법칙이 되어야 한다'고 바랄
수 있도록 오로지 그렇게만 행동해야 한다. 그런데 여기서 단순한 합
법칙성 일반은 (어떤 행위를 하도록 규정하는 법칙을 기초로 삼지 않
고) 의지가 원리로 사용하는 것이다. 그리고 의무가 공허한 망상이나
기괴한 개념이 되어서는 결코 안 된다면, 의지는 이 합법칙성만 원
리로 사용해야 한다. 평범한 인간 이성도 실천적 판단을 할 때 이 점
에[f] 완전히 동의하며, 언급한 원리를 언제나 염두에 둔다.

예를 들어 다음과 같은 문제가 있다. 만약 내가 궁지에 빠졌을 때 A 18
지킬 마음도 없으면서 약속을 해서는 안 되는가? 나는 여기서 거짓
약속을 하는 것이 영리한 것인지, 아니면 의무에 합치하는 것인지와
관련하여 이 물음이 지닐 수 있는 의미 차이를 쉽게 구별할 수 있다.

지 않고 법칙으로서 그것에 복종한다. 이 법칙은 우리 자신이 우리에게 부과한
것으로 우리 의지에서 뒤따라 나오게 되는 결과다. 이 법칙은 첫 번째 고려, 즉
복종 대상이라는 점에서 공포와 유사하며, 두 번째 고려, 즉 스스로 부과한 것
이라는 점에서는 경향성과 유사하다. 인격에 대한 모든 존경은 원래 단지 (정직 A 17
등과 같은) 법칙에 대한 존경일 뿐이다. 이 인격은 우리에게 그에 대한 하나의
실례를 제공해준다. 우리는 또한 우리 재능을 확장하는 것을 하나의 의무로 여
기므로 재능들을 소지한 어떤 한 인격을 대면하게 될 때 마치 그를 (나 역시 연
습으로 이 점에서 그와 비슷하게 되도록 해야 하는) 법칙의 한 실례인 것처럼 표
상하게 된다. 그리고 바로 이로부터 우리는 존경이라는 감정을 형성하게 된다.
따라서 이른바 모든 도덕적 관심은 오로지 법칙에 대한 존경에서만 성립된다.
f) 초판의 'hiemit aber'는 재판에서 'hiemit'로 수정. 재판을 따라 옮김.

처음의 물음은 의심할 바 없이 자주 일어나는 일이다. 물론 이런 구실을 핑계로 현재 곤경에서 벗어나는 것만으로 충분하지 못하며, 오히려 이런 거짓말 때문에 지금 모면하려는 것보다 훨씬 더 큰 어려움이 뒤에 일어나지 않을지 잘 숙고해야 한다는 것도 나는 잘 알고 있다. 내가 생각하기에 아무리 **영악했다**고 해도 결과를 예측하기가 그렇게 쉽지 않아서, 한번 신용을 잃어버리면 내가 지금 피하려고 생각하는 모든 해악보다 훨씬 더 불리한 일들이 나에게 벌어질 수도 있다. 이 경우 보편적 준칙에 따라 행동하고 지킬 의도가 없다면 아무것도 약속하지 않는 습관을 들이는 것이 더 **영리하게** 행동하는 것은 아닌지도 꼼꼼히 따져보아야 한다는 것도 잘 알고 있다. 그렇지만 나는 여기 이 준칙도 언제나 걱정스러운 결과들에만 기초한다는 것을 이내 알아차린다. 그러나 '의무에서 정직한 것'은 '불리한 결과들이 생기지 않을까 걱정하는 데에서 정직한 것'과는 완전히 다르다. 전자에는 행위라는 개념 자체에 이미 나에 대한 법칙이 포함되어 있다. 반면 후자에는 이 행위에 결부되어 어떤 결과들이 나에게 일어날지 먼저 다른 곳을 둘러보아야 한다. 내가 의무의 원리에서 벗어나면 그것은 전적으로 확실하게 악하기 때문이다. 내가 영리함이라는 내 준칙을 어긴다면, 물론 이 준칙을 지키는 것이 더 안전하다 해도, 때론 그것이 내게 아주 이로울 수도 있다. 그럼에도 나는 거짓 약속이 의무에 합치하는지, 이 문제에 대해 답하는 것과 관련하여 가장 간결하고도 솔직하게 답하려고 다음과 같이 자문해본다. 나는 (진실하지 못한 약속으로 곤경에서 벗어나려는) 내 준칙이 (나 자신을 위해서뿐만 아니라 다른 사람을 위해서도) 보편적 법칙으로 타당해야 한다는 것만으로 과연 만족하는가? 그리고 곤경에서 달리 벗어날 길이 없을 경우, 누구나 거짓 약속을 해도 된다고 정말로 나 자신에게 말할 수 있을까? 그래서 나는 내가 거짓말을 하려고 할 수는 있지만, 거짓말

A 19

IV 403

을 하는 것을 보편적 법칙으로 삼으려고 할 수는 없음을 이내 알아차리게 된다. 거짓말하는 것을 보편적 법칙으로 삼을 경우, 애당초 그 어떤 약속도 전혀 있을 수 없을 것이기 때문이다. 내 미래 행위와 관련하여 나의 의지를 다른 사람에게 맹세해도 그들이 이러한 맹세를 믿지 않아 헛수고가 될 것이다. 또한 그들이 이 맹세를 경솔하게 믿는다 해도 나에게 똑같은 값으로 되돌려줄 것이다. 그러므로 이런 내 준칙은 보편적 법칙이 되자마자 자멸하지 않을 수 없다.

따라서 내 의욕작용이 도덕적으로 선하고자 내가 무엇을 해야 하는지 알아내려고 할 때 두루 캐묻는 그 어떤 예리함도 전혀 필요하지 않다. 세상살이에 경험이 없고 세상에서 일어나는 일에 대처할 능력이 없어도 나로서는 단지 '너 또한 네 준칙이 보편적 법칙이 되기를 원할 수 있는가'라고 자문하기만 하면 된다. 만약에 이 준칙이 보편적 법칙이 되지 못할 경우, 나는 그 준칙을 버려야 할 것이다. 이는 이 준칙으로 너나 다른 사람에게 닥치게 될 손해 때문이 아니라 이 준칙이 가능한 보편적 법칙의 수립[6]과 관련해서 원리로 통용될 수 없기 때문이다. 이성은 내가 이런 보편적 법칙 수립에 직접적인 존경심을 갖도록 요구한다. 나는 지금도 여전히 이 존경심이 어디에 기초를 두는지 (이는 철학자가 연구할 수 있는 것인데) 통찰하지 못했지만 최소한 이것만은 아주 잘 알고 있다. 즉 나는 이 존경이 경향성 때문에 칭찬받게 되는 모든 가치를 훨씬 능가하는[8] 가치에 대한 존중이라는 것 정도는 너무나 잘 알고 있다. 그리고 실천법칙에 대한 순수한 존경에서 내 행위를 해야 한다는 필연성이 바로 의무를 형성하는 것이라는 점도 너무나 잘 알고 있다. 또 이 의무가 가치 면에서 다른 모든 것을 넘어서는 그 자체로 선한 의지의 조건이 되므로 다른 모든 동인은

A 20

---

g) 초판의 'welche'는 재판에서 'welcher'로 수성.

이 의무에 자리를 비켜주어야 한다는 것도 잘 알고 있다.

이렇게 우리는 평범한 인간 이성의 도덕적 인식에서 이 인식의 원리까지 이르게 되었다. 물론 평범한 인간 이성은 이 원리를 보편적 형식으로까지 추상하여 생각하지는 못하지만, 그래도 늘 실제로 이 원리를 염두에 두고 판정의 척도로 사용한다. 여기서 이 평범한 인간 이성이 새로운 것을 조금도 가르쳐주지 않지만, 소크라테스가 했던 것처럼, 이 이성에 자신의 원리에 주의를 기울이게만 만든다면, 이 이성이 나침판을 손에 들고 다가올 모든 경우에서 무엇이 선이고 악인지를, 무엇이 의무에 합치하거나 반하는지를 구별하는 일에 아주 정통함을 보여주는 일은 쉬울 것이다. 따라서 인간이 정직하고 선하게, 심지어 현명하고 덕스럽게 되려면 우리가 어떻게 해야 하는지, 이를 알기 위해 굳이 어떤 학문이나 철학이 필요하지 않음을 보여주는 일도 쉬울 것이다. 우리가 무엇을 행해야 하고 알아야 하는지, 이를 인식하는 것이 모든 사람에게, 심지어 가장 평범한 사람에게도 일이 되리라는 것은 물론 이미 앞서 예상한 일이기도 하다. 그럼에도 여기서[h] 평범한 인간 지성에서 실천적 판정 능력이 이론적 판정 능력을 훨씬 더 앞서는 것을 보고 감탄하지 않을 수 없다. 이론적 판단 능력의 경우, 평범한 인간 이성이 경험의 법칙들이나 감관의 지각들에서 벗어나는 일을 감행한다면, 이성은 정말이지 이해할 수 없는 상태에 빠져들어 자기와 모순에 직면하거나, 아니면 최소한 불확실하고 어둡고 안정되지 못한 혼돈 상태에 빠져들 것이다. 그렇지만 실천적인 일에서 판정 능력은 평범한 지성이 모든 감성적 동기를 실천 법칙들에서 제거하게 될 때 제대로 자기 장점을 드러낸다. 바로 이때 평범한 인간 지성은 치밀해지기까지 한다. 그래서 이 지성은 과연 무

---

h) 초판의 'Gleichwohl'은 재판에서 'Hier'로 수정. 재판을 따라 옮김.

엇이 옳다고 해야 하는지와 관련해 자기 양심이나 다른 요구와 더불어 따져보기도 하며, 또 자기 자신을 바로잡고자 행위의 가치를 제대로 규정하려고도 한다. 그리고 대체로 후자의 경우 평범한 지성은 철학자가 언제나 기대할 수 있는 정도만큼, 그 정도로 행위의 가치를 규정할 수 있으리라 기대할 수 있다. 아니, 이런 일은 평범한 지성이 철학자보다 거의 더 확실하게 해내기도 한다. 철학자가 평범한 지성과는 다른 원리를 갖고 있지는 않지만,[i] 철학자의 판단은 매우 낯설고 사태에 제대로 맞지 않는 것들을 고려하다 쉽게 혼란에 빠져 똑바른 방향에서 벗어날 수 있기 때문이다. 그래서 도덕적인 일에서는 평범한 이성판단 정도로 끝내고, 철학은 고작해야 도덕의 체계를 더욱더 완벽하게 서술할 뿐만 아니라 더 쉽게 이해할 수 있도록 서술하고, 또한 도덕의 규칙을 좀더 편리하게 사용할 수 있도록 (훨씬 더 편리하게 토론할 수 있도록) 서술하기 위해서만 도입되어야 한다. 그렇지만 실천적 의도에서마저 평범한 인간 지성이 지닌 행운의 단순성을 빼앗아서 이 지성이 철학을 통해 탐구와 가르침이라는 새로운 길로 들어서지 않게 하는 것이 더 권할 만하지 않은가?

A 22

순진무구하다는 것은 더할 나위 없이 좋은 것이지만, 잘 보존할 수 없으며 쉽게 유혹에 빠지기 때문에 매우 좋지 않은 것이기도 하다. 그렇기 때문에 지혜—물론 이것은 대개 지식보다는 행동거지 중에 존재한다—에조차 학문이 필요하다. 그러나 이것은 학문에서 무언가를 배우기 위함이 아니라 오히려 지혜의 훈계를 수용하고 지속하기 위함이다. 인간은 자신 안에서 이성이 자신에게 매우 존경할 만한 것이라고 제시해주는 의무의 모든 지시명령에 맞서는 강력한 저항을 자기 욕구와 경향성에서 느낀다. 인간은 이런 욕구와 경향성의 충

IV 405

A 23

---

i) 초판의 'haben kann'은 재판에서 'haben'으로 수정. 새판을 따라 옮김.

족 전체를 모두 합쳐 행복이라고 한다. 그런데 이성은 여기서 경향성에 어떤 것도 약속하지 않으며 단호하게, 마치 아주 강렬하면서도 너무나 당연해 보이는 (어떤 지시명령에도 제거되지 않으려는) 저 경향성의 요구를 무시하고 경멸하듯, 자신의 훈계를 지시 명령한다. 그러나 여기서 **자연스러운 변증론**이 생겨난다. 다시 말해 저 엄격한 의무의 법칙들에 맞서 궤변을 일삼고 그리고[j] 이 법칙들의 타당성을, 최소한 이 법칙들의 순수함과 엄격함을 의심하여 이 법칙들을 우리의 소망이나 경향성에 더 맞게 만들려는 성벽, 즉 이 법칙들을 근본적으로 못 쓰게 만들어 법칙들의 위엄을 전부 파괴하려는 성벽이 일어나게 된다. 그렇지만 이런 일은 결국 실천적인 평범한 이성조차도 허락할 수 없는 것이다.

이렇게 해서 **평범한 인간 이성**은—이 이성이 그저 상식적인 이성임에 만족하는 한 결코 사로잡히지 않을—사변의 그 어떤 필요 때문이 아니라 실천적인 이유에서라도 자신의 활동 범위를 벗어나 **실천철학**의 영역으로 발을 들여놓도록 자극받는다. 이는 거기서 욕구와 경향성에 토대를 둔 준칙들과 대조하여 이성 원리의 원천에 대해 그리고 이 원리를 올바르게 규정하기 위해 조사해서 분명한 지침을 얻기 위해서다. 이로써 평범한 인간 이성은 양쪽 주장 때문에 생겨나는 곤경에서 벗어나,[k] 자신이 쉽게 빠져드는 애매모호함 때문에 모든 진정한 도덕적 원칙을 상실할 위험에 처하지 않게 된다. 따라서 실천적인 평범한 이성도, 이것이 계발되면 거기에서 알지 못하는 사이에 변증

A 24

---

j) 초판에는 'wenigstens'(최소한)로 되어 있으나 재판에는 'und'(그리고)로 수정. 학술원판과 바이셰델판 역시 재판을 따랐고 이 번역도 재판을 따라 옮김.
k) 초판에는 'komme'(오다)로 되어 있지만 재판에는 'herauskomme'(나오다)로 수정. 학술원판과 바이셰델판 역시 재판을 따랐고 이 번역도 재판을 따라 옮김.

론이 서서히 생겨나게 된다. 그런데 이 변증론은 이성의 이론적 사용에서 이성에 일어나듯이, 철학에서 도움을 구하지 않을 수 없게 만든다. 그러므로 실천적인 평범한 이성도 이론적 이성과 마찬가지로 오로지 우리 이성에 대한 완벽한 비판에서만 안식처를 얻는다.

제2절
대중적 도덕철학에서 도덕형이상학으로 이행

　지금까지 우리가 의무 개념을 실천이성의 일상적 사용에서 끌어 냈다고 해서 이 개념을 경험개념으로 다룬 것처럼 추정해서는 결코 안 된다. 오히려 인간의 행동거지에 관한 경험에 주의를 기울인다면, 우리는 자주, 우리 자신이 인정하듯 정당한 불평들과 마주치게 된다. 순수한 의무에서 행하려는 마음씨에 관해 그 어떠한 확실한 실례도 전혀 들 수 없어서 많은 것이 의무가 지시 명령하는 것에 합치하게 일어난다 해도, 이것이 본래 의무에서 일어났는지, 따라서 이것이 도덕적 가치가 있는지에 대해서는 여전히 의심스럽다는 불평이 바로 그와 같은 경우다. 그래서[a] 인간의 행동들에 이런 마음씨가 실제로 있다는 것을 전적으로 부인하고, 모든 것이 어느 정도 세련된 자기애에서 기인한다고 주장한 철학자들이 어느 시대에나 있어왔다. 그렇다고 이들이 이런 이유로 도덕성 개념이 정당함을 의심한 것은 아니었다. 오히려 이들은 인간 본성이 나약하고 순수하지 못한 것에 진심으로 유감을 표했다. 물론 인간 본성은 이처럼 존경할 만한 이념을 자

---

a) 초판의 'Wert habe, daß'는 재판에서 'Wert habe. Daher'로 수정. 재판을 따라 옮김.

신의 수칙으로 삼을 만큼 충분히 고상하지만, 동시에 그것을 따르기에는 너무나 나약하다. 그래서 인간 본성에 법칙을 수립하는 데 사용해야 할 이성을 단지 경향성들이 지닌 관심을—이들 관심이 개별적이든, 잘돼서 서로 최대한 조화를 이루든—돌보는 데만 사용할 뿐이다.

사실 대개 의무에 합치하는 행위의 준칙이 오로지 도덕적 근거와 자기 의무에 대한 표상에만 의거하는 단 한 번의 경우가 있다고 하더라도 이를 경험을 통해 완전히 확실하게 밝혀내는 일은 절대 불가능하다. 자신을 아무리 예리하게 살펴보아도 의무라는 도덕적 근거 말고는 우리에게 이런저런 선한 행동을 하고 아주 큰 희생을 하도록 우리를 움직일 만한 힘을 충분히 가진 그 어떤 것도 도무지 만나지 못하는 경우가 이따금 있기 때문이다.[1] 그렇다고 우리는 이로부터 자기애라는 은밀한 충동이 의무의 이념인 척 가장해서 의무를 본래부터 결정하는 원인이 아니었다고 확실하게 추론할 수도 없다. 그래서 이에 대해 우리는 감히 고상한 것처럼 가장된 기만적인 동인으로 기꺼이 흡족해한다. 그러나 실제로는 아무리 노력하여 검토해보아도 우리는 이 은밀한 동기를 결코 완전히 간파해낼 수 없다. 도덕적 가치가 문제가 될 때 중요한 것은 우리가 보는 행위가 아니라 보지 못하는 행위의 내적 원리이기 때문이다.

게다가 모든 도덕성을 인간의 상상력이 자만에 빠져 자신[의 능력]을 넘어서 만들어낸 망상에 불과할 뿐이라고 비웃는 사람들에게 그들이 바라는 것에 도움을 주는 길은 의무 개념들을 (사람들이 편리하여 나머지 개념들도 모두 그렇다고 기꺼이 시인하듯) 오직 경험에서 끌어낼 수밖에 없음을 인정해주는 것이다. 그렇게 해야 우리가 그들에게 확실한 승리를 안겨주기 때문이다. 나는 인간애로 말미암아 우리 행위 대부분이 그래도 여전히 의무에 합치한다는 것을 인정하려고 한다.[2] 그러나 이 행위들이 의도하는 바를 자세히 살펴보면, 우리는 어디에서나 늘 두드러져 있는 '사랑하는[아끼는] 자기'와 마주친다. 사실 우리 행위의 의도가 기대는 것은 사랑하는 자기이지 빈번히 자기를 부정[희생/절제]하도록 요구하는 의무의 엄격한 지시명령이 아니다. 그래서 우리는 어느 순간에 (특히 점차 나이가 들어가며 한편으로는 경험을 하면서 기민해지고, 한편으로는 관찰을 하면서 날카로워진 판단력으로) 세상에서 또한 실제로 어떤 참된 덕을 만날 수 있을지 의심하기 위해 굳이 덕에 맞서는 적이 될 필요는 없다. 선을 강렬하게 소망하는 것이 곧 선이 실재하는 것이라고 여기지 않는, 그저 냉정한 관찰자가 되기만 하면 된다. 그렇지만 이 경우에도 의무에 관한 우리 이념에서 우리가 완전히 벗어나지 않도록 지켜주며 법칙에 대한 굳건한 존경을 우리 마음에 유지하도록 해주는 것은 다음과 같은 명확한 확신뿐이다. 즉 그런 순수한 원천에서 생겨난 행위는 전혀 없다 해도, 여기서 중요한 것은 이러저러한 일들이 일어나는지가 아니 A 28; IV 408 라 이성이 모든 현상에서 독립해서 독자적으로 무엇이 일어나야 할지 지시 명령한다는 점을 분명히 확신하는 것이다. 따라서 여기서 중요한 것은 경험을 모든 것의 토대로 삼는 사람은 아마도 지금까지 세상에 하나의 실례도 존재한 적이 없던 행위가 실행될 수 있을지 매우 의심스러워할 수 있다 해도, 그럼에도 이 행위를 이성은 단호하게 지시 명령하고 있다는 사실을 분명히 확신하는 것이다. 예를 들어 지금까지 믿음직한 친구가 있었던 적이 한 번도 없다 해도, 그렇다고 우정에서 진정한 신의가 덜 필요할 수는 없다. 이 의무는 의무 일반으로, 모든 경험에 앞서 아프리오리한 근거를 통해 의지를 규정하는 이성의 이념에 놓여 있기 때문이다.

여기에 덧붙여, 우리가 도덕성이라는 개념에서 모든 진리성과 그 어떤 가능한 객관과 맺는 관계를 전부 부정하려고[b] 하지 않는다면,[3]

그 개념의 법칙은 의미가 너무나 폭넓어 인간뿐만 아니라 모든 이성적 존재자 일반에게도 타당하며, 우연적인 조건들 아래서 예외적으로 타당한 것이 아니라 단연코 필연적으로 타당해야 한다는 사실을 우리가 부인할 수 없다고 해보자. 그 경우 그 어떠한 경험도^{c)} 그처럼 자명한⁴⁾ 법칙들이 가능하다는 것만이라도 추론할 계기를 제공해줄 수 없음은 명백하다. 도대체 우리가 무슨 권리로 아마도 인간의 우연한 조건 아래서만 타당할 수 있는 것을 모든 이성적 자연[존재자]을 위한 보편적 수칙으로 무한히 존경할 수 있는가? 그리고 우리 의지를 결정하는 법칙이 단지 경험적일 뿐이고, 그래서 순수하지만 실천적 이성에서 완전히 아프리오리하게 기원한 것이 아니라면, 우리는 어떻게 이런 법칙을 이성적 존재자 일반의 의지를 결정하는 법칙으로 간주할 것이며, 또한 오직 이런 법칙인 한에서 그 법칙이 우리 자신의 것이라고 간주하겠는가?⁵⁾

A 29

만약 우리가 도덕성을 실례에서 얻어오려고 한다면, 정말이지 이보다 도덕성에 대해 더 적절하지 않은 조언을 할 수는 없을 것이다. 왜냐하면 그로부터 나에게 제시되는 모든 실례는 또한 그 자체로 먼저 도덕성의 원리들에 비추어 근원적인^{d)} 실례, 즉 모범으로 쓰일 만한 것인지 평가되어야 하는 것으로, 이 실례가 최정상에서⁶⁾ 결코 도덕성의 개념을 제공해줄 수 없기 때문이다. 복음서의 성자마저도, 우리가 그를 성자로 인정하기 전에, 먼저 우리의 도덕적 완전성의 이상과 견줘봐야 한다. 그 역시 자기 자신에 대해 다음처럼 말한다. 너희는 (너희가 보는) 나를 선하다고 하느냐? (너희가 보지 못하는) 오직 한 분 하느님 외에 아무도 선하지(선의 원형이지) 않다.⁷⁾ 하지만 최고선

IV 409

으로서 신(神) 개념을 우리는 어디서 얻는가? 우리는 이 개념을 오로
지 도덕적 완전성에 대해 이성이 아프리오리하게 구상하고, 자유의
지라는 개념과 떨어질 수 없게 연결한 이념에서만 얻는다. 도덕적인
것에서 모방은 결코 행해지지 않는다. 실례는 격려하기 위해서만 쓰
인다. 즉 이 실례는 법칙이 지시 명령하는 것이 실행될 수 있다는 사
실을 의심하지 않도록 해준다. 실례는 실천적 규칙이 좀더 보편적으
로 드러내려는 것을 명료하게 해준다. 그러나 이성에 놓여 있는 이 규
칙의 참된 원형을 제쳐놓은 채 실례를 기준으로 삼을 수는 결코 없다.

  그래서 모든 경험에서 독립해 오직 순수이성에만 의거해서는 안
될[8] 도덕성의 참된 최상의 어떤 원칙도 없다면,[9] 도덕성의 개념들을
이 개념들에 속하는 원리들과 더불어 아프리오리하게 확정하듯, 이
개념들을 보편적으로(추상적으로) 제시하는 것이 좋을지 아예 물어
볼 필요도 없다고 나는 생각한다. 그것도 이러한 인식을 평범한 인식
과 구별해서 철학적 인식이라고 해야 하는 한에서 그러하다. 하지만
우리 시대에는 이렇게 묻는 것이 아마 필요할 수도 있다. 모든 경험
적인 것에서 분리된 순수이성 인식을, 따라서 도덕형이상학을 선호
할지, 아니면 대중적인 실천철학을 선호할지 투표해본다면 어느 쪽
이 우세할지 이내 알아맞힐 것이기 때문이다.[e]

  물론 먼저 순수이성의 원리로 올라가서 충분히 만족한 후 대중적
개념으로 이렇게 내려온다면 이는 매우 칭찬할 만한 일이다. 이것은
먼저 형이상학의 토대 위에 도덕이론을 세우고, 이 이론이 확고해지
면 그 후에 대중성을 통해 이를 널리 수용하게 하는 것을 말한다. 그
러나 원칙들의 정당성 모두를 문제로 삼는 처음 탐구에서부터 벌써

---

e) 초판의 'so rät man bald, auf welche Seite die Wahrheit fallen werde'는 재판에
   서 'so erräth man bald, auf welche Seite das Übergewicht fallen werde'로 수정.
   재판을 따라 옮김.

대중성을 따르려는 것은 정말 말도 안 된다. 이런 태도에서 참된 철학적 대중성이라는 극히 진귀한 업적을 기대할 수는 결코 없다. 근본적 통찰을 포기한 채 누구나 이해할 수 있게 만드는 것은 전혀 기술이 아니기 때문이다.[10] 이런 태도는 마구잡이로 끌어모은 관찰들이나 궤변적인 원리들로 이루어진 구역질나는 잡동사니를 보여준다. 이런 잡동사니는 일상적인 잡담에 충분히 사용할 수 있어서 천박한 사람들이 좋아한다. 그러나 통찰력 있는 사람들은 이런 잡동사니에서 혼란을 느끼며 어찌할 바를 모른 채 불만에 가득 차서 그들의 눈길을 돌리고 만다. 물론 속임수를 아주 잘 꿰뚫어보는 철학자들은 일정한 통찰을 획득한 후 비로소 당당하게 대중적이기 위해 한동안은 이 사이비 대중성에 관해서 중단하라고 소리쳐도 사람들이 거의 귀 기울이지 않는다는 것을 알고 있다.[f]

IV 410

저 애호하는 취향에 따라서 도덕성을 세우려는 시도를 한번 보자. 그러면 곧장 우리는 인간 본성에 (그러나 여기에는 이성적 본성 일반이라는 이념도 포함된다) 관한 특별한 규정을 만나게 될 것이다. 이 규정은 이때는 완전성을, 저때는 행복을, 여기서는 도덕적 감정을, 저기서는 신에 대한 경외심을, 여기서도 약간 저기서도 약간 놀랍도록 뒤섞어놓은 것이다. 사람들은 (우리가 경험에서만 가져올 수 있는) 인간 본성에 대한 지식 그 어디에서도 도덕성의 원리를 찾을 수 있을지 물어볼 생각조차 하지 않는다. 또 사람들은 이게 아니라면, 즉 도덕성의 원리를 완전히 아프리오리하게, 모든 경험적인 것에서 벗어나 전적으로 순수한 이성 개념에서 발견하지 다른 그 어디에서도, 또한 아주 작은 부분이라도 전혀 발견할 수 없다면, 이 탐구를 순수 실천

A 32

---

f) 초판의 'wegwenden, Philosophen aber das Blendwerk ganz wohl durchschauen, aber wenig'를 재판에서 'wegwenden, obgleich Philosophen, die das Blendwerk ganz wohl durchschauen, aber wenig'로 수정. 재판을 따라 옮김.

철학, 즉 (그토록 비난받아온 명칭을 사용해도 된다면) 도덕형이상학*으로 완전히 분리해내어, 이를 오로지 독자적으로 온전히 완성하고, 통속성을 요구하는 대중을 이런 시도가 끝날 때까지 달래볼 생각조차 하지 않는다.

그러나 인간학, 신학, 자연학이나 초자연학[11]과 전혀 섞이지 않 A 33고, 심지어 (하자연적[12]이라고 명명할 수 있는) 숨겨진 성질과도 더욱 섞이지 않고 이렇게 완전히 분리된 도덕형이상학은 의무들에 대해서 확실하게 규정된 모든 이론적 인식에 필수불가결한 토대이자 동시에 의무가 훈계하는 것들을 현실적으로 실현하려는 데에도 아주 중요하게 요구되는 것이다. 왜냐하면 의무를 순수하게 그리고 경험적인 자극들과 같은 외적 첨가물이 전혀 섞이지 않게 표상하는 것, 게다가 도덕법칙을 그렇게 표상하는 것은 이것이 오로지 이성의 길을 통할 때만 (여기서 이성은 자신이 독자적으로 실천적일 수 있다는 것을 비로소 깨닫게 된다) 우리가 경험의 영역에서 동원할 수 있는 다 IV 411른 모든 동기**보다 훨씬 더 강한 영향력을 인간의 마음에 행사하기

---

* 만약에 우리가 하려고 한다면 (순수수학을 응용수학과, 순수논리학을 응용논리학과 구별하듯이 이와 같이) 순수도덕철학(형이상학)도 응용된(즉 인간 본성에 응용된) 도덕철학과 구별할 수 있다. 또한 우리가 이렇게 명명함으로써 아주 곧바로 이런 도덕적 원리들이 인간 본성의 특성들에 기초하지 않고 자체적으로 아프리오리하게 성립되어야 한다는 점을 떠올리게 될 것이다. 그렇지만 우리는 이런 원리들에서 모든 이성적 본성에 대한, 또한 인간의 본성에 대한 실천 규칙들이 어떻게 도출될 수 있어야 하는지 떠올리게 될 것이다.

** 나는 작고하신 줄처[13] 씨에게 받은 편지 한 통을 간직하고 있다. 이 편지에서 그는 나에게 다음과 같이 물었다. 즉 그는 덕의 가르침들이 이성에 대해서도 설득력이 아주 대단한데도 왜 그렇게 적게 성취하는지와 관련하여 그 원인이 무엇인지 물었다. 나는 이 질문에 완벽하게 답하려고 준비하다보니 답변을 너무 늦게 하고 말았다. 그렇지만 내 답은 교사들마저도 자기 개념들을 순수하게 하는 데 이르지 못했다는 점 이외에 다른 것이 아니었다. 이들은 도처에서 도덕적으로 선한 것들로 향하는 동인들을 찾아냄으로써 이들 도덕 개

때문이다. 그래서 이성은 자신의 존엄성을 의식하면서 경험적 동기들을 경멸하며 차츰 이것들을 지배할 수 있게 된다. 그 대신 감정이나 경향성의 동기들 그리고 동시에 이성 개념과도 함께 뒤섞인 도덕 이론은 어떤 원리 아래도 속할 수 없어 단지 아주 우연하게 선으로 이끌 수도 있지만 더 자주 악으로 인도할 수도 있는 작용인들[14] 사이에서 마음을 동요하게[g] 만들 수밖에 없다.

앞서 언급한 것에서 다음과 같은 사실이 명확해진다. 즉 도덕적 개념은 모두 완전히 아프리오리하게 이성에 자신의 자리와 원천을 두며, 게다가 이것은 가장 평범한 인간 이성뿐만 아니라 최고로 사변적인 이성에서도 마찬가지다. 이 개념은 경험적이며 그렇기에 한낱 우연적인 그 어떤 인식에서도 결코 추상될 수 없다. 이 개념의 원천이 이처럼 순수하다는 점에 바로 그것들이 우리에게 최상의 실천적 원리들로 쓰일 수 있는[h] 존엄성이 놓여 있다. 우리가 경험적인 것을 덧붙이는 만큼, 언제나 이 개념의 진정한 영향력과 행위의 무제한적 가치에서 그만큼을 또한 빼앗게 된다. 이 개념과 법칙을 순수이성에서

념들을 너무 좋게 만들려고 했는데, 이는 약이 제대로 강하게 효력을 내기 위해서였지만, 사실은 그 약을 못 쓰게 만드는 상태를 불러오고 말았다. 우리가 가장 평범하게 관찰해보아도 다음과 같은 사실을 알 수 있기 때문이다. 즉 우리가 올곧은 행위를 마음에 그려보면, 이른바 어떻게 이러한 행위가 이 세계나 아니면 또 다른 세계에서 어떤 이익을 얻으려는 모든 의도로부터 벗어나 있게 되었는지를, 더군다나 곤궁이나 유혹이 불러일으키는 가장 큰 시련 아래서도 흔들림 없이 굳건한 마음으로 수행되었는지를 표상해보면, 이런 올곧은 행위는 조금이라도 낯선 다른 동기로 촉발된 모든 유사한 행위를 훨씬 능가하여 이런 행위를 무색하게 한다. 그래서 영혼을 고양해 스스로도 이렇게 행동할 수 있으면 좋겠다는 소망을 불러일으킨다는 것을 알 수 있다. 어느 정도 적절하게 나이 든 아이들조차 이런 인상을 받을 것이므로 또한 우리는 당연히 그들에게 의무들을 결코 달리 제시해서는 안 된다.

g) 초판의 'verwirrt'는 재판에서 'schwankend'로 수정. 재판을 따라 옮김.
h) 초판의 'liege, uns'는 재판에서 'liege, um uns'로 수정. 재판을 따라 옮김.

형성해서 순수하고 섞이지 않은 채로 내놓고, 실천적이거나 순수한 이런 이성 인식 전체의 범위를, 즉 순수실천이성의 능력 전체를 규정하는 것은 사변만이 문제되는 이론적 의도에서 매우 필요할 뿐만 아니라 실천적으로도 대단히 중요하다. 사변철학은 물론 이 원리들을 인간 이성이 지닌 특별한 본성에 의존하게 하는 것을 허용하며, 게다가 이와 같은 것이 심지어 이따금 필요하다고 여기지만 여기서는 그렇지 않다. 오히려 도덕법칙은 각각의 이성적 존재자 일반에게 타당해야 하므로, 이 법칙을 꼭 이성적 존재자 일반이라는 보편적 개념에서 끌어내야 한다. 그리고 이런 식으로 이 법칙을 인간에게 **적용**하려면 인간학이 필요한 도덕 모두를 먼저 인간학에서 독립적인 순수철학, 이른바 형이상학으로 완벽하게 제시할 수 있어야 한다(이런 식으로 완전히 분리된 인식에서 이런 일은 잘 수행될 수 있다). 여기서 잘 의식해야 할 것은, 내가 말하려고 하는 것이 이런 형이상학을 갖고 있지 않으면 의무에 합치하는 모든 것 가운데 의무의 도덕적 요소를 사변적 평가를 하기 위해 정확히 결정하려는 것이 헛수고라는 점이 아니다. 오히려 여기서 내가 말하려고 하는 것은 이런 형이상학을 갖고 있지 않으면 도덕을 그저 평범하고 실천적으로 사용할 경우라도, 특히 도덕적 가르침을 그렇게 할 경우라도, 이 도덕을 진정한 원리들 위에 세움으로써 순수한 도덕적 마음씨를 일어나게 하여 세계에서 최고로 선한 것을 향하도록 사람들 마음에 이를 심어두려는 것이 불가능하다는 점이다.

그러나 이런 작업을 할 때 보통 그렇게 하듯, (여기서는 매우 존경할 만한) 일상적인 도덕적 평가에서 철학적 평가로 나아갈 뿐만 아니라 실례의 도움을 받아 더듬거리며 나아갈 수밖에 없는 대중철학에서 형이상학(형이상학은 그 어떤 경험적인 것에 의해서도 결코 더는 제재를 받지 않으며, 또 이런 종류의 이성 인식이 전체적으로 총괄한 것을 측량해야 하므로 경우에 따라서는 우리에게 실례마저도 더는 남아 있지 않은i) 이념으로까지 나아간다)에까지 자연적인 단계들을 거쳐 나아가야 한다. 이를 위해 우리는 실천적 이성능력을, 이를 규정하는 보편적 규칙에서부터 의무라는 개념이 나오는 곳까지 추적하고 분명하게 설명해야 한다.

A 37

IV 413

　자연의 모든 것은 법칙에 따라 작용한다. 이성적 존재자만이 법칙을 **표상함에 따라**, 즉 원리에 따라 행동하는 능력이나 **의지**를 지닌다. 행위를 법칙에서 *끄집어내려면* 이성이 필요하므로, 의지는 곧 실천이성이다. 이성이 의지를 반드시 결정한다면, 그런 존재자의 행위들, 객관적으로 필연적이라고 인식된 행위들은 주관적으로도 필연적이다. 다시 말해 의지는 이성이 경향성에서 독립하여 실천적으로 필연적이라고, 즉 선하다고 인식한 **것만을** 선택하는 능력이다. 그러나 이성이 독자적으로는 의지를 충분히 결정하지 못한다면, 더욱이나 이 의지가 객관적 조건과 늘 합치하지는 않는 주관적 조건(어떤 동기)에 따른다면, 한마디로 말해 의지가 그 **자체로** (실제로 인간의 경우에 그렇듯) 완전히 이성에 따르지 않는다면, 객관적으로 필연적이라 인식되는 행위도 주관적으로는 우연적이며, 객관적인 법칙에 따르도록 그런 의지를 결정하는 것은 일종의 **강제**다. 다시 말해, 객관적 법칙이 완벽하게 선하지 않은 의지와 맺는 관계는 이성적 존재자의 의지를 이성의 근거를 바탕으로 결정하는 것으로 표상되지만, 이때 이 의지는 본성적으로 이런 근거에 반드시 따르지는 않는다.

　객관적 원리가 의지를 강제하는 한, 이 원리에 대한 표상은 (이성의) 지시명령이라 하고, 이 지시명령의 정식은 **명령**15)이라고 한다.

---

i) 초판의 'die Beyspiele, die jenen adäquat waren, uns verlassen'을 재판에서 'die Beyspiele uns verlassen'로 수정. 재판을 따라 옮김.

모든 명령은 당위로 표현되며, 이로써 자신의 주관적 성질로 이성
의 객관적 법칙을 통해 반드시 결정되지 않는 의지와 이성의 객관적
법칙이 맺는 관계(즉 강제)를 나타낸다. 명령은 모두 어떤 것을 하는
것, 혹은 하지 않는 것이 선이라고 말한다.[16] 하지만 모든 명령이 이
런 말을 의지에 할 때, 이 의지는 자신에게 어떤 것을 행하는 것이 선
하다고 제시되어도 그 때문에 언제나 그것을 행하지는 않는다. 그러
나 실천적으로 선한 것은 이성의 표상을 매개로, 따라서 주관적 원인
이 아니라 객관적으로 타당한, 즉 모든 이성적 존재자 자체에게 타당
한 근거에서 의지를 결정하는 것이다. 실천적으로 선한 것은 쾌적한
것과는 구별된다. 쾌적한 것은 이러저러한 자신의 감각 능력에만 타
당한 순전히 주관적인 원인에서 나오는 감각을 매개로 해서만 의지
에 영향을 미치지, 모든 사람에게 타당한 이성의 원리로서 의지에 영
향을 미치는 것은 아니다.*

---

* 욕구능력이 감각에 의존하는 것은 경향성이라고 불린다. 따라서 이 경향성은
언제나 필요를 표명한다. 그러나 우연적으로 규정할 수 있는 의지가 이성의 원
리들에 의존하는 것[j]은 관심이라고 불린다. 따라서 이러한 관심은 스스로 항상
이성에 맞는 것은 아닌, 이른바 의존적 의지에서만 생겨나는 경우다. 신의 의지
에서는 그 어떤 관심도 생각할 수 없다. 그러나 또한 인간의 의지는 관심에서 행
하지는 않으면서도 무엇에 대한 관심을 취할 수는 있다. 전자가 행위에 대한 실천
적 관심을 의미한다면, 후자는 행위의 대상에 대한 정념적 관심을 의미한다. 전
자가 의지가 이성의 원리 자체에 의존하는 경우만 가리킨다면, 후자는 의지가
경향성의 필요에 맞추어 이성의 원리에 의존하는 경우를 가리킨다. 즉 후자는
이성이 경향성의 필요에 응하여 이를 채워주게 될 실천적 규칙만 제공한다. 전
자의 경우에는 행위에만 관심을 갖게 되는 데 반해서, 후자의 경우에는 행위의
대상에만 (이것이 나를 쾌적하게 해주는 한에서) 관심을 갖게 된다. 우리가 제1절
에서 살펴보았듯이, 의무에서 나오는 행위에서는 우리는 대상에 대한 관심에
기초해서가 아니라 오로지 행위 자체와 이성 안에 있는 행위의 원리에만 주목
해야 한다.

j) 초판의 `Abhängigkeit des Willens`를 재판에서 `Abhängigkeit eines zufällig<br/>bestimmtbaren Willens`로 수정. 재판을 따라 옮김.

　　　따라서 완전한 선의지도 마찬가지로 (선의) 객관적 법칙들을 따르겠지만, 그렇다고 법칙에 합치하는 행위를 하도록 **강제되었다**고 생각할 수는 없다. 이 의지는 스스로, 즉 자신의 주관적 성질로 단지 선을 표상함으로써 규정될 수 있기 때문이다. 따라서 신적 의지에는 그리고 일반적으로 신성한 의지에는 명령이라는 게 해당하지 않는다. 이런 의지에는 당위가 당연히 자리하지 않는다. **의욕작용**이 자체적으로 법칙과 필히 일치해 있기 때문이다. 따라서 명령은 의욕작용 일반의 객관적 법칙이 이러저러한 이성적 존재자의 의지, 이를테면 인간 의지의 주관적 불완전성과 맺는 관계를 표현하는 정식에 불과하다.

　　그런데 모든 **명령**은 **가언적으로** 지시 명령하거나 **정언적으로** 지시 명령한다. 가언명령은 어떤 가능한 행위가 우리가 바라거나 (아니면 바랄 수 있는) 다른 어떤 것을 위한 수단으로서 실천적으로 필연적임을 제시한다. 정언명령은 행위가 그 자체로, 다른 어떤 목적과 상관없이 객관적으로 필연적임을 제시한다.

　　모든 실천법칙 각각은 가능한 어떤 행위를 선하다고 표상하며, 그렇게 해서 이성을 통해 실천적으로 규정할 수 있는 주체에게 필연적인 것으로 제시하기 때문에 모든 명령은 어떤 식[k]으로든 선의지의 원리에 비추어 필연적인 행위를 확정하는 정식들이다. 그런데 행위가 다른 무언가를 위한 수단으로만 선하다면, 그 명령은 가언적이다. 행위가 그 **자체로** 선하다고 생각되면, 그러니까 행위가 그 자체로 이성에 따르는 의지에 필연적인 것으로, 즉 이 의지의 원리로 생각되면, 그 명령은 **정언적**이다.

　　따라서 명령은 내가 할 수 있는 어떤 행위가 선한지 말해주며, 한 행위가 선하다는 이유로 곧장 그 행위를 하지 않는 의지와 관계해서

----

k) 초판의 'Absicht'는 재판에서 'Art'(방식)로 수정. 재판을 따라 옮김.

실천적 규칙을 제시해준다. 주체는 한편에서는 그 행위가 선하다는 것을 늘 아는 것도 아니고, 다른 한편에서는 그것을 안다고 하더라도 자신의 준칙이 실천이성의 객관적 원리에 반하는 상황일 수도 있기 때문이다.

그러므로 가언명령은 행위가 **가능한** 의도든 현실적 의도든 좌우간 이 의도를 위해 선하다는 것만 말할 따름이다. 가능한 의도의 경우, IV 415 가언명령은 **개연적인** 실천원리이며 현실적 의도의 경우, **실연적인**[17] 실천원리다. 행위를 어떤 의도와도 무관하게, 즉 어떤 다른 목적 없이도 그 자체로 객관적으로 필연적이라고 선언하는 정언명령은 **필연적인** (실천적) 원리로 간주된다.

우리는 어떤 이성적인 존재자의 힘들로만 가능한 것을 또 그 어떤 A 41 의지에도 가능한 의도라고 생각할 수 있다. 그래서 행위가 이 행위를 통해서 실현가능한 어떤 의도를 성취하기 위해 필연적이라고 표상되는 한, 이런 행위의 원리는 사실상 끝도 없이 많다. 모든 학문에는 어떤 실천적인 부분이 있다. 이 부분은 어떤 목적이 우리에게 가능할 지라는 과제와[18] 어떻게 이 목적을 성취할 수 있는가라는 명령으로 이루어져 있다. 따라서 우리는 이 명령을 대개 숙련의 명령이라고 부를 수 있다. 여기에서 목적이 이성적인지 선한지는 전혀 중요하지 않다. 오히려 목적에 도달하려면 우리가 무엇을 해야 하는가 하는 것만이 중요하다. 환자를 기본적으로 건강하게 해주기 위한 의사의 수칙과 상대를 확실하게 죽이기 위한 독살자의 수칙이 각기 그들의 의도를 완벽하게 실현하기 위해 쓰인다면 그 가치는 같다. 유년기에 우리는 살면서 어떤 목적과 부딪칠지 알지 못한다. 그래서 부모는 특히 자기 아이들에게 정말로 **많은** 것을 배우게 하고, 갖가지 임의적인 목적을 성취하기 위한 수단을 사용하는 데 숙련되도록 애쓴다. [물론] 이러한 임의적 목적들 가운데 어떤 깃을 장차 자기 아이가 실제로 목적으로 삼을지 부모가 결정할 수는 없다. 그렇지만 아이가 언젠가 이 목적을 가지는 것은 **가능한** 일이다. 부모는 이런 일에 너무 마음을 쓰다보니, 자기 자식들이 목적으로 삼을 수도 있을 것들이 지닌 가치를 제대로 판단 내리고 그 판단을 바로잡도록 하는 일은 대개 소홀히한다.

A 42

그럼에도 우리가 모든 이성적 존재자에게 (명령이 그들에게, 즉 의존적 존재자인 그들에게 어울리는 한) 현실적인 것으로 가정할 수 있는 하나의 목적이 있다.[19] 따라서 이들이 아마도 가질 수 있을 **뿐만** 아니라 자연필연성에 따라 전부 **가지고** 있다고 확실하게 가정할 수 있는 하나의 의도가 존재한다. 이는 **행복**하려는 의도다. 행복을 촉진하기 위한 수단인 어떤 행위를 반드시 실천해야 한다고 생각하는 가언명령은 **실연적**이다. 우리는 이런 가언명령이 불확실한, 즉 그저 가능적일 뿐인 의도에 대해 필연적인 것으로만 말해서는 안 되며, 인간의 본질에 속하기 때문에 확실히 그리고 아프리오리하게[l] 모든 사람이 가지고 있다고 전제할 수 있는 의도에 대해서도 필연적인 것이라고 말해야 한다. 그런데 사람들이 자신이 최대한으로 잘살기 위한 수단을 능숙하게 선택하는 것을 가장 좁은 의미로 **영리함***이라고 부를 수 있다. 따라서 각자 자신의 행복을 위한 수단을 선택하는 것에 관계된 명령, 즉 영리함의 수칙 역시 언제나 **가언적**이다. 행위는 바

IV 416

A 43

---

l) 초판에 없던 'und a priori'가 재판에 첨가됨. 재판을 따라 옮김.

* 영리함이라는 말은 이중적 의미로 취해진다. 한 번은 세속적 영리함이라 이름하며 다른 한 번은 사적 영리함이라 이름한다. 전자는 자기 의도를 달성하기 위해서 다른 사람들에게 영향을 미칠 수 있는 인간의 숙련이다. 후자는 모든 이런 의도를 자기 자신에 속하는 지속적 이익에 통합하는 통찰력이다. 원래 후자는 전자의 가치마저도 자신에게 되돌리게 되는 경우다. 그런데 전자의 방식으로는 영리한 사람이지만, 후자의 방식으로는 그렇지 못한 사람에 대해서 우리는 다음과 같이 말하면 더 좋을 것 같다. 즉 우리는 "그는 재치 있고 교활하지만 전반적으로 영리하지 못하다"라고 말하면 좋을 것 같다.

로[20] 지시 명령되지 않으며 다른 의도를 위한 수단으로만 지시 명령된다.

마지막으로 어떤 행동으로 이루어내고자 하는 다른 아무런 의도도 조건으로 두지 않고 이 행동을 직접 지시하는 명령이 있다. 이런 명령은 정언적이다. 정언명령은 행위의 내용이나 이 행위에서 당연히 따라 나오는 것에 관계하지 않고 행위의 형식과 원리에 관계하며, 바로 이로부터 행위 자체가 따라 나온다. 행위의 본질적 선은 행위의 결과야 어떠하든 마음씨에 있다. 이 명령을 도덕성의 명령이라고 할 수 있다.[21]

이 세 가지[개연적·실연적·필연적 실천] 원리에 따르는 의욕작용은 의지를 강제하는 것이 같지 않다는 점에서도 명료하게 구별된다. 내 생각에, 이렇게 같지 않다는 점을 분명히 하려면 이들 세 가지 원리를 순서대로 가장 적합하게 명명하면 된다. 즉 우리는 이들을 숙련의 **규칙**이라거나, 영리의 **충고**라거나, 도덕성의 **명령(법칙)**이라고 하면 된다. 법칙만이 무조건적이며 게다가 객관적이어서 보편적으로 타당한 **필연성**이라는 개념을 수반하며 명령은 복종해야 하는, 즉 경향성에 맞서더라도 따라야 하는 법칙이기 때문이다. **충고를 해주는** A 44 데도 필연성이 있지만, 이때의 필연성은 이러저러한 사람이 이러저러한 것을 자기 행복으로 헤아리는, 단지 주관적이고 우연적인 조건 아래서만 유효할 수 있다. 그에 반해서 정언명령은 어떤 조건에도 제한을 받지 않는다. 이 명령은 실천적이지만 절대적으로 필연적인 명령으로 진정 명령이라고 할 수 있다. 우리는 또한 첫째 명령을 **기술적** IV 417 (기술에 속하는)이라고, 둘째 명령을 **실용적***(복지를 위한)이라고 명명

---

* 내 생각에는 **실용적**이라는 단어가 지닌 본래적 의미는 이렇게 해서 가장 정확하게 규정될 수 있는 것 같다. **처벌규정**은 실용적이라고 명명되는데, 이것이 원래 국가들이 갖춘 법에서, 즉 필연적 법칙에서 나온 것이 아니라 보편적 복지를

할 수 있다. 그리고 셋째 명령을 **도덕적**(자유로운 행동 일반에 속하는, 즉 도덕에 속하는)이라고 명명할 수 있다.

이제 이 모든 명령이 어떻게 가능한가 하는 물음이 생긴다. 이 물음은 명령이 지시하는 행위의 완수를 어떻게 생각할 수 있느냐가 아니라 단지 명령이 과제로 드러내는 의지의 강제를 어떻게 생각할 수 있느냐다. 아마도 숙련의 명령이 어떻게 가능한가 하는 것에 관해서 어떤 특별한 해명이 필요하지는 않을 것이다. 목적을 [성취하기를] 바라는[22] 사람이라면 (이성이 자기 행위들에 결정적 영향을 미치는 한에서) 그 목적에 이르는 데 없어서는 안 되는 필수적인 수단이자 자기가 마음대로 할 수 있는 수단도 바랄 것이다. 이 명제는 의욕작용과 관련해서 볼 때 분석적이다. 내 행위의 결과로서 어떤 한 대상을 이루어내려는 의욕작용에는 이미 행위를 수행하는 원인인 나의 인과성, 즉 수단의 사용이 생각되고 있기 때문이다. 또 명령은 이 목적에 이르는 데 필수적인 행위라는 개념을 이미 이러한 목적을 바란다는 개념에서 끌어내기 때문이다. (물론 마음먹은 의도에 이르는 수단 자체를 정하려면 종합명제가 요구된다. 그러나 이 명제는 의지의 행사를 현실화하는 근거에 관한 것이 아니라 대상을 실현하는 근거에 관한 것이다) 하나의 선분을 확실한 원리에 따라 이등분하려면 이 선분의 양끝에서 두 원을 교차하도록 그려야 함을 수학은 당연히 종합적 명제를 통해서 가르쳐준다. 그러나 이러한 행위로만 염두에 둔 결과가 생겨날 수 있다는 것을 알 경우, 내가 그런 결과를 완벽히 원한다면, 이 결과를 위해 요구되는 행위도 원한다는 것은 분석명제가 된다. 어

A 45

위한 배려에서 나온 것이기 때문이다. 만약 역사가 사람들을 영리하도록 만든다면, 즉 세상이 어떻게 하면 자기 이익을 더 잘 챙길 수 있고, 또는 이전 세상보다 최소한 그 정도로 잘 챙길 수 있도록 일러줄 수 있다면, 이런 역사는 실용적으로 마련된 셈이다.

떤 것을 내가 일정한 방식에 입각해 이루어낼 수 있는 결과로 생각하는 것과 이 결과와 관련해서 이런 방식으로 수행하는 나를 생각하는 것은 전적으로 같기 때문이다.

행복에 관해 확정된 개념을 제시하는 것이 아주 쉽기만 하다면, 영리함의 명령은 숙련의 명령과 완전히 일치할 것이며 마찬가지로 분석적일 것이다. 숙련의 명령에서와 마찬가지로 영리함의 명령에서도 목적을 바라는 사람은 그 목적을 위해 자신이 마음대로 할 수 있는 (이성에 따라 필연적인 수단) 단 하나의 수단 또한 바라기 때문이다. 그렇지만 불행하게도 행복이라는 개념은 너무나 불확정적이다. 그래서 사람들은 저마다 이런 행복에 이르기를 소망하지만, 자기가 참으로 무엇을 소망하고 바라는지를 확실하게 그리고 일관되게 주장할 수도 없다. 그 원인은 다음에 있다. 즉 행복이라는 개념에 속하는 모든 요소가 온통 경험적인 데, 즉 경험에서 빌려와야 한다는 데 있다. 그런데도 행복이라는 이념을 위해서는 절대적 전체, 즉 나의 현재 상태와 미래의 모든 상태에서 안녕의 최대치가 필요하다. 하지만 제 아무리 통찰력이 있고 능력이 뛰어나다고 하더라도 유한한 존재자면 자신이 여기에서 정말로 바라는 것이 무엇인지에 대해 분명한 개념을 형성하는 것은 불가능하다. 만약 그가 부를 바란다 해도, 이로써 생겨나는 참으로 많은 근심과 시기 그리고 속임수를 감당할 수 없을 것이다. 그가 많은 지식과 통찰을 바란다 해도, 아마도 그것이 그에게 단지 그만큼 더 날카로운 눈이 되어, 여태껏 감추어져 있지만 그래도 피할 수 없을 불행을 그는 그만큼 더 끔찍하게 보게 될 것이다. 또한 이미 그를 충분히 지치도록 만든 탐욕들로부터 훨씬 더 많은 욕구를 짊어지게 될 것이다. 그가 오래 살기를 원해도, 그런 삶이 오히려 비참함이 길어지게 하지 않으리라고 누가 장담하겠는가? 그가 최소한 건강하길 바란다 해도, 무한정 건강하여 빠져들 수

A 46

IV 418

A 47

있는 방탕함으로 육체가 불편해진다면, 이 때문에 얼마나 자주 건강하게 살지 못하겠는가? 등등. 간단히 말해서 그는 무엇이 자기를 참으로 행복하게 만들어줄지에 관해 어떤 원칙에 따라 충분히 확실하게 결정할 수 없다. 그러려면 모든 것을 다 알아야 하기 때문이다. 그러므로 우리는 행복해지기 위해 정해진 원리에 따라 행동할 수 없으며, 오히려 경험적인 충고들, 가령 식이요법, 절약, 공손함, 자제 등과 같은 것에 따라 행동할 수 있을 뿐이다. 경험은 이러한 것들이 평균적으로 행복을 가장 잘 촉진해준다는 것을 가르쳐준다. 여기에서 다음과 같은 결론이 나온다. 영리함의 명령은 엄격히 말해, 전혀 명령할 수 없다. 즉 행위들이 실천적으로 필연적임을 객관적으로 제시할 수 없다. 또한 영리함의 명령은 이성의 명령이라기보다는 이성의 권고로 간주해야 한다.[23] 어떤 행위가 이성적 존재자의 행복을 촉진하는지를 확실하고도 보편적으로 결정해야 하는 과제는 완전히 해결할 수 없다. 따라서 행복과 관련해서, 행복하게 해주는 것을 행하라고 가장 엄밀한 의미에서 지시하는 그 어떤 명령도 있을 수 없다. 행

복은 이성의 이상이 아니라 상상력의 이상이기 때문이다. 이 상상력의 이상은 단지 경험적 근거들에 의존할 따름이다. 이런 근거들이 실제로 끝도 없이 이어지는 결과들의 계열 전체에 이르게 해주는 행위를 결정해주리라 기대하지만, 이는 헛된 일이다. 그렇지만 행복에 이르는 수단이 확실하게 제시될 수 있다는 사실을 우리가 받아들인다면, 이런 영리함의 명령은 분석적-실천적 명제가 될 것이다. 영리함의 명령은 다음과 같은 점에서만 숙련의 명령과 구별되기 때문이다. 즉 숙련의 명령에서는 목적이 단지 가능할 뿐이지만, 영리함의 명령에서는 이 목적이 주어진다. 그러나 이 둘 모두가 목적으로 바란다고 전제된 것을 위한 수단만 지시하므로, 목적을 바라는 자에게 수단도 바라도록 지시하는 명령은 두 경우에서 모두 분석적이다. 그래서 이

두 경우에서 명령은 분석적이다. 따라서 이런 명령의 가능성과 관련해서는 어떤 어려움도 없다.

이와 달리 도덕성의 명령이 어떻게 가능한지는 의심할 여지없이 해결할 필요가 있는 유일한 문제다. 이 명령은 가언적이지 않아서 객관적이라고 생각되는 필연성도 가언명령들에서처럼 어떤 전제에도 결코 의지할 수는 없기 때문이다. 단지 여기에서 우리가 항상 놓치지 않도록 주의해야 할 것은 도대체 그 같은 명령이 어디 있기나 한 것인지를 어떤 실례를 통해서도, 즉 경험적으로는 결정할 수 없다는 사실이다. 오히려 정언적인 것처럼 보이는 모든 명령도 암암리에 가언적일 수 있다는 사실을 우리는 우려해야 한다. 예를 들어, '너는 결코 어떤 것도 거짓으로 약속해서는 안 된다'는 말이 있다고 해보자. 이 경우 이 금지의 필연성이 다른 해악을 피하기 위한 단순한 충고가 아니고, 그래서 이 필연성이 거짓임이 드러나 신용을 잃지 않기 위해서 너는 거짓으로 약속해서는 안 된다는 의미가 아니라, 오히려 이 같은 종류의 행위가[m] 그 자체로 악한 것으로 여겨져야 하고, 따라서 이 금지 명령이 정언적임을 말한다고 가정해보자. 그렇지만 여기서 의지가 이와 같이 보인다고 해도, 다른 동기 없이 오로지 법칙에 따라 결정된다는 것을 우리는 어떤 실례로도 확실하게 입증할 수 없다. 수치스럽지 않을까 하는 두려움, 어쩌면 다른 위험들이 또 있을지도 모른다는 막연한 걱정이 의지에 암암리에 영향을 미칠 수 있기 때문이다. 경험은 단지 우리가 원인을 지각하고 있지 않다는 것만을 가르쳐줄 뿐인데도, 원인이 없다는 것을 누가[n] 경험으로 입증할 수 있다는 말인가? 하지만 그 경우, 그토록 정언적이고 무조건적인 것처럼 보

A 49

---

m) 초판의 'sondern wenn man behauptet, eine Handlung dieser Art'는 재판에서 'sondern eine Handlung dieser Art'로 수정. 재판을 따라 옮김.
n) 초판의 'Denn wer'는 재판에서 'Wer'로 수정. 재판을 따라 옮김.

이는 이른바 도덕적 명령이라는 것도 사실상 실용적 수칙에 불과할 것이다. 이 수칙은 우리에게 우리의 이익에 주의를 기울이도록 하며, 이 이익에 주목하라고 가르칠 뿐이다.

따라서 우리는 정언명령의 가능성을 완전히 아프리오리하게 탐구해야 할 것이다. 왜냐하면 이 명령이 경험 속에 현실적으로 주어져 있어, 그 가능성을 확립할 필요는 없고 단지 설명할 필요만 있다는 이점이 여기에서는 우리에게 도움이 되지 않기 때문이다. 그럼에도º⁾ 우리는 정언명령만이 실천법칙이라고 할 수 있으며, 나머지 명령들은 전부 의지의 원리이기는 하지만 **법칙**이라고 부를 수는 없다는 것 정도는 당장 알아차릴 수 있다.²⁴⁾ 왜냐하면 임의적 의도를 실현하기 위해서만 행할 필요가 있는 것은 그 자체로는 우연적인 것으로 여겨질 수 있으며, 우리가 그 의도를 포기한다면 언제든지 그 수칙에서 벗어날 수 있지만, 이에 반해 무조건적인 지시 명령은 명령에 반하는 경우를 의지가 임의로 행하도록 자유를 허락하지 않으며, 따라서 이 명령만이 우리가 법칙에 대해 요구하는 필연성을 지니고 있기 때문이다.

둘째, 정언명령이나 도덕성 법칙에서 (이것의 가능성을 통찰하기) 어려운 데는 이유가 있는데, 이 이유가 또한 꽤나 심대하다. 정언명령은 아프리오리한 종합적 실천 명제* 다. 이론적 인식에서 이 명제들

---

o) 초판의 'aber'는 재판에서 'indessen'으로 수정. 재판을 따라 옮김.

* 나는 어떤 경향성에서 나온[시작하는] 전제된 조건 없이 행위를 의지와 아프리오리하게, 따라서 필연적으로 (비록 단지 객관적으로만, 즉 모든 주관적 동인을 넘어서는 충만한 힘이 갖고 있는 이성의 이념 아래서이기는 하지만) 연결한다. 그러므로 이것은 실천적 명제. 실천적 명제는 어떤 하나의 행위를 하려는 의욕작용이 이미 전제된 다른 하나의 의욕작용에서 분석적으로 도출되는 것이 아니라(우리가 그렇게 완벽한 어떤 의지도 갖지 못하기 때문이다), 오히려 그런 의지라는 개념에 포함되어 있지 않은 어떤 것, 즉 이성적 존재자로서 의지 개념과 직접적으로 연결되는 명제다.

의 가능성을 통찰하는 데 어려움이 너무나 많아서 실천적 인식에서도 어려움이 적지 않으리라는 점은 쉽게 추측할 수 있다.

이 과제에서 우리는 또 아마도 정언명령이라는 단순한 개념만으로도 이 명령의 정식을 얻을 수 없을지를 먼저 탐구해보려고 한다. A 51 이 정식에는 오로지 정언명령일 수밖에 없는 명제가 포함된다. 설령 우리가 그러한 절대적 지시명령이 어떠한 것인지 안다고 하더라도, 그 명령이 어떻게 가능한지는 여전히 특별하고도 힘겨운 노력이 필요하기 때문이다. 그러나 우리는 이 노력을 마지막 절로 미루어놓으려고 한다.

가언명령 일반을 생각해보면, 조건이 나에게 주어질 때까지는 이 명령이 무엇을 포함하게 될지 나는 미리 알지는 못한다. 그러나 정언 명령을 생각할 때는 이 명령이 무엇을 포함하는지 곧바로 안다. 그이유는 이 명령은 법칙 외에는 준칙*이 법칙에 따라야 할 필연성만을 포함하지만, 법칙은 제한받는 그 어떤 조건도 포함하지 않아서, 남는 IV 421 것은 오직 행위의 준칙이 따라야 할 법칙 일반의 보편성이며, 명령은 A 52 이런 적합성만을 본래 필연적인 것으로 표상하기 때문이다.

따라서 정언명령이야말로 단 하나의 유일한 명령이다. 게다가 그 명령은 '그 준칙이 보편적 법칙이 될 것을 네가 동시에 바랄 수 있게 해 주는 준칙에 따라서만 행하라'는 것이다.

그런데 의무에 관한 모든 명령이 이것들의 원리인 이 유일한 명령에서만 도출될 수 있다면, 사람들이 의무라고 칭하는 것이 대개 공허

---

* 준칙은 행위를 하기 위한 주관적 원리이므로 객관적 원리, 즉 실천법칙과는 구별해야 한다. 전자는 이성이 주체의 조건들에 (종종 주체의 무지나 경향성들에) 합치하도록 규정하는 실천적 규칙을 포함한다. 따라서 이것은 주체가 行할 때 따르게 되는 원리다. 그러나 법칙은 모든 이성적 존재자에게 타당한 객관적 원리라서 이성석 존재자가 行해야 할 때 따르게 되는 원리, 즉 명령이다.

한 개념이 아닌지를 해결하지 않은 채 놓아둔다 하더라도, 최소한 우리가 이 의무라는 개념을 통해서 무엇을 생각하려는지, 이 개념이 말하려는 것이 무엇인지는 제시할 수 있다.

작용들이 일어날 때, 이것들이 따르게 되는 법칙의 보편성은 가장 일반적인 의미에서(형식상으로) 원래 **자연**이라고 부르는 것을 형성하므로, 즉 보편적 법칙들에 따라서 규정되는 한에서 사물들의 현존이라고 부르는 것을 이루므로, 의무의 보편적 명령 또한 다음과 같이 말할 수 있다. 마치 네 행위의 준칙이 네 의지를 통해서 보편적 자연법칙이 되어야 할 것처럼 그렇게 행하라.

A 53　　이제 우리는 의무들을 보통 우리 자신에 대한 의무와 타인에 대한 의무, 완전한 의무와 불완전한 의무로 분류하는 것에 따라 몇 가지 의무를 열거해보려고 한다.*

1) 희망을 잃어버릴 정도로 늘어나는 연이은 불행으로 삶에 염증을 IV 422　느낀 사람도 여전히 이성을 간직하고 있기에 자살하는 것이 자기 자신에 대한 의무에 반하는 것은 아닌지 자신에게 물어볼 수 있다. 이제 그는 자기 자신의 행위 준칙이 혹시 보편적인 자연법칙이 될 수 있을지 검토해본다. 그러나 그의 준칙은 "나는 삶을 더 연장했을 때,^{p)} 그 삶이 안락함을 약속해주기보다는 더 많은 불행으로 위협

---

* 아마도 여기서 주목해야 하는 것은 내가 미래의 **도덕형이상학**을 위하여 의무들을 분류하는 일을 전적으로 미루어두었기에, 따라서 여기서는 이 분류가 (내 실례들을 질서 잡기 위해) 단지 임의적으로만 이루어졌다는 점이다. 게다가 내가 여기서 완전한 의무라는 것 아래서 이해하게 될 때, 그것은 경향성의 이익을 위하여 어떤 예외도 허용하지 않는 것이다. 그리고 나는 외적인 완전한 의무들만이 아니라 내적인 **완전한** 의무들도 가지고 있다. 그런데 이러한 것은 학교에서 채택하는 용어 사용에 반하는 것이기도 하다. 그러나 나는 여기에서 이를 변호할 생각은 없다. 사람들이 나에게 그런 구분을 허용하든, 하지 않든 내 의도에는 변함이 없기 때문이다.

p) 초판의 'daß wenn'을 재판에서 'wenn'으로 수정. 재판을 따라 옮김.

하게 된다면, 자기애에서 내 생명을 단축하는 것을 원리로 삼으려고 한다"라는 것이다. 자기애라는 이 원리가 보편적 자연법칙이 될 수 있는지는 여전히 문제가 된다. 그러나 이때 사람들은 곧 다음과 같은 사실을 알게 된다. 즉 생명을 촉진하도록 독려해야 함을 자신의 사명으로 하는 바로 이 감각을 통해서 생명 자체를 파괴하는 것이 법칙이 A 54 되어버린다면, 자연은 자기 자신과 모순을 일으킬 것이며, 따라서 자연으로 존재할 수도 없을 것이다. 그러므로 앞의 준칙은 보편적인 자연법칙으로서 성립할 수 없으며, 그 결과 모든 의무의 최상 원리와 완전히 상충하게 될 것이다.

  2) 또 다른 사람은 곤경에 처해서 자신이 돈을 빌릴 수밖에 없다는 것을 안다. 그는 자신이 갚을 수 없을 것임을 잘 알지만, 정해진 시간에 그 돈을 갚겠다고 단단히 약속하지 않으면 단 한 푼도 빌릴 수 없다는 점도 잘 안다. [그럼에도] 그는 그렇게 약속하고 싶은 생각이 있다. 그렇지만 그는 그런 식으로 곤경에서 벗어나는 것이 허용될 수 없는 것은 아닌지 그리고 의무에 반하는 것은 아닌지 자신에게 물어볼 정도의 양심은 여전히 가지고 있다. 그런데도 그렇게 하려고 한다면, 그의 행위 준칙은 다음과 같을 것이다. 즉 '내가 돈이 궁한 상태에 있다고 믿게 되면, 비록 내가 돈을 갚는 일이 결코 일어날 수 없다는 것을 안다고 하더라도 돈을 빌리면서 그것을 갚겠다고 약속할 것이다'라는 형태가 될 것이다. 그런데 이러한 자기애 혹은 자기 이익의 원리는 내 미래의 전체 안녕과 아마도 잘 합치할 수 있다. 다만 지금 문제가 되는 것은 그것이 과연 정당한가 하는 점이다. 따라서 나는 자기애가 요구하는 것을 하나의 보편적 법칙으로 변형시켜 문제를 다음과 같이 설정한다. 즉 나는 내 준칙이 보편적 법칙이 되면 어떤 상태가 될지를 물어본다. 이 경우 나는 이 준칙을 결코 보편적 법칙으로 여길 수도 없고, 자기 자신과 일치할 수도 없으며, 오히려 필 A 55

연적으로 자기 자신과 모순에 처할 수밖에 없다는 것을 곧장 알아차리게 된다. 곤궁에 처해 있다고 생각한 뒤, 모두가 지키지 않으려고 마음먹고 자신에게 내키는 대로 약속할 수 있다는 것이 법칙의 보편성을 가지게 되면, 아무도 자신에게 약속된 것을 믿지 않을 것이며, 오히려 그러한 말 모두를 허황된 핑계라고 비웃을 것이므로, 약속이나 사람들이 이 약속과 더불어 가질 수 있는 목적도 모두 불가능하게 될 것이기 때문이다.

IV 423   3) 셋째 사람은 약간만 계발하면 자신을 두루 쓰임새가 있는 사람이 되게 만들 재능이 있다. 그러나 그는 안락한 환경에 있어서 운 좋게 타고난 자신의 자연적 소질들을 넓혀나가 개선하려고 애쓰기보다는 즐거움을 좇는 것을 더 좋아한다.[q] 그러나 그는 여전히 다음과 같이 물어본다. 즉 그는 자연적 재능을 방치하는 준칙이 오락 자체로 향하는 자신의 성벽과 일치하는 것 외에, 또한 이것이 사람들이 의무라고 일컫는 것과도 일치하는지를 물어본다. 이 경우 그는 사람이 (남양군도의 주민처럼) 자기 재능을 녹슬도록 놓아둔 채 오로지 안일, 유흥, 생식을 위해서만, 한마디로 향락을 위해서만 살아가리라 생각한다 해도 자연은 이 보편적 법칙을 따라 여전히 존속할 수 있음을 안다. 그렇지만 그는 이것이 보편적 자연법칙이 되기를, 또는 그런

A 56   법칙으로 자연적 본능을 통해서 우리 안에 자리 잡기를 바랄 수도 없다. 그의 모든 능력이 여러 가지 가능한 의도들에 쓸모 있도록 자기에게 주어져 있어,[r] 이성적 존재자로서 그는 이들 능력이 모두 계발되기를 반드시 바랄 것이기 때문이다.

4) 넷째 사람은 잘 지내고 있어 다른 사람들이 엄청난 고난에 맞서

---

q) 초판의 'und zieht es vor, dem Vergnügen nachzuhängen'을 재판에서 'und zieht vor, lieber dem Vergnügen nachzuhängen'으로 수정. 재판을 따라 옮김.

r) 초판에는 없었던 'und gegeben'이 재판에 첨가됨. 재판을 따라 옮김.

싸울 수밖에 없다는 사실을 알고도 (물론 그 또한 그들을 잘 도울 수도 있지만) 다음과 같이 생각한다. '그게 나랑 무슨 상관이야? 각자는 하늘이 바라는 만큼 또는 자신이 이루어낼 수 있는 만큼 행복한 거야. 나는 그에게서 그 어떤 것도 앗아가지 않을 것이며, 단 한 번도 그를 시샘하지 않을 거야. 단지 그가 잘 지내도록 하기 위해서나 곤궁에 처한 그를 돕기 위해서 조금이라도 힘을 보탤 생각이 없을 뿐이야.' 물론 이런 방식으로 사고하는 것이 보편적인 자연법칙이 된다고 해도, 인류는 아주 잘 존속해나갈 것이다. 그리고 모두가 서로 동정과 호의를 떠벌리면서 때에 따라 그와 같은 것들을 실행하려고 매진하면서도, 또한 다른 한편에서는 각자가[s] 서로 속일 수만 있다면 속이고 인간의 권리를 팔거나 훼손하는 경우보다는 이런 방식으로 사고하는 것이 의심할 바 없이 훨씬 나을 것이다. 그러나 이 같은 준칙에 따름으로써 보편적인 자연법칙이 계속 잘 유지될 수 있다 할지라도, 이런 원리가 자연법칙으로서 어디에서나 타당하도록 바라는 것은 불가능하다. 이와 같은 것을 하려고 결심하는 의지는 그 스스로와 충돌할 것이기 때문이다. 그럴 수밖에 없는 것이 그가 다른 사람의 사랑과 동정이 필요한 경우도 많이 발생할 수 있고 그리고 그 자신의 의지에서 생겨난 자연법칙으로 그가 바라는 도움을 받을 희망을 모 A 57
두 스스로 앗아가버리는 경우가 많이 일어날 수도 있기 때문이다.

이러한 것들은 현실적이거나 적어도 우리가 현실적이라고 여기는 많은 의무 중 몇 가지 의무다. 이런 의무들이 앞서 언급한 단 하나의 원리에서 나왔다는 것은 아주 분명하다. 우리는 우리 행위의 준칙이 IV 424
하나의 보편적 법칙이 되기를 바랄 수 있어야 한다. 이것은 행위 일반을 도덕적으로 평가하는 규준이다. 몇몇 행위[25]는 이들 행위의 준칙

---

s) 초판의 'man'을 재판에서 'er'로 수정. 재판을 따라 옮김.

이 모순에 처하지 않고는 단 한 번이라도 보편적인 자연법칙으로 생각될 수 없는 성질이다. 더욱이나 우리는 그것이 보편적 자연법칙이 되어야 한다고는 결코 바랄 수 없다. 다른 행위[26]의 경우에는 이런 내적 불가능성을 발견할 수 없지만, 그래도 이런 행위 준칙이 자연법칙만큼 보편성으로까지 고양되기를 바랄 수는 없다. 그런 의지는 자신과 모순에 처하기 때문이다. 우리는 전자의 행위가 엄격하거나 엄밀한(가차 없는) 의무에 위배되고, 후자의 행위가 단지 느슨한(칭찬할 만한) 의무에 위배된다는 사실을 쉽게 안다. 이렇게 해서 모든 의무가 (자신들의 행위 대상과 관련해서가 아니라) 구속의 종류와 관련해서 단 하나의 원리에 전적으로 의존하고 있음이 이 실례들로 완전히 드러나게 되었다.

A 58　　그렇지만 우리가 의무를 위반할 때마다 자신에게 주의를 기울여 보면 우리 준칙이 보편적 법칙이 되어야 함을 실제로는 우리가 바라지 않음을 발견한다. 왜냐하면 그런 일은 우리에게는 불가능하기 때문이다. 오히려 그 같은 준칙에 반대되는 것이 보편적 법칙으로 남아 있어야 한다. 단지 우리는 우리 자신을 위해 혹은 (이 한 번만이라도) 우리의 경향성에 이득이 되도록 법칙에서 예외가 될 수 있는 자유를 가져보려 한다. 따라서 우리가 모든 것을 하나의 동일한 관점에서, 즉 이성의 관점에서 곰곰이 따져본다면, 우리 자신의 의지 안에서 하나의 모순과 마주하게 된다. 즉 우리는 어떤 한 원리가 객관적으로는 보편적 법칙으로서 필연적이지만, 주관적으로는 보편적으로 타당하지 못하고, 오히려 예외를 인정해야 한다는 모순과 마주하게 된다. 그러나 우리는 우리 행위를 한 번은 전적으로 이성에 맞는 의지의 관점에서 관찰하지만, 또한 그다음에는 바로 이 행위를 경향성에 영향을 받는 의지의 관점에서 바라보기 때문에, 여기에 실제로 어떤 모순도 없지만, 이성의 수칙에 대한 경향성의 저항(적대감)은 명백히

존재한다. 이로써 원리가 지닌 보편성은 단순한 일반성으로 전환되며,[27] 이로써 실천적 이성의 원리는 중도에서 준칙과 만날 수밖에 없게 된다. 그런데 우리 자신이 공정하게 내린 판단에서 볼 때, 물론 이런 일은 정당화될 수 없다. 그럼에도 이로부터 우리가 정언명령의 타당성을 실제로 인정하고 있으며, (이 정언명령을 전적으로 존경하면서도) 다만 우리가 보기에 사소하지만 피할 수 없는 몇몇 예외를 우리 자신에게 허용하고 있다는 점은 분명하다. A 59

따라서 우리는 의무라는 개념이 우리의 행위들에 대해서 의미를 가져야 하고, 이들 행위들에 실제로 법칙을 부여해야 한다면, 의무는 정언명령으로 표현될 수 있을 뿐 결코 가언명령으로는 표현될 수 없다는 정도는 적어도 밝혀냈다. 마찬가지로 우리는 이미 여러 번 모든 의무의 원리(도대체 그와 같은 것이 존재한다면)를 포함해야 할 정언명령의 내용을 분명하게 그리고 언제라도 사용하도록 정확하게 제시했다. 그러나 우리는 여전히 그와 같은 명령이 실제로 존재한다는 것, 어떤 동기도 없이 오로지 스스로 지시 명령하는 실천법칙이 있다는 것 그리고 이런 법칙을 준수하는 것이 의무라는 것을 아프리오리하게 입증할 정도로까지 나아가지 못했다. IV 425

이런 일을 성취하고자 의도할 경우, 대단히 중요한 점은 우리가 이런 원리의 실재성을 인간 본성의 특수한 성질에서 끌어내려는 생각조차 하지 말아야 한다는 것을 경고로 받아들이는 것이다. 의무는 행위의 실천적이며 무조건적인 필연성이어야 하기 때문이다. 따라서 의무는 (여하튼 명령이 유일하게 해당할 수 있는) 모든 이성적 존재자에게 타당해야 하며, 오직 이런 이유에서 모든 인간의 의지에 대해서도 법칙이어야 한다. 그에 반해 인간성이 지닌 특수한 자연적 소질에서 나오는 것, 어떤 감정이나 성벽에서 나오는 것, 심지어 어쩌면 인간 이성에 고유한 것이지만, 모든 이성적 존재자의 의지에는 반드시 타 A 60

당한 것이 아닌 특수한 성향에서 나오는 것은 우리에게 준칙을 줄 수는 있지만 법칙을 줄 수는 없다. 즉 그러한 것은 성벽과 경향성을 지닌 우리가 행할 때 따르게 되는 주관적 원리는 줄 수 있어도, 우리의 모든 성벽, 경향성 그리고 자연적 성향이 저항한다 할지라도 우리가 행할 때 **지시받으며** 따라야 할 객관적 원리는 줄 수 없다. 게다가 이 객관적 원리에 찬성하는 주관적 원인들이 적으면 적을수록, 이 원리에 저항하는 원인들이 많으면 많을수록, 그만큼 더 객관적 원리는 의무 안에 있는 명령의 숭고성과 내적 존엄성을 증명해준다. 그래도 주관적 원인이 저항한다고 해서 법칙으로 강제하는 것이 조금도 약화되지 않으며, 법칙의 타당성도 전혀 잃는 것이 없다.

그런데 여기서 우리는 철학이 하늘과 땅 그 어디에도 매달려 있거나 의지할 곳이 없음에도 견고해야 하는 난처한 처지에 사실상 놓여 있음을 알고 있다. 여기서 철학은 심어진 감각이나 아무도 알지 못하는 본성이[28] 후견인의 자격으로 속삭여준 법칙을 전하는 전령이 아니라 자기 법칙을 스스로 보유한 자로서 자신의 순수성을 입증해야 한다. 물론 이들 감각이나 본성이 속삭여준 법칙이라도 이것들이 아예 없는 것보다는 훨씬 더 낫겠지만, 그래도 이것들 모두를 다 모은들 이성이 명령하는 원칙을 결코 제공해줄 수는 없다. 이 원칙들은 철저하게 전적으로 아프리오리하게 생겨났으며, 그렇기 때문에 동시에 명령하는 권위를 가져야 한다. 이런 권위는 인간의 경향성으로부터는 전혀 기대할 수 없으며, 모두 법칙이 지닌 최상의 힘과 법칙 자체에 대한 당연한 존경으로부터 기대하는 것이다. 이에 반할 경우, 이런 권위는 인간에게 자기를 경멸하고 내적으로 혐오하도록 선고한다.

따라서 경험적인 것 모두는 도덕성의 원리에 덧붙여진 것으로, 도덕성 원리로 전혀 쓰일 수 없을 뿐만 아니라 도덕의 순수성 자체에도 가장 해롭다. 도덕에서 절대적으로 선한 의지가 지닌 본래적이면 서도 모든 값을 넘어서는 가치는 바로 행위의 원리가 오로지 경험이 제공할 수 있는 우연적 근거가 행사하는 모든 영향에서 자유롭다는 데 있다. 경험적인 작용인이나 법칙 가운데서 원리를 찾아내려는 태만함이나 아주 저급한 사고방식에 대해서는 우리가 아무리 많이 그리고 자주 경고해도 지나치지 않다. 인간의 이성은 피곤해지면 기꺼이 [경험이라는] 이 베개를 베고 쉬거나 (이성에게 유노[29] 대신 구름을 껴안도록 하는) 달콤한 환상들을 꿈꾸면서 혈통이 아예 다른 지체들을 함께 엮어 맞춘 잡종을 도덕성에 슬며시 밀어넣으려고 한다. 이 잡종은 우리가 도덕성에서 보고자 하는 것 모두와 비슷해 보이지만, 덕의 참된 모습을 예전에 한 번이라도 눈여겨본 사람에게는 이것이 덕과 닮아 보이지 않는다.*

따라서 문제는 이것이다. 즉 보편적 법칙으로 사용해야 할 것을 스스로 바랄 수 있는 준칙에 따라 언제나 자신의 행위를 평가하는 것이 <u>모든 이성적 존재자에게 필연적인 법칙인가?</u> 만일 그것이 필연적 법칙이라면, 그것은 이미 이성적 존재자 일반의 의지라는 개념과 (완전히 아프리오리하게) 결합되어 있어야 한다. 그러나 이 연결을 찾아내려면, 아무리 내키지 않아도 한 걸음 더, 즉 형이상학으로까지 내디뎌야 한다. 비록 이 형이상학이 사변철학의 영역과 구분되는 형이상학, 즉 도덕형이상학에 속한다고 하더라도 말이다. 실천철학에서는 일어나는 것의 근거가 아니라, 결코 일어나지 않는다 해도 일어나   A 62   IV 427

---

* 덕의 고유한 모습을 눈여겨본다는 것은 감각적인 것들을 혼합한 것 모두를 그 리고 보상이나 자기애와 같은 허위 장식 모두를 걷어치우고 도덕성을 제시하는 것 외에 다른 아무것도 아니다. 이에 경향성들에 매혹적이게 보이는 나머지 모두를 덕이 얼마나 많이 보잘것없도록 만들어버리는지는 누구나 자신의 이성으로—이 이성이 모든 추상작용을 위해 전적으로 파멸된 것은 아니라면—최소한만 노력해보아도 쉽게 알아차릴 수 있다.   A 62

야 할 것의 법칙, 즉 객관적인 실천법칙을 받아들이는 것이 중요하다. 이러한 실천철학에서는 다음과 같은 것들과 관련된 근거들을 탐구할 필요는 없다. 즉 왜 어떤 것이 마음에 들거나 들지 않는지, 단순한 감각의 만족이 취미와 어떻게 다른지, 취미가 이성의 보편적 만족과 구분되는지, 쾌와 불쾌 감정이 무엇에 기인하는지 그리고 어떻게 이런 감정에서 욕구와 경향성이 생겨나며, 이들에 이성이 함께 작용해서 이들로부터 준칙들이 어떻게 생겨나는지,[30] 이 모든 것의 근거를 실천철학에서 탐구할 필요는 없다. 이런 것들은 모두 경험적 심리학에 속하기 때문이다. 이 심리학이 **경험법칙**에 기초하는 한에서 **자연철학**으로 간주된다면, 이 심리학은 자연학의 제2부를 이룰 것이기 때문이다. 그러나 여기에서 논의해야 할 것은 객관적으로 실천적인 법칙에 관한 것, 의지가 순전히 이성을 통해 규정된 한에서 자기 자신과 맺는 관계에 관한 것이다. 여기서는 경험적인 것과 관계하는 것은 모두 저절로 제외되기 때문이다. 이성이 **오직 홀로** 행동을 결정한다면(그것에 관해서 우리는 그 가능성을 곧바로 탐구해보려고 한다), 이성은 이런 일을 반드시 아프리오리하게 행해야 하기 때문이다.

생각건대 의지는 **어떤 법칙의 표상에 맞추어** 행동하도록 스스로를 규정하는 능력이다. 그리고 이 능력은 오직 이성적 존재자에게서 발견할 수 있다. 그런데 의지가 스스로 결정할 때 이것의 객관적 근거로 사용하는 것이 **목적**이다. 이 목적이 오로지 이성을 통해서 주어진다면, 이는 이성적 존재자 모두에게 똑같이 타당해야 한다. 이에 반해서 어떤 행위의 결과가 목적일 때, 행위의 가능 근거만을 포함하는 것은 **수단**이라고 한다. 욕망의 주관적 근거는 **동기**이며, 의욕작용의 객관적 근거는 **동인**이다. 따라서 동기에 근거하는 주관적 목적과 모든 이성적 존재에게 타당한 동인에 의존하는 객관적 목적은 구분된다. 실천적 원리가 모든 주관적 목적을 멀리하면 **형식적**이다. 그러나 이 실천적 원리가 주관적 목적, 즉 동기를 기초로 삼으면 이 원리는 실질적이다. 이성적 존재자가 자기 행위의 결과로 임의로 전제하는 목적(실질적 목적)은 전부 그저 상대적일 뿐이다. 목적이 주체가 지닌 특별한 종류의 욕구능력과 관계할 경우에만, 이 목적에 가치가 부여되는데, 이 가치는 모든 이성적 존재자에게 보편적일 수 없으며, 또 모든 의욕작용에 대해 타당한 필연적 원리, 즉 실천법칙을 제공할 수 없기 때문이다. 그러므로 이런 상대적인 목적은 모두 가언명령들의 근거일 뿐이다. A 64 IV 428

그러나 어떤 것, 그것의 현존이 그 자체로 절대적 가치가 있으며, 목적 자체로서 일정한 법칙의 근거일 수 있다고 가정해보자. 그러면 그런 것에서, 오로지 그런 것에만 가능한 정언명령, 즉 실천법칙의 근거가 놓여 있을 것이다.

이제 나는 이렇게 말한다. 인간과 대체로 모든 이성적 존재자는 이런저런 의지를 좇아 마음대로 사용하기 위한 **단순한 수단으로서가** 아니라 목적 자체로서 **실존하며,** 모두 자기 자신뿐만 아니라 다른 이성적 존재자를 향한 자신의 모든 행위에서 언제나 **동시에 목적으로** 고려되어야 한다. 경향성의 대상은 모두 제약된 가치만 갖는다. 경향성과 이에 토대를 둔 필요들이 존재하지 않는다면, 그 대상들도 가치가 없을 것이기 때문이다. 그러나 필요의 원천인 경향성 자체는 그것들을 그 자체로 바랄 정도의 절대적 가치를 갖고 있지 못하다. 그래서 오히려 모든 이성적 존재자는 일반적으로 여기에서 완전히 벗어나기를 소망하지 않을 수 없다. 따라서 우리 행위로 얻게 될 모든 대상의 가치는 언제나 제약되어 있다. 어떤 존재자의 현존이 우리 의지가 아니라 자연에 의존한다 해도, 이런 존재자가 이성이 없는 존재자라면, 이들은 단지 수단으로 상대적 가치만을 지니며, 따라서 물건이라고 불린다. 그에 반해서 이성적 존재자는 인격이라고 명명된다.[31] 이 A 65

런 존재자의 본성은 이 존재자를 이미 목적 자체로, 즉 단순히 수단으로 사용해서는 안 되는 것으로 드러내며, 따라서 그런 한에서 모든 자의[32])를 제한하기 (그래서 존경의 대상이 되기) 때문이다. 그러므로 이들 인격은 주관적 목적이 아니다. 이런 목적의 현존은 우리 행위의 결과로 우리에게 가치를 가질 뿐이다. 오히려 이들 인격은 객관적 목적이다. 즉 현존 자체가 목적인 것들이다. 게다가 이들 인격은 다른 어떤 목적도 그 자리를 대신할 수 없는 목적으로, 다른 목적은 이 목적을 위해 그저 수단으로만 쓰여야 한다. 이런 인격이 없다면, 어디에서도 **절대적 가치**를 가지는 것을 찾을 수 없기 때문이다. 그러나 모든 가치가 제약되고, 그래서 우연적이라면 우리는 어디에서도 이성을 위한 어떤 최상의 실천적 원리를 결코 찾을 수 없을 것이다.

A 66

따라서 최상의 실천 원리가 있어야 하고, 인간의 의지와 관련해서는 정언명령이 있어야 한다면, 그것은 필히 모두에게 목적이 되는 것을 표상하는 데서 나온 것이어야 한다. 그것은 **목적 자체**이고 의지의 **객관적 원리**를 형성하여서, 그래서 보편적인 실천법칙으로 쓰일 수 있기 때문이다. 이 원리가 근거로 하고 있는 것은 **이성적 본성이 목적 자체로 현존**한다는 데 있다. 인간은 자신의 고유한 현존을 필연적으로 이렇게 표상한다. 그런 한에서 이 원리는 인간 행위의 **주관적 원리**다. 그러나 각각의 다른 이성적 존재자도 모두 나에게도 해당하는 바로 그 동일한 이성의 근거를 따라 자기 현존을 표상한다.* 따라서 이 원리는 동시에 **객관적 원리**로서, 최상의 실천적 근거인 이 원리에서 우리는 의지의 모든 법칙을 도출할 수 있어야 한다. 그러므로 실천적 명령은 다음과 같이 될 것이다. 너는 너 자신의 인격에서나 다른 모든

IV 429

* 나는 이러한 명제를 여기서 요청으로 제시한다. 마지막 절에서 이것의 근거들을 알게 될 것이다.

사람의 인격에서도 인간성을 결코 단지 수단으로 사용하지 않고 언제나
동시에 목적으로 사용하도록 행하라. 우리는 이와 같은 명령이 실행될
수 있는지를 알아보려고 한다.

  앞서 언급한 실례들을 계속 들여다보면 다음과 같다.

  첫째, 자기 자신에 대한 필연적 의무 개념에 비추어 자살을 기도하
는 사람은 자기 행위가 **목적 자체로서의** 인간성 이념과 양립할 수 있
는지 묻는다. 만약 그가 힘든 상태에서 벗어나려고 자기 자신을 파괴
한다면, 그는 자기 인격을 생을 마감할 때까지 무난한 상태를 유지하
기 위한 수단으로만 사용하는 셈이다. 그러나 인간은 결코 물건이 아
니므로 수단으로만 사용될 수 있는 어떤 것이 아니다. 오히려 인간은
모든 자기 행위에서 언제나 목적 자체로 간주되어야 한다. 따라서 나
는 내 인격 안에 있는 인간을 불구로 만들거나, 상하게 하거나, 죽이
는 어떤 처분도 마음대로 할 수 없다.[ㄷ] (모든 오해를 피하기 위해 이 원
칙을 더 자세하게 규정하는 것, 예를 들어 나를 지키기 위해 내 신체 부
분을 잘라내거나 내 생명을 보존하기 위해 내가 생명을 위험에 내맡기
는 것 등에 대해 더 자세하게 규정하는 일을 나는 여기서 지나갈 수밖에
없다. 이런 일은 본래 도덕에 속한다[33])

  둘째, 타인에 대해 필연적인 의무나 빚지고 있는 의무와 관련해서
보면, 타인에게 거짓 약속을 하려고 마음먹은 사람은 타인 역시 그
자신 안에 목적을 간직하고 있다는 걸 이해하지 못한 채[34] 그를 단지
수단으로만 이용하려고 한다는 점을 곧장 알아차리게 된다. 내가 그
런 거짓 약속으로 내 의도대로 이용하려는 그 사람은 도저히 내 방식
에 동의할 수 없는데, 이는 그 자신에게도 이런 행위의 목적이 있기
때문이다. 타인의 원리에 대한 이런 대립은, 우리가 타인의 자유와

ㄷ) 초판의 'nicht'는 재판에서 'nichts'로 수정. 재판에 따라 옮김.

재산을 침해하는 것과 관련된 예들을 끌어들이면 더욱더 분명하게 눈에 띈다. 타인의 권리를 침해하는 사람은 타인의 인격을 그저 수단으로만 사용하려고 꾀했다는 사실이 더욱 분명해지기 때문이다. 이런 사람은 타인이 이성적 존재자로서 언제나 동시에 목적으로, 즉 바로 그 동일한 행위에 대해서 자신 안에도 목적을 지녀야 하는 그런 것으로만 평가되어야 한다는 것을 감안하지 않은 채 말이다.*

A 69 셋째, 자기 자신에 대한 우연적인 (공로를 인정받을 만한) 의무와 관련하여, 행위가 목적 자체로 우리 인격 안에 있는 인간성36)과 충돌하지 않는다는 것만으로는 충분하지 못하다. 행위는 인간성과도 **조화**를 이루어야 한다. 그런데 인간성에는 더 큰 완전성을 향한 소질들이 자리한다. 이 소질은 우리 주체 안에 있는 인간성과 관련한 자연의 목적에 속하는 것들이다.37) 이것들을 방치한다면 이는 목적 자체로서 인간성을 유지하는 것과는 그럭저럭 잘 양립할 수 있을지 모르지만, 이 목적을 **촉진**하는 것과는 양립할 수 없을 것이다.

넷째, 타인에 대해 공로를 인정받을 만한 의무38)와 관련하여 모든 사람이 갖게 되는 자연스러운 목적은 그들 자신의 행복이다. 아무도 타인의 행복에 기여하지 않는다고 하더라도, 그 경우에도ᵘ⁾ 그들의 행

---

* 그야말로 우리는 여기서 다음과 같은 것이, 즉 '너에게 일어나기를 원치 않는 것[을 타인에게 행하려고 하지 말라]'35) 등의 진부한 말이 본보기나 원리로 쓰일 수 있다고 생각하지 않아야 한다. 그런 말에는 여러 가지 제한이 있기는 하지만 그저 원리에서 도출된 것일 뿐이어서 결코 보편적 법칙이 될 수 없기 때문이다. 이 말은 자기 자신에 대한 의무의 근거도, 타인에 대한 사랑의 의무도 포함하지 않으니 말이다(많은 사람은 자신이 타인에게 자선을 행하지 않아도 된다면, 타인도 자신에게 자선을 행하지 않아도 된다는 사실에 기꺼이 동의할 것이기 때문이다). 마지막으로 이 말은 서로에 대해서 책임질 의무의 근거도 포함하지 않는 말이다. 범죄자는 바로 이를 근거로 해서 자신을 처벌하려는 법관에게 항변하게 될 것이기 때문이다. 등등.

u) 초판의 'doch'는 재판에서 'dabei'로 수정. 재판에 따라 옮김.

복에서 아무것도 일부러 빼앗지 않는다면, 인간성은 존속할 수 있을 것이다. 그렇긴 하지만 각자가 자신이 할 수 있는 한 타인의 목적을 촉진하려고 애쓰지 않을 경우, 이것은 **목적 자체로서** 인간성과 소극적으로 일치할 뿐 적극적으로 일치하지는 못한다. 만일 목적 자체라는 표상이 나에게 **온갖** 영향을 미친다고 한다면, 목적 자체인 주체 자신의 목적이 또한 가능한 한 내 목적이기도 해야 하기 때문이다.[39]

인간성과 모든 이성적 자연일반이 **목적 자체**라는 이 원리는 (이것이 각 인간 행위의 자유를 제약하는 최상의 조건이지만) 경험에서 끄집어 내지는 못한다. 첫째, 이 원리의 보편성 때문에 그러하다. 그것은 모든 이성적 존재자 일반에게 적용되며, 경험은 이것에 관해 규정할 아무 것도 전해주지 못한다. 둘째, 이 원리에서 인간성은 인간들의[v] (주관적인) 목적, 즉 인간이 실제로 자신을 목적으로 삼는 대상으로서 표상되지 않기 때문이다. 오히려 그것은, 우리가 어떤 목적을 갖든 상관없이, 법칙으로서 모든 주관적 목적을 제약하는 최상의 조건을 형성해야 하는 객관적 목적으로 표상되고, 따라서 순수한 이성에서 유래해야 한다. 다시 말해 실천적으로 법칙을 수립하는 이들 모두의 근거는 객관적으로는 규칙에 그리고 (첫째 원리에 따라) 이 규칙이 법칙(경우에 따라서는 자연법칙)이 될 수 있도록 해주는 보편성의 형식에 있지만, 주관적으로는 목적에 있다. 하지만 (둘째 원리에 따라) 모든 목적의 주체는 목적 자체인 각 이성적 존재자 모두다. 여기에서 이제 의지의 원리를 보편적 실천이성과 조화롭게 하는 최상의 조건인 셋째 실천원리, 곧 보편적으로 법칙을 수립하는 의지가 모든 이성적 존재자 각각의 의지라는 이념이 뒤따라 나온다.

이 원리에 따라 의지가 독자적이고 보편적으로 법칙을 수립하는

A 70

IV 431

---

v) 초판의 'des'는 재판에서 'der'로 수정. 재판을 따라 옮김.

것과 양립할 수 없는$^{w)}$ 모든 준칙은 기각된다. 따라서 의지는 단순히
A 71 법칙에 지배당하는 것이 아니라 의지가 또한 **스스로** 법칙을 수립하는
것으로서, 바로 그 때문에 물론 법칙에 제일 먼저 자신을 예속하는 것
으로 여겨져야 한다(바로 이로부터 볼 때, 의지 자신이 법칙 제정자로
간주될 수 있다).

앞선 표상방식에 따른 명령, 즉 행위에는 일반적으로 **자연** 질서에
유사한 합법칙성이 있어야 한다는 명령이나 혹은 이성적 존재자 자
체에 보편적인 **목적** 우선성이 있어야 한다[40]는 명령은 지시하는 자
신들의 권위에 그 어떤 관심도 동기로 섞이는 것을 모두 배제했다.
그것은 바로 이 명령이 정언적인 것으로 표상된 데 기인한다. 그런데
이 명령을 오로지 정언적으로 **받아들였던** 까닭은 우리가 의무라는 개
념을 설명하려고 할 때 그와 같이 받아들여야만 했기 때문이다. 하지
만 정언적으로 지시 명령하는 실천적 명제가 있다는 사실은 그 자체
로 증명될 수 없고, 이는 이 절 전체에서는 물론이고 여기에서도 일
어날 수 없다.$^{x)}$ 그렇지만 한 가지만은 증명할 수 있겠다. 의무에서 나
온 의욕작용에서는, [우리가] 모든 관심과 결별하는 것은 정언명령
을 가언명령과 구별하는 특별한 표시로서, 바로 이 정언명령 자체에
그것이 담고 있는 어떤 규정을 통해 함께 암시되어 있으리라는 점이
IV 432 다. 그리고 이것은 논의 중인 원리의 셋째 정식에서, 즉 모든 이성적
존재자 각각의 의지가 **보편적으로** 법칙을 수립하는 의지라는 이념에
서 증명된다.

A 72 우리가 그러한 의지를 생각해보면, 설령 법칙의 **지배를** 받는 어떤
의지가 여전히 어떤 관심 때문에 이 법칙에 매여 있을 수 있더라도

---

w) 초판의 'nicht als'는 재판에서 'nicht'로 수정. 재판을 따라 옮김.
x) 초판에 없던 'nicht'가 재판에 첨가됨. 재판을 따라 옮김.

그 자신이 최상의 법칙 수립자인 의지는, 스스로가 최상인 한에서 어떤 관심에도 의존할 수 없기 때문이다. 의지가 이렇게 [관심에] 의존해 있을 경우, 그런 의지는 그의 자기애에 대한 관심을 보편적 법칙으로 타당하게 하는 조건을 제한하는 또 다른 하나의 법칙이 여전히 필요하게 될 것이기 때문이다.

따라서 각 인간의 의지가 곧 자신의 모든 준칙을 통해서 보편적으로 법칙을 수립하는 의지*라는 이 원리는, 만약 이것이 달리 정당성을 갖기만 한다면, 다음과 같은 점에서 정언명령으로 아주 잘 적합할 것이다. 즉 보편적 법칙 수립이라는 이념 때문에 이 원리는 어떤 관심에도 기초를 두지 않기에 모든$^{y)}$ 가능한 명령 가운데 유일하게 무조건적일 수 있다는 점에서 그러할 것이다. 또는 이 명제를 뒤집어놓으면 훨씬 더 좋을 것이다. 즉 정언명령이라는 것이 있다면 (즉 이성적 존재자의 각 의지를 위한 법칙이 있다면) 그것은 이성적 존재자가 자기 의지의 준칙에서 모든 것을 행하기를 그저 지시 명령하는 것인데, 여기에서 의지는 법칙을 보편적으로 수립하는 자신을 동시에 대상으로 삼을 수 있는 그런 것이다. 오직 이럴 경우에만 실천적 원리와 의지가 복종하는 명령은, 의지가 아무런 관심에도 기초를 둘 수 없어 무조건적이기 때문이다. A 73

우리가 도덕성의 원리를 찾아내려고 언젠가부터 시도해왔던 지금까지의 모든 노력을 되돌아볼 때, 이들 노력 전부가 실패할 수밖에 없었던 것도 이제는 전혀 놀랍지 않다. 사람들은 인간이 자기의무 때문에 법칙에 매여 있음을 알아챘으나, 단지 그 자신이 법칙을 수립할

---

* 여기서 이 원리를 설명하기 위한 실례를 제시하지 않고 넘어가도 될 것이다. 이미 앞서 정언명령과 이것의 형식을 설명하면서 제시한 예들이 여기서도 모두 바로 그 목적에 쓰일 수 있기 때문이다.
y) 초판에 없던 'allen'이 재판에 첨가됨. 재판을 따라 옮김.

때만, 그럼에도 보편적으로 법칙을 수립할 때만 스스로 종속되어 있음을 떠올리지는 못했다. 또한 사람들은 인간이 자기 자신의 의지이지만 이 의지가 자연의 목적에 따라 법칙을 보편적으로 수립하는 의지에 맞게 행하도록 그저 속박되어 있다는 것도 떠올리지 못했다. 왜냐하면 사람들이 의지를 어떤 법칙에 (그 법칙이 어떠한 것이든) 예속된 것으로만 생각한다면, 이 법칙은 자극이나 강제 같은 어떤 관심을 동반해야 할 것이기 때문이다. 그 이유는 이 관심이 법칙으로서 자기 의지에서 나온 것이 아니라 오히려 이 의지가 다른 어떤 것에 의해서 일정 방식에 입각해 법칙에 맞추어 행하도록 강요받았기 때문이다. 전적으로 필연적인 이런 귀결 때문에 의무의 최상 근거를 찾아내려는 모든 노력은 돌이킬 수 없는 헛수고가 되고 말았다. 사람들이 얻은 것이라곤 결코 의무가 아니라 어떤 관심에서 비롯한 행위의 필연성이니 말이다. 그런데 이 관심은 단지 자기 자신의 것이거나, 아니면 다른 사람의 것일 수도 있었다. 그러나 그렇게 될 경우, 명령은 언제나 제약된 상황에 빠질 수밖에 없었고, 도덕적 지시명령으로는 전혀 적합할 수 없었다. 따라서 나는 이 원칙을 내가 타율성에 속하는 것으로 여기는 원리ᶻ⁾와 대비해 의지의 **자율성** 원리라고 할 것이다.

모든 이성적 존재자 각각은 자기 의지의 모든 준칙을 통해서 자신을 보편적으로 법칙을 세우는 자로 간주해서, 이런 관점에서 자기 자신과 자기 행위를 평가해야 한다. 그런데 이런 이성적 존재자의 개념은 그에 딸린 매우 유익한 개념, 즉 **목적의 나라**라는 개념으로 이끈다.

하지만 나는 이 나라를 다양한 이성적 존재자가 공동의 법칙을 바탕으로 체계적으로 결합하는 것으로 이해한다. 그런데 이 법칙은 그

IV 433
A 74

---

z) 초판의 'also dieses Princip'는 재판에서 'also diesen Grundsatz das Princip'로 수정. 재판을 따라 옮김.

것의 보편적 타당성에 따라 목적을 규정한다. 이 때문에 이들 이성적 존재자의 개인적 차이는 물론 이들의 사적 목적에 담긴 모든 내용도 제거해버린다면, 체계적으로 연결되어 있는 모든 목적 전체(목적 자체로서 이성적 존재자뿐만 아니라 그 존재자가 각기 설정할 수 있는 고유한 목적), 즉 목적의 나라를 생각할 수 있다. 이것은 위에서 언급한 원리에 따라 가능하다.

왜냐하면 이성적 존재자는 모두 각자 자기 자신과 다른 모든 사람을 결코 단순히 수단으로서가 아니라 언제나 동시에 목적 자체로 대해 A 75 야 한다는 법칙 아래 놓여 있기 때문이다. 이 때문에 공동의 객관적 법칙을 통해서 이성적 존재자의 체계적 결합, 즉 '나라'가 생긴다. 이 나라는 그 법칙이 이성적 존재자들이 서로 목적이자 수단인 관계를 의도하기 때문에 목적의 나라(물론 이 나라는 그저 이상일 뿐이지만) 라고 불릴 수 있다.

그러나 이성적 존재자가 이 나라에서 보편적으로 법칙을 수립할 뿐만 아니라 이 법칙에 스스로 따른다면, 그는 목적의 나라에 구성원으로 속하는 셈이다. 만일 그가 법칙을 수립하는 자로서 다른 어떤 의지에도 지배받지 않는다면, 그는 원수로서 이 나라에 속한다.

의지의 자유를 통해서 가능한 목적의 나라에서 이성적 존재자는, IV 434 그가 구성원이든 원수이든 간에, 여하튼 자신을 언제나 법칙을 수립 하는 자로 여겨야 한다. 그렇지만 그는 단지 자기 의지의 준칙만으로 는 이 나라의 원수 자리를 주장할 수 없으며, 의지에 적합한 자기 능 력을 요구하거나 제한받지도 않으면서 완전히 독립적인 존재자일 경우에만 비로소 원수 자리를 주장할 수 있다.

따라서 도덕성은 모든 행위가 목적의 나라를 유일하게 가능하게 하는 법칙 수립과 맺는 관계에 있다. 하지만 이 법칙 수립은 각 이성 A 76 적 존재자 자신에서 발견될 수 있으며, 그의 의지에서 생겨날 수 있어야 한다. 그러므로 이 의지의 원리는 준칙이 보편적 법칙임을 지속할 수 있는 준칙 외의 어떤 다른 준칙에 따라서도 행위를 하지 말라는 것이고, 따라서 오로지 의지가 자기 준칙을 통해서 자신을 동시에 보편적인 법칙 수립자로 여길 수 있는 것에 따라 행위를 하라는 것이다. 그런데 준칙이 그것의 본성 때문에 보편적 법칙 수립자인 이성적 존재자의 이 객관적 원리와 이미 불가피하게 일치하지 않는다면, 이 원리에 따라 행위를 해야 하는 필연성은 실천적 강제, 즉 의무라고 불린다. 이 의무는 목적의 나라에 존재하는 원수에게는 해당하지 않는다. 그렇지만 이 의무는 각 구성원에게, 그것도 모두에게 똑같은 정도로 해당한다.

이 원리에 따라 행위를 해야 하는 실천적 필연성, 즉 의무는 감정, 경향성, 충동 그 어디에도 기초하지 않으며, 이성적 존재자들 사이의 관계에만 기초를 두고 있다. 이 관계에서 이성적 존재자의 의지는 언제나 동시에 법칙 수립자로 여겨져야 한다. 그렇지 않으면 이성적 존재자는 그 관계를 목적 자체로 생각하지 못할 것이기 때문이다. 따라서 이성은 보편적인 법칙 수립자로서 의지의 모든 준칙을 다른 모든 의지와 관계시키고, 자기 자신에 대한 모든 행위와도 관련짓는다. 이성이 이렇게 하는 것은 어떤 다른 실천적 동인이나 미래에 일어날 이익을 위해서가 아니라 오히려 스스로 수립한 법칙 이외에는 어떤 법
A 77 칙에도 따르지 않는 이성적 존재자가 지켜내려는 존엄성이라는 이념 때문이다.

목적의 나라에서는 모든 것에 어떤 가격이 있거나 존엄성이 있다. 가격이 나가는 어떤 것이 있다면 그것은 또 자신에게 맞먹는 다른 어떤 것과 대체될 수 있다. 그에 반해 모든 가격을 초월해서 어떤 것과도 대체가 불가능한 것이 있다면, 그것에는 존엄성이 자리하고 있다.

인간의 보편적 경향성이나 욕구와 관련된 것에는 시장가격이 존재

한다. 또한 욕구를 전제하지 않고 어떤 취미에서, 즉 우리 마음의 능
력들이 목적에 얽매이지 않고 순전히 놀이하는 데서 만족해하는 것
에 적합한 것에는 애호가격이 존재한다. 그렇지만 어떤 것이 오로지
목적 자체일 수 있도록 해주는 조건을 이루는 것에는 단순히 상대적
가치, 즉 가격이 존재하는 것이 아니라 오히려 내적 가치, 이른바 존
엄성이 자리하고 있다.

도덕성은 이성적 존재자가 유일하게 목적이 될 수 있는 조건이다.
이성적 존재자는 단지 도덕성을 통해서만 목적의 나라에서 법칙을
수립하는 구성원이 될 수 있기 때문이다. 따라서 도덕성과 도덕적일
수 있는 한에서 인간성에만 존엄성이 존재한다. 노동에서 숙련과 근
면에는 시장가격이 존재한다. 재치와 활기가 넘치는 상상력 그리고
익살에는 애호가격이 존재한다. 이에 반해 약속에서 신뢰나 (본능에
서가 아니라) 원칙에서 호의에는 내적 가치가 존재한다. 자연뿐만 아
니라 기예에도 그것들이 없을 때 그 자리를 대신해줄 수 있는 것은
전혀 없다. 자연과 기예의 가치는 이들에서 생겨난 결과나 이들이 창
출하는 이익이나 효용에 있지 않고 마음씨인 의지의 준칙에 있기 때
문이다. 이때 마음씨는 설령 행위의 성과가 자신을 지지해주지 않을
지라도, 이런 식으로 행위에서 자신을 드러낼 채비를 갖추고 있다.
이런 행위는 행위를 직접적 혜택과 만족에서 바라보려는 어떤 주관
적 성향이나 취미의 권장도 필요로 하지 않으며, 이 행위를 위한 직
접적 성벽이나 감정도 필요로 하지 않다. 이런 행위는 그것을 수행하
는 의지를 직접적 존경의 대상으로 드러낸다. 이 목적으로 의지에 행
위를 부과하는 데 요구되는 것은 이성밖에 없으며, 의지에 행위를 하
도록 달래는 것―이는 의무에서 그렇지 않아도 모순이다―이 아니
다. 따라서 이런 평가는 이러한 사고방식의 가치를 존엄성으로 인식
하게 해주며, 이 존엄성을 모든 가격을 영원히 뛰어넘어 있게 한다.

존엄성을 가격으로 계산하고 비교하는 일은 말하자면 존엄성의 신성함을 모독하지 않고는 할 수 없는 일이다.

A 79 그렇다면 도덕적으로 선한 마음씨나 덕이 이토록 높은 요구를 할 권한을 주는 것은 무엇일까? 그것은 다름 아니라 마음씨나 덕이 **보편적 법칙 수립**에서 이성적 존재자에게 마련하여 그를 가능한 목적의 나라에서 구성원으로 적합하게 해주는 몫이다. 바로 그렇게 이성적 존재자는 그 자신의 본성 때문에 이미 목적 자체로서, 또 그렇기 때문에 목적의 나라에서 법칙 수립자로서, 모든 자연법칙과 관련해 자유로운 존재로서, 그가 스스로 수립한 법칙에만 그리고 자신의 준칙이 보편적 법칙 수립(이에 그[41] 자신 스스로 동시에 종속한다)에 속할

IV 436 수 있는 법칙에만 복종하도록 정해져 있다. 이성적 존재자는 법칙이 그에게 결정해주는 것 외에 아무런 가치도 지니지 못하기 때문이다. 하지만 바로 이 때문에 모든 가치를 결정하는 법칙 수립 자체는 존엄성, 즉 무조건적이고 비교할 수 없는 가치를 지닐 수밖에 없다. 이러한 가치를 위해서 이성적 존재자가 내려야 하는 평가에 걸맞은 유일한 표현이 있다면 그것은 바로 **존경**이라는 단어다. 따라서 **자율성**은 인간 본성과 모든 이성적 본성이 존엄하다는 근거가 된다.

그러나 앞서 언급한 도덕성의 원리를 표상하는 세 가지 방식은 근본적으로 단지 이 동일한 법칙의 여러 가지 정식일 뿐이고, 이들 가운데 하나는 나머지 두 정식을 자연스럽게 자신 안에 통일한다. 그럼에도 이들에는 차이점이 있는데, 이는 객관적이고 실천적인 것이라기보다는 주관적인 것이다. 즉 그 차이점은 이성의 이념을 (어떤

A 80 유추에 따라) 직관에 더 근접하게 함으로써 감정에 더 가까워지도록 하기 위한 것이다. 다시 말해 모든 준칙에는 다음과 같은 요소들이 있다.

1) 형식. 이것은 보편성에 있고, 여기에서 도덕 명령의 정식은 다음

과 같이 표현된다. 즉 준칙은 마치 보편적 자연법칙과 같이 타당해야 하는 것처럼 선택되어야 한다.

2) 질료.[42] 즉 이것은 목적이고, 여기서 정식은 다음을 말한다. 이 성적 존재자는 자기 본성에 따라 목적으로서, 그러니까 목적 자체로서 각 준칙에 대해 단지 상대적이고 자의적일 뿐인 일체를 제한하는 조건이 되어야 한다.

3) 정식을 통해서 모든 준칙을 완벽하게 규정하기. 다시 말해 자기 법칙 수립에서[aa] 비롯한 모든 준칙은 자연*의 나라에서처럼 가능한 목적의 나라에서 조화로워야 한다. 여기에서 진행은 의지에서 형식의 단일성(의지의 보편성) 범주를 거쳐 질료의(객관, 즉 목적의) 다수성 범주 그리고 이들 체계의 전체성 혹은 총체성 범주를 거치는 것처럼 일어난다. 하지만 우리가 도덕적 판단에서 언제나 엄격한 방법에 따 A 81 라 처리하고, '자기 스스로 동시에 보편적 법칙이 될 수 있는 준칙에 따라 행하라'는 정언명령의 보편적 정식을 기초로 하는 것이 훨씬 낫다. 하지만 동시에 우리가 도덕법칙에 진입하고자 한다면, 동일한 행위 IV 437 를 앞에서 언급한 세 개념을 통해 다루어 이 행위를 가능한 한 직관에 근접하도록 하는 것이 아주 유용하다.

이제 우리는 처음 출발했던 곳에서, 즉 무조건적으로 선한 의지라는 개념에서 종결을 지을 수 있다. 의지는 단적으로 선하고 악할 수 없으며, 따라서 그것의 준칙이 보편적 법칙이 될 때 그 준칙은 결코 자신과 모순될 수 없다. 따라서 '네가 준칙의 보편성을 법칙으로 동시

---

aa) 초판의 'als'는 재판에서 'aus'로 수정. 재판을 따라 옮김.

* 목적론은 자연을 목적의 나라로 생각하고, 도덕은 가능한 목적의 나라를 자연 의 나라로 생각한다. 목적론에서는 목적의 나라가 현존하는 것을 설명하기 위 한 이론적 이념이다. 도덕에서는 현존하지는 않지만 우리 행위 여부로 현실화 될 수 있는 것을, 그것도 바로 이 이념에 따라 실현하기 위한 실천적 이념이다.

에 바랄 수 있는 그런 준칙에 따라 항상 행하라'는 것은 최상의 법칙이기도 하다. 이 원리는 의지가 자기 자신과 결코 모순될 수 없는 유일한 조건이며, 그 명령은 정언적이다. 가능적 행위에 대한 보편적 법칙으로서 의지의 타당성[43]은 자연일반의 형식인 보편적 법칙에 따라 사물들의 현존을 보편적으로 연결하는 것과 유사하다. 그렇기 때문에 정언명령은 '자기 자신을 동시에 보편적 자연법칙으로 취급할 수 있는 준칙에 따라 행하라'고 표현할 수도 있다. 따라서 이런 식으로 단적으로 선한 의지의 정식이 얻어진다.

A 82

이성적 본성은 자신에게 스스로 목적을 설정한다는 점에서 나머지 본성보다 두드러진다. 목적은 각 선한 의지의 질료가 될 것이다. 하지만 (이러저러한 목적의 달성을) 제한하는 조건 없이 단적으로 선한 의지의 이념에서 **실현되어야** 할 목적이라곤 모두 (각 의지를 단지 상대적으로만 선하도록 만들 것으로서) 완전히 배제되어야 한다. 그렇기 때문에 여기서 목적은 실현되어야 할 것이 아닌 오히려 **자립적인** 목적으로, 따라서 단지 소극적으로만 생각되어야 한다. 즉 [여기서 목적은] 그것에 반해서 행위를 해서는 안 되므로 각각의 의욕작용에서 결코 단순히 수단으로가 아니라 오히려 언제나 동시에 목적으로 중히 여겨져야 한다. 그런데 이 목적은 바로 모든 가능한 목적의 주체 자체다. 이 주체는 동시에 가능한 한 단적으로 선한 의지의 주체이기 때문이다. 이 의지는 모순 없이는 결코 다른 대상에 뒤따를 수 없기 때문이다. 그러므로 각 이성적 존재자(너 자신과 다른 사람)와의 관계에서 이 존재자가 너 자신의 준칙에서 동시에 목적 자체로서 타당하도록 행하라는 원리는[bb] '각 이성적 존재자에 대해 보편적 타당성을 포함하는 준칙에 따라 행하라'는 원리와 근본적으로 동일하다.

IV 438

---

bb) 초판의 'Princip aber'는 재판에서 'Das Princip'로 수정. 재판을 따라 옮김.

왜냐하면 내가 내 준칙을 모든 목적을 성취하는 수단으로 사용할 때, A 83 그것이 모든 주체를 위한 법칙으로서 보편타당해야 한다는 조건에 한정해야 한다는 것은 목적의 주체, 즉 이성적 존재자 자신은 단순히 수단으로서가 아니라 모든 수단을 사용할 때 최상의 제한 조건으로 서, 즉 언제나 동시에 목적으로서 행위의 모든 준칙에 토대가 되어야 한다고 말하는 것과 같기 때문이다.

이제 여기에서 다음과 같은 결론이 이론의 여지없이 도출된다. 즉 모든 이성적 존재자 각각은 목적 자체로서 그가 언제나 따라야 할지 도 모를 모든 법칙과 관련해서 자신을 동시에 보편적인 법칙 수립자 로 간주할 수 있어야 한다는 사실이다. 바로 이성적 존재자의 준칙이 보편적 법칙 수립에 이렇게 적합하다는 것은 이 이성적 존재자를 목 적 자체로 특징짓기 때문이다. 마찬가지로 [다음과 같은 결론도 이론 의 여지없이 도출된다] 즉 모든 단순한 자연적 존재자에 앞서는 이 성적 존재자의 존엄성(특권)은 그가 자기 준칙을 언제나 자신뿐 아 니라 동시에 다른 모든 이성적 존재자 각각이 법칙을 수립하는 존재 자(바로 이 때문에 인격으로 불린다)라는 관점에서 취해야 함을 수반 한다는 사실이다. 이런 식으로 이성적 존재자의 세계(예지계)는 목적 의 나라로 가능하다. 그것도 [목적의 나라] 구성원으로서 모든 인격 이 고유하게 법칙을 수립함으로써 가능하다. 그에 따라^{cc)} 모든 이성 적 존재자 각각은 마치 보편적인 목적의 나라에서 자기 준칙을 통해 서 언제나 법칙을 수립하는 구성원인 것처럼 행위를 해야 한다. 이런 준칙의 형식적 원리는 '너의 준칙을 (모든 이성적 존재자의) 보편적 A 84 법칙으로 사용해야 할 것처럼 그렇게 행하라'는 것이다. 따라서 목적 의 나라는 단지 자연의 나라와의 유추로만 가능하다. 그러나 목적의

---

cc) 초판의 'Dennoch'는 재판에서 'Demnach'로 수정. 재판을 따라 옮김.

나라는 오직 준칙에, 즉 자신이 스스로 부과한 규칙에 따라서만 가능하고, 자연의 나라는 오직 외부에서 강제되어 작동하는 원인의 법칙에 따라서만 가능하다. 그런데도 사람들은 비록 자연 전체를 이미 기계로 간주하더라도 그것에, 그의 목적인 이성적 존재자와 관계 맺고 있는 한에서, [그리고] 그런 까닭에서, 자연의 나라라는 이름을 부여한다. 이러한 목적의 나라는 정언명령이 모든 이성적 존재자에게 규칙을 훈계할 때 이와 함께하는 준칙을 통해서, **이 준칙이 보편적으로 지켜진다면**, 실제로 실현될 수 있다. 그렇지만 이성적 존재자는 비록 그 스스로 이 준칙을 정확하게 준수한다고 해도, 그렇다고 해서 다른 이성적 존재자도 모두 이 준칙을 충실히 준수하리라고 기대할 수는 없다. 마찬가지로 자연의 나라와 이 나라의 합목적적 질서가 이성적 존재자―그 자신 때문에 가능한 목적의 나라에 적합한 구성원으로서―와 일치하리라는 것을, 즉 행복에 대한 그의 기대가 충족되리라고 기대할 수는 없다. 그렇다고 할지라도 '한낱 가능한 목적의 나라를 위해 보편적으로 법칙을 수립하는 구성원의 준칙에 따라 행하라'는 저 법칙은 효력이 충분하다. 그 법칙이 정언적으로 지시 명령하기 때문이다. 그리고 여기에 바로 다음과 같은 역설이 놓여 있다. [한편으로는] 단지 이성적 본성으로서 인간성이 지닌 존엄성이, 이를 통해서 이르러야 할 어떤 다른 목적이나 이익도 없어 단순한 이념에 대한 존경일 뿐인데도 의지를 부단히 훈계하는 데 쓰여야 한다는 데 있다. [다른 한편으로는] 바로 준칙이 모든 동기에서 독립해 있다는 점에 준칙의 숭고함이 존재하고 목적의 나라에서 법칙을 수립하는 구성원인 모든 이성적 주체의 존엄성이 존재한다는 데 있다. 그렇지 않으면 이성적 존재자는 자기 욕구를 지배하는 자연법칙에 따르는 존재자로만 표상될 수밖에 없겠기 때문이다. 비록 자연의 나라는 물론이고 목적의 나라도 한 원수 아래 통합되어 있다고 여김으로써 목적의 나라가 단순한 이념에 머무르지 않고 참된 실재성을 얻는다 하더라도, 이로써 그 이념에는 강력한 동기의 증가가 일어나긴 하겠지만, 이념의 내적 가치가 증대하는 일은 결코 일어나지 않을 것이다. 왜냐하면 이들 두 나라의 통일에도 불구하고 제한을 받지 않는 이 유일한 법칙 수립자조차 항상 이성적 존재자들의 가치를 오로지 이들의 사심 없는 태도, 순전히 저 이념에서 이들에게 지시된 태도에 따라서만 평가한다고 생각되어야 하기 때문이다. 사물의 본질은 그것의 외적 관계 때문에 변하지 않는다. 인간 또한 이러한 외적 관계를 생각하지 않고 오로지 그 자신의 절대적 가치를 형성하는 것에 비추어 평가되어야 한다. 평가는 평가자가 누구든, 심지어 그가 최상의 존재자라고 할지라도 마찬가지다. 따라서 도덕성은 행위가 의지의 자율과 맺는 관계이고, 의지의 준칙을 통해서 행위가 가능한 보편적인 법칙 수 $\quad$ A 86 립과 맺는 관계다. 의지의 자율과 양립할 수 있는 행위는 허용되지만, 그렇지 못한 행위는 허용되지 않는다. 의지의 준칙이 자율성의 법칙과 필연적으로 조화를 이룰 때, 그 의지는 신성한 의지, 즉 단적으로 선한 의지가 된다. 단적으로 선하지 못한 의지가 자율성의 원리(도덕적 강제)에 의존하는 것은 구속성이 된다. 따라서 이 구속성은 신성한 존재자와 관계할 수 없다. 이 구속성에서 비롯한 행위의 객관적 필연성은 의무라고 불린다.

방금 진행한 논의에서 이제 우리는, 비록 우리가 의무 개념을 법칙에 따를 뿐이라고 생각할지라도, 그것으로 동시에 자신의 모든 의무를 완수하는 그 인격에서 어떤 숭고함이나 존엄함을 떠올리는 일이 $\quad$ IV 440 어떻게 해서 일어나게 되는지 쉽게 설명할 수 있다. 인격이 도덕법칙에 종속되어 있는 한 그 인격에 아무런 숭고함도 없긴 하지만, 그것이 동시에 도덕법칙과 관련해서 법칙을 수립하고, 단지 그 때문에 그 법칙에 따르는 한에서는 숭고함이 존재하기 때문이다. 그뿐만 아니라 우리는 또한 위에서 어떻게 공포도 경향성도 아닌 오로지 법칙에 대한 존경만이 행위에 도덕적 가치를 주는 동기인지도 제시했다. 우리의 고유한 의지가 자신의 준칙을 통해 가능한 보편적 법칙을 수립한다는 조건 아래서만 행위를 하는 한에서, 이념에서 우리에게 가능한 이 의지는 제대로 된 존경의 대상이 된다. 또 인간의 존엄성도 보편적으로 법칙을 수립하는 바로 이 능력—비록 이 존엄성이 법칙 수립에 동시에 스스로 복종한다는 조건과 결부되어 있지만—에 있다.

A 87

도덕성의 최상 원리인 의지의 자율성

의지의 자율성은 (의욕작용의 대상이 지닌 모든 속성에서 독립하여) 의지 자신에게 법칙이 되게 하는 의지의 성질이다. 따라서 자율성의 원리는 의지가 선택하는 준칙이 동일한 의욕작용에서 동시에 보편적 법칙으로 함께 파악되는 것 외에 달리 선택하지 말라는 것이다. 이 실천적 규칙이 명령이라는 점, 다시 말해 모든 이성적 존재자 각각의 의지가 자신을 제약하는 이 규칙에 필연적으로 속박되어 있다는 점은 명령에서 출현하는 개념을 단순히 분해한다고 해서 입증될 수 없다. 그것이 종합적 명제이기 때문이다. 우리는 객관의 인식을 넘어서 주체, 곧 순수실천이성비판으로 나아가야 한다. 자명하게 지시 명령하는 이 종합명제는 전적으로 아프리오리하게 인식될 수밖에 없기 때문이다. 하지만 이 일은 지금의 이 절에 속하지 않는다. 다만 언급된 자율성의 원리가 도덕의 유일한 원리인 점은 도덕성 개념을 단순히 분석하는 것만으로도 충분히 드러날 수 있다. 이 분석으로 도덕의 원리가 정언명령일 수밖에 없다는 점이, 그렇지만 이 명령이 더도 덜도 아닌 바로 자율성을 지시한다는 점이 밝혀지기 때문이다.

A 88

만약 의지가 자기 준칙이 자신이 보편적으로 법칙을 수립하는 데 적합하다는 것 이외의 다른 무언가에서, 즉 의지가 자기 자신을 넘어서 자기의 객관 중 어떤 한 객관이 지닌 성질에서 자기를 결정해야 할 법칙을 찾는다면, [이로부터는] 언제나 **타율성**이 나오게 마련이다. 그러면 의지가 스스로 자신에게 법칙을 수립하지 않고, 오히려 객관이 의지와 맺는 관계를 통해 의지에 법칙을 부여하는 셈이다. 이 관계는, 그것이 지금 경향성에 근거하든지, 이성의 표상에 근거하든지 간에, 단지 '나는 내가 다른 무언가를 하려 하기 때문에 어떤 것을 행해야 한다'는 가언명령만을 가능하게 할 뿐이다. 그에 반해 도덕적인, 따라서 정언적인 명령은 '비록 내가 다른 아무것도 하려 하지 않을지라도 이러저러하게 행해야 한다'고 말한다. 가령 가언명령 A 89 은 '내가 명예를 유지하려고 한다면 거짓말을 해서는 안 된다'고 말한다. 하지만 정언명령은 '설령 거짓말이 내게 최소한의 불명예도 초래하지 않는다 할지라도 나는 거짓말을 해서는 안 된다'고 말한다. 따라서 정언명령은 대상이 의지에 아무런 **영향**도 미치지 못할 정도로 모든 대상을 무시하지 않으면 안 된다. 이는 실천이성(의지)이 낯선 관심을 단순히 관리하는 것이 아니라, 오로지 최상의 '법칙을 수립하는' 것으로서 [자로서] 그 자신이 지시 명령한다는 모습을 보여 주기 위함이다. 그래서 예를 들어 내가 타인의 행복을 촉진하려고 애쓴다면, 그것은 마치 그 행복의 존재가 (직접적인 경향성을 통해서든지, 아니면 이성을 통한 간접적인 만족이든지) 나에게 중요한 것 같아서가 아니라 오로지 그것을 배제하는 준칙이 동일한 의욕작용 안에서 보편적인 법칙으로 파악될 수 없기 때문이다.

타율성을 근본 개념으로 받아들였을 때 나올 수 있는
도덕성의 모든 원리 분류

인간 이성은 그것에 대한 비판이 결여되어 있는 한 이를 순수하게 사용할 때 어디서나 그러하듯 여기서도 유일하게 참된 길을 제대로 찾기 전까지는 온갖 가능한 잘못된 길을 시도했다.

A 90
IV 442

사람들이 이 [타율성의] 관점에서 취할 수 있는 모든 원리는 경험적이거나 이성적이다. 전자의 원리는 행복의 원리에서 나오는 것으로 자연적이거나 도덕적인 감정에 기초를 둔다. 후자의 원리는 완전성 원리에서 나오는 것으로 [인간 의지의] 가능한 작용결과인 완전성이라는 이성 개념 자체에 기초를 두거나, 아니면 우리 의지를 결정하는 원인인 자립적 완전성(신의 의지)이라는 개념에 기초를 둔다.

경험적 원리는 도덕법칙이 그것에 근거하도록 하기에는 전혀 적합하지 않다. 왜냐하면 만약 도덕법칙의 근거를 인간 본성의 특수한 습성이나 그것이 처한 우연한 상황으로부터 구한다면, 도덕법칙이 모든 이성적 존재자에게 구분 없이 타당해야 하는 보편성과 이로 인해 도덕법칙에 과해지는 무조건적인 실천적 필연성은 사라져버리기 때문이다. 하지만 자기 행복의 원리는 가장 비난받아 마땅하다. 그 까닭은 단지 이 원리가 거짓이고, 마치 잘 처신하면 언제나 잘 지내게 되는 것처럼 주장하는 것이 경험에 반하기 때문만은 아니다. 또한 행복한 사람이 되게 하는 것과 선한 사람이 되게 하는 것은 완전히 다르고, 인간을 영리하고 자기 이익에 밝게 되도록 하는 것과 인간을 덕스럽게 되도록 하는 것이 완전히 달라서 행복의 원리가 도덕성의 기초를 세우는 데 전혀 아무것도 기여하지 못하기 때문만도 아니다. 오히려 그보다는 자기 행복의 원리가 도덕성을 해치며 그것의 숭고함 전체를 파괴하는 동기를 부가함으로써 그 동기가 덕을 향한 동인과

악덕을 향한 동인을 한 부류로 취급하여 단지 계산을 더 잘하길 가 A 91
르칠 뿐, 덕과 악덕 사이의 특별한 차이를 완전히 없애버리기 때문이
다. 그에 반해 도덕적 감정은, 추정컨대 이 특수한 감각 능력*44)은 (사
유할 수 없는 자들이 보편적 법칙만이 문제가 되는 것에서조차 느낌으로
해결할 수 있다고 믿음으로써 그 같은 것에 호소하는 것이 천박하고, 본
성에서 정도에 따라 서로 한없이 차이가 나는 감정이 선과 악에 대한 한
가지 척도를 제시해줄 수 없는 것만큼 어떤 사람도 자신의 감정으로 다
른 사람을 결코 정당하게 판단할 수 없다) 그럼에도 도덕성과 그것의
존엄성에 여전히 더 근접해 있다.dd) 왜냐하면 이 특수한 감각 능력은
덕에 대한 만족과 존중을 곧장 덕에 돌려서 경의를 표하며 마찬가지 IV 443
로 이 경우에도 덕의 아름다움이 아니라 오직 이익만이 우리를 덕에
연결시킨다고 대놓고 말하지는 않기 때문이다.

그러나 도덕성의 **이성적인 근거**나 이성 근거 가운데 **완전성**이라는
존재론적 개념은 (이것이 너무 공허하고 막연해서 가능한 실재의 가늠 A 92
할 수 없는 영역에서 우리에게 적합한 최대 총합계를 찾아내는 데 쓸모
없고, 여기서 거론되는 실재를 모든 다른 실재와 특별히 구별하는 데에
선순환론에 빠지는 경향이 있어서 설명해야 할 도덕성을 은밀히 전제하
는 것을 피할 수 없다 해도) 그럼에도 신적이고 최고로 완전한 의지에
서 도출해낸 신학적 개념보다 훨씬 낫다. 그 까닭은 단지 우리가 그
런 의지의 완전성을 직관하지 못하고, 그 완전성을 우리 개념들—그
가운데 도덕성 개념이 가장 고귀하다—에서만 도출할 수 있기 때문

---

* 나는 도덕적 감정의 원리를 행복의 원리에 넣으려고 한다. 모든 각각의 경험적
  관심은 그저 어떤 것이—그것이 직접적으로 그리고 이익을 의도하지 않고 일
  어났든, 이익을 고려하여 일어났든 간에—충족해주는 쾌적함을 통해 잘 지내
  는 데 기여할 것을 약속하기 때문이다. 마찬가지로 우리는 다른 사람의 행복에
  대한 동정의 원리를 허치슨과 더불어 그가 가정한 도덕감으로 간주해야 한다.
dd) 초편의 'treibt'는 재판에서 'bleibt'로 수정. 새판을 따라 옮김.

이 아니다. 오히려 (만약 그런 일이 일어난다면, 설명에서 조야한 순환론에 빠지듯이) 우리가 그렇게 하지 않는다면 여전히 우리에게 남아 있는 신의 의지라는 개념, 즉 권력과 복수와 같은 무시무시한 표상들과 결합된 명예욕과 지배욕의 성질로 이루어진 신의 의지라는 개념이 도덕성과는 반대되는 도덕 체계의 기초가 될 수밖에 없겠기 때문이다.

하지만 내가 도덕감이라는 개념과 완전성 일반이라는 개념 (이 두 개념은 토대로서 도덕성을 떠받치는 데 아무런 쓸모가 없다고 하더라도 적어도 이 도덕성을 훼손하지는 않는다) 사이에서 선택할 수밖에 없다면, 나는 후자를 택할 것이다. 왜냐하면 완전성 일반이라는 개념은 A 93 적어도 문제의 판정을 감성에서 순수이성의 법정으로 옮기는데, 비록 이 법정이 여기서 아무런 판정도 못하더라도, (그 자체로 선한 의지라는) 규정되지 않은 이념을 좀더 세밀하게 규정하기 위해 순수하게 그대로 남겨서 간직해두기 때문이다.

그밖에 모든 이런 학설을 더 세밀하게 논박하는 일은 건너뛰어도 되리라 생각한다. 이 논박은 너무 손쉬우며, 직책상 이런 이론 가운데 하나를 찬성하여 언명하는 일을 (방청객은 판결이 유예되는 것을 아마도 참지 못할 것이므로) 요구받는 사람들조차도 추측건대 이 논박이 그저 쓸데없이 수고만 하는 셈임을 너무나 잘 파악했을 것이다. 하지만 여기서 우리 관심을 더 끄는 것은 이 원리들이 어디서나 의지의 타율성만을 도덕성의 제일 근거로 세우기 때문에 자신의 목적[도덕적 확립]을 필히 이루어내지 못할 수밖에 없다는 사실을 아는 일이다.

IV 444 의지에 그것을 규정하는 규칙을 지시하기 위해서 의지의 객관이 기초로 놓일 수밖에 없는 곳 어디에서나 그 규칙은 타율성에 불과하며 명령은 조건적이다. 다시 말해 '사람들이 그런 객관을 바란다면 또는 바라기 때문에, 우리는 이러이러하게 행해야만 한다'는 것이다. 따라서 이 명령은 결코 도덕적으로, 즉 정언적으로 지시할 수 없다. 이 객관은^{ee)} 자기 행복의 원리에서처럼 경향성을 매개로 해서, 혹은 완전성의 원리에서처럼 우리의 가능한 의욕작용 일반의 대상을 향한 이성을 매개로 해서 의지를 규정할 수 있다. 어느 쪽이든 의지는 결코 행위를 표상하여 **직접적으로** 자기 자신을 규정하지 않고, 오직 행위에 예견된 결과가 자신에게 미치는 동기로만 자기 자신을 규정한다. 즉 나는 다른 어떤 것을 바라기 때문에, 그 때문에 무엇을 해야 한다. 그리고 여기서 내 주체에는 하나의 다른 법칙이 토대가 되어야 하는데, 이 법칙에 따라 나는 이런 다른 어떤 것을 바라고, 법칙은 또다시 이 준칙을 제한하는 명령을 필요로 한다. 왜냐하면 우리 힘으로 주체의 자연적 성질에 따라 가능한 객관을 표상한 것이 주체의 의지에 가하는 충동은 주체의 본성에 속하는데, 그 주체가 감성(경향성이나 취미)이나 지성이든, 아니면 이성이든 이들은 모두 본성의 특수한 습성에 따라 객관에서 만족을 얻으려고^{ff)} 애쓰므로 본성이 원래 법칙을 부과하기 때문이다.⁴⁵⁾ 이 법칙은 법칙으로서 경험을 통해 인식되고 증명되어야 하므로 그 자체로 우연적이며, 도덕적인 규칙이 갖추어야 할 필연적인 실천 규칙에는 적합하지 않다. 오히려 이 법칙은 언제나 의지의 **타율성**일 뿐이다. 이 의지는 자신에게 스스로 법칙을 부여하지 못하고 외부의 충동이 그것을 받아들이도록 되어 있는 주체의 본성을 통해서 의지에 법칙을 부과한다.

A 94

A 95

---

ee) 초판의 'Es'는 재판에서 'Er'로 수정. 재판을 따라 옮김.

ff) 초판에는 'an Vollkommenheit überhaupt nimmt(deren Existenz entweder von ihr selbst oder nur von der höchsten selbständigen Vollkommenheit abhängt)'(완전함 일반을 얻게 된다(이것의 현존함이 그 자신에 달려 있든, 아니면 최상의 자립적 완벽함에 달려 있든))로 되어 있으나 재판에서는 'die nach der besonderen Einrichtung ihrer Natur an einem Objecte sich mit Wohlgefallen üben, so gäbe'로 수정됨. 재판을 따라 옮김.

따라서 전적으로 선한 의지의 원리는 정언명령일 수밖에 없으며, 이 의지는 모든 객관과 관련해서 규정되지 않은 채 순전히 **의욕작용 일반**의 형식만을, 그것도 자율성으로서 담고 있을 것이다. 다시 말해, 각각의 선한 의지의 준칙이 모두 자신을 보편적 법칙이 되게 하는 데 적합하다는 것은 선한 이성적 존재자 각각의 의지가, 그 준칙에 어떤 동기나 관심을 근거로 두지 않고서, 스스로 자신에게 부과하는 유일한 법칙이다.

이 종합적인 실천적 명제가 어떻게 하여 **아프리오리하게 가능**하며, 왜 이 명제가 필연적인지는 도덕형이상학 안에서는 더 이상 해결할 수 없는 과제다. 또한 우리는 여기서 이 명제가 참이라는 것을 주장하지 않았으며, 더구나 그것을 증명하는 일이 우리의 능력 안에 있다고 주장하지도 않았다. 우리는 단지 일찍이 [사람들 사이에] 일반적으로 오르내리고 있는 도덕성 개념을 풀어 보여줌으로써[46] 의지의 자율성이 도덕성 개념에 불가피하게 따라다니거나 도리어 그 개념의 기초가 됨을 보여주었을 뿐이다. 따라서 도덕성을 아무런 진리도 없는 환영 같은 이념이 아니라 [중요한] 어떤 것으로 여기는 사람은 앞서 언급한 도덕성의 원리를 받아들일 수밖에 없을 것이다. 그러므로 이 절은 바로 앞의 제1절과 마찬가지로 단지 분석적일 뿐이었다. 도덕성이 결코 어떤 환영이 아니라는 것은 정언명령과 더불어 의지의 자율성이 참이고 이것이 아프리오리한 원리로서 전적으로 필연적이라면 뒤따라 나오는 결론이다. 그런데 이는 **순수실천이성을 가능한 한 종합적으로 사용**해야 함을 요구한다. 하지만 우리는 이 이성능력 자체에 대한 **비판**을 먼저 행하지 않고는 이런 사용을 감행해서는 안 된다. 이 비판에 대해서는 마지막 절에서 우리가 의도하는 것에 충분히 만족하도록 주요 특징을 제시해야 한다.

제3절
도덕형이상학에서 순수실천이성비판으로 이행

자유 개념은 의지의 자율을 설명하는 열쇠

의지는 생명체들이 이성적인 한에서 이들이 지니고 있는 일종의 원인성이다. 자유는 이 원인성이 생명체들을 규정하는 외부 원인들에 얽매이지 않고 작용할 수 있을 때 갖는 속성일 것이다. 마찬가지로 자연필연성은 외부의 낯선 원인의 영향으로 활동하게 되어 있는 존재자들, 즉 이성이 없는 모든 존재자가 지닌 원인성의 속성이다.

자유에 대한 이상의 설명은 소극적이어서 자유의 본질을 통찰하기에는 비생산적이다. 그렇지만 이 설명에서 자유의 적극적 개념, 즉 한층 더 풍성하고도 생산력 있는 개념이 뒤따라 나온다. 원인성 개념은 법칙에 관한 개념을 수반하며, 바로 이 법칙에 따라서 우리가 원인이라고 명명하는 것으로 다른 어떤 것, 즉 결과가 정해지도록 해 A 98야 한다. 그렇기 때문에 자유는, 비록 그것이 자연법칙에 따르는 의지의 속성은 아니더라도, 전혀 무법칙적인 것은 아니다. 오히려 그것은 특별한 종류의 것이긴 하지만 불변적 법칙에 따르는 원인성이라는 것은 분명하다. 만일 그렇지 않을 경우 자유의지는 불합리한 것이 될 것이기 때문이다. 자연필연성은 작용하는 원인이 지닌 타율성이었다.[1] 왜냐하면 각각의 작용 결과는 모두 '다른 어떤 것이 작용하는 원인을 원인성이 되도록 규정한다'는 법칙에 따라서만 가능했기 때문이다. 그러니 결국 의지의 자유는 자율, 즉 스스로에게 법칙이 되는 의지의 속성 외에 다른 무엇일 수가 없다? 그렇지만 '의지는 모든 행위에서 스스로에게 법칙이 된다'는 명제는 곧 '스스로를 또한 보편적 법칙으로서 대상으로 삼을 수 있는 것 이외의 다른 어떤 준칙에 따라서도 결코 행위하지 않는다'는 원리를 나타낼 뿐이다. 그런데 이 것이야말로 정언명령의 정식이고 도덕성의 원리다. 따라서 자유의지와 도덕법칙 아래 놓여 있는 의지는 같은 것이다.

그러므로 의지의 자유가 전제된다면, 도덕성과 그 원리는 이 개념을 단순히 분석만 하면 이로부터 뒤따라 나온다. 그런데도 이 원리, 즉 '단적으로 선한 의지란 그의 준칙이 보편적 법칙으로 여겨지는 자기 자신을 언제나 자기 안에 포함할 수 있는 의지다'[2]라는 것은 항시 종합명제다. 단적으로 선한 의지라는 개념을 분석한다고 해서 준칙의 저 속성이 발견될 수는 없기 때문이다. 그런데 이 종합명제는 이들 두 인식이 모두 관련될 수 있는 제3자와 연결되어 서로 결합함으로써만 가능하다. 자유의 적극적 개념이 바로 이 제3자를 만들어낸다. 이것은 자연적 원인들의 경우에서처럼 감성계의 성질일 수는 없다. (이 개념 안에서는 원인으로서 어떤 것에 관한 개념이 결과로서 다른 어떤 것과의 관계에서 서로 만난다) 자유가 우리에게 제시해주고, 우리가 그것에 관해 이념을 아프리오리하게 갖고 있는 이와 같은 제 3자, 이것이 과연 무엇인지는 여기서 곧바로 제시할 수 없다. 또 순수 실천이성에서 자유 개념의 연역도 그리고 이와 함께 정언명령의 가능성도 이해되도록 할 수 없다. 여전히 조금 준비가 필요하다.

자유는 모든 이성적 존재자의 의지가 지닌
속성으로 전제되어야 한다

만약 우리가 또한 이성적 존재자 모두에게 바로 이 자유를 부여할 근거를 충분히 갖고 있지 못하다면, 우리가 우리 의지에 자유를 귀속시키는 것은 어떤 근거에서든 충분하지 못하다. 도덕성은 오직 이성 적 존재자를 위한 것으로a) 우리에게만 법칙으로 사용되기 때문에 또한 모든 이성적 존재자에게도 타당해야만 하고, 오로지 자유의 속성에서만 도출되어야 하기 때문에 자유라는 것도 모든 이성적 존재자가 지닌 속성임이 증명되어야 한다. 인간 본성에 관한 경험으로 추정되는 어떤 것에서 자유를 밝혀내려는 것은 충분하지 못하다. (비록 이와 같은 것은 또한 단적으로 불가능하며, 오로지 아프리오리하게 만 밝혀질 수 있긴 하지만 말이다) 오히려 우리는 자유가 이성적이면 서 의지를 부여받은 존재자 일반의 활동에 속하는 것임을 증명해야 한다. 이제야말로 말하는데 자유의 이념 아래서만 행위를 할 수 있는 각 존재자는 바로 그 때문에 실천적 견지에서 볼 때 정말로 자유롭다. 다시 말해서 그런 존재자에게는 자유와 불가분하게 결합되어 있는 모든 법칙이 타당하다. 마치 이러한 존재자의 의지가 그 자체로 뿐만 아니라 이론철학에서도 타당하게 자유롭다고 선언되기라도 한 듯이 말이다.* 이제야말로 주장하는데 우리는 의지를 지닌 각 이성적

A 100

IV 448

A 101

---

a) 초판의 'als vernünftige Wesen'은 재판에서 'als für vernünftige Wesen'으로 수
정. 재판을 따라 옮김.
* 나는 이성적 존재자들이 자신들의 행위를 수행할 때 자유를 오로지 이념[차 원]으로만 근거로 삼도록 하는 길을 택한다. 이는 우리 의도에 충분히 맞게 취한 방법으로, 이 길을 택한 이유는 내가 이렇게 함으로써 자유를 이론적 의도에 서 증명해야 할 부담을 덜기 위함이다. 비록 이 자유를 이론적 의도에서 증명하 지 않고 그대로 내버려둔다고 하더라도, 이 법칙은 그 자신의 자유 이념 아래서

존재자에게 자유의 이념을 반드시 부여하지 않을 수 없다. 오직 이 이념 아래서만 이성적 존재자는 행위를 한다. 우리는 바로 그와 같은 존재자에서 실천적 이성을, 즉 자기 객관에 관여해 원인성을 갖는 이성을 생각하기 때문이다. 그런데 우리는 자기 자신의 의식을 갖고 있으면서 자기 판단과 관련해 다른 곳에서 지도를 받는 이성을 도무지 생각할 수 없다. 그렇게 되면 주체는 판단력의 규정을 자신의 이성이 아니라 어떤 충동에 돌리는 꼴이 될 것이기 때문이다. 이성은 자기 자신을 낯선 외부의 영향에서 독립하여 자신의 원리를 창시하는 자로 간주해야 한다. 이성은 실천적 이성 내지는 이성적 존재자의 의지로서, 자기 자신이 자유로운 것으로 간주해야만 한다. 즉 이성적 존재자의 의지는 자유의 이념 아래서만 자신의 의지일 수 있다. 따라서 실천적 견지에서 볼 때, 그 의지는 모든 이성적 존재자에게 동반되어야 한다.

도덕성의 이념에 따라다니는 관심에 대해

우리는 도덕성의 확정적 개념에 이르고자 결국 자유의 이념까지 소급해갔다. 그렇지만 우리는 이 자유 이념을 우리 자신 안에서도, 인간 본성 안에서도 실재하는 어떤 것으로 도무지 증명할 수가 없었다. 그저 우리가 알게 된 것이라곤 다음과 같은 것뿐이다. 즉 우리가 어떤 존재자를 이성적인 것으로 그리고 행위와 관련하여 자기 원인성의 의식을 지닌,[3] 이른바 의지를 지닌 것으로 생각하려 한다면 자

A 102
IV 449

가 아니고는 달리 행할 수 없는 존재자에게는 실제로 자유로운 존재자가 구속받게 될 법칙과 동일하게 타당하기 때문이다. 따라서 여기서 우리는 이론이 안 겨주는 부담에서 해방될 수 있다.

유라는 것을 전제해야 한다는 점이다. 그래서 우리는 바로 이와 같은 이유로 이성과 의지를 지닌 존재자 모두에게는 자기 자유라는 이념 아래서 행위를 스스로 결정할 수 있는 속성을 부여하지 않을 수 없음 도 알아차리게 된다.

그러나 이 이념을 전제하는 것에서 또한 행위의 법칙에 대한 의식 도 뒤따라 나왔다. 그것은 행위의 주관적 원칙, 즉 준칙이 언제나 객 관적으로도, 다시 말해서 보편적으로도 원칙으로서 타당하며, 따라 서 우리 자신이 보편적으로 법칙을 수립하는 데 쓰일 수 있도록 채택 되어야 한다는 점이다. 하지만 도대체 내가 왜 이 원리에 따라야 하 며, 더욱이 이성적 존재자 일반으로서, 따라서 또한 이성을 부여받은 다른 모든 존재자도 그러해야만 하는가? 인정하건대, 나를 이렇게 하도록 내모는 것은 결코 그 어떤 이해관심이 아니다. 이해관심은 그 어떤 정언명령도 제공해주지 않을 것이기 때문이다. 하지만 그럼에 도 나는 필히 이에 대해 관심을 갖지 않을 수 없으며, 그것이 어떻게 진행될지도 들여다보아야 한다. 왜냐하면 이 같은 당위는 원래 이성 이 이성적 존재자에게서 방해를 받지 않고 실천적일 경우, 그런 조건 아래서 이들 존재자 모두에게 타당한 의욕작용이기 때문이다. 그렇 지만 우리처럼 다른 종류의 동기인 감성에 자극받게 되어 이성이 자 기 혼자만으로 활동하는 상황이 줄곧 일어나지 않는 존재자에게는 A 103 행위가 지닌 이와 같은 필연성이라는 것은 단지 당위라고 할 뿐이며 그리고 이 주관적 필연성은 객관적 필연성과 구별된다.

따라서 우리는 원래 자유의 이념에서 도덕법칙을, 즉 의지의 자율 원리 자체를 단지 전제할 뿐, 그것의 실재성이나 객관적 필연성을 자 체적으로 증명할 수는 없는 것 같다. 그리고 설혹 우리가 최소한 그 진정한 원리를 다른 어딘가에서 행했던 것보다 더 자세하게 규정하 어 이를 통해 아주 괄목할 만한 성과를 얻었다고 하더라도, 그러한 원리에 따라야 할 타당성 및 실천적 필연성과 관련해서 우리는 더 이상 진전하지는 못한 것 같다. 우리가 다음과 같이 묻는 사람에게 결코 어떤 만족스러운 답도 줄 수 없기 때문이다. [그 물음이란 다름 아니라 다음과 같은 것들이다] 도대체 왜 법칙으로서 우리의 준칙이 지니는 보편타당성이 우리 행위를 제한하는 조건이어야 하는가? 우리가 이런 종류의 행위에 부여하는 가치를, 즉 너무나 대단해서, 어디에도 더 이상 높은 관심이 있을 수 없는 이 가치를 우리는 어디에 근거 지어야 하는가? 그리고 인간이 오로지 이런 행위를 통해서만 자신의 인격적 가치를 느낄 수 있다고 믿고, 그에 반해서 유쾌한 상태나 불쾌한 상태

IV 450 가 지니는 가치라고 하는 것은 아무것도 아니라고 여기는데, 이 같은 일이 어떻게 해서 일어나게 된다는 말인가? [실상 우리는 이 물음을 제기하는 사람에게 어떤 만족스러운 답도 줄 수 없다]

A 104 　인격적 특성이 [쾌나 불쾌와 같은] 상태에 대해 아무런 관심도 전혀 없는데, 혹시 이성이 관여하여 이 상태를 나누는 일이 있을 경우, 이에 대비하여 다만 이 인격적 특성이 우리에게 이 상태에 참여할 수 있도록 해준다면, 우리는 이 인격적 특성에 관심을 가질 수 있다는 것을 잘 알고 있다. 즉 행복할 만한 가치가 있는 어떤 것이 있다면, 비록 이 행복에 참여하도록 만드는 어떤 동인이 없더라도, 그것이 그 자체로 관심을 끌 수 있다는 것을 우리는 잘 안다. 하지만 사실상 이 판단은 (우리가 자유의 이념을 통해 모든 경험적 관심을 분리해낼 때) 이미 전제된 도덕법칙의 중요성에서 나온 결과일 뿐이다. 그러나 우리의 상태에 가치를 창출해주는 것을 모두 잃어버리더라도 이를 보상해줄 수 있는 가치를 오직 우리 인격 안에서만 찾아내려면, 우리가 우리 자신을 경험적 관심에서 분리시켜내야 한다는 사실, 다시 말해서 우리 자신을 행위에서 자유로운 것으로 여기면서도 어떤 법칙에 따르는 것으로 간주해야만 한다는 사실 그리고 이 같은 일이 어떻게

가능하며, 따라서 도덕법칙이 어디에서 구속력을 가져오는지에 관해서는 우리는 아직 이와 같은 방식으로는 통찰할 수 없다.

여기에서 우리는 벗어날 길이 없어 보이는 일종의 순환이 존재함을 솔직히 인정하지 않을 수 없다는 점이 명백해진다. 우리는 우리 자신이 목적의 질서에서 도덕법칙 아래 놓여 있다고 생각하기 위해 작용하는 원인들의 질서에서 스스로를 자유로운 존재자로 여기고, 바로 그다음 우리에게 의지의 자유를 부여했기에 이 법칙에 예속된 것으로 생각하게 된다. 그 이유는 의지의 자유와 자기 법칙 수립은 둘 다 자율이라서 상호 교환 가능한 개념이기 때문이다. 그렇지만 그 A 105 렇다고 해서 거기에서 바로 한 개념이 다른 개념을 설명하거나 근거를 제공하는 데 사용될 수 있는 것은 아니다. 이들 개념은 동일 대상에 관한 서로 차이 나는 표상들을 기껏해야 그저 논리적인 의도에서 단 하나의 개념에 (마치 값이 같은 여러 분수를 기약분수에 이르게 하는 것처럼) 이르게 할 때 사용할 수 있을 뿐이다.

그렇지만 우리에게는 여전히 출구가 하나 남아 있다. 그것은 다름 아니라, 우리가 자유를 통해서 자신을 아프리오리하게 작용하는 원인으로 생각할 때, 우리 행위들과 관련하여 우리 자신을 우리가 눈앞에서 보는 결과로서 표상할 때와는 다른 관점을 취하는 것은 아닌지, 바로 이 점을 탐구해보는 일이다.

여기에 알아차려야 할 점이 하나 있다. 물론 이를 위해 어떤 섬세한 숙고가 필요한 것은 아니다. 오히려 그것은 평범한 지성도 자기 방식대로이기는 하지만 자신이 감정이라고 부르는 판단력의 막연한 구분으로 알아차릴 것으로 생각될 수 있는 것이다. [그것은 아래와 같다] (감관의 표상처럼) 우리의 자의와 상관없이 우리에게 출현하는 IV 451 모든 표상은 대상들을 그것들이 우리에게 촉발하는 그대로 인식하도록 제공하며, 이때 대상들 자체가 어떤 것인지는 알려지지 않은 채 남아 있다. 따라서 이런 종류의 표상들과 관련해서는 지성이 이들 표상에 줄곧 덧보탤 수 있는 최대한의 애쓰는 주의와 명료성으로도 현상을 인식하는 데만 이를 뿐 결코 **물자체**를 인식하는 데는 이를 수 없다. 이 구별이 (아마도 단지 다른 어딘가에서 우리에게 주어지는, 그래서 동시에 우리가 수동적이게 되는 표상들과 오로지 우리 자신으로부터만 산출해내는, 그래서 동시에 우리의 활동성을 입증하는 표상들, 이들 양자의 주목할 만한 차이를 통해서) 일단 한번 이루어지면, 이내 그로부터 저절로 다음과 같은 것이 귀결된다. 즉 우리는 현상 뒤에 여전히 현상이 아닌 다른 어떤 것, 곧 물자체를 인정하고 받아들일 수밖에 없다. 비록 이런 물자체가 결코 우리에게 알려질 수 없고, 언제나 단지 그것들이 우리에게 촉발하는 대로만 알 수 있을 뿐이어서, 우리가 그것들에 더는 가까이 다가갈 수도 없고 그래서 그것들 자체가 무엇인지 결코 알 수도 없다고 할지라도 말이다. 이렇게 해서 비록 거칠기는 하지만 우리는 **감성계**와 **지성계** 사이의 구별을 내놓지 않을 수 없다. 이들 가운데 전자는 이러저러한 많은 세계관찰자가 지닌 감성의 상이함에 따라 아주 다를 수도 있다. 그런데도 감성계 근저에 놓여 있는 후자는 언제나 동일하게 남아 있다. 그래서 심지어 우리는 우리 자신에 대해서조차 인간이 내적 감각을 통해 자기 자신에 대해 갖는 인식에 따라서일지라도, 그것 자체의 모습을 그대로 감히 인식한다고 해서는 안 된다. 그 이유는 다음과 같다. 인간은 말하자면 자기 자신을 창조하지 않으며 자신에 대한 개념을 아프리오리하게가 아니라 경험적으로 얻기 때문에 자기 자신에 대해서도 역시 내감을 통해서만, 따라서 자기 본성이 드러난 현상이나 자기의식이 촉발되는 방식을 통해서만 정보를 모을 수밖에 없는 것이 당연하다. 그런데도 인간은 이 단순한 현상들이 모여 이루어진 자기 자신의 주체가 지닌 이런 성질을 넘어 다른 무언가가 근저에 놓여 있다는 것, 즉 자아를 그 자체가 어떠한 성질의 것이든 필연적으로 받아들이지 않을 수 없다. 또한 따라서 단순한 지각과 감각의 수용성 관점에서 볼 때 자아는 감성계에 속해 있지만, 자신 안에서 순수한 활동성일 수 있는 그 점(감관의 촉발에 따라서가 아니라 직접적으로 의식에 이른 것)에서 보면 지성계에 속하는 것으로 여길 수밖에 없다. 이 지성계에 대해 인간이 더는 알지 못하지만 말이다.

심사숙고하는 사람이라면 자신에게 출현하는 모든 것에 대해서 이와 같이 결론 내릴 수밖에 없을 것이다. 추측건대, 이 결론은 지극 IV 452 히 평범한 지성에서도 발견할 수 있다. 익히 알려져 있듯이, 이 지성도 감관의 대상들 뒤에 언제나 여전히 볼 수 없는 어떤 것이, 즉 스스로 활동하는 어떤 것을 아주 많이 기대하는 경향이 있다. 그러나 지성도 볼 수 없는 이것을 금방 또다시 감성적이게 함으로써, 즉 직관의 대상이 되도록 함으로써 또다시 그 성질을 변질시켜버린다. 따라서 이로써 이 지성은 조금도 더 현명해지지 못한다.

그런데 사실 인간은 자신 안에서 하나의 능력을 발견한다. 인간은 바로 이 능력으로 자기 자신을 다른 모든 것과 구별하며, 심지어 대 A 108 상에 따라 촉발되는 한에서 자기 자신과도 구별한다. 이 능력이 바로 이성이다. 이 이성은 순수한 자기 활동성으로서 심지어 다음과 같은 점에서 지성조차도 넘어선다. 비록 지성 또한 자기 활동성이어서 감관처럼 사물에서 촉발될 (따라서 수동적일) 때만 생겨나는 단순한 표상만을 포함하지는 않는다. 그런데도 지성은 자기 활동성에서 감성적 표상들을 규칙 아래 가져와 이를 통해 이것들을 그저 하나의 의식 안에 통일하기 위해 사용되는 개념만 창출할 수 있다. 지성은 감성의 이러한 사용 없이는 아무것도 전혀 사유할 수 없다. 그에 반해서 이성은 이념이라는 이름 아래 너무나 순수한 자발성을 나타낸다. 그래서 이성[4]은 감성이 단지 자신에게[5] 제공해줄 수 있는 모든 것을 너머 멀리까지 나아간다. 이성은 자신의 가장 중요한 업무가 감성계와 지성계를 서로 구별해주고, 이로써 지성 자체에 자신을 제한하도록 미리 확정해주는 것에 있음을 입증한다.

이 때문에 이성적 존재자는 자기 자신을 **지성적 존재자로서** (따라서 자신의 하위 능력 측면에서가 아니라) 감성계에 속한 자로서가 아니라 지성계에 속한 자로서 여길 수밖에 없다. 따라서 이성적 존재자는 두 가지 입장을 가지고 있다. 바로 여기에서 그는 자기 자신을 고찰하고 자기 능력의 사용 법칙을, 결국 모든 자기 행동과 관련된 법칙을 인식할 수 있다. 따라서 이성적 존재자는 **한 번은** 그가 감성계에 A 109 속하는 한에서 자연법칙(타율) 아래 놓여 있고, **다른 한 번은** 예지계에 속하는 한에서 자연에서 독립되어 경험적이지 않고 단지 이성에만 기초를 두는 법칙 아래 놓여 있다.

인간은 이성적인, 따라서 예지계에 속하는 존재자로서 자기 의지의 원인성을 자유 이념 아래 놓여 있는 것으로밖에는 달리 생각할 수 없다. 감성계의 규정 원인에서 독립하는 것(이성은 언제나 이와 같은 것을 자기 자신에게 부여해야 한다)이 바로 자유이기 때문이다. 그런데 **자율**이라는 개념은 바로 이 자유라는 이념과 분리될 수 없이 결합되어 있다. 도덕성의 보편적 원리도 바로 이 자율과 마찬가지로 결합 IV 453 되어 있다. 이 원리가 이념 안에서, 마치 모든 현상의 뒤에 자연법칙이 있는 것과 꼭 마찬가지로, **이성적 존재자가 행하는 모든 행위에 기초로 놓여 있다.**

이제 우리가 위에서 제기했던 의혹, 즉 자유에서 자율로, 자율에서 도덕법칙으로 나아가는 우리의 추론 안에 마치 어떤 은밀한 순환이 포함되어 있는 것이 아닌가 하는 의혹은 제거되었다. 다시 말해 우리가 아마도 단지 도덕법칙을 위하여 자유의 이념을 기초로 삼았지만, 나중에는 다시 자유에서 도덕법칙을 이끌어내려고 하는 것이 아

닌가 하는, 따라서 전자의 도덕법칙에 관해서는 아무런 근거도 제시
하지 못하고, 이 법칙을 심성이 선한 사람들이 아마도 기꺼이 받아들
일, 그렇지만 결코 증명 가능한 명제로 내세울 수 없는 원리를 간청
하는 것으로만[정도에서만] 제시하는 것이 아닌가 하는 의혹은 제거   A 110
되었다. 우리가 스스로를 자유로운 존재자로 생각하면, 우리는 자신
을 지성계에 속한 구성원으로 자리하도록 하며, 의지의 자율성을 그
에 뒤따르는 도덕성과 더불어 인식하게 된다는 것을 이제는 알기 때
문이다. 반면에 우리가 우리를 의무를 부여받은 존재자로 생각할 때,
우리는 우리 자신을 감성계에 속하면서 동시에 지성계에 속하는 것
으로 여기게 된다는 사실도 이제는 알기 때문이다.

정언명령은 어떻게 가능한가?

이성적 존재자는 자신을 예지적 존재로서 지성계에 속하는 존재
로 여긴다. 그리고 그는 자신을 이 지성계에 속하여 작용하는 원인으
로만 생각하며, 자신의 이 원인성을 의지라고 부른다. 그러나 다른 측
면에서 볼 때, 이성적 존재자는 또한 자신을 감성계의 일부로 의식하
며, 이 감성계 안에서 그의 행위는 저 원인성의 단순한 현상으로 나
타난다. 따라서 우리는 우리가 알 수 없는 이 원인성에서 나온 가능
성을 통찰할 수 없다. 그 대신 감성계에 속하는 것으로서의 저 행위
를 다른 현상, 즉 욕구와 경향성을 통해 규정되는 것으로 통찰할 수
있어야 한다. 그러므로 내가 순전히 지성계의 구성원일 경우에 나의
모든 행위도 순수의지의 자율성 원리에 완전히 합치할 것이다. 순전
히 감성세계의 부분으로서 이 행위들은 전적으로 욕구와 경향성의
자연법칙에, 따라서 자연의 타율성에 직합한 것으로 여겨져야 한다.   A 111

(전자는 도덕성의 최상 원리에 의거하며, 후자는 행복의 원리에 의거한다) 그러나 지성계는 감성계의 근거를 포함하고, 따라서 감성계 법칙의 근거도 포함하기 때문에, (전적으로 지성계에 속하는) 내 의지와 관련해서 볼 때 직접 법칙을 수립하고, 또 그런 존재로 생각해야만 한다. 바로 이 때문에 나는 나 자신을 지성적 존재자로서—비록 다른 한편에서는 감성계에 속한 존재자인 것처럼 인식하기도 하지만—지성계의 법칙에 따르는 자로 인식한다. 다시 말해 나는 나 자신을 자유의 이념 안에서 법칙 자체를 포함하는 이성의 법칙에 따르는 자로서, 따라서 의지의 자율에 따르는 자로서 인식한다. 결과적으로 나는 지성계의 법칙을 나에 대한 명령으로, 이 원리에 합치하는 행위들을 의무로 간주하지 않을 수 없다.

이렇게 해서 정언명령이 가능해지는데, 이는 자유의 이념이 나를 지성계의 일원이 되게 하며, 내가 그러한 세계의 일원이기만 하다면 내 행위는 모두 언제나 의지의 자율에 합치하겠지만, 동시에 나는 나 자신을 감성계의 일원으로 보기에 의지의 자율에 합치해야만 하기 때문이다. 바로 이 정언적 당위가 아프리오리한 종합명제를 제시한다. 이는 감성적 욕구에 따라 촉발되는 내 의지를 넘어 거기에 같은 의지에 속하기는 하지만 지성계에 속해서 순수하고도 그 자체로 실천적인 의지의 이념이 보태져, 바로 이 의지가 감성적 욕구에 따라 촉발되는 의지를 이성에 따르게 하는 데 최상의 조건을 포함하고 있기 때문이다. 이것은 자체적으로는 법칙적인 형식 일반 이외에는 어떤 것도 의미하지 않는 지성 개념이 감성계의 직관에 덧붙여짐으로써 자연의 모든 인식이 근거하는 아프리오리한 종합명제가 가능하게 되는 것과 대체로 유사하다.

평범한 인간이성의 실천적 사용으로도 이 연역이 정당하다는 것이 확실히 보장된다. 어느 누구라도, 심지어 가장 지독하게 악한 사람이라 할지라도 평소와 달리 이성 사용에 익숙하기만 하다면, 우리가 그에게 의도에서의 정직함이나 선한 준칙의 준수에서 흔들리지 않는 확고부동함과 같은 사례를 보여주면 그리고 동정과 보편적 호의(여기에는 여전히 이익과 안락함에 엄청난 희생이 불가피하다)와 같은 사례로 보여주면, 그 역시 그러한 마음을 가지고 싶어 하지 않을 수 없다. 그런 악한은 자신의 경향성과 충동 때문에 그와 같은 것을 자신 안에서 잘 실현하지 못할 뿐이다. 그런데도 그는 동시에 자기를 힘들게 하는 이런 경향성들에서 벗어나 자유롭기를 원한다. 따라서 그는 이를 통해 감성의 충동에서 자유로운 의지로 감성 영역에서 갖는 자신의 욕구와는 완전히 다른 사물들의 질서 안으로 자신을 옮겨 놓는다는 점을 보여준다. 그는 저 바람에서는 어떤 욕구 만족도, 자신의 실제적 경향성이나 아니면 상상적 경향성이 흡족해할 만한 어 A 113 떤 만족스러운 상태도 기대할 수 없고, (그럴 경우 자신에게 이런 바람을 불러일으켰던 이념조차 탁월성을 상실해버리기 때문이다) 단지 자기 인격의 더 큰 내면적 가치만 기대할 수 있기 때문이다. 그런데 인간이 지성계의 구성원이란 처지로 옮겨가게 되면 그는 자신이 더 선한 인격이 된다고 믿는다. 자유의 이념, 즉 감성계의 **규정하는** 원인들 IV 455 에서 독립^{b)}한다는 이 이념이 자신을 그와 같은 곳으로 어쩔 수 없이 옮겨가도록 만든다. 그리고 바로 이런 처지에서 인간은 자신의 선의지를 의식한다. 이 선의지는 자신이 고백하는 바에 따르면, 감성계의 구성원인 자신의 악한 의지에 법칙을 형성해주는 것으로, 그는 이 법칙을 위반하면서도 그것의 위엄은 인식한다. 따라서 도덕적 당위는 지성계의 일원으로서 그 자신이 갖는 필연적 의욕작용이며, 이는 그가 스스로를 동시에 단지 감성계 구성원으로 간주하는 한에서는 자

---

b) 초판에 없던 Unabhängigkeit가 재판에 첨가됨. 재판을 따라 옮김.

신에게 당위로 생각된다.

모든 실천철학의 궁극적 한계에 대해

모든 인간은 자신의 의지에 의거해서 스스로를 자유롭다고 생각한다. 그래서 모든 판단은 비록 일어나지는 않았지만 일어났어야 할 행위 자체에 대해 내려지게 된다.[6] 그럼에도 이 자유는 결코 경험적 개념이 아니며 또한 경험적 개념일 수도 없다. 비록 경험이 자유를 전제하는 것 아래서 필연적인 것으로 표상되도록 요구하는 것과 정반대의 것을 나타낸다고 하더라도 이 자유 개념은 언제나 변함없이 그대로 남아 있기 때문이다. 다른 한편 일어나는 것 모두는 자연법칙에 따라 불가피하게 규정된다는 것도 마찬가지로 아주 필연적인데, 이 자연필연성 역시 결코 경험적 개념이 아니다. 이 개념은 필연성 개념, 즉 아프리오리한 인식 개념을 동반하기 때문이다. 그러나 자연에 관한 이 개념은 경험으로 확증된다. 경험이, 즉 보편적 법칙에 따라 함께 연결된 감관의 대상에 대한 인식이 가능해야 한다면, 이 개념은 그 자체로 불가피하게 전제되지 않을 수 없다. 따라서 자유는 단지 이성의 이념일 뿐이며, 이것의 객관적 실재성 자체가 의심스러운 데 반해, 자연은 **지성** 개념으로서 경험의 실례들에서 자신의 실재성을 증명하고, 또 반드시 증명해야 한다.

이로부터 이성의 변증론이 생겨난다. 그렇지만 의지와 관련해서 보면, 의지에 부가된 자유는 자연필연성과 모순 관계인 것처럼 보이고, 이 갈림길에서 이성은 사변적 의도에서는 자연필연성의 길을 자유의 길보다 훨씬 더 매혹적이고 쓸모 있는 것으로 발견한다. 하지만 실천적 의도에서는 자유의 좁은 길이야말로 우리 행위에서 자기 이성을 사용할 수 있는 유일한 길이어서, 자유를 부정하려는 궤변은 아주 평범한 인간 이성에서도, 가장 치밀한 철학에서도 마찬가지로 가능 A 115 하지 않다. 따라서 철학은 동일한 인간의 행위에서 자유와 자연필연성 사이에 참된 의미에서 모순이라고는 아예 발견될 수 없다는 사실을 전제하지 않을 수 없다. 철학은 자유 개념과 마찬가지로 자연 개념도 포기할 수 없기 때문이다.

그렇지만 자유가 어떻게 가능한지를 비록 우리가 결코 파악할 수 없다고 하더라도, 이런 외관상의 모순만큼은 최소한 설득력 있는 방식으로 제거해야 한다. 심지어 자유에 관한 생각이 그 자체로 모순된다면, 또는 그와 마찬가지로 필연적인 자연에 모순된다면, 자유는 자연필연성에 부딪혀 철저하게 포기될 수밖에 없기 때문이다.

그런데 자신이 자유롭다고 생각하는 주체가 스스로를 자유롭다고 말할 때, 이때 이 행위를 두고 자기 자신이 자연법칙에 예속되어 있다고 간주할 때와 동일한 의미에서나 정확히 동일한 관계에서 자기 자신을 그렇게 생각한다면, 이런 모순에서 벗어나는 것은 불가능하다. 따라서 적어도 다음과 같은 것을 제시하는 것은 사변철학의 불가피한 과제다. 즉 사변철학은 바로 이 모순 때문에 비롯되는 자신의 혼동이 다음과 같은 사실에 기인함을, 즉 인간을 자유롭다고 할 때, 그것이 인간을 자연의 일부로서 자연의 법칙에 예속되어 있다고 여길 A 116 때와는 다른 의미와 다른 관계에서 인간을 생각한다는 사실에 기인함을 제시해야 한다. 그리고 이 철학은 이들 양자가 동일한 주체 안에서 너무나 잘 양립할 수 있을 뿐만 아니라 필연적으로 통일되어 있는 것으로 생각해야 함을 보여주어야 한다. 그렇지 않으면 왜 우리가 한 이념을 가지고 이성에 부담을 지워야 하는지에 관해서 그 근거를 제시할 수 없기 때문이다. 이때 이 이념이 충분히 입증된 다른 이념과 모순 없이 통일될 수 있다고 할지라도, 그 일은 이성이 자신의 이론적 사용에서 몹시 어려운 지경에 처하도록 만드는 일거리로 우리를 밀어넣게 될 것이다. 이 [과제를 해결해야 하는] 의무는 오로지 사변철학에만 부과되는데, 이는 실천철학에 자유로운 길을 열어주기 위해서다. 따라서 외관상 충돌을 제거할지, 아니면 무관심한 채 내버려둘지, 그것은 철학자의 임의에 맡겨둘 일이 아니다. 왜냐하면 무관심한 채 내버려두면 그에 관한 이론은 무주물(無主物)[7]이 될 터이며, 운명론자는 이를 당연하게 점유할 수 있게 되어 모든 도덕을 그것이 자격도 없이 차지해서 자기 것이라고 생각한 것에서 몰아낼 수 있을 테니 말이다.

그렇다고 여기에서 실천철학의 한계가 시작된다고 우리는 아직 말할 수는 없다. 이 분쟁을 조정하는 것은 실천철학의 몫이 전혀 아니고, 오히려 실천철학은 사변이성에 그가 이론적 문제에서 스스로 말려든 불일치를 끝낼 것을 요구하기 때문이다. 실천철학이 이렇게 하는 것은 실천이성이 그 자신이 경작하려고 한 땅을 분쟁의 땅으로 만들 수도 있을 외부 공격에 평온함과 안전함을 확보하기 위해서다.

평범한 인간 이성조차 의지의 자유에 대해 권리를 주장하는데, 이 주장은 단순히 주관적으로 규정하는[8] 원인에서 이성이 독립해 있음을 의식하고 이를 승인함을 전제하는 데 기초를 두고 있다. 물론 이 경우 이들 원인은 단지 감각에만 속하고, 따라서 일반적으로 감성이라고 하는 것은 일반적 명칭 아래에 속하는 것들 모두로 이루어져 있다. 이런 식으로 자신을 예지적 존재로 여기는 인간은 이로써 자신을 사물들의 다른 질서에 옮겨놓으며, 그래서 완전히 다른 종류인 규정근거와 관계를 맺는다. 물론 이는 인간이 자신을 감성계 안의 현상처럼 (실제로 그가 그렇기도 하지만) 지각해서 자신의 원인성을 자연법칙에 따른 외부 규정에 종속시키는 경우와 달리, 그가 자기 의지를 간직하는 예지적 존재, 즉 원인성을 갖춘 예지적 존재로 생각하는 경우다. 그런데 곧 그는 이 둘이 동시에 일어날 수 있고, 아니 심지어는 그래야만 한다는 것을 알게 된다. 현상 안의 **사물**(감성계에 속하는 사물)이 어떤 법칙 아래 있고, 바로 그와 동일한 것이 **사물 자체** 또는 존재자 **자체**일 경우, 이 법칙에서 독립해 있다는 것이 조금도 모순을 포함하지 않기 때문이다. 그러나 인간은 자신을 이렇게 이중적 방식으로 표상하고 사유해야 한다. 이러한 사실은 전자와 관련해서는 자기 자신을 감관을 통해서 촉발되는 대상으로 의식한다는 점에, 후자와 관련해서는 자기 자신을 예지적 존재, 즉 이성 사용에서 감각적 인상으로부터 독립해 있는 것으로 (따라서 지성계에 속하는 것으로) 의식한다는 점에 기초하고 있다.

여기에서 다음의 상황이 나타난다. 즉 인간은 자신을 단지 욕구나 경향성에 속하는 것은 아예 고려하지 않는 의지를 지닌 존재로 자부하며, 또한 이들에 맞서 모든 욕망이나 감각적 자극을 뒤로 밀쳐놓을 때만 일어날 수 있는 행위를 자신이 할 수 있다고, 심지어 필연적이라고까지 생각한다. 이러한 행위의 원인성은 예지적 존재로서 인간 안에 놓여 있으며, 예지계의 원리에 따르는 작용과 행위의 법칙 안에 놓여 있다. 그런데 이 예지계에 관해서 인간은 그곳에서는 오로지 이성이, 더군다나 감성에서 독립되어 있는 순수이성만이 법칙을 부과한다는 것 외에 더는 아는 것이 없다. 마찬가지로 그곳에서 인간 자신은 단지 예지적 존재로서만 본래적 자기이므로 (그에 반해 [단순한] 인간은 본래적 자기 자신이 나타나 있는 그저 현상에 불과하므로) 저 법칙은 그에게 직접적이고 정언적으로 관계한다. 그래서 경향성과 충동이 (따라서 감성계의 전체 본성이) 자극하는 것이 무엇이든, 예지적 존재로서 인간이 지닌 의욕작용의 법칙에 어떤 훼손도 일으킬 수 없다. 심지어 [예지적 존재로서] 그는 이런 경향성이나 충동에 대해 책임지지 않으며, 이것들을 자신의 본래직 자기, 즉 자기 의지에

A 118

IV 458

서 비롯한 것으로 간주하지도 않는다. 그렇지만 그가 아마도 이들 경향성과 충동이 자신의 준칙에 영향을 미쳐 의지의 이성 법칙에 손실을 주는 것을 용인하게 되면, 그는 이들에 대해 보여준 관대함을 자기 탓으로 돌린다.

실천이성이 지성계 안으로 사유해 들어간다고 해서 자기 한계를 넘어서는 일은 전혀 없겠지만, 안으로 직관해 들어가려고 하거나 감각해 들어가려고 한다면 자기 한계를 넘어서게 될 것이다. 전자는 의지를 규정하는 데 이성에 어떤 법칙도 제공하지 않는 감성계와 관련해서는 소극적으로 사유하는 것일 뿐이다.[9] 다만 이것이 유일하게 적극적으로 되는 경우는 소극적 규정에 해당하는 저 자유가 동시에 (적극적인) 능력과 결합되는, 심지어 우리가 의지라고 부르는 이성의 원인성과도 결합되는 점에서뿐이다. 물론 이 능력은 행위의 원리가 이성의 원인성이 지닌 본질적 속성에, 즉 준칙이 법칙으로서 보편적 타당성이라는 조건에 합치하도록 행위하는 능력이다. 그런데 실천이성이 의지의 객관, 즉 지성계에서 동인을 가져오면 자기 한계를 넘어서게 되며, 자신이 전혀 알지 못하는 무엇에 대해 월권을 행하게 될 것이다. 따라서 지성계라는 개념은 이성이 자신을 실천적인 것으로 사유하기 위해 스스로를 현상들 바깥에서 취하지 않을 수 없다고 보는 입장일 뿐이다.[10] 만약 감성의 영향이 인간에게 결정적이라면, 이성이 자기 자신을 실천적인 것으로 사유하는 일은 가능하지 않을 것이다. 하지만 인간에게 예지적 존재로서 자기 자신을 의식함이, 따라서 이성적이면서 이성을 통해 활동하는 원인으로, 즉 자유롭게 작용하는 원인으로 의식함이 부인되어서는 안 된다면, 이성이 실천적으로 사유하는 것은 필연적이다. 물론 이 생각은 감성계에 적용되는 자연 메커니즘과는 다른 질서와 입법의 이념을 가져오고 예지계(즉 물자체로서 이성적 존재자 전체)의 개념을 필연적이도록 만든다. 하지만 여기에 최소한의 월권행위도, 즉 오직 이념의 **형식적** 조건에 따른다는, 다시 말해서 의지의 준칙이 법칙으로서 [지녀야 할] 보편성에 따른다는, 따라서 오로지 의지의 자유와만 성립할 수 있는 의지의 자율에 합치하도록 생각하는 것, 그것 이상으로 나아가는 월권행위는 존재하지 않는다. 그에 반해 객관에 규정을 받는 법칙들은 모두 자연법칙들에만 해당되고 또 감성계에만 적용될 수 있는 타율을 제공할 뿐이다.

그러나 순수이성이 어떻게 실천적일 수 있는지를 **설명**하려고 감행한다면, 이는 **자유가 어떻게 가능한지**를 설명해야 하는 과제와 완전히 IV 459 동일한 경우로서, 이성은 그러자마자 곧 자신의 모든 한계를 넘어가게 될 것이다.

왜냐하면 우리는 어떤 가능한 경험 안에서 해당 대상이 주어질 수 있는 법칙으로 환원할 수 있는 것 외에 아무것도 설명할 수 없기 때문이다. 그러나 자유는 단순한 이념으로 자연법칙에 따라서는 어떠한 방식으로도 이것의 객관적 실재성을 제시할 수 없으며, 따라서 가능한 경험 안에서 제시할 수 없다. 이 이념 자체는 어떤 유비로도 하나의 실례를 제시할 수 없으므로 결코 파악할 수 없으며, 또한 통찰할 수조차 없다. 자유는 하나의 의지를, 즉 단순한 욕구의 능력과는 여전히 다른 능력(이른바 예지적 존재로서, 따라서 자연적 본능에서 독립해 이성의 법칙에 따라 행하도록 결정할 수 있는 능력)을 스스로 의 A 121 식한다고 믿는 존재자 안에서 이성이 필연적으로 전제하는 것으로만 타당할 뿐이다. 그런데 자연법칙에 따른 규정이 멈추는 곳에서는 모든 **설명**도 멈추게 된다. 오직 남아 있는 일이라곤 **변호**하는 것뿐이다. 즉 거기에는 사물들의 본질 안으로 들어가 더 깊이 꿰뚫어보기라도 한 듯 주장하는, 그래서 자유는 불가능하다고 감히 천명하는 사람들의 반론을 물리치는 일만 남아 있을 뿐이다. 우리는 그들이 거기에서 자칭 발견했다고 하는 모순이 다름 아니라 다음과 같은 사실에 놓여 있음을 제시할 수 있을 뿐이다. 자연법칙을 인간 행위와 관련하여 타당하도록 만들기 위해서 그들이 인간을 어쩔 수 없이 현상으로 고찰해야만 했던 곳에서, 이제 인간을 예지적 존재로, 또한[c] 물자체로 그들이 생각해야 하는 것을 우리가 그들에게 요구하는 곳에서조차 여전히 그들이 인간을 현상으로만 고찰해야 했다는 점에 바로 이 같은 모순이 놓여 있음을 제시할 수 있을 뿐이다. 물론 하나의 동일한 주체 안에서, 즉 감성계의 모든 자연법칙에서 자기 원인성을 (즉 자기 의지를) 분리해낸다면 그것은 모순에 처하게 될 것이다. 그렇지만 현상의 배후에 사태 자체가 (비록 숨겨져 있기는 하지만) 기초로 놓여 있어야 하고, 사태 자체의 작용법칙과 관련해 이 법칙이 사태 자체의 현상을 지배하는 법칙과 동일해야 한다는 점을 우리가 요구할 수 없음을 그들이 숙고하고 정당하게 시인한다면, 그와 같은 모순은 사라지게 될 것이다.

_{A 122}　의지의 자유를 **설명함**이 주관적으로 불가능하듯, 인간이 도덕법칙에 대해 보일 수 있는 **관심***을 찾아내 파악하는 일도 마찬가지로 불가

---

c) 초판의 'Intelligenz, doch auch'는 재판에서 'Intelligenz auch'로 수정. 재판을 따라 옮김.

* 관심은 이성이 실천적이도록 해주는 것, 즉 의지를 규정하는 원인이 되는 것이다. 따라서 우리는 이성적 존재자에 관해서만 그 존재자가 무엇인지에 관심을 가지게 되고, 이성이 없는 피조물은 단지 감성적 충동만 느낀다고 말한다. 이성은 자기 준칙의 보편타당성이 의지를 규정하는 충분한 근거가 될 때에만 행위에 직접적 관심을 갖는다. 그것은 오로지 순수한 관심이다. 그러나 이성을 욕구의 다른 대상을 매개로 해서만 혹은 주체의 특별한 감정을 전제하는 것 아래에서만 규정할 수 있다면, 이성은 단지 행위에 대해 간접적 관심만 가질 뿐이다. 그리고 이성은 독자적으로는, 즉 경험 없이는 의지의 객관들, 특히 의지에 기초로 놓여 있는 감정도 찾아낼 수 없기 때문에 간접적 관심은 경험적 관심일 뿐 결코 순수한 이성의 관심일 수 없다. (이성의 통찰을 촉진하도록 하는) 이성의 논리적 관심은 결코 직접적이지 않으며, 이성 사용의 의도를 전제한다.

능하다. 그런데도 인간은 실제로 도덕법칙에 관심을 두며, 이 관심과 관련하여 우리 안에 기초로 놓여 있는 것을 도덕감정이라고 부른다. 그런데 몇몇 사람은 이를 우리의 도덕적 평가에서 올바른 척도라고 잘못 주장하기도 했다. 오히려 도덕감정은 법칙이 의지에 미치는 주관적 결과로 여겨져야 하므로 이 감정에 객관적 근거를 제시할 수 있는 것은 이성뿐이다.

감성적으로 촉발되는 이성적 존재자에게 이성 단독으로 당위를 훈계하는 것을 바라려면,[11] 거기에는 물론 이성의 [또 다른] 능력이, 즉 의무의 이행에 쾌나 만족의 감정을 불러일으키는 능력이, 따라서 이성이 자신의 원리에 합치하도록 감성을 규정하는 원인성이 요 구된다. 그러나 자신 안에 감성적인 것을 전혀 포함하지 않은 순수한 사유가 어떻게 쾌 혹은 불쾌의 감각[감정]을 불러일으키는지 그것을 통찰하는 것, 즉 아프리오리하게 파악하는 것은 전적으로 불가능하다. 그것은 특별한 종류의 원인성이어서, 이것에 대해서 우리는 모든 원인성에 대해서와 마찬가지로 전혀 아프리오리하게 규정할 수 없으며, 그런 연유로 오로지 경험에 물어보아야 하기 때문이다. 그러나 이 경험은 경험의 두 대상 사이가 아니고는 결과에 대한 원인의 그 어떤 관계도 제공할 수 없지만, 여기서는 순수이성이 (경험에 어떤 대상도 주어지지 않는) 단순한 이념을 통해서 당연히 경험 안에 놓여 있는 결과의 원인이 되어야 한다. 그렇기 때문에 법칙으로서 준칙이 지니는 보편성, 즉 도덕성이 어떻게 그리고 왜 우리에게 관심을 불러일으키는지 설명하는 것이 인간에게는 완전히 불가능하다. 단지 다음만큼은 확실하다. 즉 법칙이 우리의 관심을 끌기 때문에 그것이 우리에게 타당성을 갖는 것이 아니라, (왜냐하면 그렇게 하는 것은 타율성이 되고, 실천이성이 감성, 즉 토대에 놓여 있는 감정에 의존하는 것이며, 이 경우 실천이성이 도덕적으로 법칙을 수립하는 것이 결코 될 수 없기 때문이다) 법칙이 인간으로서 우리에게 타당하기 때문에 그것이 우리 관심을 불러일으키는 것이다. 이 법칙이 타당한 이유는 그것이 예지적 존재인 우리의 의지에서, 따라서 우리의 본래적 자아에서 생겨났기 때문이다. 그러나 단순한 현상에 속하는 것은 이성에 의해 필연적으로 사태 자체의 성질에 종속된다.

A 124 그러므로 정언명령이 어떻게 가능한가 하는 물음은 이 명령을 오로지 가능하게 만드는 유일한 전제, 즉 자유라는 이념을 우리가 제시할 수 있는 만큼만, 또 우리가 이 전제의 필연성을 통찰할 수 있는 만큼만 대답할 수 있다. 이성을 실천적으로 **사용**하려면, 즉 이 명령의 타당성을 확신하고, 따라서 또한 도덕법칙의 타당성도 확신하려면 전제의 필연성을 통찰하는 것만으로도 충분하다. 그렇지만 이 전제가 어떻게 가능한지는 인간의 그 어떤 이성으로도 통찰할 수 없다. 그러나 예지적 존재가 지닌 의지의 자유를 전제하는 것 아래서는 의지를 유일하게 규정할 수 있는 형식적 조건인 의지의 **자율**이 필연적으로 뒤따라 나오게 된다. 의지의 이런 자유를 전제하는 것은 또한 (감성계의 현상과 연결할 때 자연필연성의 원리와 모순에 빠지지 않고) 아주 충분히 **가능할** 뿐만 아니라 (사변철학이 보여줄 수 있듯이) 이 자유를 실천적으로, 즉 이념 가운데 모든 자의적 행위의 조건으로 삼는 것 역시 더는 조건 없이 **필연적**이다. 이성에 의한 자신의 원인성,[12] 따라서 (욕구와는 구별되는) 의지의 원인성을 의식하는 이성적 존재자에게 그러하다. 그러나 순수이성이 다른 동인 없이—이것들이 다른 어딘가에서 가져오게 된 것이든—어떻게 독자적으로 실천적일 수 있는지, 즉 **법칙**으로서 이성 준칙 모두가 가지는 보편타당성이라는 단순한

A 125 원리가 (물론 이것은 순수실천이성의 형식이 되겠지만) 사람들이 미리 관심을 둘 법하기도 한 의지의 모든 내용(대상) 없이도 어떻게 그 자신이 하나의 동기를 제공할 수 있으며, 또 순수하게 **도덕적**이라고 하

는 관심을 불러올 수 있는지, 달리 말해서 순수이성이 어떻게 실천적일 수 있는지, 이것을 설명하는 것은 모든 인간 이성에게는 도무지 불가능한 일이다. 이에 관해서 설명해보려는 모든 애씀과 노력은 헛수고가 될 뿐이다.

이것은 마치 내가 의지의 원인성으로서 자유 자체가 어떻게 가능한지 근거를 밝히려고 시도하는 것과도 같은 경우다. 나는 거기에서는 철학적 설명근거를 포기하게 되며, 달리 어떤 근거도 가지고 있지 않기 때문이다. 그래도 나는 여전히 나에게 남아 있는 예지계 안에서, 즉 예지적 존재들의 세계 안에서 떠돌아다닐 수는 있다. 비록 내가 그 세계와 관련해 근거가 충분한 이념을 간직하고 있다고 하더라도, 그 세계에 관해 지식이 조금도 없으며, 또한 자연적 이성능력으로 아무리 노력해도 이러한 지식에 결코 이를 수 없다. 그 세계는 감성계에 속하는 모든 것을 내 의지의 규정근거에서 배제하고 났을 때에도 거기에 단지 여분으로 남아 있는 어떤 것을 의미한다. 내가 이렇게 배제하는 것은 단지 감성 영역에서 유래하는 작용원인들의 원리를 제한하기 위해서다. 그런데 이것은 내가 감성의 영역에 한계를 지음으로써 바로 이 영역이 모두를 자신 안에 포함할 수 있는 것이 아니라 이 영역 바깥에도 여전히 더 많은 것이 존재함을 보여줌으로써 가능하다. 그런데 나는 더 많은 이것에 대해서는 더 이상 알지 못한다. 이러한 이상[13]을 생각하는 순수이성에서 모든 내용을, 즉 대상의 인식을 분리해버리고 나면 나에게는 형식, 준칙의 보편타당성이라는 실천법칙만 남게 된다. 그리고 이 법칙에 맞추어 이성을 순수한 지성계와 관련해 가능적 작용원인으로, 즉 의지를 규정하는 원인으로 생각하는 일만 남게 된다. 여기서 동기는 완전히 빠져 있어야 한다. 동기가 있다면 예지계라는 이 이념 자체가 동기여야 하거나 이성이 근원적으로 관심을 갖는 것이어야 할 것이다. 그러나 이것을 파악하는 것이 과제이기는 하지만, 우리는 이를 해결할 수 없다.

그러니 여기가 모든 도덕적 탐구의 가장 높은 한계다. 그렇지만 이 한계를 정하는 것 또한 정말로 대단히 중요하다. 그것은 한편으로는 이성이 감성계 안에서 도덕에 피해를 주는 방식으로 최상의 동인이나 개념적이지만 경험적인 관심을 찾아 헤매는 일이 없도록 하기 위해서다. 그런가 하면 다른 한편으로 그것은 이성이 예지계라는 이름 아래서 자기에게는 공허한 초험적 개념들의 공간 안에서 그 자리에서 앞으로 나아가지 못한 채 자신의 날개를 힘없이 젓거나 환상 아래서 길을 잃어버리지 않도록 하기 위해서다. 그런데도 모든 예지적 존재의 전체인 순수지성계라는 이념은 남아 있다. 우리 자신은 이성적 존재자로서 (비록 우리는 다른 한편에서 동시에 감성계의 구성원일지라도) 그 세계에 속해 있다. 이 이념은 ─ 비록 그것의 한계에서 모든 지식이 종말을 고하지만 ─ 이성적 신앙을 위해 언제나 이용 가능한 이념이자 허용된 이념이다. 그것은 **목적들 자체**(이성적 존재자들)의 보편적 나라라는 고귀한 이상을 통해서 도덕법칙에 대한 생생한 관심을 우리 안에 불러일으키기 위한 것이다. 우리가 이 나라의 구성원이 될 수 있는 것은 오직 우리가 자유의 준칙에 따라, 마치 그 준칙이 자연의 법칙인 것처럼 조심스럽게 행동할 때뿐이다.

A 127

IV 463

결론

자연에 관해서 이성을 사변적으로 사용하면, 우리는 세계의 어떤 최상 원인이 지닌 절대적 필연성에 이르게 된다. 또한 **자유**와 관련하여 이성을 실천적으로 사용해도 우리는 절대적 필연성에 이르게 된다. 다만 이때의 필연성은 이성적 존재자 자체의 **행위 법칙**이 지니는 필연성이다. 그런데 이성이 자신의 인식을 그 **필연성**을 의식하는 데까지 밀고 나가는 것은 우리의 이성 사용 모두의 본질적 **원리**다. (이러한 필연성이 없으면 그 인식은 이성의 인식이 아니기 때문이다) 그러나 존재하는 것이나 일어나거나 일어나야 할 것, 이들 모두를 제약하는 조건이 그 아래에 기초로 깔려 있지 않으면, 이성은 존재하는 것이나 일어나는 것의 필연성도, 일어나야 할 것의 **필연성**도 통찰할 수 없다. 이 또한 바로 그 이성을 똑같이 본질적으로 **제한한다.**[14) 그러나 이렇게 조건에 관해서 끊임없이 거듭하여 물어도 이성의 만족은 줄곧 뒤로 밀려날 뿐이다. 그래서 이성은 무조건적으로 필연적인 것을 쉬지 않고 찾으며, 그것을 파악[15)할 수단이 전혀 없어도 받아들일 수밖에 없음을 알아차린다. 만일 이성이 이런 전제와 어울리는 개념을 찾아낼 수만 있어도 이성은 충분히 다행스러워할 것이다. 따라서 이성이 무조건적인 실천법칙(정언명령일 수밖에 없는 법칙)을 자신의 절대적 필연성에 따라 파악할 수 없다고 하는 바로 이 점이 우리가 도덕성의 최상 원리를 연역하는 데 흠이 되어서는 안 된다. 오히려 그것은 우리가 인간 이성 일반에게 가해야 할 비난이다. 이성이 어떤 조건에 따라서, 즉 근저에 있는 어떤 관심을 매개로 하여 이것을 하려고 한 것이 아니라는 사실은 이성에게 의심할 여지가 없기 때문이다. 만약 그렇게 했더라면 그것은 도덕법칙, 즉 자유의 최상 법칙이 아니었을 것이다. 이렇듯 우리는 도덕적 명령이 지닌 실천적인 무조건적 필연성을 파악하지는 못하지만, 그것의 **파악 불가능성**은 파악한다. 바로 이것이 인간 이성의 한계까지 원리적으로 매진하는 철학에 우리가 합당하게 요구할 수 있는 것 전부다.[16)

실천이성비판

김종국 옮김

차례

일러두기

1. 『실천이성비판』은 *Kritik der praktischen Vernunft*를 우리말로 옮긴 것이다. 번역을 위해 1788년 발표된 원전을 기본으로 하되 학술원판(*Kritik der praktischen Vernunft*, in *Kant's gesammelte Schriften*, Bd. V, hrsg. von der Königlich Preußischen Akademie der Wissenschaften, Berlin, 1911, pp.1-163)과 바이셰델판(*Kritik der praktischen Vernunft*, in *Immanuel Kant. Werke in Zehn Bänden*, Bd. VI, hrsg. von der Wilhelm Weischedel, Darmstadt, 1983, pp.103-302), 펠릭스 마이너판(Immanuel Kant, *Kritik der praktischen Vernunft*, hrsg. von der Karl Vorländer, Felix Meiner Verlag, 1969)을 참조했다.

머리말

나는 이 비판에 순수실천이성비판이 아니라 그저 실천이성일반비판이라는 제목을 붙인다. 실천이성을 사변이성과 나란히 놓으면 순수실천이성비판이라는 제목이 필요한 듯하지만 말이다. 그 까닭은 이 글에서 충분히 밝힐 것이다. 이 글에서는 **순수실천이성**이 있다는 것을 드러내기만 할 테고 이런 의도에서 이성의 전체 실천적 **능력**을 비판할 것이다. 만일 이 일에 성공한다면 이 글에서 **순수한 능력** 자체를 비판하여 이성이 그저 월권적이기만 한 순수한 능력으로 분수를 넘는지 (사변이성에서는 이런 일이 곧잘 벌어진다) 살펴볼 필요가 없다. 이성이 순수이성으로서 실제로 실천적이라면 자기 실재성과 자기 개념의 실재성을 [자기가] 행하는 것으로 증명하기 때문이고 그래서 이럴 [증명할] 가능성에 반대하는 어떤 궤변도 소용없기 때문이다.

이제 이 순수한 능력과 더불어 선험적 **자유**도 확실해진다. 그것도 A 4 사변이성이 인과성 개념을 사용할 때 이율배반에서 벗어나기 위해 필요했던 바로 그 절대적 의미의 선험적 자유 말이다. 인과 결합의 계열에서 **무제약자**를 사유하려 할 때 사변이성은 이율배반에 빠질 수밖에 없다. 사변이성은 선험적 자유 개념을 문제가 있는 것으로만, 사유 불가능하지 않은 것으로만 제시할 수 있을 뿐이었다. 이로써 이 개념에 객관적 실재성이 확보된 것이 아니라 사변이성이 적어도 사유 가능한 것으로 인정해야 하는 것이 불가능한 것으로 주장되어 자유가 본질에서 논박되고 회의주의의 나락에 빠지는 일이 벌어지지 않았을 뿐이다.

그 실재성이 실천이성의 필연적 법칙에 따라 증명되는 한, 자유 개념은 이제 사변이성까지 포함하는 순수이성의 체계라는 전체 건물의 이맛돌[1])을 이룬다. 순전한 이념으로서, 사변이성에서 입지를 갖지 못하는 다른 모든 개념(신 개념과 영혼불멸 개념)은 이 자유 개념에 연결되고, 자유 개념과 더불어 그리고 자유 개념에 따라 존립하고 객관적 실재성을 얻는다. 다시 말해 이 개념의 **가능성**은 자유가 실재한다는 사태로 **증명**된다. [자유가 실재하는 것은] 자유의 이념이 도덕법칙에 따라 자기를 계시하기 때문이다.

사변이성의 모든 이념 가운데 자유는 우리가 그 가능성을 아프리오리하게 아는 유일한 이념이다. 이 가능성을 통찰하지는 못하지만 말이다. 자유의 가능성을 아프리오리하게 아는 까닭은, 자유가 도덕법칙의 조건*인데 이 도덕법칙을 우리가 안다는 데 있다. 그러나 신과 **영혼불멸**의 이념은 도덕법칙의 조건이 아니라 이 법칙에 의해 규정된 의지의 필연적 객관의 조건, 다시 말해 우리의 순수이성을 순전히 실천적으로 사용하기 위한 조건일 따름이다. 그래서 우리는 이 두

---

* 내가 지금 자유가 도덕법칙의 조건이라고 일컫고 이 글 뒷부분에서 도덕법칙은 그 아래에서 비로소 우리가 자유를 의식할 수 있는 조건이라고 주장하면 사람들은 내게 일관성이 없다고 잘못 생각할지 모른다. 이를 방지하기 위해 나는, 물론 자유가 도덕법칙의 존재 근거이지만 도덕법칙은 자유의 인식 근거라는 것만 환기하고 싶다.[2]) 도덕법칙이 우리 이성 안에서 먼저 분명하게 사유되지 않는다면 우리는 결코 자유와 같은 어떤 것을 (비록 이 자유가 자기 모순적이지는 않다 하더라도) 받아들일 권리를 갖지 못할 것이기 때문이다. 그러나 아무 자유도 없다면 도덕법칙은 결코 우리 안에서 **발견될 수 없을** 것이다.

이념에 대해서도 현실성은 말할 것도 없고 인식 가능성과 **통찰 가능**성도 결코 주장할 수 없다. 그렇지만 이 두 이념은 도덕적으로 규정된 의지를 의지에 아프리오리하게 주어진 객관(최고선)에 적용하기 위한 조건이다. 따라서 이 두 이념의 가능성은 이러한 실천적 관계에서 받아들여질 수 있고 받아들여질 수밖에 없다. 이 두 이념을 이론적으로 인식하고 통찰할 수는 없지만 말이다. 이렇게 받아들이는 요건으로는 이 두 이념이 아무런 내적 불가능성(모순)도 내포하지 않는다는 것으로 실천적 관점에서는 족하다. 여기에 [이 두 이념이 실천적 관계에서 받아들여질 수 있고 받아들여질 수밖에 없다는 바로 이러한 점에] 이 두 이념을 참으로 여길3) 이유가 있다. 이 이유는 사변이성의 경우와 비교하면 순전히 **주관적**이다. 그러나 똑같이 순수하지만 동시에 실천적인 이성에 이 이유는 **객관적**으로 타당하다. 이렇게 해서 신과 영혼불멸의 이념에 자유 개념을 통하여 객관적 실재성이 부여되고, 이 두 이념을 받아들일 객관적 권한, 더 나아가 주관적 필연성이 (순수이성의 요구가) 부여된다. 물론 이로써 이성이 이론적 인   V 5
식에서 확장하는 것이 아니라 예전에는 그저 **문제**였던 가능성이 이제 **확정**으로 될 뿐이다. 그래서 이성의 실천적 사용이 이론적 사용 요   A 7
소와 결합한 것에 지나지 않는다. 그리고 순수이성의 이러한 요구는 사변의 임의적 의도의 가언적 요구, 즉 사변에서 이성 사용의 완성으로 상승하기 원한다면 어떤 것을 받아들여야만 한다는 가언적 요구 같은 것이 아니라, 사람들이 행하고 행하지 않음의 목적으로 설정해야 하는 것의 [즉 최고선의] 가능조건으로서 어떤 것을 [즉 신과 영혼불멸을] 받아들여야만 한다는 **법칙적** 요구다.

물론 사변이성이 이런 우회 없이 저 과제를 **스스로** 해결해 이를 실천적 사용을 위한 통찰로 보존하는 것이 더 만족스러운 일일 것이다. 그러나 우리 사변능력은 결코 그런 좋은 처지에 있지 않다. 이러한 차원 높은 인식을 가지고 있다고 자부하는 사람들은 주저하지 말고 이 인식을 검증하고 존중할 수 있도록 공개적으로 보여주어야 할 것이다. 그들은 **증명**을 원한다. 자! 증명해보라. 비판[철학]은 승자인 그들 앞에 모든 무기를 내려놓을 것이다. '그대들은 무엇을 주저하는가? 이제 하려 하지 않는구나. 한다면 행복할 것.'⁴⁾ 사실 그들은 증명하려고 하지 않는다. 아마 할 수 없기 때문일 것이다. 그래서 우리는 다시 무기를 들어야 한다. 사변이 그 **가능성**을 충분히 보장하지 않는 **신**, **자유**, **영혼불멸** 개념을 이성의 도덕적 사용에서 찾아내어 그 바탕 위에 확고히 세우기 위해서 말이다.

여기서 비로소 비판철학의 수수께끼, 즉 우리가 사변에서 **범주**를 초감성적으로 **사용**하는 것에 대해 객관적 실재성을 부인하고서 어떻게 순수실천이성의 객관과 관련해서는 이러한 **실재성**을 **인정**할 수 있는가 하는 수수께끼 또한 설명된다. 우리가 이러한 실천적 사용을 명목으로만 아는 한, 이런 일은 먼저 틀림없이 **일관성 없는** 것으로 보일 수밖에 없다. 그러나 우리가 이제 실천적 사용을 완전히 분석하여, 언급된 실재성이라는 것이 여기서 결코 **범주**의 이론적 **규정**과 인식의 초감성적 확장을 목적으로 하지 않고 실재성의 의미가 실천적 관계에서라면 어디서나 범주에 **하나**의 객관이 귀속한다는 것일 뿐이라는 사실을 알게 되면 비일관성은 사라진다. 이때 범주에 하나의 객관이 귀속하는 까닭은 범주가 필연적 의지규정에 아프리오리하게 포함되어 있거나 의지규정의 대상과 분리할 수 없게 연결되어 있다는 데 있다. 이렇게 우리가 사변이성이 요구하는 것과 다르게 저 개념을 사용하기 때문에 비일관성은 사라진다. 반면에 사변이성비판이 기대 밖으로 매우 만족스럽게 [비판의] 일관된 **사유방식**을 증명해주는 것은, 사변이성비판이 경험 대상 자체와 경험 대상에 속하는 우리 자신의 주관까지도 오직 현상으로만 타당한 것으로 여기라고 가르치면서도 이 현상의 근거에 사물 자체를 두라고, 그래서 모든 초감성적인 것을 허구로 간주하지 말고 또 이 초감성적인 것의 개념을 내용상 공허한 것으로 간주하지 말라고 가르쳤던 점이다. 이제 실천이성은 독자적으로, 사변이성과 협의하지 않고도 인과성 범주의 초감성적 대상, 즉 자유에 실재성을 (이 자유 개념이 오직 실천적 사용을 위한 실천적 개념이긴 하지만) 부여한다. 따라서 실천이성은 사변이성비판에서 순전히 사유될 수 있었던 것을 하나의 사실로 확인한다. 사변이성비판이 주장한 것은 사유하는 주관조차도 내적 직관에서는 주관 자신에 대해 순전히 현상일 뿐이라는 것이었다. 이론의 여지가 없기는 하지만 기이한 이 주장은 이제 실천이성비판에서도 충분히 확인된다. 그래 A 10 서 설령 사변이성비판이 이 명제를 증명하지 못했다 하더라도 실천이성비판에서 우리는 이 주장에 도달할 수밖에 없다.*

마찬가지로 나는 비판철학에 맞서 지금까지 내게 가해진 가장 두드러진 반론이 유독 다음 두 가지 점을 중심으로 일어나는 이유도 이해한다. 그것은 한편으로 예지적인 것에 적용된 범주의 객관적 실재성이 이론적 인식에서 부정되면서도 실천적 인식에서는 주장된다는 점이다. 다른 한편으로 자기를 자유의 주체로서는 예지적인 것으로 여기라면서도 동시에 이 자기를 자연의 측면에서는 자신의 고유한 경험적 의식 내에 있는 현상체로 여기라고 역설적으로 요구하는 점이다. 이 반론이 제기된 이유는 사람들이 도덕성과 자유에 대해 아

---

* 자유라는 원인성[혹은 인과성]은 도덕법칙에 따른 것이고 자연기계성이라는 원인성은 자연법칙에 따른 것이지만 이 둘은 하나이자 동일한 주체, 즉 인간 안에 있는 것이 확실하다. 이 두 원인성을 통일하는 일은 인간을 도덕법칙과 관련해서는 존재자 자체로, 자연법칙과 관련해서는 현상으로 표상하지 않는다면 불가능하다. 그리고 도덕법칙을 순수한 의식에서, 자연법칙을 경험적 의식에서 표상하지 않는다면 불가능하다. 이렇게 하지 않는다면 이성의 자기모순을 피할 수 없다.

무런 규정된 개념도 갖지 않은 동안에는, 한편으로 무엇을 주장된 현상의 근저에 예지적인 것으로 두어야 할지 짐작할 수 없었기 때문이다. 다른 한편으로 순수지성의 모든 개념의 이론적 사용을 배타적으로 순전한 현상에만 국한해버린 마당에, 예지적인 것에 대해 어떤 개념을 갖는다는 것이 도대체 가능하기나 한지 짐작할 수 없었기 때문이다. 오직 철저한 실천이성비판만이 이러한 오해를 모두 제거할 수 있고, 이 비판의 가장 탁월한 장점인 일관된 사유방식을 분명하게 부각할 수 있다.

이미 특별한 비판을 받은 순수사변이성의 개념과 원칙을 왜 이 글에서 자꾸 다시 검증하는가에 대한 변명은 이 정도로 해두자. 이런 식의 검증은 다른 경우라면 우리가 확립할 학문의 체계적 전개에 분명 적합하지 않았을 테지만 (일단 판결이 내려진 사태는 단지 인용되는 것이라면 몰라도 다시 논의되어서는 안 되기 때문에) 여기서는 허용되었고 심지어 요구되었다. 거기서 [사변이성비판에서] 이성이 이 개념을 사용했던 것과는 전적으로 다른 용도로 옮겨져 이성과 개념이

고찰되기 때문이다. 그런데 이렇게 다른 사용으로 옮김으로써 이 개념에 대한 과거의 사용을 새로운 사용과 비교하는 일이 필요해진다. 그것은 새로운 길을 과거의 길과 확실히 구별하는 동시에 이 두 길의 연관에 유의하기 위해서다. 이런 종류의 고찰, 그 가운데도 자유 개념에 다시 주목하되 순수이성의 실천적 사용에서 이 개념에 주목하는 고찰은 사변이성의 비판적 체계의 틈을 메우는 데에나 (이 체계가 체계 자신의 관점에서는 완전하다는 이유에서) 쓰일 일종의 보충물로 여겨져서는 안 된다. 또 졸속으로 지어진 건축물에서 흔히 그렇듯 짓고 나서 기둥과 받침대를 갖다 대는 일로 여겨져서도 안 된다. 오히려 이런 종류의 고찰은 체계의 연관을 분명하게 드러내는 진정한 구성요소로 여겨져야 한다. 이 고찰이 체계의 연관을 드러냄으로써 사

변이성비판에서 문제가 있는 것으로만 표상될 수 있었던 개념이 이제 실재적 현시에서 통찰될 수 있다. 이 점을 환기하는 이유는 특히 자유 개념 때문이다. 기이하게도 우리는 그토록 많은 사람이 자유 개념을 순전히 심리학적 관계에서만 고찰했으면서도 이 개념을 완전히 통찰할 수 있다고, 또 자유의 가능성을 설명할 수 있다고 뽐내는 것을 보지 않을 수 없다. 그러나 그들이 자유 개념을 먼저 선험적 관계에서 정확하게 고찰했더라면 이 개념이 문제가 있는 개념으로서 A 13 사변이성의 완전한 사용에 없어서는 안 된다는 것도, 이 개념을 완전히 파악할 수 없다는 것도 인식했을 것이다. 이렇게 선험적 관계에서 자유 개념을 고찰한 후 자유 개념의 실천적 사용에 진입했더라면 그들 자신도 자유 개념을 사용하는 원칙과 관련해 이전이라면 동의하기를 매우 꺼렸을 바로 그 규정에 이를 수밖에 없었을 것이다. 자유 개념은 모든 경험주의자에게는 걸림돌이지만, 이 개념을 다룰 때 반 V 8 드시 이성적으로 처리해야 한다는 것을 통찰하는 비판적 도덕론자에게는 가장 숭고한 실천원칙에 이르는 열쇠이기도 하다. 이런 이유에서 나는 독자들이 이 책 분석론 끝에서 자유 개념에 대해 내가 말한 것을 쉽게 지나치지 않기를 바란다.

실천이성비판에서 전개된, 여기서와 같은 순수실천이성의 체계가 무엇보다 비판 전체를 올바르게 설계할 수 있는 정당한 관점을 잃지 않으려고 얼마나 많이 노력했는지는 이런 유의 작업을 잘 아는 사람의 판단에 맡길 수밖에 없다. 이 체계는 도덕형이상학 정초를 전제 A 14 하기는 하지만 정초가 의무 원리를 예비적으로 알게 하고, 또 규정된 의무 정식을 제시하고 정당화하는* 한에서만 그러하다. 그밖에 이 체

---

* 도덕형이상학 정초를 비난하려던 어떤 서평자[5]는 이 책에서 도덕성의 아무런 새로운 원리도 마련되지 않았고 다만 어떤 새로운 정식만이 마련되었을 뿐이라고 말했는데, 이로써 그는 자신이 의도한 것보다 더 잘 들어맞는 말을 했다. 도

계는 자체적으로 성립한다. 모든 실천적 학문을 사변이성비판이 그랬듯이 완전히 분류하여 이 체계에 덧붙이지 않은 것에 대한 타당한 이유도 이러한 실천적 이성능력의 성질에서 찾을 수 있다. 의무를 분류하기 위해 의무들을 [이성적 존재자 일반의 의무와 구별되는] 인간의 의무들로 특수하게 규정하는 일은 [의무에 의해] 규정되는 주관(인간)의 실제 성질이 적어도 의무 일반에 관계할 때 필요한 만큼이라도 미리 알려진 경우에만 가능하기 때문이다. 그러나 이러한 특수한 규정은 실천이성일반의 비판이 하는 일에 속하지 않는다. 이 비판은 실천이성의 가능성과 범위 그리고 한계에 관한 원리를, 인간 본성에 특수하게 관계하지 않으면서 완전히 제시해야만 하기 때문이다.[6] 따라서 의무의 분류는 학문 체계에 속하지 비판 체계에 속하는 것이 아니다.

실로 진리를 사랑하고 총명하며 존경할 만한 어떤 서평자[7]의 반론, 즉 **도덕형이상학** 정초에서 (그가 보기에는 필요한 일이었지만) 선(善) 개념이 도덕원리에 앞서 확정되지 않았다*는 반론에 대해서는 분석

대체 누가, 마치 자기 이전에는 세상 사람들이 무엇이 의무인지를 몰랐거나 완전히 착각했던 것처럼 도덕성 전체의 새로운 원칙을 도입하려 했으며 이 도덕성을 말하자면 처음으로 고안하려 했단 말인가? 수학자에게 정식, 즉 어떤 과제를 풀기 위해 해야 할 것을 실로 정확히 규정하고 놓치지 않게 하는 정식이 무엇을 의미하는지를 아는 사람은 모든 의무 일반과 관련하여 이런 역할을 하는 정식을 무의미한 것으로, 없어도 되는 것으로 여기지는 않을 것이다.

* 왜 **욕구능력** 개념 혹은 쾌의 **감정** 개념에 대해서도 미리 설명하지 않았는가 하는 반론이 내게 제기될 수도 있다. 이 개념에 대한 설명이 심리학에서 이미 주어졌다는 것을 정당하게 전제할 수 있으므로 이런 비난은 정당하지 않겠지만 말이다. 그런데 심리학은 쾌의 감정을 욕구능력의 규정근거로 두는 식으로 정의할지도 모른다(실제로 이런 일은 흔히 일어나곤 한다). 그러나 이렇게 정의하면 실천철학의 최상 원리가 경험적인 것으로 전락할 수밖에 없을 것이다. 하지만 그것이 과연 그런지 애초에 밝혀야 하며 앞으로 전개될 이 비판에서는 그렇지 않은 것으로 전적으로 반박할 것이다. 그래서 나는 지금으로서는 설명을 아

론 제2장에서 충분한 답이 제시되었기를 희망한다. 이와 마찬가지 A 16
로 나는 진리의 전파를 소중히 여기는 뜻을 알아주기를 바라는 사람
들이 제기한 그밖의 다른 많은 반론도 고려했다(이에 비해 오직 자신 A 17
의 낡은 체계만 염두에 두는 사람들과 시인해야 할 것과 부인해야 할 것 A 18
을 사전에 결정한 사람들은 그들의 사적 의도에 방해가 될지도 모르는 V 10
아무 논의도 바라지 않는다). 나는 앞으로도 이러한 태도를 유지할 것
이다.

인간 마음의 어떤 특수 능력을 그 근원, 내용, 한계에 따라 규정하
는 것이 문제인 경우, 인간 인식의 본성상 우리는 사실상 마음의 부분
과 이 부분에 대한 정확하고도 (이 부분에 대해 이미 획득한 요소의 현
재 상황에 따라 가능한 한) 완전한 서술에서 시작할 수밖에 없다. 그

래와 같이 제시하고 싶은데, 그것도 시작 단계에서는 이 쟁점과 관련하여 당연
히 아직 어느 쪽이 옳은지 결정되지 않았다는 것을 보여주는 데 충분할 정도로
만 제시하고 싶다. 생명이란 어떤 존재자가 욕구능력의 법칙에 따라 행위하는
능력이다. 욕구능력이란 존재자가 자신의 표상에 의해 이 표상의 대상을 실현하는
원인이 될 수 있는 능력이다. 쾌(快)란 대상 혹은 행위와 생명의 주관적 조건이 일치
한다는 표상이다. 여기서 주관적 조건은 표상의 객체를 실현하는 것과 관련하여 표
상이 객체의 원인이 되는 (혹은 객체를 산출하는 행위로 주체의 힘을 규정하는) 능
력이다. 심리학에서 빌려온 개념을 비판하려면 이것으로 족하다. 나머지는 비
판 자체가 수행할 것이다. 쾌가 언제나 욕구능력의 근거일 수밖에 없는지 아니 A 17
면 특정 조건에서는 오직 욕구능력의 규정에 뒤따르는지 하는 문제는 위의 설
명으로는 결정되지 않는다는 것을 사람들은 쉽게 알아차릴 것이다. 이 설명을
구성하는 것은 순수지성의 순전한 표식, 즉 경험적인 것을 결코 포함하지 않는
범주뿐이기 때문이다. 이런 조심성은 전체 철학에서 매우 권장할 만한 일이지
만 종종 소홀히 취급된다. 개념을 완전히 분석하는 일이 종종 아주 나중에 가서
야 완수되기 때문에 그 이전에 서둘러 정의하는 식으로 미리 판단하지 않는 조
심성 말이다. 사람들은 (이론이성과 실천이성) 비판의 전체 과정으로도 철학의
낡고 독단적 방식이 지닌 많은 약점이 보완되고 오류가 교정되는 다양한 계기
가 마련된다는 것을 인지할 것이다. 이러한 약점과 오류는 개념에 대해 이성을
사용하기 전에는 인지되지 않는데, 개념에 이성을 사용하는 일이 개념들의 전체
를 지향하기 때문이다.

러나 둘째로 좀더 철학적으로 그리고 **건축술적으로** 주의해야 할 점이 있다. 그것은 **전체의 이념**을 올바르게 파악하고 이 전체의 이념에 의거하여 상호관계 중에 있는 모든 부분을 순수이성능력 안에서 고찰하되 이러한 전체 개념으로부터 이 부분들을 도출함으로써 고찰하는 것이다. 이렇게 [인간 마음의 부분을 전체의 이념에 의거하여] 검증하고 [부분의 자리를 전체의 개념으로부터] 보증하는 것은 오직 체계와 가장 내밀하게 친숙할 때에만 가능하다. 첫째 탐구에 마음 내켜하지 않은 사람들, 따라서 굳이 이런 친숙함을 가지려 애쓸 가치가 없다고 생각한 사람들은 둘째 단계인 조망 단계, 즉 이전에 분석적으로 주어진 것에 종합적으로 되돌아오는 단계에 이르지 못했다. 그들이 [내 작품] 도처에서 비일관성을 발견하는 것은 놀랄 일이 아니다. 그들에게 이 비일관성을 추측하게 만든 결함은 체계 자체의 결함이 아니라 실은 그들 고유의 갈피를 잡지 못하는 사유과정의 결함이기에 그렇다.

A 19

새로운 언어를 도입하려 한다는 비난[8]은 이 글과 관련해서는 염려할 일이 아니다. 이 글에서 인식 방식은 그 자체로 대중성에 접근하기 때문이다. 제일 비판서와 관련해서도 이런 비난은 책장을 그저 넘기는 것이 아니라 숙고하면서 읽은 사람이라면 수긍할 수 없는 것이었다. 주어진 개념을 표현하기에 기존 언어가 부족하지 않은데도 새 용어를 고안해내는 것은 유치한 짓이다. 그것은 새롭고 참된 사상을 통해서가 아니라 낡은 옷에 새로운 천 조각을 덧대는 것으로 사람들 눈에 띄려고 애쓰는 것이다. 그러므로 제일 비판서의 독자가 그 책의 사상에 적합하면서도 내가 생각한 것보다 더 대중적인 표현을 안다면 혹은 그 책의 사상 자체가 공허해서 사상을 드러내는 각 표현이 또한 공허하다는 것을 과감하게 보여준다면, 먼저 대중적인 표현과 관련해서 나는 그 독자에게 큰 신세를 지는 셈이 될 것이다. 내가

A 20

원하는 것은 오직 내가 이해되는 것이기 때문이다. 둘째 공허함의 폭로와 관련하여 그 독자는 철학을 위해 공적을 세우게 될 것이다. 그러나 제일 비판서의 사상이 성립하는 한, 이 사상에 적합하면서도 더 대중적인 표현을 찾아낼 수 있을지 의문이다.*

V 11

---

* (난해한 표현 문제보다) 더 염려되는 것은 이 글에서 표현이 지시하는 개념을 소홀히 다루지 않으려고 내가 최대한 주의를 기울여 찾아낸 몇몇 표현이 간혹 오해받을까 하는 점이다. 실천이성의 범주 표에서 양상 항목 아래 있는 **허용되는 것과 허용되지 않는 것**은 (실천적·객관적으로 가능한 것과 불가능한 것은) 일상 언어 사용에서는 그다음에 등장하는 범주인 의무와 의무 위반과 의미가 거의 같다. 그렇지만 **첫째** 허용되는 것과 허용되지 않는 것의 범주가 의미하는 것은 (이를테면 기하학과 역학의 모든 문제를 풀 때 그렇듯이) 순전히 **가능한** 실천적 지침과 일치함 혹은 모순됨인 데 비해 **둘째** 의무와 의무 위반의 범주가 의미하는 것은 **실제로** 이성 일반에 놓여 있는 법칙과 일치함 혹은 모순됨이다. 이러한 의미 구별은 일상 언어 사용에서 흔한 것은 아니지만 그렇다고 아주 낯선 것도 아니다. 그래서 예를 들어 새로운 낱말이나 어구를 지어내는 것은 말 그대로 연설가에게는 **허용되지 않지만** 시인에게는 어느 정도 허용된다. 이 두 경우 가운데 어떤 것에서도 의무는 생각되지 않는다. 연설가가 자기 명성을 잃기를 원한다 하더라도 아무도 그 사람이 그렇게 못하도록 막을 수는 [즉 의무화할 수는] 없기 때문이다. 여기서 문제가 되는 것은 **명령**의 규정근거가 개연적인지 아니면 실연적인지 아니면 필연적인지 구별하는 일일 뿐이다. 마찬가지로 나는 실천적 완전성에 관한 여러 철학 학파의 도덕적 이념을 대조하는 주해에서 지혜의 이념과 신성함의 이념 둘을 구별했다. 내가 근본적으로 그리고 객관적으로 이 둘이 하나라고 천명했음에도 말이다. 그러나 거기서 내가 말하는 지혜란 인간(스토아주의자)이 참칭하는 지혜만, 즉 인간의 속성이라고 **주관적으로** 꾸며낸 지혜만을 가리킨다(아마도 지혜보다는 스토아주의자가 그토록 중시했던 덕이 이 학파의 특징을 더 잘 표현할 것이다). 그러나 순수실천이성의 **요청**이라는 표현은 순수수학의 요청이 지니는 필연적 확실성의 의미와 혼동되면 가장 큰 오해를 불러일으킬 것이다. 순수수학의 요청은 **행위 가능성**을 요청하는데 여기서 행위란 그것의 대상을 우리가 아프리오리하게 이론적으로 **가능한** 것으로 사전에 완전히 확실하게 인식한 그런 행위다. 그러나 순수실천이성의 요청은 어떤 대상(신과 영혼 불멸) 자체의 가능성을 필연적 실천법칙으로부터, 오로지 실천이성만을 위하여 요청한다. 그러므로 요청된 가능성이 함축하는 이러한 확실성은 이론적이지 않아서 필연적이지도 않다. 다시 말해 이 확실성은 객체와 관계하는 인식된 필연성이 아니라, 주관과 관계하는 받아들임, 그것도 실천이성의 객관적이되 실천적인 법칙을 준수하기 위해 필연적으로 받아들임이다. 따라서 순전히 필연

A 21

A 22

A 23

이렇게 해서 마음의 두 가지 능력, 즉 인식 능력과 욕구능력의 아 프리오리한 원리들이 발견되었고 이 원리들이 사용 조건, 범위, 한계에 따라 규정되었으며 이를 통해 학문으로서 체계적 이론철학과 체계적 실천철학에 안전한 토대가 마련된 셈이다.

그러나 이러한 내 노력에 대해 어떤 사람[9]이 아프리오리한 인식은 결코 없으며 있을 수도 없다는 뜻밖의 발견을 하는 것보다 더 나쁜 일은 없을 것이다. 그러나 이로써 곤란할 것은 없다. 이것은 마치 어떤 사람이 아무 이성도 없다는 것을 이성으로 증명하려고 하는 것과 같을 것이다. 우리가 어떤 것을 이성으로 인식한다고 말하는 것은 그것이 우리에게 그렇게 경험 중에도 등장하지 않았다 하더라도
그것을 알 수 있었을 것이라고 의식하는 경우뿐이기 때문이다. 따라서 이성 인식과 아프리오리한 인식은 같다. 경험 명제에서 필연성을 (부석浮石에서 물을[10]) 짜내려는 것은 모순이 아닐 수 없다. 그리고 이에 더하여 경험 명제를 가지고 참된 보편성을 어떤 판단에 부여하려는 것도 모순이 아닐 수 없다(참된 보편성이 없다면 아무런 이성 추론도 따라서 유비 추론도 없다. 유비는 적어도 추정된 보편성이자 객관적 필연성이어서 항상 보편성과 필연성을 전제한다). 아프리오리한 판단에만 있는 객관적 필연성을 주관적 필연성으로, 즉 습관으로 바꿔치기하는 것은 이성의 대상 판단 능력을 부정하는 것이다. 다시 말해 대상과 대상에 속하는 것을 인식하는 능력을 부정하는 것이다. 그래서 이것은 예를 들어 특정의 선행 상태에 종종 혹은 늘 뒤따르는 것에 대해, 우리가 선행하는 상태로부터 그것에 뒤따르는 것을 **추론**할 수 있다고 말하지 않고 (이렇게 말하면 객관적 필연성과 아프리오리한

적 가정일 뿐이다. 주관적이지만 참되고 무제약적인 이러한 이성 필연성을 표현할 더 나은 말을 나는 찾지 못했다.

결합 개념을 인정한다는 것을 의미하기 때문에) 특정 상태에 어떤 것
이 뒤따르곤 하는 비슷한 사례를 (동물들이 유사한 방식으로 하듯이)
기대해도 좋을 뿐이라고 말하는 것과 같은 것이다. 다시 말해 이것
은 원인 개념을 근본에서 잘못된 것으로, 순전한 사유의 속임수로 여 A 25
겨 폐기하는 것이다. 객관적 타당성과 이 타당성에서 비롯된 보편적
타당성이 습관에 결여되어 있다는 것을 무마하려고 여타의 이성적
존재자에게 이와 다른 [즉 습관과 다른] 표상방식이 있음을 인정할
아무 근거도 찾을 수 없다고 주장하려 한다면, 이로써 하나의 타당
한 추론을 제시한다고 주장한다면, 이는 우리 인식의 확장에 숙고보
다는 무식이 더 많이 동원된 경우라 하겠다. 그것은 순전히 우리 밖
의 다른 이성적 존재자를 알지 못한다는 사태에만 호소해서 우리가
우리 자신을 인식하는 속성을 [즉 습관을] 그들 또한 가진다고 가정
할 권리를 갖는 셈이 되기 때문이다. 다시 말해 우리가 그들을 실제
로 아는 셈이 된다. 새삼 거론할 필요가 없는 것은, 참으로 여김의 보
편성이 판단의 객관적 타당성을 (다시 말해 판단이 인식으로서 타당하 V 13
다는 것을) 증명하지 못하며, 설령 참으로 여김이 보편성을 갖는 경우
가 우연히 생긴다 하더라도 이것만으로는 아직 객체와 일치한다는
증거가 될 수 없고 오히려 객관적 타당성만이 필연적이고도 보편적
인 일치의 근거를 이룬다는 것이다.

흄[11]은 **보편적 경험주의**의 이러한 체계에 원칙적으로 매우 만족했 A 26
을 것이다. 알려진 대로 그가 신, 자유, 영혼불멸에 대한 이성의 모든
판단을 부정하기 위해 요구한 것은 원인 개념 내에 있는 필연성의 모
든 객관적 의미 대신 하나의 주관적인 것에 불과한 필연성을 수용하
라는 것, 즉 습관을 수용하라는 것 이상이 아니었기 때문이다. 그리
고 그가 확실히 잘 알았던 것은 일단 그의 원리가 인정될 경우 이로
부터 논리적으로 타당하게 도출될 귀결이었다.[12] 그러나 **흄**조차도

경험론이 수학마저 포함하도록 그렇게 경험론을 보편화하지는 않았다.[13] 그는 수학의 명제를 분석적인 것으로 간주했는데 이런 그의 생각이 옳다면 수학의 명제는 사실상 필연적이기도 할 것이다. 비록 [흄에 따르면] 이런 수학의 명제로부터 추론하여 철학에서도 필연적 판단, 즉 (인과율처럼) 종합적인 그러한 필연적 판단을 내리는 이성 능력으로 나아갈 수는 없지만 말이다. 그러나 만일 원리들의 경험주의가 **보편적으로** 인정된다면 수학 또한 이러한 경험주의에 연루되고 말 것이다.

A 27   그런데 수학은 순전히 경험적 원칙만 허용하는 이성과 화합할 수 없다. 수학이 공간의 무한분할 가능성을 모순 없이 증명하는 데 비해 경험론은 이를 허용할 수 없다는 이율배반이 불가피하다는 데서 이 점은 확인된다. 사정이 이러하다면 수학에서 증명이 갖는 최대한의 명증은 경험적 원리로부터 사이비 추론을 하는 것과는 명백히 모순된다. 그래서 [경험적 원칙만 허용하게 되면] 결국 **체즐던**의 맹인[14]처럼 나를 속이는 것이 시각인가 아니면 촉각인가 물을 수밖에 없다(경험주의는 **느껴진** 필연성에 근거를 두는 데 비해 이성주의는 **통찰된** 필연성에 근거를 둔다). 그래서 보편적 경험주의는 순전한 회의주의로 자신을 드러낸다. 흄에게 이런 무제한적 의미의 회의주의를 귀속시키는 것은 잘못이다.* 적어도 그는 수학에서 경험을 검증하는 하

A 28 ; V 14   나의 확실한 시금석을 남겨두었지만 무제한적 의미의 회의주의는 (오직 아프리오리한 원리에서만 발견될 수 있는) 이러한 시금석을 아

---

* 어떤 학파의 추종자를 특징짓는 이름은 언제나 많은 부당성을 동반한다. '아무
A 28   개는 관념론자다'라고 말하는 경우처럼 말이다.[15] 여기의 아무개는 외부 사물에 대한 우리의 표상에 이 외부 사물의 실제 대상이 대응한다는 것을 철저히 인정할 뿐만 아니라 주장하기도 하지만 이 표상의 직관 형식이 외부 사물이 아니라 오직 인간의 마음에 의존한다고 주장하려고 하기 때문이다.

예 인정하지 않기 때문이다. 경험을 구성하는 것은 단지 느낌뿐만 아니라 판단이기도 한데 말이다.

철학적이고도 비판적인 이 시대에 이런 경험주의를 진지하게 받아들이기는 어렵다. 그래서 이런 경험주의는 판단력을 연습하기 위해서만 그리고 대조로 아프리오리한 이성적 원리의 필연성을 더 잘 드러내기 위해서 채택될 수 있을 것이다. 다른 점에서는 아무 가르침도 주지 않는 작업을 하느라 애쓰는 이들이지만 이 점에서는 우리가 감사하는 마음을 가질 수 있을 것이다.

서론
실천이성비판의 이념

    이성의 이론적 사용은 순전한 인식 능력의 대상을 상대했고 원래 이 이성에 대한 비판은 이러한 이론적 사용과 관련해서는 순수 인식 능력만 겨냥했다. 이 능력이 쉽게 자기 한계를 넘어서서 도달 불가능한 대상들 사이에서 혹은 심지어 상호 모순되는 개념들 사이에서 길을 잃었다는 의혹을 불러일으켰기 때문이다. 이 의혹은 나중에 확인되기도 했다. 이성을 실천적으로 사용할 때는 사정이 아주 다르다. 실천적 사용에서 이성은 의지를 규정하는 근거들을 상대한다. 이 의지는 표상에 대응하는 대상을 산출하는 능력이거나 아니면 대상을 야기하도록 (자연적 능력이 충분하건 아니건 간에) 자기 자신을 규정 하는 능력, 즉 자신의 원인성을 규정하는 능력이다. 실천적 사용에서 이성은 적어도 의지를 규정하는 데까지 이를 수 있고 의욕만이 문제인 한 늘 객관적 실재성을 갖기 때문이다. 따라서 여기서 첫째 물음은 순수이성이 그 자체만으로 의지를 규정하기에 충분한가 아니면 이성이 오로지 경험적으로 규정된 이성으로만 의지의 규정근거일 수 있는가 하는 점이다. 여기서 순수이성비판이 정당화하긴 했지만 경험적으로 제시할 수 없었던 원인성 개념, 즉 자유 개념이 등장한다. 그리고 우리가 이러한 [자유의] 속성이 실제로 인간 의지에 (그리고 모든 이성적 존재자의 의지에도) 속한다는 것을 증명할 근거를 지금 발견할 수 있다면, 이로써 드러나게 될 것은 순수이성이 실천적일 수 있다는 점만이 아니라 오로지 순수이성만이 무조건적으로 실천적이고 경험적으로 제약된 이성은 그렇지 않다는 점이다. 따라서 우리는

V 16 순수실천이성에 대한 비판이 아니라 오직 실천이성 일반에 대한 비판만 수행해야 한다. 일단 순수[실천]이성이 있다는 것이 밝혀진다면 순수[실천]이성에 대한 아무런 비판도 필요 없기 때문이다. 자신의 모든 사용을 비판하는 규준을 스스로 내포하는 것이 순수[실천]이성

A 31 이다. 그러므로 실천이성 일반에 대한 비판은 경험적으로 제약된 이성의 월권, 즉 오로지 자기만 배타적으로 의지의 규정근거를 제공하려는 월권을 제지해야 할 책무를 진다. 순수이성의 사용은 이러한 이성이 있다는 것이 확정된다면 유일하게 내재적이다. 이에 비해 경험적으로 제약된 이성이 월권적으로 전제(專制)하면 이 이성의 사용은 초험적이다. 이 사용은 자기 영역을 완전히 넘어서는 요구와 명령에서 표현된다. 이런 일은 이성을 사변적으로 사용하는 경우에 순수이성이 월권적이었던 상황과 정반대 관계를 이룬다.[1]

그러나 여기서 실천적 사용의 근거가 되는 인식의 주체는 여전히 순수이성이므로 큰 틀에서 실천이성비판의 내용 구분은 사변이성비판의 내용 구분에 따라야만 한다. 따라서 실천이성비판의 **요소론**과 **방법론**이 있어야 하는데, 제1편 요소론에는 진리의 규칙인 **분석론** 그리고 실천이성의 판단에 있는 가상을 드러내고 해소하는 **변증론**이

A 32 있어야 한다. 그러나 분석론의 세부 분류는 순수사변이성비판의 순서를 뒤집어놓게 될 것이다. 실천이성비판에서는 원칙에서 시작해 개념으로 진행하고, 개념에 도달한 다음에야 가능한 한에서 **감각 능력**으로 진행한다. 이와 반대로 사변이성비판에서는 감각 능력에서 출발해 원칙으로 끝맺어야만 했는데, 그 이유는 다음과 같다. 우리는

지금 의지를 문제 삼아야 하고 대상에 관계하는 이성이 아니라 이러한 의지와 의지의 원인성에 관계하는 이성을 고찰해야 한다. 그러므로 경험적으로 제약되지 않은 원인성의 원칙에서 시작해야만 한다. 그 후에야 비로소 우리는 이러한 의지를 규정하는 근거에 대한 우리의 개념을 확정하려 시도할 수 있고, 대상에 대한 이 개념의 적용, 마지막으로 주관과 주관의 감성에 대한 이 개념의 적용을 시도할 수 있다. 이때 우리는 자유에서 비롯된 원인성이 갖는 법칙, 다시 말해 어떤 순수한 실천적 원칙에서 시작할 수밖에 없다. 그리고 이 원칙은 전적으로 자신만이 관계할 수 있는 대상을 규정한다.

제1편
순수실천이성의 요소론

제1권
순수실천이성의 분석론
제1장
순수실천이성의 원칙들

§1
정의

실천적 원칙은 의지의 보편적 규정을 내포하는 명제로 그 아래에 실천적 규칙이 다수 있다. 주관이 제약을 오직 주관 자신의 의지에 대해서만 타당한 것으로 간주한다면 실천적 원칙은 주관적이다. 혹은 이러한 실천적 원칙은 준칙이다. 그러나 주관이 이 제약을 객관적인 것으로, 다시 말해 모든 이성적 존재자의 의지에 타당한 것으로 인식한다면 실천적 원칙은 객관적이다. 혹은 이러한 실천적 원칙은 실천법칙이다.

주해

우리가 순수이성이 실천적으로 충분한 근거를, 즉 의지를 규정하기에 충분한 근거를 자기 안에 포함할 수 있음을 받아들인다면 실천 법칙은 존재한다. 우리가 이를 받아들이지 않는다면 모든 실천적 원칙은 순전한 준칙일 것이다. 이성적 존재자의 정념적으로 촉발된 의지에서는 준칙이 이 존재자 자신이 인식한 실천법칙에 반항하는 일이 있을 수 있다. 예를 들어 어떤 사람은 아무 모욕도 보복 없이 참지는 않겠다는 것을 준칙으로 삼을 수 있다. 그런데도 이 존재자가 즉시 통찰할 수 있는 것은 이것이 결코 실천법칙이 아니라 오직 자신의 준칙일 뿐이라는 점이다. 그래서 이것이 [자신만의 준칙이 아니라] 모든 이성적 존재자 각각의 의지를 위한 규칙으로 된다면 이 하나의 동일한 준칙에서 자기 자신과 합치할 수 없을 거라는 점이다. 자연 인식의 경우 자연에서 발생하는 사건의 원리는 (예를 들어 운동 전달

V 20 에서 작용과 반작용의 동등성 원리는) 동시에 자연의 법칙이다. 이 경우 이성의 사용이 이론적이고 객관적인 성질에 따라 규정되기 때문이다. 실천적 인식의 경우, 다시 말해 순전히 의지의 규정근거와만 관계하는 인식의 경우 우리가 만드는 원칙은 [자연의 법칙처럼] 우리가 불가피하게 종속되는 법칙이 아니다. 이성이 실천적인 것에서는 주관, 즉 욕구능력과 관계하는데, 이 욕구능력의 특수 성질에 따라 규칙이 다양하게 정해질 수 있기 때문이다. 실천적 규칙은 언제나 이성의 산물이다. 규칙이 행위를 목적으로서 결과에 이르는 수단으로 지시하기 때문이다. 그러나 이 규칙은 전적으로 이성으로만 의지가 규정되지는 않는 존재자에게는 **명령**이다. 다시 말해 행위의 객관적 강제를 표현하는 당위에 의해 특징지어지는 규칙이다. 그리고 이 규칙이 의미하는 것은 이성이 의지를 전적으로 규정할 경우 행위는 예외 없이 이 규칙에 따라 일어날 것이라는 점이다. 따라서 명령은

A 37 객관적으로 타당하고, 주관적 원칙인 준칙과 전적으로 구별된다. 그런데 이성적 존재자가 원인으로 작용할 때 명령은 다음 둘 가운데 하나다. 명령은 순전히 어떤 결과를 낳을 것인가 그리고 이 결과를 낳기에 충분한가와 관련해서만 이성적 존재자가 원인이 되는 조건을 규정하는 명령이거나 아니면 오직 의지만, 이 의지가 결과를 낳기에 충분한지 아닌지에 상관없이 규정하는 명령이다. 앞의 것은 가언적 명령으로 순전한 숙련의 지침만 내포할 것이다. 이에 비해 뒤의 것은

정언적[무조건적]이며 이것만이 실천법칙일 것이다. 따라서 준칙은 원칙이기는 하지만 **명령**은 아니다. 그러나 명령 자체는 그것이 조건 적이라면, 다시 말해 명령이 오로지 의지 자체만 규정하는 것이 아니 라 다만 욕구된 결과와 관련해서만 의지를 규정한다면, 즉 가언적 명 령이라면 실천적 **지침**일 수는 있지만 **법칙**은 아니다. 법칙은 의지 자 체를, 어떤 욕구된 결과를 실현하는 데 필요한 능력을 과연 내가 갖 고 있는지 혹은 이를 산출하려면 내가 무엇을 해야 할지 자문하기 전 에 충분히 규정해야만 한다. 따라서 법칙은 정언적이어야 한다. 그렇 지 않다면 필연성이 결여되기 때문에 법칙이 아니다. 필연성이 실천 적 필연성이려면 정념적 조건, 즉 의지에 우연적으로 부착되어 있는 조건에서 독립적이어야 한다. 예를 들어 어떤 사람에게 늙어 고생하 지 않으려면 젊어서 일하고 절약해야 한다고 말한다면 이것은 하나 의 올바르고도 중요한 의지의 실천적 지침이다. 그렇지만 우리가 쉽 게 알 수 있는 것은 이 경우 의지는 우리가 의지의 욕구 대상이라고 볼 수 있는 다른 어떤 것을 ['늙어 고생하지 않음'을] 지향한다는 것 이다. 우리는 이런 욕구를 이 사람, 즉 행위자 자신의 소관에 맡길 수 밖에 없다. 그래서 그가 자기 스스로 벌어들인 재산 밖의 다른 도움 을 기대할지 아니면 오래 살기를 바라지 않을지 아니면 언젠가 곤궁 에 처하면 없이 지낼 수 있다고 생각할지는 이 행위자의 소관에 맡길 수밖에 없다. 필연성을 내포하는 모든 규칙은 이성에서만 나올 수 있 A 38 으므로 이 이성은 이성의 지침에도 필연성을 부여하기는 한다(그렇 지 않다면 이 지침은 결코 명령이 아닐 것이므로). 그러나 이 필연성은 오직 주관적으로만 조건 지어진 것이며 우리는 이 필연성을 모든 주 관에 동일한 정도로 전제할 수 없다. 이성이 입법적이려면 순전히 자 기 자신만을 전제하는 것이 필요하다. 규칙이 객관적으로 그리고 보 V 21 편적으로 타당한 경우는 어떤 이성적 존재자를 다른 이성적 존재자와 구별 짓는 우연적이고 주관적인 조건 없이 타당할 때뿐이기 때문이다. 어떤 사람에게 결코 거짓 약속을 해서는 안 된다고 말했다고 해보자. 이것은 순전히 당사자의 의지에만 관계하는 규칙이다. 이 사람이 가질지도 모르는 의도는 이런 의지로 달성될 수도 있고 그렇지 않을 수도 있다. 그렇지만 거짓 약속을 해서는 안 된다는 규칙으로 완전히 아프리오리하게 규정되어야만 할 것은 순전한 의욕이다. 이 규칙이 실천적으로 옳다는 것이 밝혀지면 이는 법칙이 된다. 이 규칙은 정언적 명령이기 때문이다. 그래서 실천법칙은 오로지 의지에만, 의지가 원인이 되어 달성된 것을 고려하지 않고 관계한다. 우리는 이렇게 의지가 원인이 되어 달성된 것을 (감성계에 속하는 것으로 여겨) 무시함으로써 실천법칙을 순수하게 가질 수 있다.

§2
정리 I

욕구능력의 어떤 **객관**을 (질료를) 의지의 규정근거로 전제하는 모든 실천적 원리는 한결같이 경험적이며 아무 실천법칙도 제공할 수 없다.

욕구능력의 질료라는 말로 내가 의미하는 것은 우리가 실현을 욕구하는 어떤 대상이다. 그런데 이 대상에 대한 욕구가 실천적 규칙에 앞서고 실천적 규칙을 원리로 삼기 위한 조건인 경우 나는 (**첫째로**) 이 원리가 언제나 경험적이라고 말한다. 이 경우 자의의 규정근거는 객관의 표상 그리고 이 표상이 주관과 맺는 관계, 즉 객관을 실현하도록 욕구능력을 규정하는 표상과 주관의 관계이기 때문이다. 주관과 표상의 이러한 관계는 대상의 현실에서 생기는 쾌라고 일컬어진다. 그래서 이 쾌는 자의가 규정될 수 있는 조건으로 전제되어야만 한다. 그러나 어떤 한 대상의 표상에 대해, 이 표상이 무엇이건 간에,

이 표상이 쾌와 연결될지 아니면 불쾌와 연결될지 아니면 이것도 저것도 아닐지는 결코 아프리오리하게 인식될 수 없다. 따라서 이 경우 자의의 규정근거는 언제나 경험적일 수밖에 없어서 이러한 경험적 규정근거를 조건으로 전제하는 질료적인 실천적 원리도 경험적일 수밖에 없다.

그런데 (둘째로) 쾌 혹은 불쾌를 (쾌와 불쾌는 언제나 경험적으로만 인식될 수 있고 모든 이성적 존재자에게 동일한 방식으로 타당할 수 없다) 수용하는 주관적 조건에만 근거를 두는 원리는 사실 쾌, 불쾌를 느끼는 주관을 위한 그들의 준칙으로 쓰일 수 있다. 그러나 이러한 원리는 (이 원리에 객관적 필연성, 즉 아프리오리하게 인식될 수밖에 없는 V 22 객관적 필연성이 결여되어 있으므로) 모든 이성적 존재자 자체를 위한 법칙으로 쓰일 수는 없다. 그래서 이런 원리는 결코 실천법칙을 제공 A 40 할 수 없다.

§3
정리 Ⅱ

모든 질료적인 실천적 원리는 그 자체로는 한결같이 하나이자 같은 종류이며 자기애 혹은 자기 행복이라는 보편적 원리에 속한다.

어떤 사물의 실존을 표상하는 데서 오는 쾌가 사물을 욕구하도록 규정하는 근거인 한 이 쾌는 주관의 수용성에 근거를 둔다. 그러한 쾌는 어떤 대상의 현존에 의존하기 때문이다. 따라서 쾌는 감각 능력 (감정)에 속하고 지성에 속하지 않는다. 지성은 객관에 대한 표상의 관계를 개념에 따라 표현하지 주관에 대한 표상의 관계를 감정에 따라 표현하지 않기 때문이다. 그래서 쾌가 실천적인 것은 주체가 대상의 현실에서 기대하는 쾌적함의 감각이 욕구능력을 규정하는 한에서 그럴 뿐이다. 어떤 이성적 존재자의 전체 현존에 중단 없이 동

반되는 삶의 쾌적함을 의식하는 것이 **행복**이다. 이 행복을 자의의 최

A 41 고 규정근거로 삼는 원리가 자기애의 원리다. 따라서 자의의 규정근

거를 어떤 대상의 현실에서 느끼는 쾌 혹은 불쾌에 두는 모든 질료적

원리가 한결같이 자기애의 원칙이나 자기 행복의 원칙에 속하는 한,

이는 전적으로 **종류**가 같은 원리다.

귀결

모든 **질료적인** 실천적 규칙은 의지의 규정근거를 하위 **욕구능력**

에 둔다. 만일 의지를 충분히 규정하는 순전히 형식적인 욕구능력의

법칙이 결코 존재하지 않는다면 그 어떤 **상위 욕구능력**도 인정될 수

없다.

주해 I

V 23 다른 경우에는 명석한 사람들이, 상위 **욕구능력**과 하위 욕구능력은

쾌감과 결부된 **표상**이 감각 능력에서 비롯되었는지 아니면 **지성**에서

비롯되었는지에 따라 구별된다고 믿는 것은 놀라운 일이다. 욕구의

규정근거를 추적하여 이 규정근거를 어떤 것에서 기대되는 쾌적함

에 둘 경우 중요한 것은 즐거움을 주는 대상의 **표상**이 어디서 비롯되

는가 하는 것이 아니라 이 표상이 얼마나 많은 **즐거움**을 주는가 하는

것일 뿐이기 때문이다. 설령 지성에 소재와 근원을 두는 표상이라 할

지라도 이 표상이 주관 내에 쾌감을 전제하는 경우에만 자의를 규정

할 수 있다면, 자의의 규정근거인 이 표상은 표상에 따라 쾌적함으로

A 42 촉발될 수 있는 내적 감각 능력의 성질에 전적으로 의존한다. 대상의

표상은 여러 종류일 수 있다. 그것은 감각 능력의 표상과 대립되는

지성의 표상일 수도 있고 심지어 이성의 표상일 수도 있다. 그렇지만

어떤 종류의 표상이건 이 표상이 쾌감에 의해서만 실제로 의지의 규

정근거가 된다면 이때의 쾌감은 (쾌적함과 이 쾌적함에서 기대되는, 객관을 산출하는 활동을 고무하는 즐거움은) 언제나 순전히 경험적으로만 인식될 수 있다는 점에서 같은 종류다. 그뿐만 아니라 이런 쾌감은 욕구능력들에서 드러나는 하나이자 동일한 생명력을 촉발한다는 점, [감성능력의 표상, 지성의 표상, 이성의 표상과 같은] 각기 다른 규정근거와 관계할 때 정도만 다를 뿐이라는 점에서도 같은 종류다. 그렇지 않다면 어떻게 표상방식상 전적으로 다른 두 규정근거를 크기에 따라 비교해 둘 가운데 최대로 욕구능력을 촉발하는 규정근거를 가려낼 수 있을 것인가? 한 사람이 자기에게 가르침을 많이 주는 책을 다시없는 기회로 빌려놓고도 사냥 나갈 기회를 놓치지 않으려고 읽지 않은 채 돌려줄 수 있다. 이 사람이 점심식사 시간에 늦지 않으려고 훌륭한 강연을 듣다가 중간에 떠날 수도 있으며 다른 때 같으면 매우 중시하는 지적 대화를 카드놀이를 하려고 그만둘 수도 있다. 심지어 평소에는 기쁘게 돕던 가난한 사람을 당장은 공연 입장권을 살 돈밖에 없어서 외면할 수도 있다. 이 사람이 어떤 이유로든 기대하는 쾌적함 혹은 불쾌적함이 있고 의지의 규정이 이러한 쾌적함 혹은 불쾌적함에 근거를 둔다면, 어떤 표상방식으로 촉발되든 이 사람에게는 매한가지다. 이 사람이 선택할 때 중요한 것은 오직 쾌적함을 얼마나 강하고 길면서도 쉽게 얻고 그 쾌적함이 얼마나 자주 반복되는가 하는 것뿐이다. 지출하려고 금화가 필요한 사람에게는 금화 A 43 재료인 금이 산에서 채굴된 것이건 모래에서 채취된 것이건 동일한 가치로 받아들여지면 매한가지인 것처럼, 순전히 삶의 쾌적함만이 관심사인 어떤 사람도 자기에게 즐거움을 산출하는 것이 지성의 표상인지 아니면 감각 능력의 표상인지 묻지 않는다. 단지 표상이 얼마나 많고 큰 즐거움을 최장 기간 줄 것인지만 묻는다. 순수이성의 능력은 어떤 감정도 전제하지 않고 의지를 규정하는 능력이다. 오직 순수 V 24

이성의 이러한 능력을 인정하지 않으려는 사람들만이 자신의 원래 설명에서 이탈할 수 있다. 그래서 그들 자신이 하나이자 바로 동일한 [쾌감] 원리로 환원한 것을 나중에 [지성의 표상이 산출한 즐거움과 감각 능력이 산출한 즐거움이라는] 완전히 다른 종류로 설명하는 지경에 이르는 것이다. 예를 들어 사람들이 순전히 힘을 행사하는 것에서도 즐거워하는 경우가 있다. 그래서 자기 의도에 반하는 장애물을 극복하는 가운데 자기 정신력을 의식하는 것에서, 정신적 재능을 개발하는 것에서, 이와 유사한 그밖의 경우에서 즐거워한다. 우리는 이런 즐거움을 정당하게도 **좀더 고상한** 기쁨, 희열이라고 한다. 좀더 고상한 기쁨과 희열이 다른 것들보다 더 많이 우리 관할에 있으며 소진되지 않을 뿐만 아니라 오히려 더 많이 누리려는 감정을 강화하고 우리를 기쁘게 하는 과정에서 동시에 우리를 개발하기 때문이다. 그렇다고 해서 이 고상한 기쁨과 희열을 순전히 감각 능력에 의해 의지를 규정하는 방식과는 다른 의지규정 방식으로 주장할 수 없다. 그렇게 주장하는 것은 장난삼아 형이상학을 해보려는 무식한 사람이 물질이란 머리가 어지러워질 만큼 극도로 정교하다고 생각하여 이런 식으로 물질을 **정신적이면서도** 연장적인 존재자로 알아냈다고 믿는 것과 같다. 좀더 고상한 기쁨과 희열은 그러한 즐거움이 있을 가능성을 위하여 일단 만족의 일차 조건으로 이 기쁨을 지향하는 우리 내부의

A 44   감정을 전제하기 때문이다. 우리가 **에피쿠로스**[1]와 함께 덕을 순전한 즐거움만의 소관으로 내맡기고 의지를 규정하려 덕이 즐거움을 약속한다고 본다고 하자. 그렇다고 해도 우리는 에피쿠로스가 이 즐거움을 거칠기 짝이 없는 감각 능력의 즐거움과 전적으로 동일한 종류로 여겼다고 비난할 수 없다. 이러한 [즐거움의] 감정을 불러일으키는 표상의 원인을 순전히 육체적 감각 능력에서만 찾은 사람으로 에피쿠로스를 지목할 근거가 전혀 없기 때문이다. 우리가 아는 한 에피

쿠로스는 많은 표상의 근원을 좀더 높은 인식 능력의 사용에서도 찾았다. 그러나 이것은 최상의 지성적 표상이 우리에게 보장하는 즐거움 자체와 이 지성적 표상을 의지의 규정근거로 만들 수 있는 유일한 것으로서 즐거움을 에피쿠로스가 위의 [덕은 즐거움의 소관 사항이라는] 원리에 따라 전적으로 같은 종류로 간주하는 것을 막지 못했고 막을 수도 없었다. 일관성은 철학자의 가장 큰 의무이긴 하지만 아주 드물게만 목격된다. 고대 그리스 학파는 그러한 사례를 우리 시대의 **혼합주의**보다 더 많이 보여준다.[2] 우리 시대의 혼합주의에서는 서로 모순되는 원칙들의 어떤 **연맹** 체제가 완전한 무성의와 천박함을 동반한 채 고안된다. 매사에 어느 정도는 알되 전체적으로는 아무것도 모르면서 모든 일에 뛰어드는 데 만족하는 대중에게 이런 체제가 더 잘 먹혀들기 때문이다. 자기 행복의 원리는 아무리 지성과 이성이 이 원리에 동원되었다 하더라도 하위 욕구능력에 적합한 의지 규정근거밖에는 갖지 않을 것이다. 따라서 아예 상위 욕구능력이 없거나 아니면 순수이성이 독자적으로 실천적이거나 반드시 둘 가운데 하나다. 여기서 순수이성이 독자적으로 실천적이라는 것은 어떤 감정도 전제함 없이, 욕구능력의 질료인 쾌적 혹은 불쾌적을 표상함 없이 실천적 규칙의 순전한 형식에 따라서만 의지를 규정할 수 있다는 것이다. 쾌적이라는 욕구능력의 질료는 언제나 원리를 경험적으로 조건 짓는 질료다. 오직 (경향성에 봉사하지 않고) 독자적으로 의지를 규정하는 한에서만 이성은 참된 **상위** 욕구능력이다. 정념적으로 규정될 수 있는 욕구능력은 상위 욕구능력 아래에 위치한다. 오직 이 경우에만 이성은 실제로, 즉 **종류상** 하위 욕구능력과 구별된다. 그래서 하위 욕구능력의 충동이 조금만 섞여도 이성의 강함과 탁월성은 손상된다. 수학적 증명에 경험적인 것이 조금이라도 조건으로 들어가면 증명의 위엄과 위력을 떨어뜨리고 파괴하듯 말이다. 실천법칙에서 이

A 45

V 25

성은 직접적으로 의지를 규정하지 이성과 의지의 중간에 등장하는 쾌감과 불쾌감을 통하여 규정하지는 않는다. 설령 이 쾌감이 실천법칙에서 감정이라 할지라도 말이다. 이성이 순수이성으로서 실천적일 수 있다는 사태만이 이성을 **입법적인** 것으로 만든다.

주해 II

이성적이지만 유한한 존재자라면 누구나 필연적으로 행복하기를 원한다. 그래서 행복은 이 존재자의 욕구능력을 불가피하게 규정하는 근거다. 자신의 전체 현존에 대한 만족이란 것이 유한한 이성적 존재자의 원래 소유가 아니고 독립적 자족 의식을 전제하는 지복(至福)도 아니며 유한한 본성 자체에 의해 이 존재자에게 부과된 문제, 즉 이 존재자가 결핍적 존재라서 부과된 문제이기 때문이다. 여기서 결핍은 이 존재자가 지닌 욕구능력이 향하는 질료의 결핍, 다시 말해 주관의 근저에 놓여 있는 쾌, 불쾌의 감정과 관계된 어떤 것의 결핍이다. 이 존재자가 자기 상태에 만족하려면 무엇이 필요한지는 쾌, 불쾌 감정에 따라 정해진다. 그러나 이러한 질료적 규정근거를 주관이 순전히 경험적으로만 인식할 수 있다는 바로 그 이유 때문에 이 [행복이라는] 과제를 법칙으로 간주하는 것은 불가능하다. 법칙은 객관적으로 모든 경우에 대해 그리고 모든 이성적 존재자에 대해 똑같은 의지 **규정근거**를 내포해야만 하기 때문이다. 욕구능력이 객관과 실천적으로 관계하는 **모든 곳**에서 행복 개념이 근거로 작용하기는 하지만 이 행복 개념은 주관적 규정근거들의 일반적 명칭일 뿐 아무것도 특수하게 규정하지 않는다. 그런데 이렇게 특수하게 규정하는 것이야말로 실천적 과제에서 유일하게 문제되는 것으로 이러한 규정이 없으면 실천적 과제는 결코 해결할 수 없다. 자기 행복의 기준을 어디에 두어야만 하는지는 저마다 특수한 쾌, 불쾌 감정에 달려 있고 한 주관에서조차 쾌, 불쾌 감정 변화에 따른 상이한 욕구에 달려 있다. 따라서 (자연법칙으로서) 주관적으로 필연적인 법칙은 객관적으로는 매우 우연적인 실천적 원리, 즉 상이한 주관들에서 매우 다를 수 있고 서로 다를 수밖에 없는 원리여서 결코 법칙을 제공할 수 없다. 행복에 대한 욕구에서 중요한 것은 합법칙성의 형식이 아니라 오로지 질료이기 때문이다. 말하자면 내가 법칙을 준수할 때 과연 즐거움을 기대할 수 있는지 그리고 얼마나 기대할 수 있는지가 중요하다. 자기애의 원리는 (의도를 위한 수단을 강구하는) 보편적 숙련의 규칙을 내 V 26 포할 수는 있지만 이때 이 원리는 순전히 이론적 원리일 뿐이다*(예를 들어 빵을 먹고 싶은 사람은 제분기를 고안해내야만 하듯이 말이다). A 47 그러나 이론적 원칙에 근거를 두는 실천적 지침은 결코 보편적일 수 없다. 욕구능력의 규정근거가 쾌, 불쾌의 감정에 있고 이 감정은 결코 보편적으로 동일한 대상을 지향한다고 여겨질 수 없기 때문이다.

그런데 유한한 이성적 존재자들이 자신에게 만족 혹은 고통을 주는 객체로 간주해야 하는 것과 관련해서도 예외 없이 생각이 일치한다고 가정해보자. 심지어 만족을 얻고 고통을 피하려 사용해야 하는 수단과 관련해서도 그렇다고 가정해보자. 그렇다 하더라도 그들은 자기애의 원리를 결코 실천법칙으로 제시할 수는 없을 것이다. 이러한 일치는 단지 우연적일 뿐이기 때문이다. 이 규정근거는 항상 오직 주관적으로만 타당하고 순전히 경험적일 테고 모든 법칙에서 사유되는 필연성, 즉 아프리오리한 근거에서 오는 객관적 필연성을 가질 수

---

* 수학이나 자연과학에서 실천적이라고 명명된 명제는 원래는 기술적이라고 해야 한다. 여기서 중요한 것은 의지의 규정이 아니기 때문이다. 이 명제는 특정 결과를 야기하기에 충분한 여러 가지 가능한 행위만을 보여주며 원인과 결과의 결합을 표현하는 모든 명제와 마찬가지로 이론적이다. 어떤 결과를 선호하는 사람은 반드시 원인 또한 승인하지 않을 수 없는 것이다.

없을 것이다. 그렇다면 우리는 이런 필연성을 결코 실천적인 것이라고 제시해서는 안 되며 순전히 물리적인 것이라고 제시해야 한다. 말하자면 다른 사람이 하품하는 것을 보면 자신도 하품하듯이 우리의 경향성이 우리에게 행위를 불가피하게 강제하는 것이라고 해야 한다. 실천법칙은 철저히 객관적이어서 순전히 주관적이지만은 않은 필연성을 가질 수밖에 없고 또 이 법칙은 이성에 의해 아프리오리하게, 경험에 의하지 않고 (설령 이 경험이 자체의 관점에서는 아무리 보편적이라 하더라도 이러한 경험에 의하지 않고) 인식될 수밖에 없다. 이런 까닭에 순전히 주관적인 원리를 실천법칙으로 높이는 대신 아예 아무 실천법칙도 없고 오직 우리 욕구를 위한 **충**고만 있을 뿐이라고 주장할 수도 있다. [자연과학에서 여러 현상이 한 규칙에 따를 때] 일치하는 현상들의 규칙조차 우리가 그것을 실제로 아프리오리하게 인식할 경우에만 자연법칙이라고 (예를 들어 역학법칙이라고) 일컬으

A 48며 혹은 (화학법칙에서 그렇듯) 우리 통찰이 깊어져 이 규칙을 아프리오리하게 객관적 근거로부터 인식할 것이라고 가정할 경우에만 자연법칙이라고 일컫는다. [이렇듯 자연법칙에조차 아프리오리한 요소가 있어야 한다] 그러나 순전히 주관적인 실천적 원리의 경우 명백히 전제되는 것은 이 원리의 근거가 자의의 객관적 조건이 아니라 주관적 조건일 수밖에 없다는 점, 그래서 이 원칙이 언제나 순전한 준칙으로만 표상될 수 있을 뿐 결코 실천법칙으로 표상될 수 없다는 점이다. 이 주해는 언뜻 보기에 단순히 말뜻을 캐는 것처럼 보인다. 그러나 이 주해는 오직 실천적 탐구에서만 고려될 가장 중요한 구별에 대한 용어 규정이다.

정리 Ⅲ

어떤 이성적 존재자가 자기 준칙을 실천적인 보편적 법칙으로 생각해야 한다면 이 이성적 존재자는 이 준칙을 질료상이 아니라 순전히 형식상 의지의 규정근거를 지니는 원리로만 생각할 수 있다.

실천적 원리의 질료는 의지의 대상이다. 이 대상은 의지의 규정근거이거나 규정근거가 아니다. 대상이 의지의 규정근거일 경우 의지의 규칙은 경험적 조건 아래에 (규정하는 표상이 쾌감, 불쾌감과 맺는 관계 아래에) 놓이게 될 것이다. 따라서 의지의 규칙은 결코 실천법칙이 아닐 것이다. 우리가 법칙에서 (규정근거로) 모든 질료를, 즉 의지의 모든 대상을 분리한다면 법칙에 남는 것은 보편적 입법의 순전한 A 49 형식밖에는 없다. 따라서 이성적 존재자가 **자신의 주관적**으로 실천적인 원리, 즉 준칙을 [주관적인] 동시에 보편적인 법칙으로 전혀 사유할 수 없거나 아니면 이 준칙의 순전한 형식이, 즉 준칙을 **보편적 입법**에 **적합**하게 만드는 순전한 형식이 그 자체만으로 준칙을 실천법칙으로 만든다는 것을 받아들일 수밖에 없거나 둘 가운데 하나다.

주해

준칙에서 어떤 형식이 보편적 입법에 적합하고 어떤 형식이 그렇지 않은지는 상식적인 사람이라도 가르침을 받지 않고 구별할 수 있다. 예를 들어 온갖 확실한 수단을 동원하여 재산을 늘리는 것을 내 준칙으로 삼았다고 하자. 지금 어떤 **위탁물**이 내 수중에 있는데 그 주인은 죽었고 위탁물과 관련한 아무 증서도 없다. 당연히 이 경우는 내 준칙의 [적용] 사례에 해당한다. 이제 내가 알려는 것은 단지 내 준칙이 보편적인 실천법칙으로도 타당할 수 있느냐다. 그래서 이 경우 내 준칙을 적용하여 과연 이 준칙이 법칙의 형식을 취할 수 있을

지 따라서 내 준칙에 따라 동시에 다음과 같은 법칙, 즉 위탁 사실이 입증될 수 없는 위탁물에 대해서는 아무라도 그것이 위탁물임을 부인할 수 있다는 법칙을 내가 수립할 수 있을지 물어본다. 이때 이내 깨닫는 것은 이런 원리가 법칙이 되면 이 원리는 자기 자신을 부정할 것이라는 점이다. 이 원리가 위탁물이라는 것을 없게 만들 것이기 때문이다. 실천법칙은 그것이 내가 실천법칙이라고 인식하는 것이라면 보편적 입법의 자격을 갖추어야 한다. 이것은 동일성 명제이므로 그 자체로 분명하다. 이제 내 의지가 실천법칙 아래에 있다고 말한다면 나는 내 경향성을 (예를 들어 이 경우 내 소유욕을) 보편적인 실천법칙에 적합한 의지 규정근거로 제시할 수 없다. 이러한 경향성은 보편적 입법에 적합하기는커녕 보편적 법칙의 형식을 취하면 자멸하기 때문이다.

A 50; V 28

그러므로 놀라운 일은 어떻게 사려 깊은 사람들이 행복에 대한 욕망이 보편적이라는 이유로, 따라서 저마다 행복을 의지의 규정근거로 삼을 때 의존하는 준칙 역시 보편적이라는 이유로 이런 사태를 보편적인 실천법칙으로 제시할 수 있는가 하는 것이다. 다른 곳에서는 보편적 자연법칙이 모든 것을 조화롭게 만드는 반면 여기서는 어떤 사람이 준칙에 법칙의 보편성을 부여하려 할 경우 조화의 정반대, 즉 준칙 자체와 준칙의 의도가 격렬히 충돌하고 서로 완전히 부정하는 일이 뒤따를 것이기 때문이다. 충돌하는 까닭은 이 경우 모든 이의 의지가 하나이자 동일한 객관을 갖는 것이 아니라 저마다 자기 객관을 (자기 자신의 안녕을) 갖는다는 데 있다. 이 저마다의 객관은 각기 자기 지향적 타인들의 의도와 우연적으로 조화할 수도 있지만 법칙이 되기엔 한참 부족하다. 때때로 권리로 용인되는 예외가 무한히 많아서 결코 하나의 보편적 규칙으로 명확하게 포괄될 수 없기 때문이다. 이런 방식으로 나오는 조화는 파탄 날 지경에 처한 남편과 부인 사이의 마음의 일치를 풍자하는 시에서 묘사하는 조화와 비슷하다. '오 놀라운 조화여, 그가 원하는 것은 그녀 역시 원한다.' 혹은 왕 프란츠 1세가 황제 칼 5세에게 한 다음과 같은 서약에서 나온 조화와 비슷하다.[3] '칼이 갖기를 원하는 것을(밀라노를) 나 또한 갖기를.' 경험적 규정근거는 아무런 보편적·외적 입법에도 적합하지 않고 마찬가지로 아무런 보편적·내적 입법에도 적합하지 않다. 저마다 경향성의 $\quad$ A 51 근거로 자기 주관을 두지만 다른 사람은 다른 주관을 두기 때문이고 저마다 주관 자체에서도 한 번은 이런 경향성이, 다른 한 번은 저런 경향성이 우세한 영향을 미치기 때문이다. 경향성들을 예외 없이 이러한 조건 아래에서, 즉 전면적으로 조화하면서 지배하는 법칙을 발견하는 일은 절대 불가능하다.

§5
과제 I

준칙의 순전한 입법적 형식만이 의지의 충분한 규정근거라고 전제하고 입법적 형식으로만 규정될 수 있는 의지의 성질을 발견하는 것.

법칙의 순전한 형식은 오직 이성으로만 표상될 수 있어 아무런 감각 능력의 대상도 아니고 결국 현상에 속하지도 않는 까닭에, 형식 표상이라는 의지의 규정근거는 인과율에 따른 자연 사건의 모든 규정근거와는 구별된다. 자연 사건에서는 규정하는 근거 자체가 현상 $\quad$ V 29 일 수밖에 없기 때문이다. 만일 순전히 보편적 입법 형식 밖의 다른 의지 규정근거가 의지에 법칙으로 쓰일 수 없다면 이런 의지는 상호 관계하는 현상들 사이의 자연법칙에 전적으로 독립적인 것으로, 말하자면 인과율에 독립적인 것으로 사유되어야만 한다. 그런데 이러한 독립성이 가장 엄밀한 의미의 **자유**, 즉 선험적 의미의 자유다. 따라서 준칙의 순전한 입법적 형식만 법칙으로 삼을 수 있는 의지가 자 $\quad$ A 52

유로운 의지다.

§ 6
과제 II

의지가 자유롭다고 전제하고 유일하게 의지를 필연적으로 규정하는 데 적합한 법칙을 발견하는 것.

실천법칙의 질료, 즉 준칙의 객관은 오직 경험적으로만 주어질 수 있다. 그러나 자유로운 의지는 경험적 (다시 말해 감성계에 속하는) 조건에 독립적이다. 그런데도 자유로운 의지는 규정될 수 있어야만 한다. 그렇기 때문에 자유의지는 법칙의 **질료**에 독립적이면서도 규정근거를 법칙에서 찾아야만 한다. 법칙의 질료를 빼고 나면 법칙에는 입법적 형식밖에 없다. 그래서 입법적 형식은 준칙이 그것을 내포하는 한, 의지의 규정근거를 이룰 수 있는 유일한 것이다.

주해

따라서 자유와 무제약적인 실천법칙은 상호 지시하는 관계에 있다. 여기서 내가 묻는 것은 자유와 무제약적인 실천법칙이 실제로 다르냐는 것도 아니고 반대로 무제약적 법칙이 순수실천이성의 자기의식에 불과한 것이 아니냐는 것도 아니며 순수실천이성이 자유의 적극적 개념과 전적으로 동일한 것이 아니냐는 것도 아니다. 내가 묻는 것은 무제약적으로 실천적인 것에 대한 우리 인식이 어디서 **시작**하는가, 자유에서 시작하는가 아니면 실천법칙에서 시작하는가 하는 것이다. 이 인식은 자유에서 시작할 수 없다. 자유의 최초 개념이 소극적인 탓에 우리가 자유를 직접 의식할 수 없기 때문이다. 그렇다고 경험에서 자유로 추리할 수도 없다. 경험은 우리에게 현상의 법칙에 대한 인식만, 즉 자유의 정반대인 자연의 기계성에 대한 인식만 주기 때문이다. 따라서 (우리가 의지의 준칙을 기획하는 즉시) 우리가 직접 의식하는 것은 **도덕법칙**[4]이다. 도덕법칙이 먼저 우리에게 자신을 드러낸다. 이성이 도덕법칙을 아무 감성적 조건에도 압도되지 않는 규정근거로, 실로 이 감성적 조건으로부터 완전히 독립적인 규정근거로 드러냄으로써 도덕법칙은 바로 자유의 개념에 이른다. 그렇다면 어떻게 도덕법칙을 의식하는 것이 가능한가? 우리는 순수한 이론적 원칙을 의식하는 것과 꼭 마찬가지로 순수한 실천법칙을 의식할 수 있다. 이런 일은 이성이 우리에게 법칙을 지시할 때 동반되는 필연성에 우리가 주의함으로써 그리고 이성이 우리에게 지적하는, 모든 경험적 조건으로부터의 분리에 우리가 주의함으로써 일어난다. 순수한 지성의 의식이 순수한 이론적 원칙에서 나오듯이 순수한 의지의 개념은 순수한 실천법칙에서 나온다. 순수한 실천법칙과 순수한 의지의 이 관계가 두 개념의 참된 위계다. 도덕성이 비로소 우리에게 자유 개념을 준다. 그리하여 실천이성이 먼저 사변이성에 이 자유 개념과 관련하여 해결 불가능한 문제를 제기하고, 이 개념으로 사변이성을 커다란 곤경에 빠뜨린다. 이렇게 된 것은 도덕법칙[5] 그리고 도덕법칙과 함께하는 실천이성이 자유를 학문에 끌어들이고 우리를 자유 개념으로 내몰았기 때문이다. 그렇지 않았다면 우리는 결코 자유를 학문에 끌어들이는 모험을 하지 않았을 것이다. 자유 개념으로부터는 현상의 아무것도 설명할 수 없고 현상에서 늘 자연기계성이 선도할 수밖에 없는 상황에서 우리가 자유를 학문에 끌어들이는 모험을 감행할 수 없었기 때문이다. 게다가 순수이성이 원인들의 계열에서 무제약자로 상승하려 할 경우 순수이성의 이율배반은 자유에서나 기계성에서나 설명 불가능성에 빠지지만, 기계성이 적어도 현상을 설명하는 데 유용했던 상황에서 우리가 자유를 학문에 끌어들이는 모험을 감행할 수는 없었기 때문이다. 경험도 우리

V 30

A 54

안에 있는 개념들의 이러한 질서를 확인해준다. 어떤 사람이 자기의 정욕적 경향성에 대해, 사랑스러운 상대나 그 상대를 접할 기회가 오면 이 정욕적 경향성에 도저히 저항할 수 없다고 말한다 하자. 이런 기회를 잡는 집 앞에 교수대가 설치되어 있어 이 사람이 쾌락을 누리고 난 즉시 매달도록 되어 있을 때 과연 자기 경향성을 제압하지 않을 것인가? 이 사람이 어떻게 답할지 우리는 오래 생각할 필요가 없다. 그러나 이 사람의 군주가 곧 사형에 처하겠다고 위협하면서 어떤 정직한 사람, 즉 군주가 그럴듯한 구실로 파멸시키고 싶은 정직한 사람에 대해 위증하기를 강요할 경우 아무리 생명에 대한 사랑이 크다 하더라도 이 위협을 극복할 수 있다고 여기는지 이 사람에게 물어보라. 위협을 극복할지 못할지 이 사람은 감히 확언하지 못할 것이다. 그러나 극복하는 일이 자기에게 가능하다는 것을 이 사람은 주저 없이 인정하지 않을 수 없다. 따라서 이 사람은 어떤 것을 해야만 한다고 의식하기 때문에 그것을 할 수 있다고 판단하며, 도덕법칙이 없었다면 자기에게 알려지지 않았을 자유를 자기 안에서 인식한다.

§7
순수실천이성의 근본 법칙

네 의지의 준칙이 언제나 동시에 보편적 입법의 원리로 타당할 수 있도록 행위하라.

주해

순수기하학은 요청을 실천적 명제로 갖는데 이 명제가 전제하는 것은, 어떤 것을 **해야만** 한다고 요구된다면 우리는 그것을 **할 수 있으**리라는 것 이상이 아니다. 요청은 기하학의 명제 가운데 현존과 관계하는 유일한 명제다. 따라서 이 명제는 의지의 개연적 조건 아래 있는 실천적 규칙이다. 그러나 순수실천이성의 규칙이 말하는 것은 우리가 단적으로 특정 방식으로 처신해야 한다는 것이다. 이 실천적 규칙은 따라서 무조건적이다. 그래서 이 규칙은 정언적으로 실천적인 명제로 아프리오리하게 표상된다. 의지는 이 명제에 의해 단적으로 그리고 직접적으로 (실천적 규칙 자체에 따라, 여기서는 법칙에 따라) 객관적으로 규정된다. 이렇게 표상되는 까닭은 순수하고 그 자체로 실천적인 이성이 여기서 직접적으로 입법적이라는 데 있다. 이 의지는 경험적 조건에 독립인 것으로 사유되고 따라서 순수한 의지로, 법칙의 순전한 형식에 따라 규정된 것으로 사유되며 이 규정근거는 모든 준칙의 최상의 조건으로 간주된다. 이 사태는 매우 기이한 것으로 이밖의 모든 실천적 인식에서는 유례가 없다. 가능적인 보편적 입법의 아프리오리한 사상, 따라서 순전히 문제가 있을 뿐인 사상이 경험 혹은 모종의 외적 의지에서 어떤 것을 꾸어오지 않고 법칙으로 무조건적으로 명령되기 때문이다. 이 법칙은 어떤 욕구된 결과를 가능하게 하는 행위가 따라야만 하는 지침이 아니라(그렇게 되면 규칙은 늘 물리적으로 제약될 터이므로), 순전히 의지를 그 준칙의 형식과 관련하여 아프리오리하게 규정하는 규칙이다. 이때 순전히 원칙의 주관적 형식을 위해서만 쓰이는 법칙을 법칙 일반의 객관적 형식에 따른 규정근거로 사유하는 것은 적어도 불가능하지 않다. 우리는 이 근본 법칙의 의식을 이성의 사실이라고 일컬을 수 있다. 우리가 이 의 A 56 식을 이성의 선행하는 자료에서, 예컨대 자유의 의식에서 추론할 수 없고 (자유의 의식이 우리에게 먼저 주어지는 것이 아니므로) 이 근본 법칙이 아무 직관에도, 즉 순수한 직관에도 경험적 직관에도 근거하지 않는 아프리오리한 종합명제로 저 스스로 우리에게 닥쳐오기 때문이다. 만일 의지의 자유가 전제된다면 이 명제는 분석 명제일 것이다. 그러나 적극적 개념으로서 의지의 자유를 위해서는 지성적 직관이 요구될 텐데, 여기의 우리는 지성적 직관을 전혀 가정할 수 없다. 오해 없이 이 법칙을 주어진 것으로 간주하기 위해 우리가 유의해야 할 것은, 이 법칙이 아무런 경험적 사실도 아니고 순수이성의 유일한 사실이라는 점이다. 순수이성은 이 근본 법칙에 따라 자신이 근원적으로 입법적이라는 것을 (내가 원하는 것을 나는 명한다[6]는 것을) 알린다.

귀결

순수이성은 그 자체만으로 실천적이며 우리가 **도덕법칙**이라고 일컫는 보편법칙을 (인간에게) 준다.

주해

앞에서 언급한 [이성의] 사실은 부정될 수 없다. 사람들이 그들 행위의 합법칙성에 대해 내리는 판단을 분석해보기만 하면 된다. 이 경우 우리가 매번 발견하는 것은 그들의 이성이 경향성의 어떤 속삭임에도 매수되지 않고 자기 자신에 의해 강제되면서 행위를 할 때마다 의지의 준칙을 순수한 의지에 묶는다는 점이다. 다시 말해 이성은 의지의 준칙을 이성 자신에, 즉 아프리오리하게 실천적이라고 자각하는 한에서 이성 자신에 묶는다. 도덕성의 원리는 입법의 보편성을 의지의 모든 주관적 차이에 상관없이 최상의 형식적 의지 규정근거로 삼는다. 바로 이러한 입법의 보편성 때문에 이성은 이 도덕성의 원리를 동시에 모든 이성적 존재자를 위한 법칙으로 천명한다. 물론 이이성적 존재자들 일반이 의지를 갖는 한에서, 즉 규칙 표상을 통해 원인성을 규정하는 능력을 갖는 한에서 말이다. 그래서 이 이성적 존재자들이 규칙에 따라, 고로 또한 아프리오리한 실천적 원리에 따라 (오직 이러한 실천적 원리만이 필연성, 즉 이성이 원칙을 위해 요구하는 필연성을 가지므로) 행위를 할 수 있는 한에서 말이다. 그러므로 도덕성의 원리는 순전히 인간에게만 국한되지 않고 이성과 의지를 갖는 모든 유한한 존재자에게까지 미치며, 더 나아가 심지어 최상의 예지적 존재인 무한한 존재자까지도 포괄한다. 그러나 인간의 경우 법칙은 명령 형식을 띤다. 이성적 존재자인 인간에서 전제할 수 있는 의지는 순수한 의지이기는 하지만, 결핍과 감성적 동인으로 촉발되는 존재자인 인간에서 전제할 수 있는 의지는 신성한 의지, 즉 도덕법칙에 저항하는 준칙을 만들어낼 능력이 없는 의지가 결코 아니기 때문이다. 그러므로 인간의 경우 도덕법칙은 정언적으로 명하는 **명령**이다. 이 법칙이 무조건적이기 때문이다. 이 법칙에 대한 인간 의지의 관계는 구속성이라는 이름을 갖는 **종속성**이다. 구속성이 의미하는 것은 어떤 행위로 **강요함**이다. 물론 이 강요가 순전한 이성과 이 이성의 객관적 법칙에 따른 것이긴 하지만 말이다. 이러한 강요를 의무라고 한다. 그 까닭은 정념적으로 촉발되는 (그럼에도 정념에 규정되지 않아서 어쨌건 자유로운) 자의가 **주관적** 원인에서 생겨나는 소망을 동반하고 따라서 이 자의가 종종 순수한 객관적 규정근거에 대항할 수 있어서 도덕적 강요로서 실천이성의 저항을 필요로 한다는 데 있다. 실천이성의 이러한 저항은 내적인 강제, 그러나 지성적인 강제라고 일컬을 수 있다. 우리가 정당하게 생각할 수 있는 것은 지극히 자족 A 58 적인 예지적 존재의 경우, 동시에 객관적이지 않을 아무 준칙도 자의가 만들어낼 수 없다는 점이다. 그리고 예지적 존재에게 허용되는 신성함의 개념은 이 존재를 모든 실천법칙 너머에 두지는 않지만, 실천적으로 제약하는 모든 법칙, 즉 구속성과 의무 너머에 둔다. 그렇지만 의지의 이러한 신성함은 필연적으로 **원형**으로 쓰일 수밖에 없는 실천적 이념이다. 모든 유한한 이성적 존재자들에게 허용된 유일한 것은 이 원형에 무한히 접근하는 것이다. 그리고 순수한 도덕법칙,

즉 순수해서 그 자체로 신성하다고 불리는 도덕법칙은 유한한 이성적 존재자들에게 이 실천적 이념을 지속적이고도 올바르게 지향하도록 만든다. 이렇게 유한한 이성적 존재자의 준칙의 무한한 전진을 V 33 확보하는 것 그리고 꾸준한 진보를 향한 이성적 존재자의 불변성을 확보하는 것, 다시 말해 덕이야말로 유한한 실천이성이 이룰 수 있는 최고의 것이다. 덕 자체는 자연적으로 획득된[7] 능력이라는 점에서만 보더라도 결코 완성되어 있을 수 없다. 이 경우 확보[했다는 것]만으로는 결코 필연적 확실성이 되지 못하며 확보를 필연적 확실성으로 강변하는 것은 매우 위험하기 때문이다.

§ 8
정리 Ⅳ

의지의 **자율**은 모든 도덕법칙과 이 도덕법칙을 따르는 의무의 유일무이한 원리다. 이에 반해 자의의 모든 **타율**은 결코 구속성을 근거 짓지 못할 뿐만 아니라 오히려 구속성의 원리와 의지의 도덕성과 대립한다. 도덕성의 유일무이한 원리는 법칙이 모든 질료에 (즉 욕구된 객관에) 독립적이라는 데 존립하지만, 이와 동시에 준칙의 능력일 수밖에 없는 순전한 보편적·입법적 형식이 자의를 규정하는 데 존립 A 59 한다. 질료로부터 **독립성**은 소극적 의미의 자유이고, 순수하면서 그 자체로 실천적인 이성의 이 고유한 **입법**은 적극적 의미의 자유다. 따라서 도덕법칙이 표현하는 것은 순수실천이성의 **자율**, 다시 말해 자유의 자율과 [즉 자율로서 자유와] 다름없다. 자유 자체는 모든 준칙의 형식적 조건, 즉 준칙이 최상의 실천법칙과 일치할 수 있을 때 유일하게 복속하는 형식적 조건이다. 그러므로 의욕의 질료, 즉 법칙과 연결된 욕구의 객관과 다름없는 질료가 **실천법칙의 가능 조건으로** 이 실천법칙 안으로 들어오게 되면 여기에서 자의의 타율이 생겨난다.

말하자면 자연법칙에 대한 종속성, 즉 어떤 충동이나 경향성을 추종하는 종속성이 생겨난다. 이 경우 의지는 자신에게 법칙을 스스로 주지 못하고 정념적 법칙을 이성적으로 추종하기 위한 지침만 줄 뿐이다. 이렇게 해서 결코 보편적·입법적 형식을 자기 안에 포함할 수 없는 준칙은 아무 구속성도 창출하지 않을 뿐만 아니라 그 자체가 순수 실천이성의 원리와 대립하고 이로써 도덕적 심정과도 대립한다. 설령 이 준칙에서 나온 행위가 합법칙적이라 하더라도 말이다.

주해 I

V 34

질료적 (따라서 경험적) 조건을 동반하는 실천적 지침은 결코 실천 법칙으로 간주되어서는 안 된다. 자유로운 순수 의지의 법칙은 의지를 경험적 영역과는 전적으로 다른 영역에 놓기 때문이다. 이 법칙이 표현하는 필연성은 자연필연성이 아니므로 순전히 법칙 일반이 가능하기 위한 형식적 조건에만 존립한다. 실천적 규칙의 모든 질료는 항상 주관적 조건에 근거를 둔다. 이 주관적 조건은 (내가 이것 혹은 저것을 **욕구**할 경우 그것을 실현하려고 무엇을 한다는 식의) 조건적 보편성 이외에 이성적 존재자를 위한 아무런 보편성도 실천적 규칙에 부여하지 않는다. 이러한 주관적 조건은 한결같이 **자기 행복**의 원리 주위를 맴돈다. 물론 부정할 수 없는 것은 모든 의욕 역시 대상, 즉 질료를 가질 수밖에 없다는 것이다. 그러나 그렇다고 이 질료가 바로 규정근거이고 준칙의 조건인 것은 아니다. 질료가 규정근거라면 준칙은 보편적으로 입법적인 형식으로 자신을 드러내지 않는다. 이 경우 대상의 실존에 대한 기대가 자의를 규정하는 원인이 되고 어떤 사태의 실존에 대한 욕구능력의 종속성이 의욕의 근거로 될 수밖에 없기 때문이다. 욕구능력의 이러한 종속성은 항상 경험적 조건에서만 찾을 수 있어서 결코 필연적이고 보편적인 규칙의 토대를 제공할 수

A 60

없다. 이런 식으로 다른 존재자들의 행복이 어떤 이성적 존재자의 의지의 객관일 수 있다. 그러나 다른 존재자의 행복이 준칙의 규정근거라면, 이때 전제될 수밖에 없는 것은 우리가 다른 존재자의 안락에서 단지 자연적 즐거움뿐만 아니라 인간들의 공감적 감성방식이 환기하듯, 필요 또한 발견한다는 것이다. 그렇지만 나는 모든 이성적 존재자에게 이런 필요가 있다고 전제할 수 없다(그리고 신의 경우에는 전혀 전제할 수 없다). 따라서 준칙의 질료는 늘 있을 수 있지만 이 질료가 준칙의 조건이어서는 안 된다. 질료가 준칙의 조건이라면 이 준칙은 법칙으로 적합하지 않기 때문이다. 따라서 질료를 제한하는 법칙의 순전한 형식은 동시에 이런 질료를 의지에 부가하는 근거여야지 이 질료를 전제하는 근거여서는 안 된다. 예를 들어 이 질료가 내 행복이라고 하자. 저마다 이 행복을 바란다고 볼 때(실제로 유한한 존재자들의 경우 내가 이렇게 볼 수 있듯이), 이 질료가 **객관적인 실천법칙**이 될 수 있는 경우는 오직 내가 다른 존재자들의 행복을 이 질료에 포함시킬 때뿐이다. 따라서 타인의 행복을 촉진하라는 법칙은 행복이 모든 존재자의 자의의 객관이라는 전제에서 나오는 것이 아니라 순전히 보편성의 형식이 의지의 규정근거가 되는 것에서만 나온다. 이러한 보편성의 형식은 자기애의 준칙에 법칙의 객관적 타당성을 주는 조건으로 이성이 요구한 것이다. 그러므로 객관(다른 존재자들의 행복)이 아니라 순전한 법칙적 형식만이 순수의지의 규정근거였다. 나는 경향성에 근거를 둔 내 준칙을 이러한 순전한 법칙적 형식으로 제한함으로써 이 준칙에 법칙의 보편성을 부여해 이 준칙을 순수실천이성에 적합하게 만들었다. 나의 자기애 준칙을 타인의 행복으로도 확장해야 한다는 **구속성** 개념은 오직 이러한 제한에서만 [즉 순전한 법칙적 형식이 경향성에 근거를 둔 준칙을 제한하는 것에서만] 나올 수 있었지 외적인 동기를 추가하는 것에서는 나올 수 없었다.

주해 II

자기 행복의 원리가 의지의 규정근거가 된다면 이것은 도덕성의
원리와 정반대다. 위에서 언급했듯이 법칙으로 쓰여야만 하는 규정
근거를 준칙의 입법적 형식 밖의 다른 곳에 두는 모든 것은 자기 행
복의 원리로 간주될 수밖에 없다. 그러나 자기 행복의 원리와 도덕성   A 62
의 원리 사이의 이러한 상충은 경험적으로 조건 지어진 규칙들 가운
데 어떤 것을 필연적 인식 원칙으로 높이려고 할 때 일어나는 상충처
럼 순전히 논리적인 것이 아니라 실천적인 것이다. 그래서 의지와 관
계할 때 이성의 목소리가 가장 평범한 사람들조차 들을 만큼 분명하
고 흘려버릴 수 없는 것이 아니라면 이 상충은 도덕성을 완전히 파
멸할지도 모른다. 그래서 자기 행복[의 원리]은 오직 혼란을 유발하
는 사변에서만 유지될 수 있는데, 이 사변을 전개한 학파는 가치 없
는 이론을 견지하려고 이성의 숭고한 목소리에 귀 막을 정도로 대담
했다.

다른 점에서는 당신이 좋아하는 어떤 지인이 거짓 증언을 해놓고
이를 정당화할 요량으로 먼저 자기 행복이라고 하는, 자신이 생각하
기에 신성한 의무를 다했다고 말한다고 하자. 그런 후 거짓 증언으
로 얻은 이익을 열거하고 거짓 증언이 발각되지 않도록, 심지어 당신
이 발설하지 않도록 언제든 부정할 수 있을 비밀로만 알려주는 식의
자기가 준수하는 영리함을 거론한다고 하자. 그러고는 자신이 진실
로 인간의 의무를 실행했노라고 자처한다고 하자. 이 경우 당신은 이
사람 면전에서 비웃을 것이다. 아니면 혐오하면서 이 사람에게서 뒷
걸음질칠 것이다. 설령 당신이, 어떤 사람이 순전히 자기 이익에 맞
추어 자기 원칙들을 조정할 때 이 사람의 방책에 대해 최소한의 반박

도 하지 않는 사람이라 할지라도 말이다.[8] 혹은 어떤 사람이, 당신의 모든 일을 무조건 믿고 맡길 수 있는 관리인으로 한 남자를 추천한다고 하자. 그리고 당신이 이 남자를 신뢰할 수 있도록 자기 이익을 도모할 때 숙달된 영리한 사람이라고, 이익을 얻을 기회를 결코 놓치지 않는 부지런한 사람이라고 칭찬한다고 하자. 끝에 가서는 이 남자의 천박한 이기주의에 대한 염려를 없애려고 그가 얼마나 고상하게 살 줄 아는지를 칭찬하고 축재나 동물적 방종에서 만족을 찾지 않고 지식 확장과 신중하고도 교양 있는 교제, 더 나아가 궁핍한 사람에 대한 자선에서 만족을 찾는다고 칭찬한다고 하자. 그러나 그밖에는 그가 (수단의 가치 혹은 무가치는 목적으로부터만 얻는다는 이유에서) 수단에 개의치 않고 들키지 않으며 제지되지도 않고 할 수 있다는 것을 아는 즉시 타인의 돈이나 재산을 마치 자기 것인 양 쓴다고 칭찬한다고 하자. 이 경우 당신은 추천하는 사람이 당신을 놀린다고 생각하거나 제정신이 아니라고 생각할 것이다. 도덕성과 자기애의 경계는 이렇듯 분명하고 선명해서 가장 평범한 사람이라 할지라도 어떤 것이 도덕성에 속하는지 자기애에 속하는지 구별할 때 결코 잘못할 수 없다. 이토록 명백한 진리에 비추어보면 다음 몇 가지 언급은 불필요하게 보일 수 있지만 적어도 평범한 인간 이성의 판단을 명료하게 하는 데 기여할 것이다.

행복의 원리는 준칙을 줄 수는 있지만 의지의 법칙에 적합한 준칙은 결코 줄 수 없다. 우리가 **보편적** 행복을 객관으로 삼을 때조차도 말이다. 보편적 행복에서 행복을 인식하는 것은 순전히 경험의 자료에 근거를 두고 행복에 관한 각각의 판단은 의견, 즉 경험적인 데다가 그 자체가 매우 가변적인 각자 의견에 매우 의존적이기 때문이다. 그래서 **일반적** 규칙은 있을 수 있겠지만 결코 **보편적** 규칙은 있을 수 없다. 다시 말해 평균적으로 가장 빈번히 적중하는 규칙은 있을 수 있어도 언제나 필연적으로 타당할 수밖에 없는 규칙은 결코 존재할 수 없다. 따라서 아무런 실천법칙도 이러한 일반적 규칙에 근거를 둘수 없다. 이 경우 자의의 객관이 자의의 규칙의 토대이고 따라서 이 A 64 객관이 규칙에 선행할 수밖에 없다는 바로 그 이유 때문에 자의의 규칙은 사람들이 추천하는 것 밖의 다른 것과 관계할 수 없고, 경험 밖의 다른 것과 관계할 수 없으며 근거를 둘 수도 없다. 이 경우 판단들은 무한히 다를 수밖에 없다. 따라서 이 원리는 모든 이성적 존재자에게 동일한 실천적 규칙들을 지시하지 않는다. 비록 이 실천적 규칙들이 하나의 공통 제목, 즉 행복이라는 공통 제목 아래 있다 하더라도 말이다. 그러나 도덕법칙은 그것이 이성과 의지를 지닌 사람이라면 누구에게나 타당해야 한다는 이유만으로 객관적으로 필연적인 것으로 사유된다.

자기애의 준칙(영리함)은 순전히 **충고**할 뿐이지만 도덕성의 법칙은 **명령**한다. 우리가 하도록 사람들이 **충고**하는 어떤 것과 우리가 하도록 **구속**되는 어떤 것은 차이가 크다.

자의의 자율이라는 원리에 따라 무엇을 해야만 하는지는 가장 평범한 사람에게도 아주 쉽게 의혹 없이 통찰될 수 있다. 자의의 타율이라는 전제에서 무엇을 해야만 하는지는 어렵게 통찰되며 이를 위해서는 세상물정에 대한 지식이 필요하다. 다시 말해 무엇이 의무인지는 누구에게나 자명하게 드러난다. 그러나 무엇이 지속적으로 진짜 이익을 가져올지는 이 이익이 각자의 전체 현존을 포괄해야 한다면 늘 오리무중이라서 상당한 영리함을 요구하는데, 이는 이익을 겨냥하는 실천적 규칙을 적절한 예외를 허용하면서도 무난하게 삶의 목적에 맞춰내기 위한 것이다. 그렇지만 도덕법칙은 누구에게나 그것을 준수하라고, 그것도 가장 엄격하게 준수하라고 명령한다. 도덕법칙에 따라 무엇을 행해야 할지 판단하는 것은 그다지 어려울 수가 없다. 그래서 가장 평범하고 훈련되지 않은 사람이라 할지라도 처세적 영리함 없이도 처리할 줄 안다.

도덕성의 정언명령을 충족하는 것은 어떤 힘을 가졌건 어떤 시대건 누구에게나 가능하다. 경험적으로 조건 지어진 행복 지침을 충족하는 것은 누구에게도 오직 드물게만 가능하고 어떤 하나의 의도와 관련해서 이 지침을 충족하는 것은 더더욱 가능하지 않다. 그 이유는 도덕성의 정언명령의 경우 오직 참되고 순수해야 하는 준칙만이 중요하지만 행복의 지침에서는 욕구된 대상을 실현하는 힘과 자연적 능력도 중요하다는 데 있다. 누구나 자신을 행복하게 만들려고 애써야 한다는 명령은 어리석을 것이다. 어떤 사람이 이미 불가피하게 스스로 원하는 것을 그 사람에게 명령하는 일은 결코 없기 때문이다. 우리는 이 사람에게 순전히 방책만 명령할 수밖에, 더 정확하게 말해서 제공할 수밖에 없다. 자신이 원하는 모든 것을 이 사람이 할 수 있는 것은 아니기 때문이다. 그러나 의무의 이름으로 도덕성을 명령하는 것은 전적으로 이성적이다. 도덕성의 지침이 경향성과 충돌할 경우 처음에는 누구나 기꺼이 이 지침에 복종하려고 하지는 않기 때문이다. 그리고 이 사람이 이 법칙을 준수할 수 있는 방책은 여기서 가르칠 필요가 없다. 이와 관련해 이 사람이 원하는 것을 이 사람은 또한 할 수 있기 때문이다.

도박에서 잃은 사람은 자기 자신과 자신의 영리하지 못함에 화낼 수 있다. 그러나 도박에서 속임수를 썼다는 것을 스스로 의식한다면 (설령 그래서 돈을 땄다 하더라도), 자신을 도덕법칙에 비추어보는 즉시 자기 자신을 경멸하지 않을 수 없다. 그래서 도덕법칙은 자기 행복의 원리와 다른 어떤 것임이 틀림없다. 내 주머니를 채웠지만 나는 무가치한 인간이라고 자기 자신에게 말할 수밖에 없다는 사태는, 자신을 칭찬하여 내 금고를 채웠으니 나는 **영리한** 사람이라고 말하는 사태와는 다른 판단 척도를 가질 수밖에 없기 때문이다.

끝으로 우리 실천이성의 이념에는 도덕법칙의 위반에 동반되는 어떤 것, 말하자면 위반의 **가벌성**[벌 받아 마땅함]이 있다. 그런데 행복을 누린다는 것은 결코 형벌 자체의 개념과 연결되지 않는다. 여기서 설령 벌주는 사람이 벌을 자비로운 목적에서 내리려는 자비로운 의도를 동시에 가질 수 있다 하더라도 벌은 먼저 벌로, 즉 순전한 화 (禍) 자체로 정당화되어야 한다. 그래서 벌이 벌로 그쳐서 벌받는 사람이 아무 방식으로도 이러한 가혹함의 배후에 있는 호의를 알아채지 못한다 하더라도 그 자신은 벌받는 일이 자기에게 일어난 것이 정당하며 자기 신세가 자기 행동에 완전히 걸맞은 것이라고 인정하지 않을 수 없다. 어떤 벌이라도 그 자체에는 맨 먼저 정의가 있을 수밖에 없다. 이 정의가 벌 개념의 본질을 이룬다. 자비가 벌과 연결될 수는 있지만 벌받아 마땅한 자는 그 행실상 조금도 이 자비를 기대할 이유가 없다. 그래서 벌은 신체적 화다. 이러한 화는 **자연적** 결과로는 도덕적 악과 연결되지 않을지 몰라도 도덕적 입법의 원리에 따른 결과로는 도덕적 악과 연결되지 않을 수 없다. 모든 범죄는 그 행위자의 신체적 결과를 고려하지 않고도 그 자체로 벌받을 만하다. 즉 모든 범죄는 행복을 (적어도 일부분이라도) 손상한다. 그래서 행위자가 자기 행복을 손상함으로써 벌을 자초했다고 (자기애의 원리에 따르면 이것이 모든 범죄의 고유한 개념일 수밖에 없을 것이다) 말하는 것은 분명 터무니없을 것이다.[9] 이런 식이라면 벌이 어떤 것을 범죄라고 부르기 위한 이유가 될 것이며 차라리 정의는 모든 처벌을 그만두고 자연적 처벌[행복의 손상으로서 양심의 가책]조차도 막는 데 있어야만 할 것이다. 그렇게 되면 행위에서 악이란 더는 없을 것이다. 화, 즉 다른 데서는 범죄의 결과였지만 여기서는 행위를 악하다고 부르는 유일한 이유가 된 화가 이제부터 방지될 것이기 때문이다. 그러나

A 66

V 38

A 67

모든 상벌을 철저히 더 상위에 있는 힘에 의해 굴러가는 기계적 장치로만, 즉 오로지 이성적 존재자로 하여금 자기의 궁극적 의도를 (행복을) 위해 활동하도록 하는 데 쓰이는 기계적 장치로만 여기는 것은 모든 자유를 폐지하는 의지 기계주의임이 분명하다. 그래서 우리는 이 기계주의에 구애될 필요가 없다.

좀더 정밀하긴 하지만 마찬가지로 참이 아닌 주장이 있는데, 도덕법칙을 규정하는 것으로 이성 아닌 도덕적 특수 감각 능력을 받아들이는 사람들의 주장이 그것이다. 이들의 주장에 따르면 덕의 의식은 직접적으로 만족, 즐거움과 연결되어 있지만 악덕의 의식은 심적 불안, 고통과 연결되어 있다. 그래서 모든 것은 자기 행복의 요구에 맡겨진다. 위에서 말한 것을 여기서 반복하지는 않겠다. 다만 이들의 착오만 지적하고 싶다. 이들이 부덕한 사람을 악행에 대한 의식이 낳은 마음의 불안에 시달리는 사람으로 생각하려면 이 사람의 불안에 선행하여 그 성격의 가장 고귀한 토대에 따라 이 사람을 적어도 어느 정도는 도덕적으로 선하다고 생각해야만 한다. 의무에 맞는 행위를 의식하는 것이 그 의식의 소유자를 기쁘게 만들 때, 기뻐하기 이전의 그 사람을 이미 덕스러운 사람이라고 생각해야 하듯이 말이다. 따라서 도덕성 개념과 의무 개념이 이러한 만족에 대한 모든 고려보다 먼저 있었음이 틀림없고 도덕성 개념과 의무 개념은 이러한 만족에서는 결코 도출될 수 없다. 우리가 만족과 가책을 느끼려면, 즉 의무에 부합했다는 의식에 있는 만족과 도덕법칙 위반을 스스로 꾸짖을 수 있을 때의 가책을 느끼려면 이러한 느낌에 앞서 우리가 의무라고 부르는 것의 중요성과 도덕법칙의 권위를 평가해야만 하고, 도덕법칙을 따를 때 인격의 눈에 비친 [자신의] 직접적 가치를 평가해야만 한다. 그러므로 우리는 이러한 만족 혹은 심적 불안을 구속성의 인식에 앞서서 느낄 수 없고 만족과 불안을 구속성의 근거로 삼을 수 없다.

A 68

만족감과 불안감을 다만 표상하기 위해서라도 우리는 적어도 반 정도는 이미 신실한 사람이어야만 한다. 그 외에는 [감각 능력이 도덕법칙을 규정한다는 주장을 제외한 나머지에서는] 자유의 힘으로 인간 의지가 도덕법칙에 따라 직접 규정될 수 있듯이, 이러한 규정근거에 맞게 빈번히 실행하면 결국 주관적으로 자기 자신에 대한 만족을 가져올 수 있다는 것을 나는 결코 부정하지 않는다. 오히려 본래 유일하게 도덕적 감정이라고 불릴 만한 이 감정을 뿌리내리게 하고 개발하는 것 자체는 의무에 속한다. 그러나 의무 개념은 이런 감정에서 도출될 수 없다. 의무 개념이 감정에서 도출된다면 우리는 법칙 자체에 대한 감정을 사유할 수밖에 없고 오직 이성으로만 사유될 수 있는 것을 감각의 대상으로 만들 수밖에 없다. 하지만 이것은 명백한 모순 V 39 이다. 이로써 의무의 모든 개념은 전적으로 폐기될 것이며 의무 개념의 자리를 좀더 세련된 경향성들의 기계적 유희가 차지하게 될 것이다. 물론 이 세련된 경향성은 조야한 경향성과 이따금 갈등하기도 하겠지만 말이다. [그러나 경향성이라는 점에서는 같다]

이제 우리가 (의지의 자율이라는) 순수실천이성의 최상의 **형식적** 원칙을 종래 도덕성의 모든 **질료적** 원리와 비교해본다면 하나의 도표로 모든 여타의 원리를 나타낼 수 있다. 이 표에는 유일한 형식적 원칙을 제외한 나머지 가능한 모든 경우가 망라되어 있다. 이렇게 해서 지금 제시된 것과는 다른 어떤 원리를 찾는 것이 헛된 일이라는 것을 시각적으로 보여줄 수 있다. 의지의 모든 가능한 규정근거는 순전히 **주관적**이어서 경험적이거나 아니면 **객관적**이면서 이성적이다. 주관적 규정근거와 객관적 규정근거 각각은 다시 **외적** 규정근거이거나 아니면 내적 규정근거다.

도덕성의 원리에서 실천적·질료적 규정근거들

주관적				객관적	
외적		내적		내적	외적
교육 (몽테뉴[10])	시민적 체제 (맨더빌[11])	자연감정 (에피쿠로스)	도덕감정 (허치슨[12])	완전성 (볼프[13]와 스토아)	신의 의지 (크루지우스[14])와 다른 신학적 도덕론자들

왼쪽에 있는 것들은 예외 없이 경험적 규정근거들이고 명백히 도덕성의 보편적 원리로는 적합하지 않다. 그러나 오른쪽에 있는 것들은 이성에 근거를 둔다(사물의 성질로서 완전성과 실체에서 표상되는 최고 완전성, 즉 신은 오직 이성 개념으로만 사유될 수 있기 때문이다). 그러나 첫째 개념인 완전성 개념은 이론적 의미에서 취해질 수도 있다. 이 경우 완전성 개념은 각 사물 나름의 완전성(선험적 완전성)을 의미하거나 순전히 사물 일반으로서 완전성(형이상학적 완전성)을 의미한다. 이론적 완전성 개념은 지금 우리 관심사가 아니다. 실천적 의미에서 완전성 개념은 모든 종류의 목적에 대한 어떤 사물의 적합성 혹은 충분성을 의미한다. 인간의 품성으로서 완전성, 즉 내적 완전성은 재능과 이 재능을 강화하거나 보완하는 숙련과 다름없다. 실체에서 최고 완전성, 다시 말해 신, 따라서 외적 완전성은 (실천적 관점에서 볼 때) 모든 목적 일반에 대한 이 존재자의 충분성이다. 목적이 우리에게 미리 주어져야 한다면, 그래서 (우리 자신에 있는 내적 완전성이건 아니면 신에게 있는 외적 완전성이건) 완전성 개념이 이 목적과 관계할 때에만 의지의 규정근거일 수 있다면, 이때 목적이 객관, 즉 실천적 규칙에 따른 의지규정에 앞서서 이 규정의 가능성의 근거를 내포할 수밖에 없는 객관으로서 언제나 경험적이라면,[15] 따라서 의지의 규정근거로 취해진 의지의 질료가 언제나 경험적이라면, 요컨대 이러한 [목적, 객관] 질료가 행복론의 에피쿠로스적 원리로 쓰일

수는 있지만 의무와 도덕론의 순수한 이성적 원리로 쓰일 수 없다면 (이런 일은 오직 삶의 이익에 기여하기 때문에 재능과 재능의 촉진이 의 A 71 지의 운동 원인이 될 수 있을 경우에 일어나거나 신의 의지에 부합하는 일이 신의 이념에 독립적인 선행하는 실천적 원칙 없이 의지의 객관으로 취해졌을 때, 오직 신의 의지에 부합하는 데서 기대되는 **행복**에 의해서만 이러한 신의 의지가 우리 의지의 운동 원인이 될 수 있을 경우에 일어난다[16]), 이로부터 귀결되는 것은 다음과 같다. **첫째,** 여기서 제시된 모든 원리는 **질료적**이다. **둘째,** 이 원리들이 가능한 모든 질료적 원리를 포괄한다. 결론적으로, 질료적 원리들이 (위에서 증명된 것처럼) 최상의 도덕법칙으로 전혀 적합하지 않으므로 순수이성의 **형식적·실천적 원리**가 유일의 가능한 원리다. 이 형식적·실천적 원리는 우리 준칙에 의해 가능한 보편적 입법의 순전한 형식이 최상의 직접적 의지 규정근거를 이룰 때 따라야만 하는 원리다. 이 원리만이 정언명법에, 즉 (행위를 의무로 만드는) 실천법칙에 적합하게 그리고 일반적으로 도덕성의 원리에 적합하게 판정을 내리고 또 인간의 의지를 규정하는 데 적용된다.

I
순수실천이성의 원칙들의 연역

A 72; V 42

　이 분석론이 보여주는 것은 순수이성이 실천적일 수 있다는 것이다. 다시 말해 순수이성이 독자적으로 모든 경험적인 것에 독립적으로 의지를 규정할 수 있다는 것이다. 이 분석론은 이와 같은 점을 말하자면 하나의 사실, 즉 순수이성이 우리에게서 실제로 실천적임을 증명하는 사실에 의해, 도덕성의 원칙에 있는 자율에 의해 보여준다.

이 원칙에 따라 이성은 의지를 행위로 규정한다. 이 분석론이 동시에 보여주는 것은 이러한 [순수이성이 우리에게서 실제로 실천적임을 증명하는] 사실이 의지의 자유에 대한 의식과 나눌 수 없도록 결합해 있다는 점 아니, 이 의식과 하나라는 점이다. 이성적 존재자의 의지는 감성계에 속하는 것으로서는 자신이 다른 작용인에 복종하는 것과 마찬가지로 인과법칙에 필연적으로 복종한다는 것을 인식하지만, 동시에 실천적인 것에서 이 의지는 다른 한편으로는, 즉 존재자 자체로는 이러한 의지 자유 의식에 의하여 사물의 예지적 질서 내에서 규정될 수 있는 자기현존을 의식한다. 이런 일은 이성적 존재자 자신의 특수한 직관에 따라서 일어나는 것은 아니지만 특정한 역학적 법칙, 즉 이 존재자의 의지의 원인성을 감성계 내에서 규정할 수 있는 법칙에 따라서 일어난다. 그 까닭은 우리에게 자유가 부여되어 있다면 이 자유가 우리를 사물의 예지적 질서로 옮겨놓는다는 데 있다. 이 점은 다른 곳에서[17] 충분히 증명되었다.

A 73 　그런데 이 분석론을 순수사변이성비판의 분석론과 비교해보면 주목할 만한 대비점이 드러난다. 순수사변이성비판 분석론에서 최초 자료였던 것은 원칙이 아니라 순수한 감성적 직관(시간과 공간)이었다. 이 자료가 아프리오리한 인식을 가능하게 했지만 오직 감각 능력의 대상에 대해서만 이런 인식을 가능하게 했다. 종합적 원칙을 직관 없이 순전한 개념으로부터 끌어오는 것은 불가능했다. 오히려 종합적 원칙은 오직 감성적 직관과 관계해서만, 따라서 가능적 경험의 대상과 관계해서만 일어날 수 있었다. 지성의 개념은 오직 이러한 직관과 결합할 경우에만 우리가 경험이라 일컫는 인식을 가능하게 하기 때문이다. 그래서 경험 대상을 넘어 예지체로서 사물에 대해 조금이라도 적극적으로 인식하는 것은 극히 정당하게도 사변이성의 일이 아니라고 판정되었다. 그러나 사변이성은 예지체의 개념, 다시 말해

예지체를 사유할 가능성, 아니 사유할 필연성을 확보하는 정도의 성과는 이루었다. 예를 들어 소극적으로 고찰된 자유를 가정하는 것을 모든 반론에 맞서 옹호해내는 정도의 성과는 이루었다. 이 소극적 자 V 43 유는 순수이론이성의 종합적 원칙과 전적으로 양립 가능하며 이 순수이론이성을 [경험에] 제한하는 것과 전적으로 양립 가능하다. 물론 사변이성은 이러한 자유와 같은 대상에 대해 규정된 어떤 것과 확장적인 어떤 것을 인식하도록 하지는 않았으며 오히려 그런 전망을 전적으로 차단했지만 말이다.

이에 비해 도덕법칙은 비록 [자유와 같은 대상에 대해 규정된 어 A 74 떤 것을 인식할] 아무 전망도 제공하지는 않지만 그럼에도 감성계의 모든 자료와 우리 이성의 이론적 사용의 전체 범위로부터는 절대 설명되지 않는 사실을 제공한다. 이 사실은 하나의 순수한 지성계를 지시하고, 더 나아가 이 세계를 적극적으로 규정하며 우리에게 이 세계의 어떤 것, 즉 법칙을 인식하게 한다.

이 법칙은 감성적 자연인 감성계에 (이성적 존재자와 관련된) 지성계의 형식, 다시 말해 초감성적 자연의 형식을, 그러나 감성계의 기계성을 중단하지 않고 부여해야 한다. 그런데 가장 일반적인 의미에서 자연은 법칙들 아래 있는 사물들의 실존이다. 이성적 존재자들 일반의 감성적 자연은 경험적으로 조건 지어진 법칙들 아래 있는 이성적 존재자들의 실존이므로 이성에 대해서는 타율이다. 이에 반해 동일한 존재자의 초감성적 자연은 모든 경험적 조건에 독립적인 법칙에 따른 이 존재자의 실존이므로 순수이성의 자율에 속한다. 그런데 사물의 현존이 인식에 의존적일 때 따르는 법칙이 실천적이므로 우리가 파악할 수 있는 한에서 초감성적 자연은 순수실천이성의 자율 아래 있는 자연과 다름없다. 그러나 이 자율의 법칙은 도덕법칙이므로 초감성적 자연과 순수한 지성계의 근본 법칙이다. 이 지성계의 사본은 A 75

감성계에 존재해야 하지만 동시에 감성계의 법칙을 중지하지 않고 존재해야 한다. 이 초감성적 자연은 우리가 순전히 이성에서만 인식하는 원형 자연[18]이라 일컬을 수 있을 것이다. 그러나 감성계 내에 있는 예지계의 사본인 자연은 의지의 규정근거인 초감성적 자연의 이념의 가능한 결과를 내포하므로 모사 자연[19]이라 일컬을 수 있을 것이다. 실제로 도덕법칙이 이념에 입각하여 우리를 어떤 자연, 즉 순수이성이 걸맞은 물리적 능력을 가질 경우 그 속에서 최고선을 생기게 만들 자연으로 옮겨놓기 때문이다. 그리고 이 도덕법칙이, 이성적 존재자들의 전체로서 감성계에 이성적 존재자들의 형식을 부여하기 위하여 우리 의지를 규정하기 때문이다.[20]

우리 자신에게 조금만 주의를 기울여보기만 해도 실제로 이 모사 자연의 이념이 우리 의지규정에 말하자면 견본으로 놓여 있다는 것을 확인할 수 있다.

V 44 내가 어떤 증언을 할 때 따르려는 준칙을 실천이성이 검증한다고 하자. 이럴 때면 나는 이 준칙이 보편적 자연법칙으로 되면 어떻게 될지 살필 것이다. 명백히 이런 방식이라면 아무라도 진실하도록 강제될 것이다. 증명하는 것으로 진술하면서도 의도적으로 이 진술을 거짓이게 하는 것은 자연법칙의 보편성과 양립가능하지 않기 때문

A 76 이다. 마찬가지로 내 생명을 자유롭게 처분하는 것과 관련된 준칙도, 자연이 이와 같은 [생명을 자유롭게 처분하는] 법칙에 따라 자신을 유지하려고 하면 준칙이 어떻게 되어야만 하는지 자문해보는 즉시 [자연법칙이 되는지 안 되는지] 결정된다. 명백히 아무도 그런 자연에서 자기 생명을 자의적으로 끝낼 수 없다. 그런 체제는 결코 지속적 자연 질서가 아니기 때문이다. [거짓 증언, 자살 밖의] 다른 모든 경우도 마찬가지다. 그런데 경험의 대상인 실제 자연에서 자유의지는 보편적 법칙에 따르는 자연을 독자적으로 세울 수 있을 그런 준칙 혹

은 보편적 법칙에 따라 질서 지어질 자연에 그 자체로 부합할 준칙을 저절로 선택하지는 않는다.[21] 오히려 하나의 자연 전체를 정념적 (물리적) 법칙들에 따라 구성하는 것은 개인적 경향성들이다. 이 개인적 경향성들은 순수한 실천법칙에 따르는 우리 의지로만 가능할 그런 자연은 구성하지 않는다. 그럼에도 우리는 이성에 따라 어떤 법칙을 의식하는데, 이 법칙은 마치 우리 의지에 의해 동시에 하나의 자연 질서가 생겨나야만 하는 것처럼 모든 준칙이 복종하는 법칙이다. 따라서 이 법칙은 경험적으로 주어지지는 않지만 자유에 의해 가능한 자연, 즉 초감성적 자연의 이념이다. 우리는 이러한 자연에 적어도 실천적 관계에서 객관적 실재성을 부여한다. 우리가 이러한 자연을 순수한 이성적 존재자로서 우리 의지의 객관으로 간주하기 때문이다.

따라서 **의지가 복종하는** 자연이 갖는 법칙과 (의지가 자신의 자유로운 행위에 대해 갖는 관계 측면에서 보았을 때) **의지에 복종하는 자연**이 갖는 법칙은 다음과 같은 점에서 구별된다. 앞의 경우에는 의지를 규정하는 표상의 원인이 객관일 수밖에 없다. 그러나 뒤의 경우에는 의지가 객관의 원인이어야 하므로 이러한 의지의 인과성은 규정근거를 오로지 순수한 이성 능력에 둔다. 이 때문에 이러한 순수한 이성 능력은 순수실천이성이라고도 불릴 수 있다. A 77

다음 두 과제가 있다. 한편으로 어떻게 순수이성이 아프리오리하게 객관을 인식할 수 있는가 하는 과제다. 다른 한편 어떻게 순수이성이 직접적으로 의지의 규정근거일 수 있는가, 즉 어떻게 순수이성이 객관의 현실성과 관련하여 (순전히 이성적 존재자가 자기 준칙이 법칙으로서 보편타당하다고 사유함으로써) 이성적 존재자의 원인성의 규정근거일 수 있는가 하는 과제다. 이 두 과제는 매우 다르다. V 45

첫째 과제는 순수사변이성비판에 속한다. 이 과제는 어떻게 직관이, 즉 우리에게 객관이 주어지기 위해 그리고 객관이 종합적으로 인식되기 위해 없어서는 안 될 직관이 아프리오리하게 가능한지 해명하라고 요구한다. 이 과제는 다음과 같이 해결된다. 직관들은 한결같이 단지 감성적일 뿐이라서 가능한 경험을 넘어서는 아무런 사변적 인식도 가능하게 하지 않는다. 그러므로 순수사변이성의 모든 원칙은 주어진 대상에 대한 경험을 가능케 하는 일 이상은 해내지 못하거나, 우리에게 무한히 주어질 수 있을지 몰라도 결코 완전히 주어지지는 않는 대상에 대한 경험을 가능케 하는 일 이상은 해내지 못한다.

A 78

둘째 과제는 실천이성비판에 속한다. 이 과제는 욕구능력의 객관이 어떻게 가능한지에 대해 아무 해명도 요구하지 않는다. 이것은 순수사변이성비판의 이론적 자연 인식의 과제에 맡겨져 있기 때문이다. 이 과제가 요구하는 것은 단지 어떻게 이성이 의지의 준칙을 규정할 수 있는지 그래서 이성이 의지의 준칙을 규정하는 일이 단지 경험적 표상이라는 규정근거를 통해서만 일어나는지 아니면 순수이성도 실천적인지 그래서 가능하기는 하지만 경험적으로 인식할 수 없는 자연 질서의 법칙도 있는지 해명하는 것이다. 초감성적 자연 개념이 동시에 이 자연을 우리의 자유의지에 따라 실현하는 근거일 수 있을 때, 이러한 초감성적 자연이 가능하기 위해 (예지계에 대한) 아무런 아프리오리한 직관도 필요하지 않다. 이 경우 아프리오리한 직관은 초감성적인 것으로서 어차피 우리에게 불가능할 수밖에 없을 것이다. 아프리오리한 직관이 필요하지 않은 것은 의욕의 준칙에 있는 규정근거만이 중요할 뿐이기 때문이다. 그래서 이 의욕의 규정근거가 경험적인지 아니면 (순수이성의 합법칙성 일반에 대한) 순수이성의 개념인지 그리고 어떻게 의욕의 규정근거가 순수이성의 개념일 수 있는지가 중요하다. 의지의 원인성이 객관을 실현하기에 충분한지 그렇지 않은지 판정하는 일은 의욕의 객관의 가능성에 대한 탐구로서 이성의 이론적 원리에 맡겨져 있다. 따라서 이 객관에 대한 직 관은 결코 실천적 과제의 요소가 아니다. 실천적 과제에서 중요한 것은 오직 의지규정 그리고 의지가 자유로울 때 이러한 의지의 준칙을 규정하는 근거일 뿐 의지규정의 성과가 아니다. 의지가 오직 순수이성에 대해서만 합법칙적이라면 의지 능력이 어떻게 의욕하는지는 수행 중인 이 능력의 소관이기 때문이다. 가능한 자연을 입법하는 이러한 준칙에 따라 이런 자연이 실제로 이 능력에서 나올 것인가 아닌가 하는 문제는 [실천이성]비판의 관심사가 아니다. 비판의 관심사는 순수이성이 과연 실천적일 수 있는지, 어떻게 실천적일 수 있는지, 다시 말해 과연 직접적으로 의지규정적일 수 있는지, 어떻게 직접적으로 의지규정적일 수 있는지를 탐구하는 것이다.

A 79

V 46

따라서 이렇게 탐구할 때 비판은 비난할 여지없이 순수한 실천법칙들과 이 법칙들의 현실성에서 시작할 수 있고 또 시작해야만 한다. 그런데 비판이 이러한 법칙들의 근거로 삼는 것은 직관 대신 예지계에 이 법칙이 현존한다는 개념, 즉 자유 개념이다. [비판이 자유 개념을 법칙들의 근거로 삼는 것은] 자유 개념이 이[예지계 내 법칙의 현존 개념]밖에는 아무것도 의미하지 않고 또 순수한 실천법칙들이 오직 의지의 자유와 관계해서만 가능하기 때문이다. 그러나 이 법칙들은 의지의 자유라는 전제 아래에서는 필연적이다. 거꾸로 말하면, 이 법칙들이 실천적 요청들로서 필연적이므로 의지의 자유는 필연적이다. 이러한 도덕법칙의 의식, 혹은 같은 말이지만 자유의 의식이 어떻게 가능한지는 더 설명될 수 없다. 오직 자유의 허용 가능성만 이론적 비판에서 충분히 옹호될 뿐이다.

A 80

실천이성의 최상 원칙에 대한 해설은 이로써 마무리되었다. 다시 말해 먼저 이 원칙이 함축하는 것이 드러났다. 그것은 이 원칙이 전적으로 아프리오리하게 그리고 경험적 원리에서 독립하여 그 자체로 존립한다는 점이다. 다음으로 어떤 점에서 이 원칙이 다른 모든 실천원칙과 구별되는지 드러났다. 이렇게 연역하는 것과 관련해서, 즉 원칙의 객관적이고도 보편적인 타당성을 정당화하고 이러한 아 프리오리한 종합명제의 가능성을 통찰하는 것과 관련해서 우리는 사정이 순수한 이론적 지성의 원칙에서처럼 그렇게 우호적일 것이 라고 기대할 수 없다. 순수한 이론적 지성의 원칙은 가능한 경험의 대상, 즉 현상에 관계했으며 우리가 증명할 수 있었던 것은 이 현상 을 법칙의 척도에 따라 범주 아래로 갖다놓음으로써만 이 현상이 경 험의 대상으로 인식될 수 있고, 따라서 모든 가능한 경험이 이 법칙에 적합할 수밖에 없다는 것이었기 때문이다. 그러나 나는 도덕법칙의 연역과 관련해서는 이런 길을 택할 수 없다. 도덕법칙의 연역이 관계 하는 인식은 외부로부터 이러저러한 경로를 거쳐 이성에 주어질 대 상의 성질에 대한 인식이 아니라, 대상 자체의 실존 근거가 될 수 있

A 81 는 한에서 어떤 인식, 이성이 이성 자신에 의해 원인성을 어떤 이성 적 존재자 내에서 갖는 한에서 어떤 인식, 다시 말해 이성이 순수이 성인 한에서, 즉 직접적으로 의지를 규정하는 능력으로 간주될 수 있 는 순수이성인 한에서 어떤 인식이기 때문이다.

V 47 　　그러나 우리가 근본 힘들 혹은 근본 능력들에 도달하는 즉시 모든 인간적 통찰은 끝난다. 근본 힘들의 가능성은 무엇으로도 파악할 수 없고 마찬가지로 임의로 창작하고 가정해서도 안 되기 때문이다. 그 렇다면 우리에게 이성의 이론적 사용에서 이 힘을 가정할 권리를 줄 수 있는 것은 오직 경험뿐이다. 그러나 아프리오리한 인식 원천으로 부터 연역하는 대신 경험적 증거를 대는 이런 대용물은 여기 순수한 실천적 이성능력과 관련해서는 우리에게 없다. 자신의 현실성을 증 명하는 근거를 경험에서 취할 필요가 있는 어떤 것은 그 가능성의 근 거상 경험의 원리에 의존할 수밖에 없고, 순수하되 실천적인 이성은

그 개념 때문에 이런 것으로 간주될 수 없기 때문이다. 더욱이 도덕법칙은 말하자면 순수이성의 사실로 주어져 있다. 이 사실을 우리는 아프리오리하게 의식한다. 그리고 이 사실은 필연적으로 확실하다. 설령 이 법칙이 정확하게 준수되는 아무런 실례도 우리가 경험에서 발견할 수 없다 하더라도 말이다. 따라서 도덕법칙의 객관적 실재성은 아무 연역으로도 증명할 수 없고, 이론적·사변적 이성 혹은 경험적으로 뒷받침된 이성의 모든 노력으로도 증명할 수 없다. 그러므로 A 82 우리가 필연적 확실성을 포기하고 싶은 경우라 할지라도 도덕법칙의 객관적 실재성은 경험으로 입증할 수도 없고 그래서 아포스테리오리하게 증명할 수도 없다. 그럼에도 도덕법칙의 객관적 실재성은 그 자체로 확고하다.

도덕원리를 연역하는 것이 헛된 시도였지만 그 대신 다른 아주 역설적인 어떤 일이 일어난다. 그것은 거꾸로 도덕원리 자체가 어떤 탐구 불가능한 능력을 연역하는 원리로 쓰인다는 것이다. 이 능력은 아무 경험으로도 증명할 수 없었던 능력, 그러나 사변이성이 (자기모순에 빠지지 않으려고 우주론적 이념들 가운데 무제약자를 인과적으로 발견하기 위해) 적어도 가능한 것으로 가정할 수밖에 없었던 능력, 즉 자유의 능력이다. 그 자체 정당화하는 아무 근거도 필요하지 않은 도덕법칙은 이 자유가 순전히 가능할 뿐만 아니라 도덕법칙을 구속적인 것으로 인식하는 존재자들에서 현실적이라는 점을 증명한다. 실제로 도덕법칙은 자유에 의한 인과성의 법칙이다. 따라서 감성계 사건의 형이상학적 법칙이 감성적 자연의 인과성의 법칙이었듯 도덕법칙은 초감성적 자연을 가능하게 하는 인과성의 법칙이다. 그러므로 도덕법칙이 규정하는 것은 사변철학이 규정하지 않은 채 둘 수밖에 없었던 것, 즉 사변철학에서는 단지 소극적 개념으로만 등장했던 인과성을 위한 법칙이다. 따라서 도덕법칙이 이 소극적 인과성 개념에 비로소 객관적 실재성을 부여한다.

　　도덕법칙은 일종의 신임장이다. 도덕법칙 자체가 순수이성의 인과성인 자유를 연역하는 원리로 나타나기 때문이다. 이 신임장은 아프리오리한 정당화를 대신하여 이론이성의 요구를 보증하기는 아주 충분하다. 이론이성이 적어도 자유의 가능성을 가정하지 않을 수 없었기 때문이다. 도덕법칙이 자신의 실재성을 사변이성비판까지도 만족시킬 정도로 증명하는 것은 다음과 같은 사태에 기인한다. 그것은 도덕법칙이 단지 소극적으로만 사유되었던 인과성, 그래서 사변이성이 그 가능성을 파악할 수 없었지만 가정할 수밖에 없었던 인과성에 적극적인 규정, 즉 의지를 직접적으로 (준칙의 보편법칙적인 형식 조건에 의해) 규정하는 이성 개념을 부가한다는 사태, 그리하여 사변적으로 이념을 다루려고 했을 때 늘 한계를 넘었던 이성에 도덕법칙이, 실천적이긴 하지만 객관적인 실천성을 처음으로 주어서 이성의 **초험적** 사용을 (경험의 영역에서 이념 자체에 의해 작용하는 원인이라는) 내재적 사용으로 변화시킨다는 사태다. 이와 같은 사태를 통해 도덕법칙은 자신의 실재성을 증명하며 따라서 이러한 증명은 이론이성의 요구를 보충하기에 충분하다.

　　감성계 내 존재자의 인과성 자체의 규정은 결코 무조건적일 수 없었다. 그럼에도 제약들의 모든 계열에 대해 필연적으로 무제약적인 어떤 것 따라서 자기를 전적으로 스스로 규정하는 인과성 또한 있을 수밖에 없다. 그러므로 절대적 자발성의 능력으로서 자유라는 이념은 순수사변이성의 어떤 요구가 아니었다. 이 이념은 그 **가능성**과 관련한 한 순수사변이성의 분석적 원칙이었다. 그러나 이때 자유 이념에 맞는 실례를 어떤 경험에서 제시하는 것은 전혀 불가능하다. 현상인 사물의 원인들 가운데서는 단적으로 무제약적인 인과성 규정을 결코 발견할 수 없기 때문이다. 그래서 우리는 자유로이 행위하는 원인이라는 사상을, 감성계 내에 있는 이 사상의 적용 대상이 다른 한 편 예지체로도 간주되는 한에서만 옹호할 수 있었다. 우리가 밝혀냈 듯이 이 존재자의 모든 행위를 현상인 한에서 물리적으로 제약된 것 으로 간주하되 그럼에도 행위하는 존재자가 지성적 존재자인 한에 서 행위의 인과성을 동시에 물리적으로 제약되지 않는 것으로도 간 주하는 것이, 그래서 동시에 자유 개념을 이성의 규제적 원리로 삼 는 것이 결코 모순되지 않았기 때문이다. 이렇게 한다고 해서 무제약 적 인과성을 갖는 대상을, 이 대상이 무엇이건, 결코 인식하지 못한 다는 것은 사실이다. 그러나 이렇게 함으로써 장애는 제거된다. 한편 으로 세계 사건들과 이성적 존재자의 행위들을 설명할 때 자연필연 V 49 성의 기계성에 대해서는 제약된 것에서부터 제약하는 것으로 무한 히 소급할 권리를 인정하면서도 다른 한편으로는 사변이성에 대해 서는 이것이 채울 수 없는 빈자리, 즉 예지적인 것을 마련하여 무제 A 85 약자가 이 자리를 차지하도록 했기 때문이다. 그러나 나는 자유로이 행위하는 원인이라는 이러한 사상을 실재화할 수는 없었다. 다시 말 해 오직 그 존재자의 순전한 가능성의 측면에서라 할지라도 이 사상 을 자유롭게 행위하는 존재자에 대한 인식으로 전환할 수는 없었다. 순수실천이성은 이 빈자리를 예지계의 규정된 인과율로(자유에 의 한 인과율로), 즉 도덕법칙으로 채운다. 이로써 사변이성은 자신의 통 찰과 관련해서는 아무런 소득도 얻지 못하지만 문제가 있는 자유 개 념을 안전하게 하는 것과 관련해서는 소득이 있다. 여기서 자유 개념 에 객관적 실재성, 비록 오직 실천적 실재성이긴 하지만 의심할 여지 가 없는 실재성이 주어진다. (순수이성비판이 증명하듯이) 원래 인과 성 개념은 현상들을 경험으로 결합하기 위하여 현상들과 관계해서 만 적용되고 의미가 있다. 그런데 사변이성은 이러한 인과성 개념이 라 할지라도 그 사용을 언급된 한계에서 벗어날 정도로 확장하지는 않는다. 만일 사변이성이 이런 확장을 지향했다면 틀림없이 이 이성은 어떻게 근거와 결과 사이의 논리적 관계가 감성적 직관과는 다른 종류의 직관에서 종합적으로 쓰일 수 있는지를 보여주려고 했을 것이다. 다시 말해 어떻게 예지적 원인이 가능한지를 보여주려고 했을 것이다. 그러나 사변이성은 이런 일을 할 수 없으며 실천이성으로서 이성 또한 이런 일을 고려하지 않는다. 이성은 감성 존재자로서 인간

A 86   의 (주어져 있는) 인과성을 **규정하는** 근거만 **순수이성**에 두기 (이 점에서 실천적이라 일컬어지기) 때문이다. 그리하여 여기서 이성은 이론적 인식을 위해 원인 개념을 객관에 적용하는 일을 전적으로 도외시할 수 있고(이 원인 개념이 항상 지성 내에서 아프리오리하게, 그래서 모든 직관에 독립적으로 발견되기 때문에), 이러한 원인 개념 자체를 대상을 인식하기 위해서가 아니라 대상 일반과 관련하여 인과성을 규정하기 위해서, 즉 오직 실천적 의도에서만 사용한다. 그래서 이런 이성은 의지의 규정근거를 사물들의 예지적 질서로 옮겨놓을 수는 있지만, 동시에 원인 개념이 이러한 사물들을 인식하기 위해 가질 어떤 규정도 이성 자신이 전혀 이해하지 못한다는 것을 기꺼이 인정하면서 옮겨놓을 수 있다. 물론 이 이성은 감성계 내에서 의지의 행위와 관련한 인과성을 특정 방식으로 인식해야만 한다. 그렇지 않다면 실천이성은 실제로 아무 행함도 낳지 못할 것이다. 이 이성이 예지체

V 50   로서 자신의 고유한 원인성에 대해 만든 개념을 이 원인성의 초자연적 실존을 인식하기 위해 이론적으로 규정할 필요는 없다. 따라서 이런 한 이성이 이 개념에 의미를 부여할 수 있을 필요도 없다. 그렇게 하지 않아도 이 개념은 의미를 얻는다. 오직 실천적 사용만을 위해서이긴 하지만 도덕법칙에 의해서 말이다. 이론적으로 고찰했을 때에

A 87   도 이 개념은 항상 아프리오리하게 주어진 순수한 지성 개념으로, 감성적으로 주어지는 대상이건 감성적으로 주어지지 않는 대상이건

이런 대상에 적용될 수 있는 순수한 지성 개념으로 남는다. 물론 그럼에도 이 개념은 본질적인 사상이다. 이성이 도덕법칙에 따라 이 개념에 부여하는 의미는 오로지 실천적이다. 말하자면 (의지의) 원인성 법칙이라는 이념 자체가 원인성을 갖거나 원인성의 규정근거이기 때문이다.

II
사변적 사용에서는 그 자체로 불가능한 확장에 대한, 실천적 사용에서 순수이성의 권한

우리는 도덕원리에서 원인성의 법칙을 제시했는데 이 법칙은 감성계의 모든 제약을 넘는 곳에 원인성의 규정근거를 둔다. 그리고 우리는 예지계에 속하는 것으로 규정 가능한 의지, 즉 이 의지의 주관(인간)을 순수한 지성계에 속하는 것으로 사고했다. 비록 이 관계에서 (순수사변이성비판에 따르면 그럴 수 있었듯) 우리에게 알려지지 A 88 는 않지만 말이다. 그러나 우리는 순전히 사고하기만 한 것은 아니었고 의지의 인과성과 관련해, 즉 감성계의 아무런 자연법칙으로도 간주될 수 없는 법칙을 통하여 이 의지가 지니는 인과성과 관련해 의지를 규정하기도 했으며 따라서 우리 인식을 감성계의 한계를 넘어 확장했다. 순수이성비판은 모든 사변에서 이런 월권을 헛된 것으로 천명했지만 말이다. 순수이성능력의 한계 규정 측면에서 볼 때, 어떻게 여기서 순수이성의 실천적 사용이 동일한 순수이성의 이론적 사용과 조화할 수 있는가?

흄은 순수이성의 권리에 대한 모든 반박의 진정한 효시를 이루었다고 할 만하다. 그의 반박은 순수이성에 대한 철저한 탐구를 필요하게 만들었다. 그는 다음과 같이 결론지었다. 원인 개념이 내포하는 것은 다른 것의 실존과 실제로 이 다른 것이 [원인과] 다른 한에서 결합할 필연성이다. 그래서 A가 정립될 경우, 나는 A와 전적으로 다른 어떤 것 B도 필연적으로 실존할 수밖에 없다고 인식한다. 그렇지만 필연성이 어떤 결합에 부가될 수 있는 것은 오직 이 결합이 아프리오리하게 인식되는 한에서다. 경험은 어떤 결합에 대해 이 결합이 있다는 것만 인식하도록 할 뿐 이 결합이 필연적 방식으로 있다는 것을 인식하도록 하지는 않을 것이기 때문이다. 그런데 흄에 따르면 어떤 사물과 이와 다른 사물이 (혹은 어떤 규정과 이와 전적으로 상이한 다

른 규정이) 지각에 주어지지 않는데도 이 두 사물 간의 결합을 아프리오리하게 인식하고 필연적인 것으로 인식하는 것은 불가능하다. 그래서 원인 개념은 그 자체로 거짓이고 기만적이다. 아주 좋게 말해 이 개념은 용서되는 착각이다. 습관(주관적 필연성), 즉 특정 사물들이나 이 사물들의 규정들이 병렬적으로 혹은 [시간상] 선후적으로 실존상 빈번히 연합하는 것을 지각하는 일이, 부지불식간에 대상들 자체 내에 그러한 결합을 두는 객관적 필연성으로 여겨지기 때문이고 따라서 원인 개념이 속아서 얻어진 것이지 적법하게 획득된 것이 아니기 때문이다. 아니, 원인 개념은 획득되거나 확증될 수 없는데 이 개념이 요구하는 결합은 해당 객관에 결코 대응할 수 없어 그 자체로 허깨비같이 헛되며 이성적으로 유지될 수 없다는 것이다. 이렇게 사물의 실존과 관계하는 모든 인식과 관련하여 (따라서 여기에는 수학이 포함되지 않는다) 먼저 경험주의가 원리의 유일한 근원으로 도입되었다. 그러나 동시에 이 경험주의와 더불어 전체 자연과학과 관련해서도 가장 강력한 회의주의가 (철학으로서) 도입되었다. 흄의 원칙에 따르면 우리는 결코 사물의 주어진 규정으로부터 그 사물의 실존과 관련한 어떤 결과로 추리할 수 없고 (이렇게 하려면 이런 결합의 필

연성을 내포하는 원인 개념이 요구되므로) 오직 상상력의 규칙에 따
라 지금까지와 유사한 경우를 기대할 수 있을 뿐인데, 이 기대는 설령 그것이 빈번히 적중된다 하더라도 결코 확실하지 않기 때문이다. 이렇게 되면 실로 아무 사건에 대해서도 우리는 그 사건 이전에 어떤 것, 이 사건을 필연적 결과로 하는 어떤 것이 먼저 있었을 수밖에 없다고 말할 수 없을 것이다. 다시 말해 이 사건이 어떤 원인을 가질 수밖에 없다고 말할 수 없을 것이다. 그래서 이 어떤 것 같은 것들이 선행했던 경우들을 우리가 제아무리 자주 알았고 이로부터 어떤 규칙을 끌어낼 수 있었다 하더라도 이 때문에 일이 항상 그리고 필연적으로 이런 방식으로 일어난다고 받아들일 수는 없을 것이다. 그래서 이성의 모든 사용이 중지되는 맹목적 우연에 권리를 허용할 수밖에 없을
것이다. 이렇게 되면 결과에서 원인으로 거슬러 올라가는 추리와 관련하여 회의주의가 확고히 뿌리내려 반박이 불가능하게 된다.

수학이 이런 곤란에서 벗어나 있었던 것은 **흄**이 수학의 명제가 모두 분석적이라고 보았기 때문이다. 다시 말해 수학의 명제는 동일성 때문에 한 규정에서 다른 규정으로 모순율에 따라 진행된다는 것이다(그렇지만 이는 거짓이다. 오히려 수학의 명제는 모두 종합적이기 때문이다. 예를 들어 기하학은 사물의 실존과 관계하는 것이 아니라 어떤 가능한 직관에서 사물의 아프리오리한 규정과만 관계할 뿐이지만 그럼에도 기하학은 인과 개념에 의한 것과 꼭 마찬가지로 규정 A에서 이와 전적으로 상이한, 그러나 필연적으로 결합한 규정 B로 이행하기 때문이
다). 그렇지만 필연적 확실성으로 그토록 높이 평가받은 이 학문도, **흄**이 원인 개념에서 객관적 필연성을 습관으로 대체한 것과 똑같은 이유에서 결국 원칙들의 **경험주의** 아래 처할 수밖에 없고 그간의 자랑을 접고 아프리오리한 동의를 명하는 과감한 요구를 누그러뜨릴 수밖에 없을 것이다. 그래서 이 학문은 자기 명제들의 보편타당성에

대한 승인을 관찰자의 호의에 기대할 수밖에 없을 것이다. 이 관찰자는 [학문의 재판정에서] 기꺼이 증언할 것이다. 기하학자가 원칙으로 제시하는 것을 자기도 언제나 원칙으로 지각한 결과 비록 당장은 이 원칙이 필연적이지는 않지만 나중에 가서는 그럴 것으로 기대해도 좋다는 것을 자기는 용인하겠노라고.[22] 이런 방식으로 **흄**의 원칙들의 경험주의도 [사물의 실존과 관계하는 인식과 관련한 경험주의와 마찬가지로] 수학과 관련해서조차 불가피하게 회의주의로도 귀착된다. 결국 원칙들의 경험주의는 이성의 모든 **학문적·이론적** 사용에서 (이성의 학문적·이론적 사용은 철학에 속하거나 수학에 속하거나 둘 가운데 하나이기 때문에) 불가피하게 회의주의로 귀착된다. 보통의 이성사용이 (인식의 최고봉이라는 이들 학문의 끔찍한 몰락을 목도함에도) 더 잘해나갈 수 있을지, 아니면 오히려 돌이킬 수 없을 정도로 모든 지식의 이러한 붕괴에 휩쓸려버리지 않을지, 바로 동일한

A 92 원칙들에서 **보편적 회의주의**가 결과할 수밖에 없는 것은 아닌지 (물론 회의주의는 오직 학자들에게만 해당할지도 모른다) 각자 판단에 맡긴다.

　순수이성비판에서 나의 작업에 대해 말하자면, 사실 이 작업은 흄의 회의론에서 촉발되었다. 그러나 내 작업은 이보다 훨씬 더 나아가 종합적으로 사용되는 순수이론이성의 전체 영역을 포괄했고 따라서

V 53 우리가 형이상학 일반이라고 일컫는 영역도 포괄했다. 그래서 인과성 개념과 관련한 이 스코틀랜드 학자의 회의에 나는 다음과 같은 방식으로 대처했다. 만일 **흄**이 경험 대상을 **사물 자체**로 여겼다면 (이런 일은 거의 모든 곳에서 일어난다) 그가 원인 개념을 기만적이고도 잘못된 착각이라고 천명한 것은 전적으로 옳다. 사물 자체와 그것의 규정 자체에 대해서는 A라는 어떤 것이 정립되었다고 해서 어떻게 다른 어떤 것 B 또한 필연적으로 정립될 수밖에 없는지 통찰할 수 없기

때문이다. 그래서 흄은 사물 자체에 대한 아프리오리한 인과 인식을 결코 인정할 수 없었다. 이 총명한 사람이 인과성 개념의 경험적 근원을 승인하기는 더더욱 불가능했다. 인과성 개념의 본질을 이루는 필연적 결합에 이 경험적 근원이 정면으로 모순되기 때문이다. 따라서 인과성 개념은 추방당했고 그 자리에 지각 과정의 관찰 가운데 있는 습관이 등장했다.

내 연구 결과는 다음과 같다. 우리가 경험에서 관계하는 대상은 결코 사물 자체가 아니라 순전히 현상일 뿐이다. 그리고 A가 정립되었는데도 A와 전적으로 상이한 B를 정립할 수 없다는 것이 어떻게 해서 모순이 되는지를 (원인으로서 A와 결과로서 B 사이 결합의 필연성을) 사물 자체에서는 전혀 예견할 수 없고 사실 통찰할 수 없다. 그럼에도 충분히 사유될 수 있는 것은 A와 B가 하나의 **경험** 내의 현상으로는 특정한 방식으로 (예를 들어 시간 관계와 관련해) 필연적으로 결합할 수밖에 없고, 경험이 가능하려면 거쳐야 하는 이 결합에 모순되지 않는 한 결코 분리될 수 없다는 점이다. 이러한 경험 안에서 A와 B는 대상들이고 이러한 경험 안에서만 A와 B는 우리에게 인식 가능하다. 실제로도 사정은 이상과 같았다. 그래서 나는 원인 개념을 단지 경험 대상과 관련한 이 개념의 객관적 실재성에 따라 증명할 수 있었을 뿐만 아니라, 이 개념이 동반하는 결합의 필연성 때문에 이 개념을 아프리오리한 개념으로 **연역**할 수도 있었다. 다시 말해 원인 개념의 가능성을 경험적 근원 없이 순수한 지성으로부터 보여줄 수 있었다. 그래서 이 개념의 근원과 관련한 경험주의를 제거하고 나서 경험주의의 불가피한 귀결인 회의주의, 즉 가능한 경험 대상과 관계하는 자연과학과 수학에서 회의주의를 뿌리 뽑을 수 있었다. 우선 자연과학과 관련한 회의주의를, 다음으로는 완전히 같은 이유에서 나온 귀결에 의거하여 수학과 관련한 회의주의 또한 뿌리 뽑을 수 있었다.

A 93

A 94

이로써 이론이성이 통찰한다고 주장하는 모든 것에 대한 총체적 회의를 뿌리 뽑을 수 있었다.

그런데 이러한 인과성 범주를 (그리고 실존하는 것에 대한 인식을 가능케 하는 여타 모든 범주를) 경험의 대상이 아닌 경험의 한계 너머에 있는 사물에 적용하면 어떻게 될까? 내가 이 개념의 객관적 실재성을 오직 **가능한 경험**의 대상과 관련해서만 연역할 수 있었으니 말이다. 그러나 개념에 의해 대상이 아프리오리하게 규정되지 않는다 하더라도 개념에 의해 대상이 **사고된다**는 것을 내가 보여주면서까지 개념을 옹호한 일, 이것이야말로 개념의 자리를 순수한 지성 내에 마련해준다. 이 순수한 지성에 의해 개념이 객관 일반과 (감성적 객관이건 감성적이지 않은 객관이건) 관계한다. 이때 [즉 객관을 규정하지 않고 사고만 하는 경우] 빠진 것이 있다면 이러한 범주의 **적용 조건**, 특히 인과성을 대상에 적용하기 위한 조건인 직관이다. 예지체로서 대상을 **이론적으로 인식**하기 위해 이 범주를 적용하는 것이 불가능한 이유는 이 직관이 주어지지 않기 때문이다. 그래서 어떤 사람이 이런 일을 감행한다면 (순수이성비판에서도 그랬듯) 이론적 인식은 전적으로 금지된다. 그렇지만 개념의 객관적 실재성은 늘 존속하며 예지체에도 사용할 수 있다. 물론 이때도 이 개념을 조금이라도 이론적으로 규정할 수는 없고 이 개념으로 인식이 생겨날 수도 없지만 말이다. 이 개념이 객관과 관계할 때에도 불가능함이 없었다는 것은, 이 개념이 그 어떤 감각 능력의 대상에 적용된다 하더라도 이 개념의 자리가 순수한 지성 내에 확보되었다는 점으로 증명되었다. 그리고 이후 이 개념이 사물 자체에 (경험 대상이 될 수 없는 것에) 관계될 경우, 비록 이론적 인식을 목적으로 어떤 **규정된** 대상을 표상하는 규정 능력을 이 개념이 갖지는 못하지만 그럼에도 이 개념은 모종의 다른 (아마도 실천적) 목적을 위해 자신을 적용하는 규정 능력을 가질 수 있었다. 흄에 따르면 이런 일은 있을 수 없을 것이다. 이러한 인과성 개념은 아예 생각 불가능한 어떤 것을 내포하기 때문이다.

그런데 언급된 개념을 예지체에 적용하는 조건을 찾으려면 무엇 때문에 우리가 이 개념을 경험 대상에 적용하는 데 만족하지 않고 사물 자체에 대해서도 기꺼이 사용하려고 하는지를 환기해보기만 하면 된다. 이때 즉시 드러나는 것은 우리로 하여금 필연적으로 이 개념을 예지체에 적용하게 하는 것은 이론적 의도가 아니라 실천적 의도라는 점이다. 이 개념을 예지체에 적용하는 일이 성공한다 하더라도 A 96; V 55 사변을 위해서는 실로 아무 소득도 자연 인식에서 얻지 못할 테고 우리에게 어떤 식으로든 주어질 대상 일반과 관련해서도 얻지 못할 것이다. 기껏 해야 우리 인식을 근거들의 측면에서 완성하고 한계 짓기위해, 감성적으로 제약된 것에서 (이 감성적으로 제약된 것에 우리는 충분히 머물렀고 열심히 원인의 계열을 추적해보았다) 초감성적인 것으로 큰 걸음을 내디딜 뿐일 것이다. 그럼에도 우리가 아는 것과 인식의 한계 사이의 무한한 간격은 늘 채워지지 않은 채 남을 테고, 우리는 철저한 지식욕보다는 경솔한 호기심에 더 많이 귀 기울일지도 모른다.

지성은 (이론적 인식에서) 대상과 맺는 관계 외에도 욕구능력과 맺는 관계 또한 갖는다. 그래서 지성에 관계된 욕구능력은 의지라고 부르며, 순수한 지성이 (이 경우 지성은 이성이라고 불린다) 순전히 법칙을 표상함에 따라 실천적인 한에서 이 욕구능력은 순수한 의지라고 불린다. 순수한 의지, 혹은 같은 말이지만 순수실천이성의 객관적 실재성은 도덕법칙에서 아프리오리하게, 말하자면 하나의 사실에 의해 주어진다. 사람들이 불가피한 의지규정을 이렇게 [하나의 사실로] 일컬을 수 있기 때문이다. 이 의지규정이 경험적 원리에 근거를 두지 않는데도 말이다.[23] 그런데 의지 개념에는 이미 원인성 개념이 내포되어 있고 따라서 순수한 의지 개념에는 자유와 함께하는 원인 A 97 성 개념, 다시 말해 자연법칙에 따라 규정할 수 없는 원인성 개념이 내포되어 있다. 그러므로 순수한 의지 개념에는 아무런 경험적 직관 도 그 실재성을 증명할 수 없는 원인성 개념, 그럼에도 순수한 실천 법칙에서 아프리오리하게 자기의 객관적 실재성을 완전히 정당화하 는 원인성 개념이 내포되어 있다. 물론 (쉽게 통찰할 수 있듯이) 이 정 당화는 이성을 이론적으로 사용하기 위한 것이 아니라 순전히 실천 적 사용만을 위한 것이지만 말이다. 그런데 자유의지를 지닌 어떤 존 재자 개념은 예지적 원인 개념이다. 이 예지적 원인 개념이 자기모순 이 아니라는 것을 확보해주는 것은 다음의 점들이다. 원인 개념이 전 적으로 순수한 지성에서 생겨났고 동시에 대상 일반과 관련한 자신 의 객관적 실재성도 연역에 의해 확보했다는 점, 그러면서도 이 개념 이 근원상 모든 감성적 조건에 독립적이라서 (우리가 이 개념을 이론 적 · 규정적으로 사용하려는 것이 아닐 경우) 그 자체로 현상체에 국한 되지 않는다는 점, 그래서 이 개념을 당연히 순수한 지성적 존재자로 서 사물에 적용할 수 있으리라는 점이다. 그러나 이 적용에는 언제나 감성적일 수 있을 뿐인 그 어떤 직관도 놓여 있을 수 없으므로 예지 V 56 적 원인은 이성의 이론적 사용과 관련해서는 하나의 사유할 수 있는 개념이기는 하지만 공허한 개념이다. 그렇지만 나는 이러한 [원인 개 념의 순수한 지성적 존재자로서 사물에 대한] 적용으로 순수한 의지 를 지니는 한에서 어떤 존재자의 성질을 **이론적으로 인식하는** 것을 바 라지 않는다. 이 존재자를 순수한 의지를 지닌 존재자로 표시해 원인 성 개념을 자유 개념과 (그리고 자유와 불가분적인 원인성의 규정근거 A 98 로서 도덕법칙 개념과) 연결하는 것만으로 족하다. 확실히 나는 원인 개념의 순수하고도 비경험적인 근원에 의거하여 이렇게 연결할 권 한이 있다. 원인성 개념의 실재성을 규정하는 도덕법칙에 원인성을 관계시키는 것 외에 아무런 다른 사용 권한도 나에게 부여하지 않았기 때문이다. 다시 말해 나에게 실천적 사용 권한만 부여했다.

내가 흄처럼 인과성 개념으로부터 이론적 사용에서 객관적 실재성을 박탈하되 단지 사태 자체(초감성적인 것)와 관련해서뿐만 아니라 감각 능력의 대상과 관련해서도 그렇게 했더라면, 인과성 개념은 모든 의미를 잃었을 테고 이론적으로 불가능한 개념으로서 전적으로 불필요한 것으로 천명되었을 것이다. 그리고 아무것도 아닌 것은 결코 사용할 수 없을 것이므로 **이론적으로** 아무것도 아닌 개념의 실천적 사용은 전적으로 무의미했을 것이다. 그런데 경험적으로 무제약적인 원인성 개념은 (이 개념에 적합한 직관이 없어서) 이론적으로 공허하기는 하지만 그럼에도 늘 가능하며 하나의 규정되지 않은 객관과 관계한다. 그 대신 이 개념에는 도덕법칙에서, 따라서 실천적 관계에서 의미가 주어진다. 그래서 비록 내가 이 개념의 객관적·이론적 실재성을 규정해주는 직관을 갖지 않는다 하더라도 나는 이 개념 A 99
을 실제로 적용하는데, 이러한 적용은 구체적으로 심정이나 준칙에서 드러난다. 다시 말해 경험적으로 무제약적인 원인성 개념은 지시 가능한 실천적 실재성을 갖는다. 이러한 사태는 이 개념을 예지체와 관련해서 정당화하기에 충분하다.

그런데 초감성적인 것의 영역에서 [무제약적 원인성 개념이라는] 순수한 지성개념의 객관적 실재성이 일단 도입되면 모든 다른 범주에도 객관적 실재성이, 비록 순수한 의지의 규정근거와 (도덕법칙과) **필연적으로** 연결되는 한에서이긴 하지만, 부여되는데 이 실재성은 순전히 실천적으로 적용 가능한 실재성과 다름없다. 그렇지만 이 객관적 실재성은 이러한 초감성적 대상의 이론적 인식, 즉 이 인식을 확장하기 위하여 순수이성에 의해 이 대상의 본성을 통찰하는 것에는 조금도 영향을 미치지 못한다. 우리가 다음에서도 알게 되겠지만 이

범주는 항상 **예지적 존재**로서 존재자들만 다루고 이 존재자들에서도
이성이 의지와 맺는 관계만 다룬다. 따라서 이 범주는 항상 **실천적** 관
계만 가질 뿐 이를 넘어 예지적 존재들에 대한 인식을 월권적으로 주
장할 수 없다. 초감성적 사물에 대한 이론적 표상방식에 속하는 어떤
다른 속성이 이 범주와 연결되어 도출되건 간에, 이 속성들은 하나
같이 전혀 지식으로 간주되지 않으며, 가정하고 전제해도 좋을 권한
으로만 (그러나 실천적 의도에서는 그렇게 할 필연성으로) 간주된다.
우리가 (신 같은) 초감성적 존재자들을 유비에 따라, 다시 말해 감성
적인 것과 관련하여 실천적으로 사용하는 순수한 이성 관계에 따라
가정한다 할지라도, 그래서 오직 실천적 의도에서 초감성적인 것에
적용함으로써 순수이론이성을 추호도 공상적인 것에 열중하도록 추
동하지 않는다 할지라도 이 속성은 지식이 아니라 가정해도 좋을 권
한으로만 간주된다.

제2장
순수실천이성의 대상 개념

실천이성의 대상 개념으로 내가 의미하는 것은 자유에 의해 가능한 결과로서 어떤 객관에 대한 표상이다. 그래서 '이러한 인식[자유에 의해 가능한 객관 표상과 관련된 인식]으로서 실천적 인식의 대상이다'가 의미하는 것은 단지 '의지가 대상 혹은 대상의 반대를 실현할 행위와 관계를 맺는다'에 지나지 않고, '어떤 것이 순수실천이성의 대상인지 아닌지를 판정한다'가 의미하는 것은 단지 '우리에게 능력이 있으면 (능력이 있는지에 대해서는 경험이 판정할 수밖에 없다) 특정 객관을 실현할 그런 행위를 의욕하는 일이 가능한지 아닌지 구 A 101 별한다'에 지나지 않는다. 만일 객관이 우리 욕구능력의 규정근거로 받아들여진다면, 우리 힘을 자유로이 사용함으로써 이 객관이 물리적으로 가능한가 하는 문제가 이 객관이 실천이성의 대상인지 아닌지를 판정하는 일에 선행할 수밖에 없다. 이에 반해 아프리오리한 법칙이 행위의 규정근거로 간주될 수 있다면, 따라서 행위가 순수실천이성에 의해 규정된 것으로 간주될 수 있다면 어떤 것이 순수실천이성의 대상인지 아닌지에 대한 판단은 이것을 우리가 물리적으로 실현할 능력이 있는지 없는지 비교하는 것과 전혀 상관없다. 이 경우 문제는 V 58 어떤 객관이 우리 지배 아래 있을 경우 이 객관의 실존을 지향하는 행위를 우리가 의욕해도 좋은가 하는 것뿐이다. 따라서 이 경우 행위의 도덕적 가능성이 선행함이 틀림없다. 대상이 아니라 의지 법칙이 행위의 규정근거이기 때문이다.

그래서 실천이성의 객관은 다만 선이라는 객관과 악이라는 객관뿐이다. 우리가 선이라는 객관으로 욕구능력의 필연적 대상을, 악이라는 객관으로 혐오능력의 필연적 대상을 의미하면서도 선과 악을 하나의 이성원리에 따라 이해하기 때문이다.

선 개념이 그에 앞서는 실천법칙에서 도출되지 않고 오히려 실천 A 102 법칙의 근거 역할을 한다면 이러한 선 개념은 그 실존이 쾌를 기약하는 어떤 것에 대한 개념으로만 가능할 뿐이다. 이때 쾌를 기약하는 어떤 것의 실존은 이 어떤 것을 산출하는 주체의 원인성, 즉 욕구능력을 규정한다. 그런데 어떤 표상이 쾌를 동반할지 불쾌를 동반할지를 아프리오리하게 통찰하는 것은 불가능하다. 그래서 무엇이 직접적으로 선한지 악한지를 알아내는 것은 오로지 경험에 달려 있을 것이다. 이러한 경험을 할 때 유일하게 관계되는 주관의 속성이 쾌와 불쾌 감정인데, 이 감정은 내면적 감각 능력에 속하는 수용성이다. 그래서 직접적으로 선한 것의 개념은 즐거움의 감각과 직접 연결되어 있는 것만 향할 수밖에 없을 테고, 단적으로 악한 것의 개념은 직접 고통을 불러일으키는 것에만 관계할 수밖에 없을 것이다. 이런 사태는 쾌적한 것과 선한 것을 구별하고 불쾌적한 것과 악한 것을 구별하는 언어 사용과 이미 모순된다. 이 언어 사용이 요구하는 것은 선과 악이 언제나 이성에 의해, 따라서 보편적으로 소통 가능한 개념에 의해 판정되는 일이지 개별 주관과 이 주관의 수용성에 제한된 순전한 감각에 의해 판정되는 일은 아니라는 점이다. 그러나 쾌 혹은 불쾌는 그 자체로는 어떤 아프리오리한 객관의 표상과도 직접 연결될 수 없 A 103 다. 그래서 쾌의 감정을 실천적 판정의 근거로 둘 수밖에 없다고 믿는 철학자는 쾌적한 것의 수단을 선하다고 일컫고 불쾌적함과 고통의 원인을 악이라고 일컬을 것이다. 목적에 대한 수단의 관계를 판정하는 일도 분명 이성에 속하기 때문이다. 그러나 설령 오직 이성만이 수단과 그 수단의 의도 사이의 결합을 통찰할 능력이 있다 하더라도 (그래서 목적이 원리에 따른 욕구능력의 규정근거이기 마련이어서 우리가 의지를 목적의 능력으로도 정의할 수 있다 하더라도), 이러한 수 V 59 단으로서 선 개념에서 나온 실천적 준칙은 결코 그 자체로 선한 어떤 것이 아니라 항상 무엇을 위해 선한 어떤 것만 의지 대상으로 포함할 것이다. 이렇게 되면 선은 언제나 순전히 유용한 것이 되고, 이 유용한 것을 유용하도록 만드는 것은 늘 의지 바깥에 있는 감각에 놓여 있을 수밖에 없을 것이다. 쾌적한 감각으로서 이 감각이 선 개념과 구별될 수밖에 없다면 직접적으로 선한 것은 아예 없을 것이며 선은 다른 어떤 것을 위한 수단에서만, 즉 어떤 쾌적함을 위한 수단에서만 찾을 수밖에 없을 것이다.

좋음의 이유에서가 아니라면 우리는 아무것도 의욕하지 않으며 나쁨의 이유에서가 아니라면 아무것도 피하지 않는다[1]는 철학파의 오래된 정식이 있다. 이 정식은 종종 올바르게 쓰이지만 철학에 해가 되는 방식으로 쓰이기도 한다. 좋음과 나쁨이라는 표현이 모호함, 즉 A 104 이 표현의 이중적 의미를 낳은 언어적 제약으로 귀책되는 모호함을 내포하기 때문이고 그래서 실천법칙들을 불가피하게 불명료하게 만들고 또 철학이 미세한 구별을 하지 않을 수 없도록 해서 나중에 사람들이 이 구별에 대해 의견 일치를 볼 수 없었기 때문이다. 철학은 이 두 표현이 쓰일 때 동일한 단어가 개념의 상이성을 지닌다는 것을 잘 인지하기는 하지만 이를 대체할 아무런 특수한 표현들을 발견하지는 못한다. 그래서 철학이 어쩔 수 없이 하게 된 미세한 구별에 사람들이 의견 일치를 보지 못한 것은 차이가 아무런 적절한 표현으로도 직접 표시될 수 없었기 때문이다.*

독일어는 다행스럽게도 이러한 상이한 의미를 놓치지 않고 표현한다. 라틴어가 보눔²⁾이라는 단일한 단어로 명명하는 것에 대해 독일어는 두 가지 매우 다른 개념을 갖고, 마찬가지로 매우 다른 표현을 갖는다. 보눔을 선과 복으로, 말룸³⁾을 악과 화(禍) 혹은 고(苦)로 표현하는 것이다. 그래서 어떤 행위에서 우리가 그 행위의 선과 악을 고려하느냐 아니면 복과 고(화)를 고려하느냐에 따라 두 가지 완전히 다른 판정이 내려진다. 이것만 보더라도 드러나는 것은 언급한 심리학적 명제가 '우리는 복 혹은 고를 고려하여 어떤 것을 욕구하는 것밖에는 아무것도 욕구하지 않는다'라고 번역될 경우, 이 명제는 아직 매우 불확실하다는 것이다. 이에 반해 이 명제를 '우리는 이성의 지시에 따라 선하다 혹은 악하다고 간주하는 한에서만 어떤 것을 의욕하는 것밖에는 아무것도 의욕하지 않는다'고 번역할 경우, 이 명제는 의심할 여지없이 확실하게, 동시에 완전히 명료하게 표현된다.

복 혹은 화는 쾌적함 혹은 불쾌적함, 즐거움 혹은 고통이라고 하는 우리 상태에 대한 관계만 의미하게 마련이다. 우리가 쾌적함 혹은 불쾌적함 때문에 어떤 객관을 욕구하거나 싫어한다면 이는 오직 이 객관이 우리 감성에 관계하는 한에서 그리고 객관이 야기하는 쾌, 불쾌

---

* 게다가 '좋음의 이유에서'(*sub ratione boni*)라는 표현 또한 모호하다. 이 표현은 '우리가 어떤 것을 욕구(의욕)하는 경우 그리고 우리가 그것을 욕구(의욕)하기 때문에, 그것을 좋다고 표상한다'를 의미할 수 있지만 또한 '우리가 어떤 것을 좋다고 표상하기 때문에 그것을 욕구한다'도 의미할 수 있기 때문이다. 그래서 '좋음이라는 객관 개념의 규정근거가 욕구다'라는 것을 의미할 수 있고 아니면 '좋음 개념이 욕구(의지)의 규정근거다'라는 것을 의미할 수도 있다. 이렇게 되면 '좋음의 이유에서'의 의미는 첫째 경우에는 '우리는 어떤 것을 **좋음의 이념 아래에서** 의욕한다'가 될 테고 둘째 경우에는 '우리는 어떤 것을 의욕의 규정근거로 이 의욕에 선행할 수밖에 없는 **좋음의 이념의 결과로** 의욕한다'가 될 것이다.

감정에 관계하는 한에서일 뿐이다. 그러나 선 혹은 악이라는 것은 언제나 이성 법칙에 따라 어떤 것을 자기 객관으로 삼도록 규정되는 한에서의 의지에 대한 관계만 의미한다. 이 의지는 결코 객관과 객관 표상에 의해 직접 규정되지 않는 의지, 이성의 규칙을 (객관을 실현할 수 있는) 행위의 운동 원인으로 삼는 능력인 의지다. 따라서 선 혹은 악은 원래 인격의 행위에 관계하지 인격의 감각상태에 관계하지 않는다. 어떤 것이 단적으로 (모든 측면에서, 그 이상의 조건 없이) 선하거나 악하려면 혹은 선하거나 악하다고 간주되려면, 그것은 오직 선하거나 악하다고 일컬어질 수 있는 행위 양식, 의지의 준칙, 즉 선하거나 악한 인간으로서 행위하는 인격 자체일 뿐 그렇게 일컬어질 어떤 사물이 아닐 것이다. A 106

　사람들은 극심한 통풍에도 '고통이여, 네가 아무리 나를 괴롭혀도 나는 결코 네가 악한 어떤 것[4]이라고 인정하지 않으리라!'라고 외쳤던 스토아주의자를 비웃을지도 모른다. 그러나 이렇게 말한 스토아주의자는 옳았다. 그가 느꼈던 것은 하나의 화였다. 이는 그가 부르짖는 것을 보아도 알 수 있다. 그렇지만 이때 그에게 악이 붙어 있었다고 인정할 아무런 이유도 없었다. 고통은 그의 인격의 가치를 조금도 줄이지 않고 그의 상태의 가치만 줄일 뿐이기 때문이다. 단 한 번의 거짓말이라도 의식했다면 틀림없이 그를 의기소침하게 만들었을 것이다. 그러나 고통은 다만 의기를 북돋는 역할을 했을 뿐이다. 그가 자신은 불의한 행위 때문에 고통을 당하는 것이 아니며, 불의한 행위 때문에 벌받아 마땅한 경우가 아니라고 의식했다면 말이다.

　모름지기 우리가 선하다고 일컫는 것은 모든 이성적 존재자가 [자신의] 욕구능력의 대상으로 판단하는 것일 수밖에 없고 악은 누구에게라도 혐오 대상일 수밖에 없다. 따라서 이렇게 욕구 혹은 혐오 대상으로 판정하려면 감각 능력만으로는 안 되고 이성이 필요하다. 이 V 61 A 107

러한 사정은 거짓과 반대되는 진실성, 폭력성과 반대되는 성의 따위에서 드러난다. 그런데 우리가 어떤 것을 화라고 일컬으면서도, 아무라도 이 화를 동시에 선하다고, 때로는 간접적으로 때로는 직접적으로 선하다고 언명할 수밖에 없는 경우가 있을 수 있다. 외과 수술을 받는 사람은 두말할 것도 없이 이 수술을 하나의 화라고 느낄 것이다. 그러나 이성에 따른다면 이 사람뿐만 아니라 누구라도 이 수술을 선하다고 언명할 것이다. 어떤 사람이 평화를 사랑하는 사람들을 괴롭히고 불안하게 하는 것을 즐기다가 결국 흠씬 두들겨 맞는 것으로 끝난다면 당연히 이것은 하나의 화이지만, 누구라도 결말이 이렇게 되는 것에 찬성하며 이 화를 그 자체로 선하다고 여길 것이다. 설령 이 화로부터 더는 아무것도 나오지 않는다 하더라도 말이다.[5] 아니 이렇게 두들겨 맞는 사람조차 자기에게 올바른 일이 벌어진다는 것을 이성으로 인식할 수밖에 없다. 이성은 잘 행동하는 것에 잘 지내는 것이 비례해야 한다고 이 사람에게 말하지 않을 수 없는데, 두들겨 맞는 것에서 이 비례 관계가 정확하게 실행되는 것을 이 사람 자신이 보기 때문이다.

확실히 우리의 실천이성이 내리는 판정에서 복과 고는 **지대한** 관심사다. 감성적 존재자로서 우리의 본성과 관련한 한 **행복은 우리의 모든** 관심사다. 이성이 우선 요구하듯이 행복이 일시적 감정에 따라 판정되지 않고, 이 [행복이라는] 우연이 우리 전체 실존과 이 전체 실존에 대한 만족에 미치는 영향에 따라 판정된다면 말이다. 그럼에도 행복이 **아예 모든** 관심사인 것은 아니다. 인간은 감성계에 속하는 한 결핍을 느끼는 존재자다. 그런 한 분명히 인간의 이성은 거절할 수 없는 주문을 감성 측에서 받는다. 그것은 감성의 관심사를 돌보라는 것, 현재 생명은 물론 미래 생명의 행복을 염두에 두고 실천적 준칙을 만들라는 것이다. 그럼에도 인간은 이성이 독자적으로 말하는 모든 것에 무관심할 정도로 그리고 이성을 순전히 감성적 존재자로서 자기 욕구를 위한 도구로만 사용할 정도로 전적으로 동물인 것은 아니다. 인간이 오로지 동물에서 본능이 수행하는 것을 위해서만 이성을 사용한다면, 인간에게 이성이 있다는 점이 인간을 가치상 순전한 동물성 이상으로 높이지는 않기 때문이다. 그 경우 이성은 어떤 특수 양식, 즉 자연이 동물에 지정해준 것과 동일한 목적을 달성할 수 있도록 인간을 무장하기 위하여 자연이 사용한 특수 양식에 불과할 뿐일 것이다. 이 경우 자연은 인간에게 동물에 지정해준 것보다 고차적 목적을 지정해준 것이 아닐 것이다. 일단 자기에게 자연장치가 마련 V 62 된 이상, 물론 인간에게는 때마다 자기 복과 고를 고려하기 위해 이성이 필요하다. 그러나 인간이 이성을 가지는 것은 더 나아가 그 이상의 어떤 목적을 위해서다. 특히 그 자체로 선하거나 악한 것 그리고 감성적 관심을 전혀 갖지 않는 순수이성만이 판단할 수 있는 것을 다만 숙고할 수 있기 위해서뿐만 아니라, 선·악 판정을 복·고 판 A 109 정과 전적으로 구별하고 선·악 판정을 복·고 판정의 최상 조건으로 삼기 위해서 인간에게는 이성이 필요하다.

복 혹은 화와 관련해서만 좋다거나 나쁘다고 일컬어질 수 있는 것과 구별해서 이렇게 그 자체로 선한 것과 악한 것을 판정할 경우 중요한 것은 다음과 같은 점들이다. 하나는 이성 원리가 욕구능력의 가능한 객관을 전혀 고려하지 않고 (순전히 준칙의 법칙적 형식에 따라) 이미 그 자체로 의지의 규정근거로 사유되는 것이다. 이렇게 되면 이 원리는 아프리오리한 실천법칙이고 순수이성은 독자적으로 실천적이라고 받아들여진다. 이 경우 법칙은 **직접적으로** 의지를 규정하고 이 법칙에 부합하는 행위는 그 **자체로 선하다**. 그리고 자기 준칙이 언제나 이 법칙에 부합하는 의지는 절대적으로 모든 점에서 선하며 모든 **선**의 **최상** 조건이다. 다른 하나는 욕구능력을 규정하는 근거가 의지의 준칙에 선행하고 이 의지가 쾌와 불쾌의 객관, 즉 즐겁게 하는 어떤 것 혹은 **고통스럽게 하는** 어떤 것을 전제하며 그래서 즐겁게 하는 것을 촉진하고 고통스럽게 하는 것을 피하는 준칙이 행위를 규정하는 경우다. 이런 행위는 우리의 경향성과 관련해서 좋으므로 단지 간접적으로만 (어떤 다른 목적을 고려하여 이 목적의 수단으로서) 좋다. 이렇게 되면 이 준칙은 결코 법칙이라 불릴 수 없다. 그렇지만 이성적인 실천적 지침이라 불릴 수는 있다. 둘째 경우의 목적, 즉 우리가 추구하는 즐거움이라는 목적 자체는 선이 아니라 복이며, 이성의 개념이 아니라 감각 대상에 대한 경험적 개념이다. 그러나 이 목적을 위한 수단의 사용, 즉 행위는 (이 행위를 위해 이성적 숙고가 필요하기 때문에) 좋다고 말하기는 하지만 단적으로 좋지는 않고 다만 우리 감성과 관계해서만, 감성의 쾌, 불쾌 감정과 관련해서만 좋다. 자신의 준칙이 쾌, 불쾌에 의해 촉발되는 의지는 순수의지가 아니다. 순수의지는 순수이성이 독자적으로 실천적일 수 있는 사안과만 관계할 뿐이다.

A 110

이제 실천이성비판의 방법의 역설을 해명할 때가 되었다. 이 역설이란 선악 개념이 도덕법칙 이전에 규정되는 것이 아니라 (외관상으로는 선악 개념이 도덕법칙의 토대로 놓일 수밖에 없는 듯이 보이지만) 오직 (우리가 살펴보았듯이) 도덕법칙 이후 그리고 도덕법칙에 따라서만 규정될 수밖에 없다는 것이다. 설령 도덕성의 원리가 아프리오리하게 의지를 규정하는 순수한 법칙이라는 것을 우리가 알지 못한다 하더라도, 원칙들을 거저 받아들이지 않으려면, 의지가 순전히 경험적 규정근거만 갖는지 아니면 순수한 규정근거도 갖는지를 시작 시점에서는 적어도 미결인 상태로 두어야 할 것이다. 이제 막 판정을 기다리는 사안을 이미 판정된 것으로 미리 받아들이는 것은 철학적 재판 절차의 근본 규칙을 어기는 일이기 때문이다. 우리가 좋음의 개념으로

V 63

A 111

시작해 이로부터 의지의 법칙을 도출하려 한다고 해보자. 그렇게 되면 (좋은 것으로서) 어떤 대상의 좋음 개념은 동시에 이 대상을 우리 의지의 유일한 규정근거로 제시할 것이다. 이제 이러한 좋음 개념은 아프리오리한 실천법칙을 자기 척도로 가지지 않을 테니, 우리는 좋음 혹은 나쁨의 시금석을 대상이 우리의 쾌 혹은 불쾌의 감정과 일치하는지밖에는 아무 데에도 둘 수 없을 것이다. 그리고 이성은 한편으로 이러한 쾌 혹은 불쾌가 내 현존의 모든 감각과 전적으로 연관되는지를 규정하는 데 쓰이거나 다른 한편으로 내게 쾌를 주는 대상을 마련해주는 수단을 규정하는 데 쓰일 수밖에 없을 것이다. 무엇이 쾌의 감정에 부합하는지는 오직 경험으로만 결정될 수 있는 까닭에, 그러나 [좋음 개념으로부터 의지 법칙을 끌어내겠다는 위의] 가정에 따르면 실천법칙이 자기 조건이 되는 이러한 경험에 근거를 두어야만 하는 까닭에, 아프리오리한 실천법칙의 가능성은 바로 배제될 것이다. 사람들이 먼저 필요하다고 생각했던 것은 의지에 대한 어떤 대상을 찾아내는 일이었고, 어떤 좋은 것으로서 이 대상의 개념이 의지의, 경험적인데도 불구하고 보편적인 규정근거를 구성할 수밖에 없기 때문이다. 그런데 먼저 탐구할 필요가 있었던 것은 의지의 아프리오리한 규정근거 또한 있지 않은가 하는 점이다(이 근거는 순수한 실 A 112천법칙에서만, 그것도 이 법칙이 어떤 대상도 고려하지 않고 순전한 법칙적 형식만을 준칙에 지시하는 한에서만 발견될 것이다). 그러나 사람들이 어떤 대상을 좋음과 나쁨 개념에 따라 모든 실천법칙의 근거로 삼아버렸고 이 대상은 선행하는 법칙 없이도 단지 경험적 개념에 따라 사유될 수 있었으므로 순수한 실천법칙도 사유할 가능성조차 미리 제거되었다. 그러나 거기서 사람들이 이와 반대로 먼저 실천법칙 V 64을 분석적으로 천착했더라면, 대상으로서 좋은 것의 개념이 도덕법칙을 규정하고 가능케 하는 것이 아니라 거꾸로 도덕법칙이, 법칙이라는 이름에 단적으로 합당한 한에서, 비로소 선 개념을 규정하고 가능하게 한다는 점이 발견되었을 것이다.

순전히 최상의 도덕 탐구가 취할 방법만 문제 삼는 이상의 언급은 중요하다. 이 언급은 도덕의 최상 원리와 관련하여 철학자들이 범한 모든 과오를 유발하는 원인을 단번에 밝혀준다. 이들이 의지의 대상을 뒤져서 이 대상을 법칙의 질료와 근거로 삼았기 때문이다(이렇게 되면 이 법칙은 직접적으로 의지의 규정근거가 되는 것이 아니라 쾌 혹은 불쾌 감정과 결부된 대상을 거쳐 의지의 규정근거가 될 것이다). 아프리오리하게 직접 의지를 규정하고 비로소 이런 의지에 적합하게 대상을 규정하는 법칙을 먼저 탐구해야 했는데도 말이다. 그래서 이들은 최상의 선 개념을 제시하는 이러한 쾌의 대상을 행복, 완전성, 도덕 감정 혹은 신의 의지에 두려고 했다. 결국 이들의 원칙은 어떤 경우에도 타율이었으며 불가피하게 이들은 도덕법칙을 위한 경험적 조건과 맞닥뜨릴 수밖에 없었다. 이들은 의지의 직접적 규정근거로서 대상을 감정에 대한 의지의 직접적 태도에 따라서만 좋다 혹은 나쁘다고 명명할 수 있었고 이 감정은 어떤 경우에도 경험적이기 때문이다. 형식적 법칙, 다시 말해 이성의 보편적 입법 형식을 준칙의 최상 조건으로 지시하는 법칙만이 아프리오리하게 실천이성의 규정근거일 수 있다. 그런데도 고대 철학자들은 그들의 도덕적 탐구를 전적으로 최고선 개념을 규정하는 데, 즉 대상을 규정하는 데 두고, 그후 이 대상을 도덕법칙에서 의지의 규정근거로 삼을 생각을 함으로써 오류를 숨김없이 드러냈다. 이 [최고선이라는] 객관은 도덕법칙이 그 자체로 확보되고 의지의 직접적 규정근거로 정당화되고 난 다음에라야 비로소 형식상 아프리오리하게 규정된 의지에서 대상으로 표상될 수 있다. 이 일을 우리는 순수실천이성의 변증론에서 도모하려고 한다. 최고선 물음을 폐기했거나 적어도 이 물음을 부차적인 것

A 113

A 114

으로 간주한 듯이 보이는 근대 철학자들은 언급한 오류를 (다른 많은 경우에서 그렇듯) 확실치 않은 용어를 구사하면서 은폐하지만 우리 V 65는 오류가 그들의 체계에서 드러나는 것을 본다. 이 경우 오류는 도처에서 실천이성의 타율로 드러나고, 이 타율에서는 보편적으로 명령하는 아프리오리한 도덕법칙이 결코 나올 수 없기 때문이다.

그런데 아프리오리한 의지 규정의 결과인 선악 개념이 또한 하나의 순수한 실천적 원리, 즉 순수이성의 원인성을 전제하는 까닭에 원래 선악 개념은 순수한 지성개념이나 이론적으로 사용된 이성 범주가 (이를테면 주어진 직관들의 다양을 의식 내에서 종합적으로 통일하는 규정으로서) 객관과 관계하듯 그렇게 객관과 관계하지 않는다. 오히려 선악 개념은 객관들을 전제한다. 선 개념과 악 개념 둘 다 하나의 유일한 범주, 즉 인과성 범주의 양태들이다. 단, 인과성의 법칙을 이성이 표상하는 데에 이 인과성의 규정근거가 존립하는 한에서 그렇다. 이성은 이 인과성 법칙을 자유의 법칙으로 자기 자신에게 부여하며 이로써 자신을 아프리오리하게 실천적인 것으로 증명한다. 행 A 115위는 한편으로 자연법칙이 아니라 자유의 법칙인 어떤 법칙 아래에 속하고 그 결과 예지적 존재자의 행동에 속하기는 하지만, 다른 한편 또한 감성계 내의 사건으로 현상에 속한다. 이 때문에 실천이성의 규정은 현상에 관계함으로써만, 따라서 지성의 범주에 적합하게 일어날 수 있다. 그러나 이런 일은 (감성적) 직관의 다양을 하나의 의식으로 아프리오리하게 가져오기 위하여 지성을 이론적으로 사용하려는 의도에서가 아니라, 오직 욕구들의 다양을 도덕법칙에서 명령하는 실천이성의 통일적 의식 혹은 순수한 의지의 통일적 의식에 아프리오리하게 복종시키기 위해서 일어난다.

우리는 이론적 개념을 자연의 범주라고 명명하고 그 대신 선악 개념을 자유의 범주들이라고 명명하려고 한다. 이 자유의 범주는 자연의 범주에 비해 명백한 장점이 있다. 자연의 범주는 우리에게 가능한 모든 직관에 대해 오직 무규정적 객관들 일반만을 보편 개념들에 의하여 표시하는 사유형식일 뿐이다. 이에 반해 자유의 범주는 **자유로운 자의**의 규정과 관계한다(이 자유로운 자의는, 사실 그것에 완전히 대응하는 직관이 주어질 수 없긴 하지만, 우리 인식 능력이 개념을 이론적으로 사용할 경우에는 결코 생길 수 없는 것, 즉 아프리오리하고 순수한 실천법칙을 근거로 둔다). 이 때문에 실천적 근본개념들로서 이 자유의 범주들은 직관의 형식 (공간과 시간) 대신 이성에 있는, 즉 사유능력 자체에 있는, 주어진 것으로서 **순수의지**의 형식을 근거로 한다. 직관의 형식은 이성 자체에 있지 않고 다른 곳, 즉 감성으로부터 취해질 수밖에 없다. 그리하여 다음과 같은 일이 일어난다. 순수실천이성의 모든 지침에서 중요한 것은 **의지를 규정하는 것**이지 의지의 의도를 수행하기 위한 (실천적 능력의) 자연적 조건이 아니기 때문에, 아프리오리한 실천적 개념들은 자유의 최상 원리와 관계하는 즉시 인식되는 것이지, 의미를 갖기 위해 직관을 기다릴 필요가 없다. 그것도 자유 범주가 관계하는 것(의지의 심정)의 현실성을 자유 범주 자체가 생겨나게 만든다는 주목할 만한 이유에서 그렇다. 이런 일은 이론적 개념이 하는 것이 아니다. 유의해야 할 것은 자유 범주가 실천이성 일반과만 관계하고, 따라서 이 범주가 순서상 도덕적으로 아직 규정되지 않고 감성적으로 제약된 범주에서 시작해서 감성적으로 제약되지 않고 순전히 도덕법칙에 따라서만 규정된 범주로 진행한다는 점이다.

A 116

V 66

1.

양

준칙에 따름, 주관적임(개인의 의향)

원리에 따름, 객관적임(지침)

객관적이면서도 주관적인 자유의

아프리오리한 원리(법칙)

2.

질

작위의 실천 규칙(지시)

부작위의 실천 규칙(금지)

예외의 실천 규칙(예외)

3.

관계

인격성에 관계함

인격의 상태에 관계함

어떤 인격이 다른 인격의

상태에 상호관계함

4.

양상

허용되는 것과 허용되지 않는 것

의무와 의무 위반

완전한 의무와 불완전한 의무

여기서 바로 우리가 알게 되는 것은 다음과 같다. 이 표에서 자유 A 118; V 67
는 행위 원인성의 한 종류이지만 경험적 규정근거에 속하지 않는 원
인성으로 간주되되, 자유에 의해 가능한 현상인 행위와 관련하여 그
렇게 간주된다. 따라서 자유는 행위의 자연가능성의 범주와 관계한

다. 그렇지만 여기의 모든 범주는 보편적이어서 이 원인성의 규정근거가 감성계 외부에 있는 자유, 즉 예지적 존재자의 속성인 자유에서도 받아들여질 정도로 보편적이다. 그래서 마침내 양상 범주는 실천적 원리들 일반을 도덕성의 원리들로 이행하도록 이끌지만 단지 문제가 있는 방식으로 그렇게 한다. 이 도덕성의 원리들은 나중에 도덕법칙을 통해 비로소 교의적으로 제시될 수 있다.

여기서 위의 표에 대해 보충 설명으로 덧붙일 것은 없다. 이 표 자체만으로 충분히 이해가 가능하기 때문이다. 원리에 따라 작성된 이런 종류의 분류는 이해가능성을 위해서나 철저성을 위해서나 모든 학문에 유효하다. 그래서 예를 들어 위의 표와 그 표의 1번 항목에서 바로 알 수 있는 것은 실천적으로 숙고할 때 우리가 어디서 출발해야 하는가 하는 것이다. 준칙, 즉 저마다 자기 경향성을 근거로 해서 세 A 119 우는 준칙에서 출발하고, 다음으로 지침, 즉 특정 경향성들을 일치하여 갖는 이성적 존재자들의 동일한 유(類)에 대해 타당한 지침에서 출발하며, 마지막으로 법칙, 즉 경향성과 상관없이 모든 이성적 존재자에 대해 타당한 법칙에서 출발하는 것 따위 말이다. 이렇게 해서 우리가 수행해야 할 것의 전체 개요를 개관했을 뿐 아니라 더 나아가 답이 필요한 모든 실천철학적 문제와 준수해야 할 순서도 개관했다.

순수한 실천적 판단력의 전형

선악 개념은 의지에 처음으로 하나의 객관을 규정해준다. 그러나 선악 개념은 이성의 실천적 규칙 아래에 있고, 이때 이성이 순수이성이라면 이 이성은 의지의 대상과 관련하여 의지를 아프리오리하게 규정한다. 감성 안에서 우리에게 가능한 어떤 행위가 규칙에 해당하는 사례인지 아닌지는 실천적 판단력의 소관이다. 규칙에서 보편적으로 (추상적으로) 말해진 것은 실천적 판단력에 따라 어떤 행위에 구체적으로 적용된다. 순수이성의 실천적 규칙은 첫째, 실천적이라는 점에서는 어떤 객관의 실존과 관계하지만 둘째, 실천적 규칙이라는 점에서는 행위의 현존과 관련된 필연성을 지닌다. 따라서 순수이성의 실천적 규칙은 실천법칙이다. 그것도 경험적 규정근거에 의한 자 V 68 연법칙이 아니라 자유의 법칙, 의지가 모든 경험적인 것에 독립적으로 (순전히 법칙 일반의 표상과 법칙의 형식에 의해) 규정될 수 있어야 A 120 할 때 따르는 자유의 법칙이다. 그런데 가능한 행위로 나타나는 모든 사례는 오직 경험적일 수 있을 뿐이다. 즉 경험과 자연에 속할 수 있을 뿐이다. 이런 마당에, 가능한 행위로 나타나는 한에서 오직 자연법칙 아래에 있으면서도 자유의 법칙이 자신에게 적용되는 것을 허용하는 사례를 감성계에서 발견하려는 것은 불합리한 것처럼 보인다. 그래서 도덕적으로 선한 것이 이 행위에서 구체적으로 드러나야 할 때, 이 선한 것의 초감성적 이념이 적용될 수 있는 사례를 감성계에서 발견하려는 것은 불합리한 일처럼 보인다. 따라서 순수실천이성의 판단력은 순수이론이성의 판단력이 처한 것과 동일한 어려움에 놓인다. 그렇지만 이론이성은 이런 어려움에서 벗어날 수단을 가졌었다. 이론적 사용에서는 순수지성 개념이 적용될 수 있는 직관이 관건이었고, 이런 직관은 (비록 감관 대상의 직관일 뿐이긴 하지만) 아프리오리하게, 따라서 그 안에 있는 다양의 결합과 관련하여 아프리오리한 순수지성 개념에 따라 (도식들로) 주어질 수 있기 때문이다. 이에 반해 도덕적으로 선한 것은 객관의 측면에서 초감성적인 어떤 것이라서 이것에 조응하는 어떤 것도 감성적 직관에서 발견할 수 없다. 그래서 순수실천이성 법칙 아래 있는 판단력은 특별한 어려움에 처하는 것처럼 보인다. 이 어려움은 자유의 법칙이 사건, 즉 감성계 A 121

에서 발생하고 그런 한 자연에 속하는 사건에 적용되어야 한다는 사정에 기인한다.

그러나 이때 다시 순수실천이성에 우호적인 전망이 열린다. 감성계 안에서 내게 가능한 행위를 순수한 **실천법칙** 아래로 포섭할 때 중요한 것은 감성계 내의 사건으로서 행위의 가능성이 아니다. 이 사건으로서 행위의 가능성은 인과성 법칙, 즉 순수지성 개념의 법칙에 따라 이성을 이론적으로 사용할 때 내리는 판정에 속하기 때문이다. 이 경우 이성은 순수지성 개념을 위해 **도식**을 감성적 직관 내에 갖는다. 물리적 인과성이나 이것의 발생조건은 자연개념에 속하며 이 자연개념의 도식은 선험적 상상력이 기획한다. 그러나 여기서 문제는 법칙에 따른 어떤 사례의 도식이 아니라 법칙 자체의 도식이다(도식이라는 말이 여기서 적합하다면 말이다). (결과와 관련하는 행위가 아니라) 의지 **규정**이 오로지 법칙에 따라 다른 어떤 규정근거도 없이 인과성 개념을 전적으로 다른 조건, 즉 자연적 결합을 구성하는 조건과 전적으로 다른 조건에 묶기 때문이다.

V 69

A 122 자연법칙, 즉 감성적 직관의 대상이 그 자체로 종속하는 법칙인 자연법칙에 대응하는 것은 도식, 다시 말해 상상력의 보편적 (그래서 법칙이 규정하는 순수지성 개념을 감각 능력에 아프리오리하게 제시하는) 절차인 도식일 수밖에 없다. 그러나 (결코 감성적으로 제약되지 않은 원인성인) 자유의 법칙에는, 따라서 무제약적으로 선한 것의 개념에는 아무런 직관도, 따라서 아무런 도식도 놓여 있을 수 없다. 결국 도덕법칙은 자연의 대상에 이 법칙을 적용하는 것을 중재하는 인식 능력으로 지성 (상상력이 아니라) 밖에 다른 것을 갖지 않는다. 지성은 이성의 이념에 감성의 **도식**을 둘 수는 없지만 법칙은 둘 수 있다. 그러나 이 법칙은 감각 능력의 대상에서 구체적으로 드러날 수 있는 법칙이다. 따라서 지성은 이성의 이념에, 판단력을 위한 법칙으로 자

연법칙을 두되, 다만 그 법칙의 형식에 따라서만 둘 수 있다. 그러므로 이 자연법칙을 우리는 도덕법칙의 **전형**이라고 일컬을 수 있다.

순수실천이성의 법칙 아래 있는 판단력의 규칙은 다음과 같다. 네가 의도하는 행위가 너 자신이 그 일부일 자연의 법칙에 따라 일어난다면, 네가 그 행위를 네 의지로 가능한 것으로 간주할 수 있을지 자신에게 물어보라. 실제로 누구나 이 규칙에 따라 행위가 도덕적으로 선한지 악한지 판단한다. 그래서 사람들은 말한다. **누구든** 자기에게 A 123 이익이 된다고 생각될 경우 남을 속이는 것이 허용된다면 혹은 누구나 사는 것에 완전히 지치는 즉시 생명을 스스로 단축할 권한이 있다면 혹은 누구나 타인의 곤경에 완전히 무관심하다면 그리고 네가 사물의 이러한 질서에 같이 속한다면, 어떻게 너는 그런 곳에 네 의지와 일치하면서 있을 것인가? 이때 자기에게는 남을 속이는 일을 은밀하게 허용하지만 바로 그렇다고 모든 사람도 자기를 속이지는 않을 거라는 것을 누구나 잘 안다. 혹은 자기는 자비롭지 않고 남들은 이런 사실을 눈치채지 못하지만 그렇다고 곧바로 모든 사람이 자기에게도 그렇지는 않을 거라는 점을 누구나 잘 안다. 그러므로 각자가 자신의 행위 준칙을 보편적 자연법칙과 비교한다 하더라도 이런 비교는 자기 의지의 규정근거가 아니다. 그럼에도 보편적 자연법칙은 준칙을 도덕원리에 따라 판정하는 것의 전형이다. 행위 준칙이 자연법칙 일 V 70 반의 형식이 하는 검증을 통과하는 준칙이 아닐 경우, 이 준칙은 도덕적으로 불가능하다. 지극히 평범한 지성이라 할지라도 이렇게 판단한다. 늘 자연법칙은 평범한 지성이 하는 지극히 일상적인 모든 판단의 근거에 놓여 있고, 더 나아가 경험 판단의 근거에도 놓여 있기 때문이다. 그래서 평범한 지성은 언제나 이 자연법칙을 지닌다. 이 평범한 지성은 원인성이 자유에서 나왔다고 판정되어야 할 사례에서 **자연법칙**을 순전히 **자유의 법칙**의 전형으로 만들 뿐이다. 경험의 사례에서 본보기로 삼을 수 있을 어떤 것을 가지지 않으면, 이 평범한 지성은 순수실천이성의 법칙을 적용해서 사용할 수 없을 것이기 때문이다.

그러므로 감성계의 자연을 예지적 자연의 전형으로 사용하는 것 또한 허용된다. 내가 직관과 직관 의존적인 것을 예지적 자연으로 옮겨 놓지 않고 다만 **합법칙성의 형식** 일반만을 이 예지적 자연에 관계시킬 뿐인 한에서 말이다(합법칙성 개념은 이성의 지극히 평범한 사용에서도 생기지만 이 개념은 다만 이성을 순수하게 실천적으로 사용하려는 의도에서만 아프리오리하게 규정되어 인식될 수 있다). 왜냐하면 합법칙성 일반의 형식을 갖는 한, 자연법칙과 자유의 법칙은 그것들의 규정근거를 어디서 취하건 간에 그 자체로는 동일하기 때문이다.

덧붙여 언급할 것이 있다. 모든 예지적인 것 가운데 단적으로 우리에게 실재성을 갖는 것은 (도덕법칙을 통한) 자유밖에는 아무것도 없다. 그것도 도덕법칙의 불가분적 전제인 한에서 자유밖에는 없다. 그밖에 도덕법칙의 인도에 따라 이성이 도입할 모든 예지적 대상은 [즉 불멸하는 영혼과 신은] 순수실천이성의 사용과 도덕법칙을 위해서가 아니라면 더는 우리에게 실재성을 갖지 않는다. 그러나 순수실천이성은 자연을 (자연의 순수지성 형식에 따라) 판단력의 전형으로 사용할 권한을 가지며 또한 이렇게 사용하도록 요구받는다. 이상의 언급은 단지 개념의 전형에 속할 뿐인 것을 개념 자체로 여기는 것을 방지하는 데 유익하다. 그래서 판단력의 전형으로서 이 개념의 전형은 실천이성의 **경험주의**를 방지한다. 실천이성의 경험주의는 선악이라는 실천적 개념을 순전히 경험의 결과에 (흔히들 말하는 행복에) 둔다. 물론 행복이 그리고 자기애에 따라 규정된 의지의 무한하고도 유용한 결과가, 도덕적으로 선한 것에 전적으로 적합한 전형으로 쓰일 수는 있다. 자기애에 따라 규정된 의지가 자신을 동시에 보편적 자연법칙으로 삼을 경우 말이다. 그러나 이런 의지의 유용한 결과는 도덕적으로 선한 것과 같은 종류가 아니다. 바로 꼭 같은 판단력의 전형이 실천이성의 신비주의도 방지한다. 실천이성의 신비주의는 오직 상징으로만 쓰이는 것을 도식으로 만든다. 다시 말해 (보이지 않는 신 V71의 나라라고 하는) 현실적이긴 하지만 비감성적인 직관을 도덕 개념을 적용하는 바탕으로 삼고 초월적인 것으로 넘어가서 길을 잃는다. 도덕 개념의 사용에 적합한 것은 판단력의 이성주의뿐이다. 판단력의 이성주의가 감성적 자연에서 취하는 것은 순수이성 또한 스스로 사고할 수 있는 것, 즉 합법칙성밖에는 아무것도 없다. 그리고 이 판단력의 이성주의가 초감성적 자연으로 옮겨놓는 것은 거꾸로 자연법칙 일반의 형식적 규칙에 따라 감성계 내의 행위에 의해 실제로 드러나는 것밖에는 아무것도 없다. 그런데 실천이성의 경험주의를 방지하는 것이 훨씬 중요하고 권장할 만한 일이다. 신비주의는 여전히 도덕법칙의 순수함·숭고함과 조화할 수 있기 때문이다. 그밖에도 상상력 A126을 초감성적 직관에 이르기까지 긴장시키는 것은 자연스럽지 않고 또 일상적 사유방식에 적합하지 않기 때문이다. 요컨대 신비주의 쪽의 위험이 그렇게 보편적이지 않기 때문이다. 반면에 경험주의는 심정의 도덕성을 뿌리째 뽑는다(그런데 인간성이 도덕성에 따라 자신에게 부여할 수 있고 또 부여해야만 하는 높은 가치는 이 심정에 존립하고 단순히 행위에 존립하지 않는다). 그리고 경험주의는 이 심정의 도덕성에 그것과 전적으로 다른 어떤 것, 말하자면 경향성 일반과 결탁하는 경험적 관심을 의무 대신 밀어넣는다. 더 나아가 바로 이 때문에 모든 경향성과 함께하는 경험주의는 어떤 광신보다 훨씬 더 위험하다. (그 외관이 어떻든지 간에) 모든 경향성은 최상의 실천 원리의 위엄을 지닌 것으로 높여지면 인간성을 타락시키면서도 모든 사람의 감성양식에 그토록 우호적이기 때문이다. 이에 비해 광신은 결코 많은 사람에게서 지속적 상태를 이룰 수 없다.

제3장
순수실천이성의 동기들

  행위가 지닌 도덕적 가치의 본질은 모두 **도덕법칙이 의지를 직접 규**정하는 것에 달려 있다. 의지 규정이 도덕법칙에 맞게 일어나기는 하지만 어떤 종류의 감정이건 다만 감정을 통해서만 일어난다면, 이때 도덕법칙이 충분한 의지 규정근거가 되기 위해 이 감정이 전제될 수밖에 없다면, 따라서 의지 규정이 **법칙 자체 때문에** 일어난 것이 아니라면 행위는 **합법성**을 함유하기는 하지만 도덕성을 함유하지는 않을 것이다. **동기**라는 말이, 자기 이성이 이미 객관적 법칙과 필연적으로 일치하지는 않는 존재자의 의지의 주관적 규정근거를 의미한다면 이로부터 먼저 귀결되는 것은, 우리가 신적 의지에 대해서는 아무 동기도 상정할 수 없을 거라는 점, 그렇지만 인간적 의지의 (그리고 모든 창조된 이성적 존재자의 의지의) 동기는 결코 도덕법칙과 다른 어떤 것일 수 없다는 점, 따라서 행위가 법칙의 **정신***을 함유하지 않은 채 그저 법칙의 **문자**만 충족해서는 안 된다면 행위의 객관적 규정근거는 언제나 그리고 전적으로 홀로, 동시에 주관적으로 충분한 행위

---

* 합법칙적이긴 하지만 법칙 때문에 일어나지는 않는 어떤 행위에 대해서도 우리는 이 행위가 그저 문자상으로만 도덕적으로 선할 뿐 정신(심정)상으로는 도덕적으로 선하지 않다고 말할 수 있다.

규정근거여야 한다는 점이다.

　도덕법칙을 위해서, 도덕법칙으로 하여금 의지에 영향을 미치도
록 하기 위해서, 우리는 도덕법칙을 필요로 하지 않는 아무런 다른
A 128　동기도 찾지 말아야 한다. 그렇게 한다면 갖가지 알맹이 없는 순전
한 가식이 나올 것이다. 그리고 도덕법칙에 오직 **병렬적으**로라도 몇
몇 다른 (이익의 동기 같은) 동기를 함께 작용하도록 하는 것도 우려스
럽다. 그러므로 남은 것이라곤 어떤 방식으로 도덕법칙이 동기가 되
는지를 면밀하게 규정하는 일 그리고 동기가 법칙일 때 인간의 욕구
능력에 과연 어떤 일이 언급한 규정근거가 인간 욕구능력에 미친 결
과로 일어나는지를 면밀하게 규정하는 일밖에는 없다. 어떻게 법칙
이 독자적·직접적으로 의지의 규정근거일 수 있는지는 (그럼에도 이
런 일은 모든 도덕성의 본질이다) 어떻게 자유로운 의지가 가능한지
하는 문제와 매한가지로 인간 이성이 풀 수 없는 문제이기 때문이다.
따라서 우리는 어떤 연유로 도덕법칙이 자기 안에서 동기를 제시하
는지 그 근거를 제시해야 하는 것이 아니라 도덕법칙이 동기인 한에
서 이 동기가 과연 무엇을 마음에 불러일으키는지를 (더 좋은 표현으
로, 불러일으킬 수밖에 없는지를) 아프리오리하게 보여주어야 한다.

　도덕법칙에 의한 모든 의지 규정의 본질적인 것은, 의지가 자유로
운 의지로서, 따라서 순전히 감성적 충동과 협력하지 않을 뿐만 아니
라 더 나아가 이 충동을 거부하고 또 도덕법칙에 맞설 수 있을 한에
서의 모든 경향성을 중단하면서, 순전히 법칙에 의해서만 규정된다
는 점이다. 이런 한에서 동기로서 도덕법칙이 미치는 작용은 오직 부
정적일 뿐이며, 부정적 결과를 미치는 것으로서 이 동기는 아프리오
A 129; V 73　리하게 인식될 수 있다. 모든 경향성과 온갖 감성적 충동은 감정에
근거를 두며 (경향성이 겪는 중단이) 감정에 미친 부정적 작용도 그
자체로 감정이기 때문이다. 결국 우리가 아프리오리하게 통찰할 수

있는 것은, 의지의 규정근거인 도덕법칙이 우리의 모든 경향성에 해를 끼침으로써 고통이라 일컬을 수 있는 감정을 야기할 수밖에 없다는 점이다. 그래서 어떤 인식(여기서는 순수실천이성의 인식)이 쾌 혹은 불쾌 감정과 맺는 관계를 개념으로부터 아프리오리하게 규정할 수 있는 최초이자 아마도 유일한 사례를 우리가 여기서 갖는 것이다. 모든 경향성을 합하면 (경향성들이라 할지라도 어지간한 체계를 이룰 수 있는데 이 경우 경향성들의 충족을 자기 행복이라 일컫는다) 이기심(유아唯我주의)을 이룬다. 이 이기심은 자기애의 이기심, 모든 것을 넘어 자기 자신에 대해 갖는 호의[1]의 이기심이거나 아니면 자기 자신에 대한 만족[2]의 이기심이다. 앞의 것은 특별히 자기애착, 뒤의 것은 자만이라 불린다. 순수실천이성은 자기애착을 순전히 중단할 뿐이다. 이 이성이, 자연적으로 그리고 도덕법칙에 앞서서 우리 내부에서 생기는 자기애착을 이 법칙과의 일치라는 조건에 제한할 뿐이기 때문이다. 이 경우 자기애착은 이성적 자기애라고 불린다. 그러나 자만은 순수실천이성에 아예 무너진다. 도덕법칙과 일치에 앞서는, 자존심의 모든 요구가 헛되고 아무 권한도 갖지 못하기 때문이다. 이 법 A 130 칙과 일치하는 심정의 확신이야말로 인격의 모든 가치의 제일 조건이고(이에 대해서는 나중에 좀더 분명하게 밝히겠다), 법칙과 일치에 앞서서 가치를 자처하는 것 모두 그릇되고 법칙에 어긋나는 탓이다. 자존심이 순전히 감성에 근거를 두는 한, 자존심의 성벽은 도덕법칙이 중단하는 경향성에 속한다. 그래서 도덕법칙은 자만을 무너뜨린다. 그럼에도 이 법칙은 그 자체로 적극적인 어떤 것, 즉 자유라는 지성적 원인성의 형식이므로 동시에 존경의 대상이다. 이 법칙이 주관적 대립물, 즉 우리 내부에 있는 경향성에 맞서 자만을 약화하기 때문이다. 심지어 자만을 무너뜨리기 때문에, 즉 굴복시키기 때문에 이 법칙은 최대 존경 대상이며 따라서 경험적 근원을 갖지 않고 아프리오리하게 인식되는 적극적 감정의 근거다. 따라서 도덕법칙에 대한 존경은 지성적 근거로 야기되는 감정이며 이 감정은 우리가 완전히 아프리오리하게 인식할 수 있고 그 필연성을 통찰할 수 있는 유일한 감정이다.

V 74

A 131

우리가 앞 장에서 살펴본 것에 따르면 도덕법칙에 앞서서 의지의 객관으로 나타나는 모든 것은 무제약적 선이라는 이름을 갖는 의지의 규정근거에서 배제되는데, 실천이성의 최상 조건인 도덕법칙 자체에 의해 그렇게 배제된다. 그리고 준칙이 보편적 입법성에 적합할 때 존립하는 순전한 실천적 형식이 비로소 그 자체로 선하고 단적으로 선한 것을 규정하며 또 유일하게 모든 면에서 선한 순수의지의 준칙을 근거 짓는다. 그런데 우리는 감성적 존재자로서 우리 본성에 다음과 같은 성질이 있다는 것을 안다. 먼저 욕구능력의 질료(경향성의 대상, 이 대상이 희망의 대상이건 공포의 대상이건 간에)가 우리에게 밀고 들어온다. 그리고 정념적으로 규정될 수 있는 우리 자아는 자기 준칙을 보편적 입법으로 만들기에는 전혀 적합하지 않은데도 자기 요구를 미리 제일의 근원적 요구로 타당하게 만들려고 노력한다. 마치 이 자아가 우리의 전체 자아를 이루기나 하는 듯이 말이다. 자의의 주관적 규정근거에 따라 자기 자신을 의지 일반의 객관적 규정근거로 만드는 이러한 성벽을 우리는 자기애라고 하는데 이 자기애가 스스로 입법적이 되고 무제약적인 실천적 원리로 되면 자만이라 일컫는다. 그런데 유일하게 참되고 (모든 면에서) 객관적인 도덕법칙은 최상의 실천적 원리에 대한 자기애의 영향을 완전히 배제하고, 자기애의 주관적 조건을 법칙으로 지시하는 자만을 끊임없이 중단시킨다. 우리 스스로 판단하기에 우리 자만을 중단시키는 것은 [우리를] 굴복시킨다. 그래서 도덕법칙은 불가피하게 모든 인간을 굴복시킨다. 이런 일은 인간이 도덕법칙을 자기 본성의 감성적 성벽과 비

A 132

교할 때 일어난다. 어떤 것의 표상이 우리 의지의 규정근거로서 우리를 굴복시킨다는 것을 우리 스스로 의식하면, 어떤 것이 적극적이고 규정근거인 한, 이 어떤 것은 그 자체로 존경을 불러일으킨다. 그래서 도덕법칙은 주관적으로도 존경의 근거다. 그런데 자기애에서 발견되는 모든 것은 경향성에 속하지만 모든 경향성은 감정에 근거를 둔다. 따라서 자기애에 있는 경향성을 모두 다 중단하는 어떤 것은, 바로 이렇게 중단함으로써 필연적으로 감정에 영향을 미친다. 그렇기 때문에 도덕법칙이 감정에 작용할 수 있다는 것을 아프리오리하게 통찰하는 일이 어떻게 가능한지 우리는 이해한다. 도덕법칙이 감정에 작용하는 것은 경향성과 이 경향성을 최상의 실천 조건으로 만들려는 성벽인 자기애가 최상의 입법에 참여하는 것을 이 도덕법칙이 배척하는 과정에서 일어난다. 이렇게 도덕법칙이 감정에 미치는 작용은 한편으로는 순전히 부정적이지만, 다른 한편 순수실천이성의 V 75 제약하는 근거와 관련해서는 사실 적극적이다. 이런 사태를 설명하기 위해 실천적 감정이나 도덕적 감정이라는 이름을 갖는 어떤 특수한 종류의 감정도 도덕법칙에 앞서서 도덕법칙의 근거에 놓여 있는 것으로 받아들여서는 안 된다.

감정에 대한 부정적 작용(쾌적하지 않다는 감정)은 감정에 대한 모 A 133 든 영향이나 모든 감정 일반과 마찬가지로 정념적이다. 경향성에 영향을 받는 이성적 주관의 이러한 감정은 도덕법칙의 의식이 작용한 결과로는, 따라서 예지적 원인, 즉 최상의 입법자인 순수실천이성의 주관과 관련해서는 사실 굴복(지성적 경멸)이다. 그러나 이 감정은 굴복의 적극적 근거인 법칙과 관련해서는 동시에 법칙에 대한 존경이다. 이러한 법칙에 대해서는 아무 감정도 생기지 않지만 이성의 판단은 법칙이 저항을 제거할 때 장애 제거를 원인성의 적극적 촉진과 동등하게 평가한다. 그래서 이 감정은 이제 도덕법칙에 대한 존경의 감정으로도 불릴 수 있지만 [굴복과 존경이라는] 두 가지 근거를 합쳤을 때는 도덕적 감정으로 불릴 수 있다.

도덕법칙이 순수실천이성으로 행위를 규정하는 형식적 근거이듯이 이 법칙은 선악이라는 이름으로 행위 대상을 규정한다는 점에서 질료적이기도 한, 그러나 오직 객관적인 근거다. 이제 마찬가지로 이 도덕법칙은 이러한 행위로 규정하는 주관적 근거, 다시 말해 동기이기도 하다. 도덕법칙이 주관의 감성에 영향을 미쳐서 의지에 대한 법칙의 영향을 촉진하는 감정을 야기하기 때문이다. 이때 주관 안에서는 도덕성을 지향하는 아무 감정도 [도덕법칙에] 미리 앞서지 않는다. 이런 일이 불가능하기 때문이다. 그 까닭은 모든 감정이 감성적인 반면 도덕적 심정의 동기는 모든 감성적 조건으로부터 자유로워야 한다는 데 있다. 오히려 우리의 모든 경향성에 근거로 놓여 있는 감성적 감정은 우리가 존경이라 일컫는 것을 감각하는 조건이기는 하지만 이 감정을 규정하는 원인은 순수실천이성에 놓여 있고, 이 감각은 그 기원 때문에 정념적으로 야기되었다고 일컬어질 수 없고 실천적으로 야기되었다고 일컬어져야 한다. 도덕법칙의 표상이 자기애로부터 영향력을, 자만으로부터 망상을 빼앗는 과정에서 순수실천이성의 장애가 줄어들고, 이성의 객관적 법칙이 감성의 충동보다 우위에 있다는 표상이 생겨나며, 따라서 법칙의 무게가 상대적으로 (충동으로 촉발된 의지와 관련하여) 반대편 무게가 없어짐에 따라 이성의 판단에서 부각되기 때문이다. 그래서 법칙에 대한 존경은 도덕성을 위한 동기가 아니다. 오히려 법칙에 대한 존경은 주관적으로 동기로 간주된 도덕성 자체다. 순수실천이성이 자신에 맞서는 자기애의 모든 요구를 거부함으로써 이제 유일하게 영향력이 있는 법칙에 권위를 부여하기 때문이다. 여기서 유의할 것은 다음과 같다. 존경이 감정, 즉 이성적 존재자의 감성에 미친 결과이듯이, 존경이라는 감정은 이러한 감성, 즉 도덕법칙에 의해 존경을 부과받는 이 존재자들의 유한성 또한 전제한다. 그리고 최고 존재자 혹은 모든 감성으로부터 자유롭기 때문에 감성이 실천이성의 장애일 수 없는 존재자는 **법칙**에 대한 존경을 가질 수 없다.

(도덕적 감정이라는 이름의) 이 감정은 따라서 오로지 이성에 의해서만 야기된다. 이 감정은 행위를 [선악으로] 판정하거나 객관적 도덕법칙 자체를 근거짓는 데는 전혀 소용이 없고 순전히 도덕법칙을 자기 안에서 준칙으로 만들기 위한 동기로만 쓰인다. 그런데 아무런 정념적 감정과도 비교할 수 없는 이 특별한 감정에 어떤 명칭을 부여해야 더 적합할까? 이 감정은 아주 독특해서 오로지 이성의 관할 아래, 그것도 실천적인 순수이성의 관할 아래 있는 것처럼 보인다.

존경은 언제나 인격만 향할 뿐 결코 사물을 향하지는 않는다. 사물은 우리에게서 **경향성**을 불러일으킬 수 있고, (예를 들어 말이나 개 따위의) 동물일 경우 우리에게서 **사랑**까지 불러일으킬 수 있으며 바다, 화산, 맹수 같은 것처럼 **공포**도 불러일으킬 수 있다. 그러나 사물은 결코 우리에게서 존경을 불러일으킬 수는 없다. 존경의 감정에 매우 근접한 것은 **경탄**이다. 정서로서 경탄, 즉 경악 또한 사물을 향할 A 136 수 있다. 예를 들어 하늘로 솟은 산맥, 천체의 크기·수효·넓이, 여러 동물의 힘셈·날램 따위를 향할 수 있다. 그러나 이 모든 것은 존경이 아니다. 사람 또한 나에게 사랑의 대상일 수 있고 두려움이나 경탄, 심지어 경악의 대상일 수 있다. 그럼에도 이 사람이 그렇다고 해서 존경의 대상일 수는 없다. 이 사람의 유머 기질, 용기, 강인함, 사람들 사이에서 갖는 지위에서 나오는 권력이 나에게 두려움, 경탄, 경악 따위의 감각을 불러일으킬 수는 있지만 그 사람에 대한 내적 존경은 아직 없는 것이다. 퐁트넬[3]은 말한다. 나는 **지체 높은 사람**에게 머리는 숙일지언정 정신은 숙이지 않는다. 나는 여기에 다음과 같이 덧 V 77

붙인다. 지위가 낮은 어떤 평민이 있어 그 성격의 성식함을 나 자신에서 의식하는 정도 이상으로 지각할 경우 내 정신은 숙인다. 내가 그러길 원하건 아니건 간에, 이 사람이 내 지위를 무시하지 않도록 내가 머리를 꼿꼿이 세운다 하더라도 말이다. 왜 그런가? 이 사람의 성격적 정직성의 본보기가 나를 법칙 앞에 세워서 이 본보기와 내 행동을 비교할 때 이 법칙이 내 자만을 무너뜨리기 때문이다. 그리고 법칙의 준수, 즉 법칙의 **실행가능성**이 이 사람의 행위로 증명되는 것을 내 눈앞에서 보기 때문이다. 그런데 이 사람의 정직함과 동일한 정도의 정직함을 내 속에서 의식했다 해도 이 사람에 대한 존경은 여전히 A 137 남는다. 사람의 모든 선은 결함이 있게 마련인데 본보기로 가시화된 법칙은 늘 내 자랑을 무너뜨리기 때문이다. 내 눈앞에 있는 이 사람에게도 자기에게 늘 따라붙을 불순성이 있을 테지만, 내 불순성이 내게 알려지듯이 그렇게 이 사람의 불순성이 내게 알려지지는 않는다. 그래서 이 사람은 내게 순수한 빛 속에 나타나는데 이로써 내 자랑을 무너뜨릴 척도를 제공한다. **존경**은 우리가 [도덕법칙의] 공적에 대하여 바치지 않을 수 없는 **공물**이다. 원하건 원하지 않건 우리는 이 공물을 바치지 않을 수 없다. 잘하면 우리는 겉으로 존경을 억제할지도 모른다. 그럼에도 존경을 내면적으로 감각하는 것을 막을 수는 없다.

존경은 쾌의 감정이 아니어서 우리는 어떤 사람과 관련하여 오직 마지못해 존경을 바친다. 우리는 우리에게 존경의 부담을 덜어줄 어떤 것, 모종의 비난거리를 찾으려고 한다. 이런 본보기로 우리가 겪는 굴복을 보상하려고 말이다. 죽은 사람들이라 할지라도, 특히 이 사람들이 보여준 본보기가 우리가 따라잡을 수 없는 것으로 보일 경우 이런 비판을 피해갈 수 없다. 심지어 **장엄한 위엄**을 지닌 도덕법칙조차 존경에 저항하려는 노력에 직면한다. 우리가 법칙을 친숙한 경향성으로 기꺼이 강등하려는 이유를, 우리 자신의 무가치함을 그토

록 가혹하게 보여주어 우리를 위축시키는 존경에서 벗어나고 싶은 A 138
것 말고 다른 데로 돌릴 수 있다고 생각하는가? 그리고 법칙을 우리
자신이 익히 아는 이익을 위한 임의적 지침으로 만들려고 노력을 다
하는 일이 이러한 존경에서 벗어나고 싶은 것 말고 다른 이유가 있다
고 생각하는가? 그럼에도 한편으로 존경에는 **불쾌도 없어서** 일단 자
만을 버리고 존경이 실천적 영향을 행사하도록 허용하면, 오히려 우
리가 이 법칙의 존엄함을 아무리 대해도 싫증이 날 수 없다. 이 경우
우리 마음은 자신이 고양되었다고 믿는다. 신성한 법칙이 마음과 마
음의 취약한 본성을 넘어 숭고하다는 것을 마음 자신이 아는 정도만
큼 말이다. 물론 위대한 재능과 이 재능에 걸맞은 활동 역시 존경 혹 V 78
은 이와 유사한 감정을 불러일으킬 수 있다. 이런 감정을 재능에 바
치는 것도 아주 적절하다. 이 경우 경탄은 존경의 감각과 매한가지인
것처럼 보인다. 그러나 자세히 살펴보면 다음과 같은 사실을 알게 된
다. 이 숙련에 얼마만큼 타고난 재능이, 얼마만큼 스스로 노력한 개
발이 관여하는지 늘 불확실하므로, 이성은 추측하여 숙련을 개발의
성과라고 따라서 공적이라고 생각한다. 이런 일은 우리 자만을 눈에
띄게 약화하고, 자만과 관련하여 자신에 대한 비난으로 작용하거나
[타인이 보여주는] 본보기를 자신에게 적합한 방식으로 좇을 의무
를 부과한다. 따라서 위대한 재능에 대한 존경은 단순한 경탄이 아니
라 본보기가 되는 인격에 대해 (실제로는 그 본보기를 우리 앞에 보여
주는 법칙에 대해) 우리가 표하는 존경이다. 이것은 다음으로도 입증
된다. 어떤 사람을 숭배하는 평범한 무리는 그 사람의 (이를테면 볼테 A 139
르[4] 같은 사람의) 성격에서 나쁜 점을 다른 경로로 알아냈다고 믿으
면 그 사람에 대한 존경을 모두 포기한다. 그러나 진정한 학자는 적
어도 그 사람의 재능과 관련해서는 여전히 존경을 느낀다. 이 학자
자신이 그 사람의 일과 직업에 연루되어서 이것이 그 사람을 모방하

는 것을 이 학자에게 어느 정도 법칙으로 만들기 때문이다.

따라서 도덕법칙에 대한 존경은 유일한 동시에 의심할 수 없는 도덕적 동기다. 마찬가지로 이 감정 또한 오로지 도덕법칙이라는 근거에서 나온 객관 밖에는 아무 객관도 향하지 않는다. 먼저 도덕법칙은 이성의 판단에서 객관적이고도 직접적으로 의지를 규정한다. 그러나 그 인과성이 순전히 법칙으로만 규정될 수 있는 자유가 성립하는 경우는 바로 자유가 모든 경향성, 즉 인격 자신의 평가를 자유의 순수한 법칙을 준수한다는 조건에 제한하는 경우다. 이렇게 경향성을 제한하는 것은 감정에 작용하여 도덕법칙으로부터 아프리오리하게 인식될 수 있는 불쾌의 감정을 낳는다. 불쾌의 감정은 순전히 이런 한에서 하나의 **부정적** 결과다. 그리고 순수실천이성의 영향에서 나온 이 부정적 결과는 경향성이 주관의 규정근거인 한에서 이 주관의 활동, 즉 주관의 개인적 가치의 의견을 중단한다(도덕법칙과 일치하지 않는다면 이 개인적 가치는 아무것도 아닌 것으로 전락한다). 그렇기

A 140

때문에 이 법칙이 감정에 미치는 작용은 순전히 굴복이다. 물론 우리는 이러한 굴복을 아프리오리하게 통찰할 수 있다. 그러나 우리는 이

V 79

굴복에서 동기로서 순수한 실천법칙의 힘을 인식하는 것이 아니라 동기에 대한 감성의 저항만 인식할 수 있을 뿐이다. 그럼에도 이 동일한 법칙은 객관적으로, 다시 말해 순수이성의 표상 안에서, 의지의 직접적 규정근거이고 따라서 이 굴복은 법칙의 순수성과 상관해서만 발생한다. 그렇기 때문에 도덕적 자기 평가 요구의 축소, 즉 감성적 측면에서 굴복은 지성적 측면에서는 법칙 자체에 대한 실천적 평가의 고양, 한마디로 법칙에 대한 존경이고 따라서 그 지성적 기원에서 보면 아프리오리하게 인식되는 적극적 감정이기도 하다. 활동의 장애를 줄이는 것은 모두 이 활동 자체의 촉진이기 때문이다. 그러나 도덕법칙을 인정하는 것은 객관적 근거에서 실천이성의 활동을

의식하는 것이다. 이 실천이성은 순전히 주관적 (정념적) 원인이 이 실천이성을 방해하기 때문에 자신의 작용을 행위로 표현하지 못하는 것은 아니다.[5] 그러므로 도덕법칙에 대한 존경은 또한 감정에 도덕법칙이 적극적으로 작용한 결과로, 그러나 도덕법칙이 자만을 굴복시킴으로써 방해하는 경향성의 영향을 약화하는 한, 간접적인 작용 결과로 간주해야 한다. 따라서 도덕법칙에 대한 존경은 활동의 주관적 근거로, 즉 도덕법칙을 준수하는 **동기**로, 도덕법칙에 맞는 품행 A 141 이 갖는 준칙의 근거로 간주해야 한다. 동기 개념에서 관심 개념이 나온다. 이 관심은 이성을 갖는 존재자밖에는 아무에게도 없다. 이 관심이 의미하는 것은 **이성**에 의해 동기가 **표상**되는 한에서 의지의 **동기**다. 도덕적으로 선한 의지에서는 법칙 자체가 동기일 수밖에 없으므로 **도덕적 관심**은 순전한 실천이성의 순수하고도 감각 능력에 매이지 않은 관심이다. 준칙 개념도 관심 개념에 근거를 둔다. 그래서 준칙은 우리가 법칙을 준수할 때 취하는 순수 관심에 근거를 둘 경우에만 도덕적으로 순수하다. 그런데 **동기, 관심, 준칙** 이 세 개념은 모두 오직 유한한 존재자들에게만 적용할 수 있는 개념이다. 이 셋 모두, 어떤 존재자의 자의의 주관적 품성이 실천이성의 객관적 법칙과 저절로 일치하지는 않는 까닭에 이 존재자의 본성이 제약되었다는 것을 전제하기 때문이다. 이 셋 모두 어떤 방식으로든 활동하도록 동기화될 필요가 있다. 이 존재자의 내면적 장애가 활동과 대립하기 때문이다. 그러므로 이 셋은 신적 의지에는 적용할 수 없다.

실천이성이 우리에게 준수하라고 제시하는 것과 같이 순수하고 모든 이익과 절연한 도덕법칙을 이렇게 무한히 존중하는 데는 어떤 A 142 특별한 점이 있다. 이 실천이성의 목소리는 어떤 대담무쌍한 악한이 V 80 라 할지라도 떨게 만들고 도덕법칙의 눈초리 앞에서 숨지 않을 수 없게 한다. 그래서 순전히 지성적인 이념이 감정에 미치는 이러한 영향을 사변이성이 설명할 수 없다고 해서 놀랄 필요는 없다. 또 모든 유한한 이성적 존재자에서 이 감정이 도덕법칙의 표상과 분리할 수 없게 연결되어 있다는 것을 우리가 아프리오리하게 통찰할 수 있을 정도에 만족할 수밖에 없다고 해서 놀랄 필요도 없다. 만일 이 존경의 감정이 정념적이라서 내적 **감각 능력**에 근거를 두는 쾌의 감정이라면 어떤 이념과 존경의 연결을 아프리오리하게 발견하는 것은 헛된 일일 것이다. 그러나 순전히 실천적인 것에만 관계하고 법칙의 표상에 의존하되 법칙의 어떤 객관 때문이 아니라 오로지 법칙의 형식에 따라서만 의존하는 감정이 있다. 따라서 즐거움으로도, 고통으로도 간주할 수 없지만 그럼에도 법칙 준수에 대한 관심, 즉 우리가 **도덕적 관심**이라고 일컫는 관심을 불러일으키는 감정이 있다. 우리는 이 감정을 **도덕적 감정**이라고 부른다. 법칙에 대한 이런 관심을 불러일으키는 능력이야말로 (혹은 도덕법칙에 대한 존경 자체야말로) 본래적 의미의 **도덕적 감정**이다.

A 143 　의지가 **자유롭게** 법칙에 복종한다는 의식, 그러나 오직 자기 이성에 의해서만 모든 경향성에 가해지는 불가피한 강제와 연결된 채로 복종한다는 의식, 이것이 법칙에 대한 존경이다. 이 존경을 요구하고 또 불어넣는 법칙은 우리가 보듯 도덕법칙 밖의 것이 아니다(다른 어떤 것도 경향성이 의지에 직접적으로 영향을 미치지 못하도록 하지는 못하기 때문이다). 행위가 이 법칙에 따라 경향성에서 나온 모든 규정 근거를 배제하면서 객관적으로 실천적일 때 이 행위를 **의무**라 일컫는다. 의무는 이러한 배제 때문에 그 개념에 실천적 **강요**를 내포한다. 다시 말해 의무는 행위가 **마지못해** 일어날지라도 그렇게 행위하도록 규정하는 것을 내포한다. 이러한 강요를 의식하는 데서 나오는 감정은 감각 능력의 대상이 불러일으키는 감정처럼 정념적으로가 아니라 오로지 실천적으로만, 다시 말해 이성의 선행하는 (객관적) 의

지규정과 원인성에 의해 가능하다. 그래서 이 감정은 법칙에 **복종함**의 측면에서는, 다시 말해 명령의 측면에서는 (명령은 감성적으로 촉발되는 주관에는 강제로 나타난다) 그 안에 아무런 쾌도 포함하지 않으며 이런 한에서 차라리 행위에서 불쾌를 포함한다. 이와 반대로 이 강제가 순전히 **자신의** 이성의 입법으로만 행사되므로 이 감정은 고양도 함유한다. 따라서 주관이 감정에 미치는 영향은 순수실천이성이 그것의 유일한 원인인 한에서, 순수실천이성과 관련해서는 순전히 자기 승인을 의미할 수 있다. 우리가 그 어떤 관심도 없이 순전히 법칙으로만 자신이 자기 승인으로 규정되는 것을 인식하기 때문이며, 이제 법칙이 주관적으로 야기한 완전히 다른 관심, 즉 순수하게 실천적이며 **자유로운** 관심을 의식하기 때문이다. 의무에 맞는 어떤 행위에 관심을 가지는 일은 경향성의 충고가 아니라 이성이 실천법칙을 통해 내리는 단적인 명령이며 실제로도 이성은 이런 일을 불러일으킨다. 그러므로 의무에 맞는 어떤 행위에 관심을 두는 일은 전적으로 고유한 이름, 즉 존경이라는 이름을 갖는다. V 81 A 144

따라서 의무 개념은 **객관적으로는** 행위에 대해 법칙과 일치하라고 요구하지만 주관적으로는 행위의 준칙에 대해, 법칙에 따라 의지를 규정하는 유일한 방식으로 법칙에 대한 존경을 요구한다. 이에 근거하여 의무에 맞게 행위했다는 의식과 의무로부터, 즉 법칙에 대한 존경으로부터 행위했다는 의식을 구별하는 것이 가능하다. 의무에 맞게 행위했다는 의식(합법성)은 경향성만이 의지의 규정근거인 경우라 할지라도 가능하다. 그러나 의무로부터 행위했다는 의식(도덕성), 도덕적 가치는 오로지 행위가 의무로부터, 즉 순전히 법칙을 위해서만 일어난다는 점에 있을 수밖에 없다.*

---

* 앞서 다룬 것과 같은 인격에 대한 존경 개념을 제대로 숙고해본다면 존경은 항

모든 도덕적 판정에서 가장 중요한 것은 최대한 성확하게 모든 준칙의 주관적 원리에 주의하는 것이다. 이것은 행위의 모든 도덕성을 **의무로부터** 나오는 필연성에 그리고 행위가 가져올 것에 대한 사랑이나 애착으로부터가 아니라 법칙에 대한 존경에서 나오는 필연성에 두기 위해서다. 인간과 창조된 모든 이성적 존재자에게 도덕적 필연성은 강요, 다시 말해 구속성이다. 이러한 강요에 근거를 두는 모든 행위는 의무로 표상되는 것이지 우리가 스스로 이미 선호했거나 선호할 수 있는 행동방식으로 표상되지 않는다. 이는 [강요와 책무에 근거를 두는 행위가 선호할 수 있는 행동 방식으로 표상된다고 생

각하는 것은] 마치 우리가 언젠가 스스로 의지의 **신성함**을 소유할 수 있는 경지에 이를 수 있는 것처럼 생각하는 것이다. 이 경지는 모든 종속성을 넘은 신성에서 그러하듯 법칙에 대한 존경 없이, 이와 연관된 위반에 대한 두려움이나 적어도 염려 없이, 흡사 의지가 순수한 도덕법칙과 일치하는 일이 본성이 되어버려 결코 교란될 수 없는 것처럼 되었을 때 도달된다(따라서 이 경우 도덕법칙은 결국 우리에게

명령이기를 그칠 것이다. 우리가 결코 도덕법칙을 배신하도록 유혹받을 수 없기 때문이다).

도덕법칙은 가장 완전한 존재자의 의지에는 **신성함**의 법칙이지만 모든 유한한 이성적 존재자의 의지에는 **의무**의 법칙, 도덕적 강요의 법칙 그리고 유한한 이성적 존재자의 행위를 법칙에 대한 **존경**과 자

상 의무를 의식하는 것에, 즉 본보기가 우리에게 보여주는 의무를 의식하는 것에 근거를 둔다는 것, 그래서 존경은 결코 도덕적 근거 밖의 다른 근거를 가질 수 없다는 것을 알게 된다. 또 알게 되는 것은 인격에 대한 존경이라는 표현을 사용하는 곳이면 어디서건 사람들이 [도덕적] 판정을 내릴 때 은밀하고도 놀랄 만하게, 그러나 종종 나타나는 방식으로 도덕법칙을 고려한다는 사실에 우리가 주의하는 일이 매우 좋고 심리학적 관점에서 인간을 인식하기 위해서도 매우 유용하다는 점이다.

기 의무에 대한 경외로 규정하는 법칙이다. 다른 주관적 원리가 동기로 받아들여져서는 안 된다. 그렇게 받아들여지면 행위는 법칙이 지시하는 대로 될 수도 있겠지만 이때 행위가 의무에 맞기는 해도 의무로부터 생기지 않기 때문에 행위를 낳는 심정, 즉 원래 이러한 입법에서 관건이 되는 심정은 도덕적이지 않다.

인간에 대한 사랑과 동정적 호의에서 인간에게 선을 행하는 것이나 질서에 대한 사랑에서 정의로운 것은 매우 아름다운 일이다. 그러나 만일 우리가 주제넘게 자신을 마치 자원해서 [선을 행]하는 사람인 것처럼 자랑스럽게 상상해서 의무 사상에 구애받지 않는다면 그리고 주제넘게 마치 명령에 독립적인 것처럼 아무런 명령도 필요하지 않은 것을 순전히 자신의 쾌로부터만 행하려고 의욕한다면 이 준칙은 아직 우리 행동의 진정한 도덕적 준칙, 즉 인간으로서 이성적 존 A 147
재자에 속하는 우리의 관점에 적합한 준칙이 아니다. 우리는 이성의 **훈육** 아래에 있으며 모든 준칙에서 훈육에 복종할 때 훈육에서 아무것도 빼지 말 것을 잊어서는 안 된다. 혹은 우리는 자기 애착적 망상으로, 우리 의지가 법칙에 맞기는 하지만 이때 이 의지의 규정근거를 법칙 자체와 이 법칙에 대한 존경 밖의 곳에 둠으로써 법칙의 존엄을 (우리 자신의 이성이 이 존엄을 주는데도 불구하고) 훼손해서는 안 된다. 의무와 책무는 오로지 우리가 도덕법칙과 맺는 관계에만 부여해야 하는 명칭이다. 사실 우리는 자유에 의해 가능하고 실천이성에 의해 우리에게 존경으로 표상된 도덕의 나라의 입법적 구성원들이다. 그렇지만 동시에 이 나라 백성이지 우두머리가 아니다. 피조물로서 우리가 이러한 낮은 위치에 속한다는 것을 오해하고 자만에서 신성한 법칙의 존엄을 거부한다면 법칙을 문자적으로는 준수한다 하더 V 83
라도 이미 법칙의 정신을 저버린 것이다.

그런데 '무엇보다 신을 사랑하고 네 이웃을 너 자신처럼 사랑하라'* 같은 계명의 가능성은 이것과 잘 들어맞는다. 명령으로서 이 계명이 법칙에 대한 존경을 요구하되, 이때 법칙이 **사랑을** 명령하는 법칙이라서 사랑을 원리로 삼는 일을 임의적 선택에 맡기지 않기 때문이다. 그러나 경향성(정념적 사랑)으로서 신에 대한 사랑은 불가능하다. 신은 결코 감각 능력의 대상이 아니기 때문이다. 이 사랑이 인간에 대한 것이라면 사실 가능하기는 하겠지만 명령될 수는 없다. 어떤 사람을 순전히 명령에 따라 사랑하는 능력은 인간에게 없기 때문이다. 그래서 이런 종류의 모든 법칙의 핵심에서 이해된 것은 순전히 실천적 **사랑이다.** 이런 의미에서 보면 신을 사랑한다는 것은 신의 명령을 기꺼이 행한다는 것이고 이웃을 사랑한다는 것은 이웃에 대한 모든 의무를 기꺼이 실행한다는 것이다. 그러나 이것을 규칙으로 만드는 명령은 의무에 맞는 행위를 할 때 이러한 심정을 가지라고 명령할 수 없고 그저 이 심정을 가지려 애쓰라고 명령할 수 있을 뿐이다. 어떤 것을 기꺼이 행해야 한다는 명령이 그 자체로 모순적이기 때문이다. 이것이 모순인 것은 우리에게 행하도록 의무화하는 것을 우리가 이미 저절로 안다면, 더 나아가 이렇게 의무화하는 것을 기꺼이 행한다는 것을 자각하기도 한다면 이에 대한 명령은 전혀 필요하지 않을 것이기 때문이고 또 우리가 의무를 행하기는 하지만 기꺼이 행하지는 않고 오직 법칙에 대한 존경에서만 행한다면, 이러한 존경을 준칙의 동기로 만드는 명령은 명령받는 심정에 정면으로 맞서 작용할 것이기

때문이다. 그래서 저 법칙 중의 법칙은 복음서의 모든 도덕적 지침과 마찬가지로 아무 피조물도 도달할 수 없는 신성함의 이상과 같은 실로 완전한 도덕적 심정을 표현한다. 그렇지만 이러한 심정은 우리

---

* 이 법칙과 기묘하게 대조되는 자기 행복의 원리가 있는데 어떤 사람들은 이 원리를 도덕성의 최상 원칙으로 삼으려고 한다. 이 원리는 다음과 같다. '무엇보다 너 자신을 사랑하라. 신과 네 이웃을 너 자신을 위해 사랑하라.'

가 접근하려고 애써야만 할 원형이고, 중단하지 않고 무한히 전진하면서 닮으려고 애써야 할 원형이다. 이성을 지닌 어떤 피조물이 언젠가 모든 도덕법칙을 전적으로 기꺼이 행하는 데 이를 수 있다면, 이는 이 피조물에 도덕법칙에서 벗어나도록 자극하는 욕망의 가능성조차 없다는 것을 의미할 것이다. 이런 욕망을 극복하는 일은 늘 주관에 희생을 요구하고 따라서 자기 강제, 다시 말해 전적으로 기꺼이 하지는 않는 어떤 것을 내면적으로 강요하는 것을 필요로 하기 때문이다. 그렇지만 피조물은 결코 이런 단계의 도덕적 심정에 이를 수 없다. 주관이 피조물이어서 자신의 상태에 완전히 만족하기 위해 요구하는 것과 관련해서 늘 의존적인 까닭에 욕망과 경향성에서 결코 전적으로 자유로울 수 없기 때문이다. 욕망과 경향성은 물리적 원인에 기인하므로, 자신과는 근원이 완전히 다른 도덕법칙에 스스로 일치하지는 않는다. 따라서 욕망과 경향성에 필요한 일은, 주관의 준칙의 심정이 이러한 욕망과 경향성을 고려할 때면 언제나 도덕적 강요에, 흔쾌한 복종이 아니라 존경에, 즉 마지못해서라도 법칙을 준수하라 A 150 고 요구하는 존경에 근거를 두고 사랑에 근거를 두지 않는 것이다. 사랑은 내면에서 의지가 법칙을 거부하는 일이 있을까 염려하지 않는다. 그럼에도 욕망과 경향성에 필요한 일은 이 염려하지 않는 사랑, 즉 법칙을 향한 순전한 사랑을 (법칙에 대한 이러한 사랑에서는 법칙이 **명령**이기를 그칠 것이며 주관적으로 신성함으로 넘어가버린 도덕성은 덕이기를 그칠 것이다) 주관이 비록 도달할 수는 없지만 꾸준히 추구할 목적으로 만드는 것이다. 존중하기는 하지만 (우리가 연약하다는 것을 의식하게 만들기 때문에) 꺼리는 어떤 것[도덕법칙]을 우리가 더 자주 쉽게 충족하면 할수록 경외로 가득 찬 거리낌은 애정으로, 존경은 사랑으로 변할 것이기 때문이다. 언젠가 피조물이 이런 사랑에 도달하는 일이 가능하다면 요행히도 이것은 법칙에 헌신하는 심

V 84

정을 완성하는 것이 될 것이다.

이러한 고찰의 목적은 신에 대한 사랑과 관련한 **종교적 광신**을 막으려고 언급된 복음서의 계명을 개념적으로 분명하게 하는 것이 아니다. 오히려 바로 인간에 대한 의무와 관련하여 도덕적 심정을 정확하게 규정짓고, 많은 사람에게 영향을 미치는 순전히 **도덕적인 광신**을 막거나 가능한 한 예방하는 것이다. 인간이 (우리의 통찰이 미치는 한, 또한 모든 이성적 피조물이) 위치하는 도덕적 단계는 도덕법칙에 대한 존경이다. 도덕법칙을 준수하도록 인간을 의무화하는 심정은 A 151 의무로부터 도덕법칙을 준수할 뿐 자발적 애착으로 준수하지는 않는다. 또 어떤 경우에도 이 심정은 명령받지 않은 채 스스로 기꺼이 감행하는 노력으로 법칙을 준수하지 않는다. 그리고 인간이 처할 수 있는 도덕적 상태는 언제나 덕, 다시 말해 **투쟁** 중인 도덕적 심정이지 의지가 심정의 완전한 순수함을 소유한다고 잘못 생각할 때의 **신성함**이 아니다. 행위를 고상하고 숭고하며 고결한 것으로 고취함으로써 사람들의 마음은 순전히 도덕적인 광신과 고조된 자만에 동조한다. V 85 이리하여 마음은 망상에 빠져드는데 그것은 행위의 규정근거를 이루며 마음이 따르는(**복종**하는) 동안 마음을 의연히 굴복시키는 것이 마치 의무가 아닌 듯한, 즉 법칙에 대한 존경이 아닌 듯한 망상이다. 마지못해서라도 마음은 법칙의 멍에를 **져야만** 할 텐데도 말이다(그러나 이 멍에는 가볍다. 이성 자신이 우리에게 부과한 것이기 때문이다). 이 망상은 마치 마음이 저 고결한 행위를 의무로부터 기대하는 것이 아니라 자신의 순전한 공적으로만 기대하는 듯한 망상이다. 마음은 고상한 것으로 고취된 이러한 행위를 모방해서는, 즉 이러한 [광신의] 원리로부터는 법칙의 정신을 조금이라도 만족시키지 못할 것이다. 법칙의 정신은 법칙에 복종하는 심정에 있지 (원리가 무엇이건 상관하지 않는) 행위의 합법칙성에 있지 않다. 그뿐만 아니라 이 마음은 동기를 (법칙 안에서) 도덕적이게 하는 것이 아니라 (공감 안에서 혹은 자기애 안에서도) **정념적이게** 한다. 그래서 이런 방식으로 마음은 허풍스럽고 과도하게 날아오르는 환상적 사유방식을 낳는다. 이런 A 152 사유방식은 박차도 고삐도 필요 없고 결코 명령받을 필요도 없을 정도로 마음이 자발적으로 선하다고 부추기며, 더 나아가 공적보다 먼저 사유해야 할 책무를 망각한다. 위대한 희생으로 행해진 그것도 순전히 의무만을 위하여 행해진 타인의 행위를 **고상하고 숭고한** 행위로 칭찬할 수는 있다. 그럼에도 이렇게 칭찬할 수 있는 것은, 이 행위가 전적으로 그 사람의 의무에 대한 존경에서 일어났고 마음의 격정에서 일어나지는 않았다는 것을 짐작하게 만드는 단서가 이 행위에 있는 한에서일 뿐이다. 우리가 이러한 행위를 모방할 만한 본보기로 어떤 사람에게 제시하려고 한다면 철저히 (유일하고 진정한 도덕적 감정인) 의무에 대한 존경을 동기로 사용해야만 한다. 이것은 엄격하고도 신성한 지침이어서 우리의 허영기 많은 자기애로 하여금 (도덕성과 유사한 한에서의) 정념적 충동과 장난하지 않게 하며 **공적**의 가치가 있다고 스스로 자랑하지 않게 한다. 우리가 잘 찾기만 한다면 칭송받을 만한 모든 행위에서 의무의 법칙, 즉 **명령**하며 우리 성벽을 충족해줄 어떤 것을 맘대로 하게 놔두지 않는 의무 법칙을 발견할 것이다. 이것이 마음을 도덕적으로 육성하는 유일한 현시방식이다. 이 방식만이 확고하고도 정확하게 규정된 원칙을 감당할 수 있기 때문이다.

가장 일반적 의미에서 광신이라는 것이 원칙에 입각하여 인간 이 A 153 성의 한계를 넘어서는 것이라고 한다면 **도덕적 광신**은 실천적 순수이성이 인간성에 정한 한계를 넘어서는 것이다. 이렇게 한계를 정함으 V 86 로써 실천적 순수이성은 의무에 맞는 행위의 주관적 규정근거를, 다시 말해 이런 행위의 도덕적 동기를 법칙 자체 밖의 다른 어떤 데 두는 것을 금지하고, 법칙에 의해 준칙에 도입된 심정을 이 법칙에 대한 존경 밖의 다른 어떤 곳에 두는 것을 금지한다. 따라서 이 실천적 순수이성은 모든 오만과 허영기 있는 자기애를 무너뜨리는 의무 사상을 인간에서 모든 도덕성의 최상의 삶의 원리로 삼으라고 명령한다.

사정이 이런데도 소설가들이나 감상적 교육가들(이들 교육가들이 감상을 극력 반대했지만)뿐만 아니라 때로 철학자들조차, 그중에서도 가장 엄격한 철학자들인 스토아 철학자들조차 차분하되 현명한 도덕 훈육보다는 도덕적 광신을 끌어들였다. 스토아 철학자의 광신이 좀더 영웅적인 데 비해 소설가나 감상적 교육가의 광신은 밋밋하고 달착지근했지만 말이다. 그리고 우리는 가식 없이 복음서의 도덕적 가르침에 대해 참으로 다음과 같이 거듭 말할 수 있다. 처음으로 복음서는 도덕원리의 순수함에 의해, 동시에 도덕원리가 유한한 존재자들의 한계에 적합함에 의해 인간의 모든 바른 행동을 이들 유한한 존재자들의 눈앞에 놓인 의무의 훈육 아래 두었다. 이 의무의 훈육은 유한한 존재자들이 도덕적 완전성을 꿈꾸면서 열광하게 내버려두지 않는다. 그리고 복음서는 즐겨 자기 한계를 오해하는 자기애착과 자만에 굴복이라는 한계를 (다시 말해 자신을 알라는 한계를) 정해주었다.

A 154

A 155   숭고하고도 위대한 이름 너, 의무여! 너는 기분을 흡족하게 하는 어떤 애호물도 지니지 않는다. 오히려 너는 복종을 요구한다. 그런데도 너는 의지를 움직이기 위해 아무것으로도, 곧 마음에 자연적 혐오를 불러일으키고 겁먹게 하는 아무것으로도 위협하지는 않는다. 너는 순전히 법칙만, 즉 스스로 마음속으로 들어와 본의 아니게 숭배하도록 만드는 (설령 늘 준수하도록 만들지 못한다 할지라도) 법칙만 세울 뿐이다. 이 법칙 앞에서 모든 경향성은 비록 은밀히 맞선다 할지라도 침묵한다. 너의 존엄한 근원은 무엇이며 당당하게 일체의 경향

성과 절연하는 네 고귀한 혈통의 뿌리는 어디에 있는가? 인간이 오직 자신에게만 부여할 수 있는 가치의 필수불가결한 조건은 도대체 어디에 연원할 수 있는가?

그것은 바로 인간을 (감성계의 한 부분인) 인간 자신 너머로 고양하는 어떤 것, 지성만이 사유할 수 있는 사물의 질서에 인간을 묶는 어떤 것일 수밖에 없다. 이 사물의 질서는 동시에 전체 감성계를 지배하고 이와 더불어 시간 내에서 경험적으로 규정 가능한 인간의 현존을 지배하며 모든 목적의 전체를 (도덕적 전체로서, 이러한 무제약적인 실천법칙에 적합한 목적들의 전체를) 지배한다. 그것은 인격성, 다시 말해 자유 그리고 전체 자연의 기계성으로부터 독립성과 다름없다. 이 자유와 독립성은 자신의 고유한 법칙, 즉 자기 이성에 의해 주어진 순수한 실천법칙에 복종하는 존재자의 능력이며, 감성계에 속하면서도 동시에 예지계에 속하는 한에서 인격이 자신의 고유한 인격성에 복종하는 능력이다. 두 세계에 속한 존재자인 인간이 자신의 둘째 최고 사명과 관련하여 고유한 자기 본성을 숭배할 수밖에 없고, 또 이 사명의 법칙을 최고로 존경할 수밖에 없다는 것은 놀랄 일이 아니다. V 87

도덕적 이념에 따라 대상의 가치를 표시하는 다음과 같은 많은 표현은 이러한 인격성이라는 근원에 근거를 둔다. 도덕법칙은 신성하다(불가침적이다). 인간은 사실 충분히 신성하지는 않지만 인간의 인격 안에 있는 인간성은 인간에게 신성할 수밖에 없다. 전체 피조물 가운데 인간이 원하고 다룰 수 있는 모든 것은 또한 한낱 수단으로만 쓰일 수 있다. 오직 인간 및 인간과 더불어 모든 이성적 피조물만이 목적 자체다. 인간은 자유의 자율에 힘입어 신성한 도덕법칙의 주체다. 바로 이러한 자유의 자율 때문에 어떤 의지라도, 심지어 어떤 인격의 자기 자신을 향한 고유한 의지라 할지라도, 이성적 존재자의 **자율** A 156

과 일치해야 한다는 조건에 제한된다. 말하자면 이성적 존재자는 영향을 받는 주관의 의지 자체에서 나올 수 있을 법한 법칙에 따라 가능한 목적에만 복종해야 한다. 따라서 이러한 주관은 단순히 수단으로서가 아니라 동시에 그 자체 목적으로 사용되어야 한다. 정당하게도 우리는 이러한 조건을 신의 피조물인 세계 내 이성적 존재자와 관련한 신적 의지에도 적용한다. 이 조건이 이성적 존재자의 인격성, 즉 이성적 존재자를 목적 자체로 만드는 인격성에 근거를 두기 때문이다.

우리 본성이 (그 사명에 따라) 숭고하다는 점을 우리에게 보여주는 것은 존경을 불러일으키는 인격성의 이념이다. 이 이념이 동시에 우리 행동이 이 이념에 부합하기에는 부족하다는 것을 알게 해줌으로써 자만을 무너뜨리므로 이 이념은 가장 평범한 인간 이성이라 할지라도 자연적으로 쉽게 인지할 수 있다. 단지 보통 정도로만 정직한 V 88 사람이라면 누구나, 대체로 해롭지 않은 거짓말로 곤란한 일에서 벗 A 157 어나거나 혹은 이런 거짓말로 친하고 공적 있는 친구를 이롭게 할 수 있었지만, 단지 남몰래 자신의 내면적 눈초리에 경멸당하지 않으려고 때때로 거짓말을 하지 않은 적이 있지 않던가? 다만 의무[6]를 저버렸다면 피할 수 있었을 삶의 최대 불행에 어떤 신실한 사람이 처했을 때, 이 사람을 지탱할 수 있는 것은 그럼에도 자신의 인격 안에 있는 인간성을 존엄하게 유지했고 존경했다는 의식이 아니겠는가? 그리고 자기 자신 앞에서 부끄러워할 이유가 없으며 자기를 검증하는 내면적 시선을 두려워할 이유가 없다는 의식이 아니겠는가? 이러한 [의식이 주는] 위안은 행복이 아닐 뿐 아니라 행복의 극히 일부분도 아니다. 아무도 이런 위안을 받을 기회를 바라지 않을 것이며 일생에 한 번이라도 이러한 상황에 처하기를 바라지 않을 것이기 때문이다. 그러나 이 사람은 생명을 누리면서도 자기가 보기에 생명을 누릴 자격이 없게 되는 것은 견딜 수 없다. 따라서 이러한 내적 평안은 생명을 쾌적하게 만드는 모든 것과 관련해서는 순전히 부정적이다. 말하자면 이 평안은, 그가 자기 상태의 가치를 [즉 쾌적함을] 이미 전적으로 포기할 수밖에 없을 때, 인격적 가치가 떨어지는 위험을 저지하는 평안이다. 이 평안은 생명과는 전적으로 다른 어떤 것에 대한 존경의 결과다. 이러한 생명과 전적으로 다른 어떤 것을 생명과 비교하고 생명에 맞세워 볼 때, 생명은 아무리 쾌적해도 결코 가치를 갖지 않는다. 불행에 처한 이 신실한 사람은 오직 의무에서 생명을 영위하는 것이지 생명에 조금이라도 취미가 있기 때문은 아니다.

순수실천이성의 참된 동기에는 이와 같은 성질이 있다. 이 동기는 A 158 순수한 도덕법칙 자체와 다름없다. 이 법칙이 우리 자신의 고유한 초감성적 실존이 숭고하다는 것을 알아채도록 하는 한에서 말이다. 그리고 이 법칙이 높은 사명에 대한 존경을 주관적으로 인간 내에서 불러일으키는 한에서 말이다. 이 인간은 자신의 감성적 현존을 의식하는 동시에 이와 연결된 종속성, 즉 감성적 현존인 한에서 대단히 정념적으로 촉발되는 자기 본성에 대한 종속성을 의식하는 인간이다. 그런데 생명의 수많은 자극, 쾌적함은 이러한 동기와 매우 잘 연결된다. 그래서 생명의 최대 복에 대해 숙고하는 이성적 에피쿠로스주의자라면 영리하게 오직 이러한 자극과 쾌적함을 위해 도덕적으로 바른 행동을 선택할 것이다. 즐겁게 생명을 누릴 이러한 전망과 그 자체로만으로 이미 충분히 규정하는 최상의 운동원인[인 법칙과 법칙에 대한 존경]을 연결하는 것도 권장할 만하다. 그렇지만 이 둘을 연결하는 것은 반대편의 악덕이 연출하는 숱한 유혹에 대항하기 위해서일 뿐 의무가 문제일 때 이 연결에 조금이라도 본래적인 운동력을 마련해주기 위해서가 아니다. 이 둘의 연결에 운동 원인을 마련해준다면 이것은 도덕적 심정을 그 근원에서 불순하게 만들려는 것과 다르지 V 89

않다. 의무가 존경받을 만하다는 것은 생명을 누리는 것과 아무런 관계가 없다. 의무는 자신의 고유한 법칙을 가지며 또한 자신의 고유한 법정을 갖는다. 이 둘을 섞어 마치 의약품처럼 병든 영혼에 건네주려고 아무리 같이 흔들어댄다 하더라도 이 둘은 즉시 저절로 분리된다. 분리되지 않으면, 자연적 생명이 어느 정도 힘을 얻는다 해도, 의무는 전혀 작용하지 못한다. 그래서 도덕적 생명은 구제할 수 없을 정도로 사그라질 것이다.

순수실천이성의 분석론에 대한 비판적 조명

어떤 학문 혹은 이 학문의 그 자체로 하나의 체계를 이루는 어떤 부분에 대한 비판적 조명이라는 말로 내가 의미하는 것은, 유사한 인식 능력을 근거로 하는 어떤 다른 체계와 이 학문을 비교할 때, 왜 이 학문이 바로 이러한 체계적 형식을 취해야만 하고 다른 체계적 형식을 취하지 않아야만 하는지를 탐구하고 정당화하는 것이다. 실천이성과 사변이성 둘 다 순수이성인 한에서, 실천이성은 사변이성과 한 종류의 인식 능력을 근거로 갖는다. 따라서 한쪽의 체계적 형식과 다른 한쪽의 체계적 형식의 차이는 이 둘을 비교함으로써 규정되어야 하며 이 차이의 근거가 제시되어야 한다.

순수이론이성의 분석론은 지성에 주어질 대상에 대한 인식과 관계한다. 그래서 직관에서 출발해야만 했고 (직관이 언제나 감성적이므로) 감성에서 출발해야만 했으며 감성에서 시작하여 비로소 (이 직관의 대상의) 개념으로 나아가야만 했다. 순수이론이성의 분석론은 오직 직관과 개념 이 둘을 앞세운 후에만 원칙으로 끝맺을 수 있었다. 이에 비해 실천이성은 대상을 인식하기 위해 대상과 관계하지 않고,

A 159

A 160

(대상의 인식에 맞게) 대상을 실현하는 자신의 고유한 능력과 관계한다. 다시 말해 실천이성은 원인성인 의지와 관계한다. 이성이 이 원인성의 규정근거를 내포하는 한에서 말이다. 실천이성이 의지와 관계하는 까닭은 결국 이성이 직관의 객관을 제시해야 하는 것이 아니라 (원인성 개념이 언제나 법칙에 대한 관계를 내포하고 이 법칙은 상호 관계하는 다양한 것의 실존을 규정하므로) 이성이 실천이성으로서 오직 이성의 **법칙**만 제시해야 하기 때문이다. 그래서 이성의 분석론의 비판은 이 이성이 실천이성이어야 하는 한에서(이것이 원래 과제다), 아프리오리한 실천적 원칙의 가능성에서 출발할 수밖에 없다. 비판은 오 V 90 직 여기에서 출발해서 실천이성의 대상들의 개념, 말하자면 단적으로 선한 것과 악한 것의 개념으로 나아갈 수 있었는데 이것은 무엇보다 이 대상들의 개념을 실천적 원칙에 따라서 제공하기 위해서였다(이들 개념은 이 원리에 앞서 아무 인식 능력으로도 선과 악으로 주어질 수 없기 때문이다). 오직 이런 이후에만 비로소 마지막 장, 즉 순수 A 161 실천이성의 감성에 대한 관계와 이성이 감성에 미치는 필연적이고도 아프리오리하게 인식되는 영향, 다시 말해 **도덕적 감정**을 다루는 마지막 장이 몫을 다할 수 있었다. 이렇게 실천적 순수이성의 분석론은 이론적 순수이성의 분석론과 전적으로 유사하게 이성을 사용하기 위한 모든 조건의 전체 범위를 구분하되 순수이성의 분석론과는 반대 순서로 구분했다. 이론적 순수이성의 분석론은 선험적 감성론과 선험적 논리학으로 나뉘고 실천적 순수이성의 분석론은 정반대로 (다른 경우라면 전혀 적절한 명칭이 아니지만 여기서는 순전히 유비적으로 이런 명칭을 사용하는 것이 허용된다면) 순수실천이성의 논리학과 순수실천이성의 감성론으로 나뉜다. 이론적 순수이성의 분석론에서는 논리학이 개념의 분석론과 원칙의 분석론 순으로 진행되지만 실천적 순수이성의 분석론에서는 논리학이 원칙의 분석론과

개념의 분석론 순으로 진행된다. 이론적 순수이성의 분석론에서 감성론은 감성적 직관의 이중적 방식 때문에 두 부분을 갖지만 실천적 순수이성의 분석론에서 감성은 결코 직관능력으로가 아니라 순전히 (욕구의 주관적 근거일 수 있는) 감정으로 고찰된다. 그리고 이 감정과 관련하여 순수실천이성은 그 이상 분류하지 않는다.

분석론을 이런 식으로 하위 구분을 두는 두 부분으로 나누는 일이 실천적 순수이성의 분석론에서 실제로 행해지지 않았던 것 (시작할 때 이론적 순수이성의 분석론이라는 본보기를 좇아 잘못 시도할 수도 있었지만) 또한 그 이유가 잘 통찰된다. 여기서 우리가 실천적 사용에서 고찰하고, 따라서 경험적 규정근거에서 출발하는 것이 아니라 아프리오리한 원칙에서 출발하면서 고찰한 것은 순수이성이므로 순수실천이성 분석론을 구분하는 것은 이성 추리의 구분과 유사한 결과를 가져올 수밖에 없기 때문이다. 말하자면 대전제의 보편(도덕원리)에서 출발해 소전제가 가능한 행위들을 (선한 혹은 악한 행위로) 대전제 아래 포섭해서 결론, 즉 주관적 의지규정으로 (실천적으로 가능한 선에 대한 관심과 이 관심에 근거를 둔 준칙으로) 진행하는 것이다. 분석론에 나오는 명제들을 확신할 수 있는 사람에게는 순수실천이성 분석론의 구분과 이성추리를 비교하는 것이 만족을 줄 것이다. 이러한 비교가 정당하게도 전체 순수이성능력(이론적 순수이성능력과 실천적 순수이성능력)의 통일에 대한 통찰을 가져올 수 있고 또 이 모든 것을 하나의 원리에서 도출할 수 있다는 기대를 주기 때문이다. 전체 순수이성능력의 통일을 통찰하고 모든 것을 하나의 원칙에서 도출하는 것은 인간 이성의 피할 수 없는 요구다. 인간의 이성은 자기 인식이 완전히 체계적으로 통일되어야만 온전하게 만족하기 때문이다.

그러나 우리가 순수실천이성에 대해서 그리고 순수실천이성에 의해 가질 수 있었던 인식의 내용, 즉 순수실천이성의 분석론이 보여준 것과 같은 내용 또한 고찰해본다면 실천이성과 이론이성 사이의 주목할 만한 유사점 못지않게 구별점도 드러난다. 이론이성과 관련한 A 163 아프리오리한 순수이성 인식의 능력은 과학이라는 본보기로 아주 쉽고 분명하게 입증될 수 있었다(이들 과학은 갖가지 방식으로 방법적 사용을 동원해 자기 원리를 검증하므로 우리는 이러한 과학에서는 보통 인식에서처럼 그렇게 쉽게 경험적 인식근거가 은밀히 끼어드는 것을 염려할 필요가 없다). 그러나 순수이성이 어떤 경험적 규정근거와 섞이지 않고 그 자체만으로도 실천적이라는 점은 가장 평범한 실천적 이성 사용에서도 드러날 수밖에 없었다. 사람들이 확인한 최상의 실천원칙은, 자연적 인간 이성이라면 누구나 완전히 아프리오리하게, 즉 아무런 경험적 자료에도 의존하지 않으면서 자기 의지의 최상의 법칙으로 인식하는 그런 원칙이기 때문이다. 학문이 이 최상의 실천원칙을 파악하여 사용하기 이전에 사람들은 먼저 이 원칙을 그 근원의 순수성에 따라 이러한 평범한 이성의 판단에서도 입증하고 정당화할 수밖에 없었는데, 말하자면 하나의 사실로, 즉 이 원칙의 가능성과 이 원칙에서 나올 수 있는 모든 추론과 관련한 일체의 정치한 학문적 논의에 선행하는 사실로 입증하고 정당화할 수밖에 없었다. 그런데 이러한 사정은 앞서 간략히 제시한 것에서도 매우 잘 설명된다. 실천적 순수이성은 필연적으로, 모든 학문이 제일 자료로 근거 삼아야만 하 A 164 는 원칙에서 출발할 수밖에 없는 것이지, 이런 학문에서 비로소 생겨날 수 있는 원칙에서 출발할 수밖에 없는 것은 아니기 때문이다. 그러나 이 때문에 도덕원리를 순수이성의 원칙으로 정당화하는 일도 순전히 평범한 인간 지성의 판단에 호소하는 것만으로 매우 잘, 충분히 확실하게 수행되었다. 우리 준칙에 의지의 규정근거로 끼어들려는 모든 경험적인 것은 즐거움과 고통의 감정에 의해, 즉 욕망을 불 V 92

러일으키는 한에서 필연적으로 인간에게 따라붙는 즐거움과 고통 감정에 의해 즉시 알려지는 반면, 순수실천이성은 이 감정에 맞서 이 감정을 자기 원리 안으로 조건으로 받아들이는 것을 정면으로 거부하기 때문이다. (경험적 규정근거와 합리적 규정근거라는) 이 두 규정근거가 같은 종류가 아니라는 것을 알리고 드러내 부각하는 것은, 실천적으로 입법적인 이성이 일체의 간섭하는 경향성에 맞서 벌이는 저항, 실천이성의 입법에 앞서지는 않고 이 입법에 의해서만 사실상 하나의 강제로 야기되는 고유한 종류의 감각, 즉 존경의 감정이다. 어떤 인간도 경향성에 대해서는 이 경향성이 어떤 것이건 이와 같은 존경의 감정을 갖지 않지만 법칙에 대해서는 갖는다. 그래서 누구라도, 설령 가장 평범한 인간 지성이라 할지라도 깨닫지 않을 수 없는 것

A 165 은, 의욕의 경험적 근거가 그것의 자극을 좇도록 자신에게 권할 수는 있어도 이 근거가 순수한 실천적 이성 법칙 밖의 법칙에 **복종**하도록 요구할 수는 없다는 점이다.

순수실천이성의 분석론이 해야 할 제일 중요한 작업은 **행복론과 도덕론**을 구별하는 것이다. 경험적 원리는 행복론의 전체 토대를 이루지만 도덕론에는 조금도 섞여들어 오지 않는다. 그래서 분석론은 이 작업을 기하학자가 자기 영역에서 하듯 **정확하게**, 이를테면 용의주도하게 해야 한다. 그러나 여기서 (언제나 그렇듯 개념을 구성하지 않고 순전한 개념에 의해 이성적으로 인식하는) 철학자는 기하학자보다 더 큰 어려움과 씨름해야 한다. 아무 직관도 (순수 예지체에) 근거로 둘 수 없기 때문이다. 그럼에도 철학자에게 도움이 되는 것이 있는데 그것은 화학자와 거의 비슷하게 그가 언제든 각 사람의 실천이성을 실험하여 도덕적 (순수한) 규정근거와 경험적 규정근거를 구별할 수 있다는 점이다. 다시 말해 철학자는 경험적으로 촉발된 의지(예를 들어 거짓말해서 어떤 것을 얻을 수 있으므로 기꺼이 거짓말하려는 사람

의 의지)에 도덕법칙을 (규정근거로) 투여해보는 것이다. 이것은 마치 분석 기술자가 석회질이 용해된 염산에 알칼리를 떨어뜨리는 것과 같다. 염산은 즉시 석회와 분리되어 알칼리와 결합하고 석회는 바닥 A 166 에 가라앉는다. 이와 꼭 마찬가지로 평소 정직한 사람이(혹은 이 경우 오직 사유상으로만 정직한 사람의 처지에 서보는 사람이), 거짓말을 하 는 사람이 무가치하다는 것을 인식하도록 하는 도덕법칙에 직면한 V 93 다면, 즉시 이 사람의 실천이성은 (이 사람이 해야만 하는 것을 판단하 면서) 이익을 버리고 내부에서 자신의 고유한 인격에 대한 존경을 유 지하는 것(진실성)과 결합한다. 이 경우 이익이 이성에 속하는 모든 부속물로부터 (이성은 전적으로 의무를 편들 뿐이다) 분리되고 씻긴 다음이라면, 누구나 이익을 계산한다. 그것은 다른 경우, 즉 이익이 도덕법칙에 어긋나는 경우를 제외한 다른 경우에 이 이익을 이성과 잘 결합하기 위해서다. 이성은 도덕법칙과 결코 분리되지 않으며 도 덕법칙과 가장 긴밀하게 결합하는데, 이 도덕법칙에 어긋날 경우 이 익은 이성과 결합할 수 없다.

그러나 행복 원리와 도덕원리를 이렇게 **구별**하는 것이 그렇다고 이 둘을 대립시키는 것은 아니다. 순수실천이성이 원하는 것은 우리 가 행복에 대한 주장을 **포기**해야 한다는 것이 아니라 의무가 문제되 는 즉시 행복을 전혀 고려하지 말아야 한다는 것뿐이다. 어떤 점에서 자기 행복에 관심을 두는 것은 심지어 의무일 수 있다. 그것은 어느 정도는 행복이 (행복에는 숙련, 건강, 부유함이 속한다) 자기 의무를 준수하기 위한 수단을 함유하기 때문이고 또 어느 정도는 행복의 결 여가 (예를 들어 가난이) 의무를 저버리도록 유혹하기 때문이다. 다 A 167 만, 자기 행복을 촉진하라는 것은 결코 직접적으로는 의무일 수 없고 모든 의무의 원리일 수는 더더욱 없다. 몇몇 순수한 실천적 이성 법 칙을 (도덕법칙을) 제외한 의지의 규정근거들은 모두 경험적이라서 그 자체로 행복 원리에 속하기 때문에 이 근거들은 모두 최상의 도덕 원칙과 분리되어야만 하고 이 도덕 원칙의 조건으로 섞여서는 안 된다. 이 경우 모든 도덕적 가치가 파괴될 것이기 때문이다. 마치 기하학적 원칙에 경험적인 것을 섞으면 모든 수학적 명증이 파괴되는 것처럼 말이다. 이 명증은 (플라톤이 보기에) 수학이 그 자체로 갖는 것으로 어떤 유용성에도 우선하는 가장 탁월한 것이다.

순수실천이성의 최상 원리를 연역하는 대신, 다시 말해 이와 같은 아프리오리한 인식이 가능하다는 것을 설명하는 대신 내가 제시할 수 있었던 것은 우리가 작용인이 자유로울 가능성을 통찰한다면 순전히 도덕법칙의 가능성이 아니라 필연성, 즉 의지의 원인성의 자유를 갖는다고 간주되는 이성적 존재자들의 최상의 실천법칙인 도덕법칙의 필연성도 통찰할 것이라는 데에 지나지 않는다. 자유 개념과 도덕법칙 개념이 분리할 수 없을 정도로 결합해 있어서 우리가 실천

A 168; V 94

적 자유를 도덕법칙만을 제외한 모든 법칙으로부터 의지의 독립성으로도 정의할 수 있을 정도이기 때문이다. 그러나 작용인의 자유를 통찰할 가능성은, 특히 감성계에서 작용인의 자유를 통찰할 가능성은 전혀 없다. 다만 이러한 자유의 불가능성에 대한 아무 증명도 없다는 것만 우리가 충분히 확언할 수 있다면, 이때 우리가 도덕법칙에 따라, 즉 자유를 요청하는 도덕법칙에 따라 이 자유를 받아들이도록 강제된다면, 이를 통해 받아들일 권리 또한 갖는다면 이것만으로도 다행이다. 그런데 많은 사람은 이 자유를 다른 모든 자연 능력과 마찬가지로 경험적 원리에 따라 설명할 수 있다고 믿는다. 이들은 이 자유를 감각계에 속하는 어떤 존재자의 원인성의 **선험적** 술어로 (실제로 중요한 문제는 이것뿐이다) 간주하지 않고 **심리학적** 속성으로 간주한다. 이들이 심리학적 속성을 설명할 때 중요한 것은 단지 **마음의 본성**과 의지의 동기를 좀더 정밀하게 탐구하는 것일 뿐이다. 그래서

이들은 장엄한 개시(開示), 즉 순수실천이성에 의해 도덕법칙을 통해 우리에게 벌어지는 장엄한 개시를 부정한다. 말하자면 다른 경우에는 [즉 이론 영역에서는] 초험적인 [그러나 실천 영역에서는 선험적인] 자유 개념이 실재화됨으로써 예지계가 개시되는 것을 부정하는 것이다. 이로써 그들은 어떤 경험적 규정근거도 철저히 배제하는 도덕법칙 자체를 부정한다. 이상의 이유 때문에 이러한 속임수에 맞서고 자신의 천박함을 그대로 노출하는 **경험론**의 진술에 맞서서 어떤 것을 경고로 제시하는 것이 필요하다.

    자유로서 원인성 개념과 구별되는 **자연필연성**으로서 원인성 개념 A 169이 관계하는 것은 **시간 내**에서 **규정 가능**한 한에서 사물의 실존, 즉 사물 자체로서 사물의 원인성에 대비되는 현상으로서 사물의 실존일 따름이다. 그런데 시간 내 사물의 실존 규정을 사물 자체의 규정으로 간주하면 (이런 일은 가장 일상적인 표상방식이다) 인과관계 내의 필연성은 어떤 방식으로도 자유와 통일되지 못하고 필연성과 자유 둘은 상호 모순적으로 대립한다. 이 필연성에서 귀결되는 것은, 특정 시점에 벌어지는 어떤 사건이나 행위도 그 이전 시간에 있었던 것의 조건 아래에서 필연적이라는 점이기 때문이다. 그런데 지나간 시간은 내가 더는 지배하지 않으므로 내가 실행하는 어떤 행위도 내가 **지배하지 않는** 규정근거에 의해 필연적일 수밖에 없다. 다시 말해 내가 행동하는 시점에 나는 결코 자유롭지 않다. 더 나아가 설령 내가 내 전체 현존을 어떤 외적 원인으로부터 (이를테면 신으로부터) 독립적인 것으로 여겨서 내 인과성의 규정근거, 심지어 내 전체 실존의 규 V 95정근거가 전혀 내 외부에 있지 않은 듯이 여긴다 하더라도, 이것이 조금도 자연필연성을 자유로 바꾸지는 못할 것이다. 시점마다 항상 나는 내가 **지배하지 않는** 것에 의해 행위하도록 규정되는 필연성 아 A 170래에 있기 때문이다. 그리고 이미 미리 규정된 질서에 따라서만 내가 계속 진행할 뿐 그 어디에서도 내가 시작하지 않았을 사건들은 선행하는 부분들로 무한히 소급되면서 계열을 이룰 텐데, 이러한 계열은 [내가] 중단[할 수] 없는 자연연쇄이기 때문이다. 따라서 내 인과성은 결코 자유가 아닐 것이다.

따라서 시간 내에서 규정되는 현존을 갖는 어떤 존재자에게 우리가 자유를 인정하려 할 경우, 그런 한 적어도 이 존재자를 자기 실존상의 모든 사건이 지니는 자연필연성 법칙에서 벗어나게 할 수는 없다. 물론 이 모든 사건에는 이 존재자의 행위도 포함된다. 만일 이 존재자를 자연필연성 법칙에서 벗어나게 한다면, 이는 이 존재자를 맹목적 우연에 내맡겨버리는 것과 다르지 않을 것이다. 그런데 자연필연성 법칙은 그 현존이 시간 내에서 규정될 수 있는 한에서 사물의 모든 인과성과 관계할 수밖에 없으므로 이 법칙이 우리가 **사물 자체의 현존**을 표상할 때도 따르는 그런 것이라면 우리는 자유를 공허하고 불가능한 개념으로 폐기할 수밖에 없을 것이다. 결국 우리가 그래도 자유를 구해내려 한다면 유일하게 남은 길은 시간 내에서 규정될 수 있는 한에서 사물의 현존, 즉 **자연필연성** 법칙에 따른 인과성을 순전히 **현상에만** 인정하되, **자유**는 **사물 자체로서** 동일한 존재자에게 인정하는 것이다. 확실히 우리가 상호 배척하는 자유와 자연필연성 두 개념을 동시에 유지하려 하다면 이 길은 불가피하다. 그러나 우리가 이 두 개념을 적용하면서 하나이자 동일한 행위에서 통일해 이러한 통일 자체를 설명하려고 할 경우 이러한 통일을 무위로 돌리는 듯이 보이는 큰 어려움이 등장한다.

절도를 저지르는 어떤 사람에 대해 내가 '이 행동은 인과성의 자연법칙에 따라 시간적으로 앞서는 규정근거로부터 나온 필연적 결과다'라고 말한다면, 이것이 의미하는 것은 이 사람이 이 행동을 하지 않을 수 없었다는 것이다. 그렇다면 이 경우 어떻게 도덕법칙에

A 171

따른 판단이 행위를 변화시킬 수 있을까? 어떻게 이 판단이, 이 행동을 하지 말아야 한다고 법칙이 말했기 때문에 이 행동을 하지 않을 수 있었다는 것을 전제할 수 있을까? 다시 말해 어떻게 이 사람이 동일한 시점에 동일한 행위와 관련하여 전적으로 자유로웠다고 말할 수 있을까? 그 시점에 그 행위와 관련하여 이 사람은 피할 수 없는 자 V 96 연필연성 아래 있었는데도 말이다. 우리가 자연법칙에 따르는 인과성의 규정근거의 **종류**를 순전히 **비교적** 자유 개념으로 변용함으로써만 이런 어려움에서 벗어나려고 한다면 이는 궁색한 미봉책이다(이러한 비교적 자유 개념에 따르면 규정하는 자연근거가, 작용하는 존재자 안에 있으면 종종 자유로운 작용이라고 불린다. 예를 들어 던져진 물체가 자유 운동을 할 때 이 물체가 이행하는 작용 말이다. 여기서 자유라는 말을 쓰는 것은 이 물체가 비상하는 동안은 물체 외부의 어떤 것에 의해 움직이지 않기 때문이다. 혹은 시계가 스스로 시계바늘을 움직일 뿐이 바늘이 외적인 힘에 의해 움직일 필요가 없다는 이유에서 우리는 시 A 172 계의 운동도 자유 운동이라고 일컫는다. 이와 꼭 마찬가지로, 인간의 행위가 시간 내에서 앞서는 규정근거에 의해 필연적인데도 이 행위가 자유롭다고 일컬어지는 까닭은 우리 내부에 있으면서 우리 자신의 힘으로 야기된 표상이기 때문이고, 유발하는 상황에 따라 이 표상이 생산하는 욕망이기 때문이며, 그래서 우리 자신의 재량으로 생겨난 행위이기 때문이다). 몇몇 사람은 이런 미봉책에 현혹되어 수천 년 동안 사람들이 소득 없이 매달려온 이 어려운 문제가 사소한 말뜻 캐기로 해결되었다고 여긴다. 하지만 이런 피상적 방식으로 완전히 해결하기는 매우 어렵다. 자유 문제, 즉 모든 도덕법칙과 이 법칙에 따른 책임 귀속의 근거여야만 하는 자유라는 문제에서 중요한 것은, 자연법칙에 따라 규정된 인과성이 주관 안에 있는 규정근거에 의해서인가 아니면 주관 밖에 있는 근거에 의해서인가 하는 문제가 전혀 아니다. 그리고 주관 안에 있는 근거인 경우 이 인과성이 본능에 의해 필연적인지 아니면 이성이 사유한 규정근거에 의해 필연적인지 하는 문제도 아니다. 위 사람들 스스로 인정하듯 이 규정하는 표상이 그 실존 근거를 시간 내에서, 그러니까 선행하는 상태에서 갖는 경우 그리고 이 선행하는 상태는 그 근거를 다시 그것에 선행하는 상태에서 갖는 식으로 계속되는 경우, 이렇게 규정하는 것은 항상 내면적일 수도 있으며

A 173 그래서 기계적 인과성이 아니라 심리적 인과성을 가질 수도 있다. 다시 말해 이렇게 규정하는 것은 육체적 운동에 의해서가 아니라 표상에 의해 행위를 불러일으킬 수도 있다. 그렇다면 여기서 어떤 존재자의 인과성을 규정하는 근거는 이 존재자의 현존이 시간 내에서 규정 가능한 한에서 규정근거, 즉 필연적으로 만드는 조건인 선행하는 시간 아래에 있는 한에서 규정근거이게 마련이다. 따라서 이 규정근거는 주관이 행위를 해야만 할 때 더는 이 주관이 지배하지 않는 규정근거다. 이 규정근거는 심리학적 자유를 (우리가 심리학적 자유라는 말을 마음의 표상들의 순전히 내적인 연쇄에 사용하려고 한다면) 동반하기는 하지만 그럼에도 자연필연성을 동반하며 따라서 아무런 선험

V 97 적 자유의 여지도 남기지 않는다. 이 선험적 자유는 모든 경험적인 것으로부터의 독립성, 따라서 자연일반으로부터의 독립성으로 사유될 수밖에 없다. 이 자연이 순전히 시간 내에 있는 대상, 즉 내면적 감각 능력의 대상으로 간주되건 아니면 한꺼번에 공간과 시간 내에 있는 대상, 즉 외적 감각 능력의 대상으로도 간주되건 간에 말이다. 유일하게 아프리오리하게 실천적인 선험적 자유가 (이 둘째의 [경험적인 것으로부터 독립성이라는] 본래적 의미의 자유가) 없다면 아무런 도덕법칙도, 이 법칙에 따른 아무런 책임 귀속도 가능하지 않다. 바로 이런 이유에서 우리는 시간 내에서 인과성의 자연법칙에 따르는 사건이 지니는 모든 필연성도 자연의 기계성이라고 일컬을 수 있다. 사

람들이 여기서 자연의 기계성에 복종하는 사물이 이 현실적인 물질적 기계일 수밖에 없다고 생각하지 않는다 하더라도 말이다. 시간 계열 내에 있는 사건들이 결합하는 필연성 측면에서만 본다면, 즉 자연법칙에 따라 전개되는 자연필연성의 측면에서만 본다면, 이제 우리 A 174 는 이런 과정이 벌어지는 주관을 기계적 존재자가 물질에 의해 구동된다는 점에서 물질적 자동기계라고 일컫거나, 기계적 존재자가 표상에 의해 구동된다는 점에서 라이프니츠[7]를 따라 정신적 자동기계라고 일컬을지도 모른다. 그래서 우리 의지의 자유가 이런 자유(심리학적이며 비교적인 자유, 동시에 선험적이지 않은, 다시 말해 절대적이지 않은 자유)와 다른 것이 아니라면 근본적으로 이 자유는 고기 굽는 꼬챙이 회전기의 자유보다 낫지 않을 것이다. 이 기계도 일단 태엽을 감아주기만 하면 스스로 운동을 실행하니 말이다.

위의 경우에서 하나이자 동일한 행위가 지니는 자연기계성과 자유 사이의 외관상 모순을 해소하려면, 다음과 같이 순수이성비판에서 언급한 것 혹은 이 언급에서 귀결되는 것을 기억해야 한다. 주관의 자유와 양립할 수 없는 자연필연성은 순전히 시간 조건 아래 있는 사물의 규정에만 귀속되므로 현상으로서 행위 주관의 규정에만 귀속된다. 이런 한, 행위 주체가 행하는 어떤 행위의 규정근거도 지나간 시간에 속하고 더는 그가 지배하지 않는 것에 놓여 있다(이 행위자가 이미 수행한 행동과 이 행동을 통해 자기에게 규정될 수 있는 성격, 자신의 눈에 비친 현상으로서 성격도, 이렇게 더는 이 행위자가 지배하지 않는 것에 속하는 것으로 간주되어야만 한다). 그러나 바로 이 동일한 주관은 다른 한편 사물 자체로서 자신을 의식하는 주관이다. 이 A 175 러한 주관은 시간 조건 아래 있지 않는 한에서 자기 현존 또한 고찰한다. 그러나 자기 자신을 법칙에 따라 규정될 수 있는 것으로만, 즉 주관이 이성 자체에 의해 자신에게 부여하는 법칙에 따라 규정될 수 있는 것으로만 고찰한다. 주관이 이런 식으로 현존하는 경우, 주관의 의지 규정에 선행하는 아무것도 주관에는 없다. 주관이 자신의 예지적 실존을 의식할 때, 모든 행위는 그리고 내면적 감관에 따라 변전하는 주관의 현존의 모든 규정은, 더 나아가 감성적 존재자로서 주관의 실존의 전체 계열 순서까지도, 예지체로서 주관의 인과성의 결과로 간주되어야지 이 인과성의 규정근거로 간주되어서는 안 된다. 이런 점에서 이성적 존재자는 자신이 행하는 법칙에 어긋나는 어떤 행위에 대해서도, 비록 이 행위가 현상으로서 지나간 것에 의해 충분히 규정되고 그런 한 예외 없이 필연적이라 하더라도 이 행위를 하지 않을 수 있었다고 정당하게 말할 수 있다. 이 행위와 이 행위를 규정하는 모든 지나간 것은 이성적 존재자 스스로 만든 성격의 유일한 현상체[8]에 속하기 때문이다. 그리고 이러한 자신의 성격에 따라 이성적 존재자는 모든 감성에 독립적인 원인으로서 자신에게 저 현상들[9]의 원인성 자체를 귀속시키기 때문이다.

우리가 양심이라고 부르는 우리 안의 놀라운 능력이 내리는 판결도 이러한 사태와 완전히 일치한다. 어떤 사람이 맘대로 꾸며대면서 자기가 기억하기로 법칙에 어긋난 행동을 의도하지 않은 실수라고, 사람들이 결코 완전히 피할 수 없는 순전한 부주의라고 둘러댈지도 모른다. 그래서 자연필연성의 흐름에 휩쓸려 벌어진 어떤 일이라고 둘러대며, 자기는 이와 관련해 책임이 없다고 해명할지도 모른다. 그럼에도 이 사람은 불의를 저질렀던 그때 제정신이었다는 것만, 다시 말해 자기 자유를 사용했다는 것만 스스로 의식한다면, 자신에게 유리하게 말해주는 변호인이라 할지라도 자신 안에 있는 고발자를 결코 침묵시킬 수 없다는 사실을 발견한다. 설령 이 사람이 자기 실수를 어떤 악습, 즉 자신에 대한 주의를 점차로 소홀히 해서 생긴 습관 탓으로 해명하고 이 실수를 습관의 자연스러운 결과로 볼 수 있을 정도까지 해명한다 하더라도, 이것이 이 사람을 자기 가책과 자기 비난으로부터 보호할 수는 없다. 오래전 저지른 행동을 회상할 때마다 나타나는 이 행동에 대한 후회도 이러한 자기 가책과 자기 비난에 근거를 둔다. 후회는 도덕적 심정에 의해 야기되는 고통스러운 감각이다. 일어난 일을 일어나지 않게 만드는 데 소용이 없는 한, 후회는 실천적으로 공허하다. 심지어 (일관성 있는 진정한 **숙명론자 프리스틀리**[10]가 천명했듯) 불합리하기조차 할 것이다(그리고 이러한 솔직함의 측면에서 보면 프리스틀리는, 실제로는 의지의 기계성을 주장하면서도 말로는 의지의 자유를 주장하는 사람들보다 더 많이 동의받을 만하다. 이들은 자신들의 절충적 체계에 자유를 포함시킨 자로 여겨지길 원하지만, 이러한 책임 귀속의 가능성을 파악하지 못한다). 그러나 고통으로서 후회는 전적으로 정당하다. 이성은 우리의 예지적 실존의 법칙(도덕법칙)이 문제일 경우, 시간을 구별하는 것을 결코 인정하지 않고 사건이 행동으로 나에게 속하는지 아닌지 묻기만 할 뿐이기 때문이다. 그래서 만일 행동이 내게 속한다면 이성은 늘 이 행동을 후회감과 도덕적으로 결합한다. 이 행동이 지금 일어나건 아니면 아주 오래전에 일어났건 간에 말이다. **감성적 생명**은 자기 현존을 예지적으로 의식하는 것과 (자유를 의식하는 것과) 관련하여 현상체의 절대적 통일성을 갖기 때문이다. 이 현상체는, 이것이 도덕법칙과 관계 맺는 심정의 (성격의) 현상들만을 내포하는 한, 자연필연성에 따라서가 아니라, 즉 현상으로서 성격에 속하는 자연필연성에 따라서가 아니라 자유의 절대적 자발성에 따라서 판정되어야 하는 그런 현상체다. 우리가 내적·외적 행위로 드러나는 한 사람의 사유방식을 깊이 통찰할 수 있어서 이런 사유방식의 어떤 동기라도 알되 그 최소까지 알게 되고 마찬가지로 이 동기에 작용하는 외적 유인들도 알게 된다면, 이 사람의 미래 행동을 일식 날짜와 월식 날짜를 계산할 수 있듯이 확실

A 177

V 99

하게 계산할 수 있을 것이라는 점은 인정할 수 있다. 그럼에도 이 사람이 자유롭다는 점은 여기서도 주장될 수 있다. 가령 우리에게 어떤 다른 보는 능력(물론 이것은 우리에게 없으며 그 대신 우리는 오직 이성 개념만 가질 뿐이다), 말하자면 동일한 주관의 지성적 직관 능력이 있다고 한다면, 항상 오직 도덕법칙과만 관계할 수 있는 것과 관련된 현상들의 전체 연쇄는 사물 자체로서 주관의 자발성에 의존적이라는 점을 깨달을 것이다. 이때 이 자발성의 규정에 대해서는 어떤 물리적 설명도 있을 수 없다. 이러한 지성적 직관이 없는 상황에서 도덕법칙이 확보한 것은, 현상으로서 행위가 우리 주관의 감성적 존재자에 대해 맺는 관계는 감성적 존재자 자체가 우리 내의 예지적 기체에 대해 맺는 관계와 구별된다는 점이다. 우리의 이성에 자연스럽긴 하지만 설명할 수는 없는 이러한 관점에서 보면, 양심을 총동원하여 내린 판정 또한 정당화된다. 첫눈에 이 판정이 모든 형평성과 전적으로 어긋나는 듯이 보일지라도 말이다. 어릴 때부터 자기와 타인에게 유익한 교육을 받았는데도 진작부터 악함을 드러내고 성인이 되기까지 계속 더 나빠져 타고난 악한이라고, 그 사유방식이 구제불능이

라고 간주되는 사람들이 있다. 그럼에도 우리는 그들이 행하는 것과 행하지 않는 것 때문에 마찬가지로 판정하고 그들의 잘못을 마찬가지로 죄책으로 비난한다. 더 나아가 그들 (어린이들) 자신도 이런 비난이 전적으로 이유가 있다고 여긴다. 그들은 자신이 갖게 된 마음의 가망 없는 자연적 품성에도 불구하고, 다른 모든 사람이 이 경우 스스로에게 책임이 있다고 보는 것과 꼭 마찬가지로, 자기에게 책임이 있는 것처럼 여긴다. 사람의 자의에서 생겨난 모든 것이 (의도적으로 수행된 모든 행위가 의심할 여지없이 그렇듯이) 자유로운 원인성을 근거로 한다고 전제하지 않는다면 이런 일은 일어날 수 없을 것이다. 이 자유로운 원인성은 이른 소년기부터 현상들 (행위들) 중에 있는

성격에서 드러난다. 이들 현상은 행동의 제일성(齊一性) 때문에 자연 연관을 알려주지만, 의지의 나쁜 성질을 필연적으로 만드는 것은 자연 연관이 아니다. 오히려 자연 연관은 자발적으로 받아들인 악하고 불변적인 원칙들의 결과, 즉 의지를 더욱더 비난받아 마땅하고 벌받아 마땅하게 만드는 원칙들의 결과다.

그러나 자유가 감성계에 속하는 존재자 안에서 자연기계성과 결합해야 하는 한, 자유에는 여전히 어려움이 있다. 이 어려움은 [즉 자유가 자연기계성과 결합해야 할 때의 어려움은] 이상의 논의가 모두 승인된 후에도 자유를 완전히 몰락하도록 위협한다. 그러나 이러한 위험이 있음에도 동시에, 자유를 주장하는 일이 다행스러운 결말에 A 180 이를 희망을 주는 사정이 있다. 그것은 이 동일한 어려운 점이 시공간 안에서 규정 가능한 실존을 사물 자체의 실존으로 간주하는 체계를 더욱 강력하게 (곧 살펴보겠지만, 사실상 오로지) 억제하고, 따라서 가장 중요한 것, 즉 우리가 시간의 관념성을 감성적 직관의 순전한 형식으로만, 그러므로 감성계에 속하는 것으로서 주관에 고유한 순전한 표상방식으로만 전제하는 것을 포기하도록 강요하지 않는다는 사정, 그래서 단지 시간의 관념성을 자유 이념과 결합하는 것을 요구할 뿐이라는 사정이다.

예지적 주관이 어떤 주어진 행위와 관련하여, 비록 감성계에도 속하는 이 주관이 동일한 행위와 관련하여 기계적으로 조건 지어진다 할지라도 여전히 자유로울 수 있다는 우리 주장을 사람들이 인정할지라도, 보편적 근원 존재자인 신이 실체의 실존 원인이기도 하다는 것을 (이것은 모든 존재자의 존재자로서 신이라는 개념과 신학에서 모든 것의 관건이 되는 신의 자족성을 동시에 포기하지 않는 한 결코 포기할 수 없는 명제다) 이 사람들이 받아들이는 즉시 인정할 수밖에 없는 듯이 보이는 것이 또 있다. 그것은 인간 행위들이 **전적으로** 인간이 지 V 101

배하지 않는 것에 규정근거를 둔다는 것이다. 말하자면 인간과 구별되는 최고 존재자의 원인성, 즉 인간의 현존과 원인성의 전 규정이 전적으로 의존하는 최고 존재자의 원인성에서 그 규정근거를 갖는

다는 것이다. 시간 내에 있는 인간의 규정에 속하는 대로의 인간 행위가 순전히 현상으로서 동일한 인간의 규정이 아니라, 사물 자체로서 인간의 규정이라고 한다면 사실상 자유는 구출될 수 없을 것이다. 이 경우 인간은 모든 작품의 최고 명장이 조립하고 조종하는 꼭두각시 혹은 보캉송[11]의 자동 기계일 것이다. 자기의식이 이 자동 기계를 사실상 생각하는 자동 기계로 만들지는 몰라도, 자동 기계 안에서 일어나는 자발성에 대한 의식은, 만일 이 자발성이 자유로 간주된다면 순전한 착각일 것이다. 이때 자유는 오직 비교적으로만 자유라고 일컬을 만하기 때문이다. 이것이 비교적 자유인 까닭은 가장 근접해서 규정하는 인간의 운동 원인과 다시 이 운동 원인을 규정하는 원인으로 거슬러 올라가기까지 기나긴 계열이 인간의 내면에 있기는 하겠지만 그럼에도 마지막 최고 원인이 전적으로 타자의 수중에 있기 때문이다. 그러므로 내가 알 수 없는 것은, 시간과 공간을 사물 자체의 현존에 속하는 규정들로 간주하는 견해를 견지하는 사람들이 어떻게 이 경우 행위의 숙명성을 피하려 하는가 하는 것이다. 아니면 사람들이 (다른 경우에는 총명한 멘델스존[12]이 그랬던 것처럼) 곧바로 시간과 공간을 유한하고 파생된 존재자의 실존에만 필연적으로 속한 조건들로 간주할 뿐 무한한 근원 존재자의 실존에 필연적으로 속하는 조건들로는 인정하지 않을 경우, 어디서 이렇게 구별할 권한을 갖는지를 어떻게 정당화하려는지 알 수 없다.[13] 더 나아가 사람들이 시간 내 현존을 유한한 사물들 자체에 필연적으로 속하는 규정으로 간주하면서, 시간 (혹은 공간) 자체의 원인일 수 없는 신을 (시간은 사물의 현존에 아프리오리한 필연적 조건으로 전제될 수밖에 없으므로)

이러한 시간 내 현존의 원인으로 간주할 경우, 그들이 범하는 모순을 어떻게 피하려는지 알 수 없다. 이렇게 되면 결국 신의 원인성 자체가 이 사물들의 실존과 관련하여 시간에 따라 조건 지어질 수밖에 없는데 이것은 불가피하게 신의 무한성·독립성 개념과 정면으로 모순될 수밖에 없다.[14] 이에 반해 신적 실존을 감각계 존재자의 실존과 구별하여 모든 시간 조건에 독립적인 것으로 규정하는 것, 즉 신적 실존을 **존재자 자체의 실존**으로 규정하여 **현상 내 사물**의 실존과 구별하는 것은 우리에게 아주 쉽다. 그러므로 시간과 공간의 관념성을 받아들이지 않으면 남는 것은 오직 **스피노자**[15]주의뿐이다. 스피노자주의에서 시간과 공간은 근원 존재자 자체의 본질적 규정들이지만 이 근원 존재자에 의존적인 사물들은 (따라서 우리 자신도) 실체들이 아니라 순전히 이 근원 존재자에 속하는 우유성(遇有性)들일 뿐이다. 이 사물들이 순전히 근원 존재자의 결과들로만 **시간** 내에서 실존할 경우 그리고 시간이 이 사물들의 실존 자체의 조건이라면, 이들 존재자의 행위도 순전히 근원 존재자의 행위, 즉 근원 존재자가 어떤 곳에서 어떤 때 실행한 행위일 수밖에 없기 때문이다. 그러므로 스피노자주의는 근본이념이 불합리한데도 창조론에 따라 나올 수 있는 것보다 훨씬 일관되게 추론한다. 그것은 창조론이, 실체로 받아들여진 그 자체 시간 내에서 실존하는 존재자를 최상 원인의 결과로 간주하면서도 동시에 이 존재자를 최상의 원인과 이 원인의 행위에 속하는 것으로 간주하지 않고 독자적인 실체로 간주할 때다.

위에서 어렵게 생각된 점은 다음과 같이 간단명료하게 해결된다. 시간 내 실존이 세계 안에서 사유하는 존재자들의 순전한 감성적 표상 방식이라면, 따라서 사물들 자체와는 관계하지 않는다면 이 존재자들의 창조는 사물들 자체의 창조다. 창조 개념은 실존의 감성적 표상 방식과 인과성에 속하는 것이 아니라 오직 예지체들과만 관계할 수 있기 때문이다. 그러므로 내가 감성계 내의 존재자들에 대해 이 존재자들이 창조되었다고 말한다면, 나는 그런 한 이 존재자들을 예지체들로 간주하는 것이다. 따라서 신이 현상들의 창조자라고 말하는 것이 모순이듯이, 신이 창조자로서 감성계 내의 행위들, 즉 현상으로서 행위들의 원인이라고 말하는 것도 모순이다. 이 신이 (예지체들로서) 행위하는 존재자들의 현존의 원인이라 하더라도 말이다. 이제 (우리가 시간 내의 현존을, 순전히 현상에 대해서만 유효할 뿐 사

A 184 물 자체에 대해서는 유효하지 않은 것으로 받아들이기만 한다면) 현상으로서 행위의 자연기계성과 상관없이 자유를 주장하는 것은 가능하다. 그래서 행위하는 존재자가 피조물이라는 사태가 이 행위의 자연기계성을 조금이라도 변화시킬 수는 없다. 창조는 이 존재자의 예지적 실존에 해당하지 감성적 실존에는 해당하지 않아서 현상의 규정근거로 간주될 수 없기 때문이다. 그러나 만일 세계 존재자가 사물 자체로 시간 내에 실존한다고 한다면 상황은 아주 달라질 것이다. 실체의 창조자가 동시에 이 실체에서 전체 기계구조의 창조자일 것이기 때문이다.

V 103 이런 점에서 보면 순수사변이성비판에서 시간(및 공간)을 사물 자체의 실존과 분리한 것은 대단히 중요하다.

누군가는 여기서 제시한 문제 해결은 그 자체에 어려움이 더 많으며 명쾌한 해명과 거리가 멀다고 말할 것이다. 그러나 도대체 사람들이 시도했거나 시도할 어떤 다른 해결이 이보다 더 쉽고 이해가능한가? 오히려 사람들은 형이상학의 독단적 교사들이 솔직함보다는 교활함을 더 많이 보여주었다고 말할지도 모른다. 이 독단적 교사들이 가능한 한 어려운 점을 회피하되, 아무 말도 하지 않으면 그 누구도 그것을 쉽게 생각하지 않을 것이라는 희망에서 그렇게 했을 때 말이

A 185 다. 어떤 학문에 도움을 주려면 모든 어려운 점을 파헤치고 도중에 은

밀히 도사리고 있는 어려운 점들까지 찾아내야 한다. 어려운 점마다 [우리가] 해결할 수단을 찾도록 만들고, 이 수단이 발견될 때 학문은 외연상으로건 내포상으로건 성장할 수 있기 때문이다. 이 과정에서 는 장애조차도 학문의 깊이가 더해지도록 촉진하는 수단이 된다. 반 면 어려운 점들이 의도적으로 은폐되거나 순전히 진정제로만 제거 된다면, 이것은 조만간 불치병, 즉 학문을 완전한 회의주의로 몰락하 게 할 병으로 도질 것이다.

* * *

원래 순수사변이성의 모든 이념 가운데 초감성적인 것의 영역에 서 그토록 커다란 확장을, 비록 이 확장이 오직 실천적 인식과 관련 한 것이기는 하지만, 유일하게 제공한 것은 자유 개념이다. 그래서 내가 스스로 묻는 것은 왜 유독 이 개념에 그토록 큰 생산성이 있는가 하는 것이다. 다른 이념들은 [즉 영혼불멸이라는 이념과 신이라는 이 념은] 사실상 순수하고도 가능적인 지성적 존재자들, 즉 어떤 것으로 도 그 개념이 규정될 수 없는 이성적 존재자들을 위한 빈자리를 표시 할 뿐인데 말이다. 내가 곧 파악하는 것은, 범주 없이는 아무것도 사 고할 수 없으므로 먼저 이 범주를 내가 다루는 자유라는 이성 이념 에서도 찾아야만 한다는 점 그리고 이 경우 범주는 원인성의 범주라 는 점이다. 또 내가 곧 파악하는 것은, 한계를 넘는 개념으로서 자유 라는 이성 개념 아래 이 개념에 조응하는 아무 직관도 마련할 수 없지 **A 186** 만 그럼에도 (원인성이라고 하는) 이 지성 개념, 즉 그 종합을 위해 이 이성 개념이 무제약자를 요구하는 지성 개념에 대해서는 감성적 직 관, 즉 지성 개념에 비로소 객관적 실재성을 확보하게 하는 감성적 **V 104** 직관이 미리 주어져야만 한다는 점이다. 그런데 모든 범주는 두 부류로 나뉘는데 순전히 객관의 표상에서 종합의 통일과만 관계하는 수학적 범주와 객관의 실존의 표상에서 종합적 통일과 관계하는 **역학적 범주**로 나뉜다. 수학적 범주(양의 범주와 질의 범주)는 언제나 **동종적인 것의** 종합을 내포하는데, 이러한 종합에서는 감성적 직관에 주어지는 시공간 내 피제약자에 대해 무제약자가 결코 발견될 수 없다. 무제약자 자체도 다시 시간과 공간에 속해서 다시금 제약될 수밖에 없기 때문이다. 그러므로 이성이 무제약자와 제약들의 총체를 발견하는 두 종류의 상호 대립적 방식들은 모두 순수이론이성의 변증론에서도 거짓이었다. 둘째 부류의 범주들(사물의 원인성 범주와 필연성 범주)은 이러한 (종합에서 피제약자와 제약의) 동종성을 전혀 요구하지 않았다. 여기서 표상되어야 하는 것은 다양에서 합성되는 직관이 아니었기 때문이다. 여기서 표상되어야 하는 것은 이 직관에 조응 A 187 하는 제약된 대상의 실존이 어떻게 제약의 실존에 (지성에서 이 제약과 결합한 것으로) 덧붙여지는가 하는 것이다. 이때 허용된 것은 감성계 내에 있는 철저히 제약된 것에 (사물 자체의 인과성과 관련하여 그리고 사물 자체의 우연적 현존과 관련하여) 무제약자를, 비록 그 외로는 규정되지 않지만 예지계에 세우는 일, 그래서 종합을 초험적으로 만드는 일이다. 그래서 순수사변이성비판의 변증론에서도, 피제약자에 대해 무제약자를 발견하는 외관상 상호 대립적인 방식들이 실은 모순되지 않는다는 점, 예를 들어 인과성의 종합에서 감성계의 원인과 결과 계열 내에 있는 피제약자에 대해 더는 감성적으로 제약되지 않는 인과성을 사유하는 것이 사실 모순되지 않는다는 점이 드러났다. 그리고 감성계에 속해서 언제나 감성적으로 제약된 행위, 다시 말해 기계적으로 필연적인 행위가, 예지적 세계에 속하는 한에서 행위 존재자의 인과성에 속하는 것으로는 동시에 감성적으로 무제약적인 인과성도 근거로 가질 수 있고 따라서 자유로운 것으로도 사유될 수 있다는 점도 드러났다. 그래서 관건은 행위가 자유로울 수 있다[가능]가 자유이다[존재]로 바뀔 것인가 하는 문제뿐이었다. 다시 말해 어떤 행위들이 이러한 인과성(지성적 인과성, 감성적으로 무제약적인 인과성)을 전제한다는 것을 우리가 실제 경우에서, 말하자면 사실로 증명하듯이 그렇게 증명할 수 있느냐는 것이었다. 이 어떤 행위들이 현실적 행위들이든 아니면 명령되는, 즉 객관적·실천적으로 필연적인 행위들이든 말이다. 감성계의 사건으로 실제로 경험에 주어지는 행위에서는 우리가 이러한 결합을 만나리라고 희망할 수 없었다. A 188; V 105 자유에 의한 인과성은 항상 감성계 밖의 예지적인 것에서 찾을 수밖에 없기 때문이다. 그러나 감성적 존재자들 밖의 다른 사물들은 우리가 지각하고 관찰하도록 주어지지 않는다. 따라서 남은 것이라고는 자신의 규정에서 모든 감성적 조건을 배제하는, 반박할 수 없으면서도 객관적인 인과성 원칙이 발견될 것인가 하는 것밖에 없었다. 다시 말해 인과성과 관련하여 이성이 더는 다른 어떤 것을 규정근거로 불러들이지 않고, 이성 자신이 이미 규정근거를 포함하도록 만드는 원칙, 따라서 이성이 순수이성으로서 그 자체로 실천적일 때의 원칙이 발견될 것인가 하는 것밖에 없었다. 그러나 이 원칙은 굳이 찾거나 고안할 필요가 없다. 이 원칙은 오래전부터 모든 인간 이성에 있어왔고 인간 이성의 본질과 일체를 이루고 있다. 이 원칙은 도덕성의 원칙이다. 따라서 저 무제약적 인과성과 이 인과성의 능력인 자유 그리고 감성계에 속하지만 동시에 예지적인 것에 속하는 것으로서 이 자유를 갖는 존재자는 (나 자신은) 순전히 비규정적·개연적으로만 사고되지는 (이 일이 가능하다는 것을 사변이성은 이미 제시할 수 있었다) 않았고, 심지어 자유의 인과성 법칙과 관련해서 규정적·실연적으로 인식되었다. 그래서 예지계의 현실성이 우리에게, 실제로 실천적 관점에서 규정적으로 주어졌다. 이러한 규정은 이론적 관점에서는 초험적 A 189

(한계를 넘는 것)이겠지만 실천적 관점에서는 **내재적**이다. 그러나 우리는 이와 동일한 절차를 둘째 역학적 이념, 즉 **필연적 존재자**의 이념과 관련해서는 밟을 수 없었다. 우리는 첫째 역학적 이념[즉 자유의 인과성]을 통하지 않고는 감성계로부터 이 필연적 존재자로 나아갈 수 없었다. 만일 우리가 이것을 시도하려고 했다면 비약을 감행할 수밖에 없었을 것이다. 이 비약이란 우리에게 주어진 모든 것을 떠나 이러한 예지적 존재자를 감성계와 결합할 때 거칠 수 있을, 그 어떤 매개도 우리가 가지지 않는 어떤 것으로 뛰어드는 일이다(필연적 존재자가 우리 외부에 주어진 것으로 인식되어야 하기 때문이다). 이에 반해 이렇게 예지적 존재자를 감성계와 결합하는 것은 우리의 고유한 **주관**과 관련해서는 아주 충분히 가능한데, 이는 다음과 같은 한에서다. 즉 이제 분명히 드러났듯이 우리 주관이 도덕법칙에 의하여 **한편으로는** 자신이 예지적 존재자로 (자유에 힘입어) 규정됨을 인식하고, **다른 한편으로는** 이러한 규정에 따라 감각계에서 활동적인 것으로 스스로 인식하는 한에서 말이다. 피제약자와 감성적인 것에 대해 무제약자와 예지적인 것을 발견하려 우리 밖으로 나갈 필요가 없도록 하는 유일한 것은 자유 개념이다. 자신을 최고의 무제약적 실천법칙을 통해 인식하는 것은 우리 이성 자신이기 때문이다. 그리고 이 법칙을 의식하는 존재자를 (우리의 고유한 인격을) 순수지성계에 속하는 것으로 인식하되 그것도 스스로 그러한 존재자로서 활동적일 수 있는 방식의 규정을 가지면서 인식하는 것은 우리 이성 자신이다. 이렇게 해서 우리가 이해한 것은 전체 이성능력 가운데 왜 **오로지 실천적 능력**만이 우리가 감성계를 넘도록 도울 수 있는지, 왜 이 능력만이 초감성적 질서와 초감성적 결합에 대한 인식을 제공할 수 있는지 하는 것이다. 물론 바로 이 [실천적 능력] 때문에 이러한 인식은 순수한 실천적 관점에서 꼭 필요한 만큼만 확장될 수 있다.

V 106

A 190

이 기회에 하나만 더 주의를 주는 것을 허락하기 바란다. 우리가 순수이성과 더불어 이룬 발걸음마다, 그것이 심지어 우리가 섬세한 사변을 전혀 고려하지 않는 실천 영역의 발걸음이라 하더라도, 이론 이성비판의 모든 계기에 아주 정확하게 그것도 자연스럽게 잘 들어맞는다. 마치 순전히 잘 들어맞는 것을 확증하기 위해서 숙고된 의도를 가지고 매 발걸음이 고안된 것처럼 말이다. 이렇게 실천이성의 가장 중요한 명제들이 사변이성비판의 종종 너무 세밀하고 불필요한 듯이 보이는 언급들과, 전혀 추구하지 않았는데도 자연스럽게(우리가 그 원리에 이르기까지 도덕적 탐구를 진행하려고만 하면 확신할 수 있듯이), 정확하게 일치하는 것은 뜻밖의 놀라운 일이다. 이 일치는 이미 다른 사람들이 인식하고 칭송한 준칙, 즉 학문을 연구할 때면 가능한 모든 정확성과 솔직함으로 흔들림 없이 길을 가되, 연구 영역 A 191 의 바깥에서 맞닥뜨릴 반대에 괘념하지 말고 할 수 있는 한 독자적으로 진실하고 완전하게 완수하라는 준칙을 확고하게 한다. 자주 관찰한 끝에 내가 확신하게 된 것이 있다. 어떤 일을 반 정도 했을 때 외부의 다른 이론들을 고려하면 종종 매우 의혹스럽게 보였던 것이, 끝날 때까지 이 의혹에 신경 쓰지 않고 내 문제에만 주의를 기울이면, 나중에 이 일을 완수했을 때 예기치 않게도 다른 이론들을 조금도 고려하지 않고서 그리고 다른 이론들을 편들거나 편애하지 않고서 스스로 발견했던 것과 결국 완벽하게 일치했다는 사실이다. 저술가들이 좀더 솔직하게 작업하겠다고 결심할 수만 있다면 많은 오류와 헛수고를 (수고가 헛된 것은 환상에 몰두했기 때문이다) 덜게 될 것이다.

제2권
순수실천이성의 변증론
제1장
순수실천이성 일반의 변증론

사변적 사용에서 고찰되건 실천적 사용에서 고찰되건 순수이성은 언제나 변증론을 갖는다. 순수이성은 주어진 피제약자에 대해 제약들의 절대적 총체를 요구하는데 이 총체는 단적으로 오직 사물들 자체에서만 만날 수 있기 때문이다. 그러나 사물의 모든 개념은 직관, 즉 우리 인간에서 감성적일 수밖에 없는 직관과 관계할 수밖에 없다. 따라서 대상은 사물 자체로 인식되지 않고 순전히 현상으로만 인식되는데, 이 현상들이 피제약자와 제약으로 계열을 이룰 때 이 계열 안에서는 결코 무제약자가 발견될 수 없다. 그렇기 때문에 제약들의 총체라고 하는 (따라서 무제약자라는) 이성 이념을 현상에 적용하면 하나의 불가피한 가상, 즉 이 현상이 마치 사태 자체인 것 같은 가상이 생겨난다(비판의 경고가 없으면 현상은 언제나 사태 자체로 간주된다). 그런데 만일 이성이 자기 자신과 **상충**하는 일을 통해 가상이 스스로 드러나지 않는다면 이 가상은 결코 기만적인 것으로 인지되지 않을 것이다. 이 상충은 모든 피제약자에 대해 무제약자를 전제하는 이성 원칙을 현상들에 적용하는 데서 생긴다. 그러나 이로써 이성은 이러한 가상이 어디서 비롯되었는지, 어떻게 이 가상을 없앨 수 있는지 추적하지 않을 수 없다. 이 추적은 전체 순수이성능력을 철저히 비판하지 않고는 할 수 없다. 그래서 순수이성의 변증론에서 드러나는 순수이성의 이율배반은 실은 인간 이성이 지금껏 빠져들 수 있었던 가장 유익한 탈선이다. 결국 이 미로에서 벗어날 열쇠를 찾게 만들기 때문이다. 만일 발견된다면 이 열쇠는 우리가 추구하지는 않았지만 필요했던 것, 말하자면 사물의 더 높은 불변적 질서에 대한 전망을 드러낼 것이다. 우리는 지금 이미 이러한 질서 속에 있으며, 더 _{V 108} 나아가 이런 질서 속에서 이성의 최고 사명에 적합하게 우리의 현존을 지속하라고 특정 지침들이 우리에게 지시할 수 있는 것이다.

_{A 194} 어떻게 순수이성의 사변적 사용에서 자연적 변증론을 해소할지, 어떻게 그밖의 자연적 가상에서 비롯하는 오류를 막을 수 있을지 하는 것은 이 능력에 대한 비판에서 자세히 볼 수 있다. 그런데 이성의 실천적 사용에서도 사정은 나을 게 없다. 이성은 순수실천이성으로서 [사변적 사용에서와] 마찬가지로 실천적으로 제약된 것(경향성과 자연적 요구에 근거하는 것)에 대해 무제약자를 추구하기는 하지만 의지의 규정근거로 이 무제약자를 추구하는 것은 아니다. 이성은 이 의지의 규정근거가 (도덕법칙에) 주어졌음에도 순수실천이성의 대상의 무제약적 총체를 **최고선**이라는 이름 아래 추구한다.

이 이념을 실천적으로, 다시 말해 우리의 이성적 행동의 준칙을 위해 충분하게 규정하는 것이 **지혜론**이다. 학문으로서 지혜론이 고대인들이 이해한 의미에서 철학이다. 고대인들에게 철학은 최고선의 개념적 위상에 대한 가르침, 최고선을 가져올 행동에 대한 가르침이었다. 우리가 철학이라는 말을 고대적 의미로 **최고선에 대한 학설**로 두는 것도 좋다. 이성이 이 학설에서 최고선을 학문화하려고 노력하는 한에서 말이다. 한편으로, 그렇게 하는 것이 좋은 이유는 다음에서 찾을 수 있다. 최고선에 대한 학설이라는 정의에 딸린 [이성이 최고 _{A 195} 선을 학문으로 만들려고 노력하는 한에서라는] 제한 조건은 (지혜에

대한 사랑을 의미하는) 그리스어 표현에 적합할 것이다. 동시에 이 제한 조건은 철학이라는 이름 아래 학문에 대한, 따라서 이성의 모든 사변적 인식에 대한 사랑을 함께 포섭하기에 충분할 것이다. 이 사변적 인식이 저 최고선 개념을 위해서도 또 실천적 규정근거를 위해서도 학문에 유익한 한에서 말이다. 그러면서도 이 제한 조건은 오직 철학만이 지혜론이라고 불릴 때 그 까닭이 되는 주요 목적을 도외시하지 않을 것이다. 다른 한편, 감히 철학자라는 명칭 자체를 주제넘게 차지하려는 사람의 자만을 꺾는 것도 나쁘지는 않다. 우리가 이 사람에게 철학의 정의로 자신을 평가할 기준을 제시한다면 이 사람의 주장은 매우 약화될 것이다. 지혜의 교사는 학생 이상의 무엇을 의미할 것이기 때문이다. 학생은 다른 사람은 고사하고 자기 자신이라도, 철학이 지향하는 목적을 흔들리지 않게 고대하면서 이끌기에는 한참 부족하다. 지혜의 교사는 지혜에 대한 지식에서 대가(大家)를 의미할 것이다. 지혜에 대한 지식에서 대가라는 이 말은 평범한 사람이 자신을 그렇게 참칭한다고 그 의미가 다 표현되는 것은 아니다. 철학은 지혜 V 109 자체와 마찬가지로 언제나 하나의 이상으로 머무를 것이다. 이 이상은 객관적으로는 오직 이성에서 온전히 표상될 수 있지만 주관적으로는 인격이 끊임없이 추구하는 목표일 뿐이다. 철학자라고 자칭하면서 이 이상을 소유한다고 말할 권리가 있는 사람은 오직 철학에 틀림없이 동반되는 효과(자기 자신에 대한 지배에서 그리고 철학자가 특 A 196 별히 보편적 선에 대해 보이는 주저 없는 관심에서 드러나는 효과) 또한 자기 인격에서 본보기로 제시할 수 있는 사람이다. 고대인들에게도 이 본보기는 철학자라는 명예로운 이름의 자격 요건이었다.

순수실천이성의 변증론에서 최고선 개념을 규정하는 대목과 관련하여 미리 환기해두어야 할 것이 있다(만일 그 해소가 성공적이라면 실천이성의 변증론은 이론이성의 변증론과 마찬가지로 가장 유익한 효과를 기대하게 만든다. 이런 효과는 순수실천이성에 있는 자신과의 모순이 곧이곧대로 숨김없이 드러나서 이 이성의 고유한 능력을 철저히 비판하게 되는 것으로 나타난다).

도덕법칙은 순수한 의지의 유일한 규정근거다. 그러나 도덕법칙은 순전히 형식적이기 때문에 (즉 준칙의 형식만 보편적으로 입법적인 것으로 요구하기 때문에) 규정근거인 이 법칙은 모든 질료, 즉 의욕의 모든 객관을 도외시한다. 따라서 최고선은 순수실천이성, 다시 말해 순수한 의지의 전체 대상이긴 하지만 그렇다고 해서 최고선이 순수한 의지의 **규정근거**로 여겨질 수는 없다. 오직 도덕법칙만이 최고선과 최고선의 실현 혹은 촉진을 객관으로 만드는 근거로 여겨져야 한다. 이것을 환기하는 것은 중요하다. 도덕적 원리를 규정하는 것과 같은 미묘한 경우에는 조금이라도 오해가 있으면 심정을 그릇되게 하기 때문이다. 분석론에서 알게 되었듯이 우리가 도덕법칙에 앞서서 어떤 객관을 선의 이름 아래 의지의 규정근거로 받아들여 이 객관으로부터 최상의 실천적 원리를 도출한다면 이런 일은 언제나 타율을 가져올 테고 도덕원리를 몰아낼 것이다.

A 197

그러나 최고선 개념에 최상의 조건으로 이미 도덕법칙이 [행복과] 함께 포함되어 있다면 최고선은 순전히 **객관**이기만 한 것은 아닐 것이다. 이 경우 최고선 개념도 그리고 우리 실천이성에 의해 가능한 최고선의 실존에 대한 표상도 동시에 순수의지의 **규정근거**일 것이다. 이것은 자명하다. 이 경우 최고선 개념에 포함되고 같이 사유된 도덕법칙이 자율 원리에 따라 실제로 의지를 규정하지, 어떤 다른 대상이 의지를 규정하지는 않기 때문이다. 의지를 규정하는 것과 관련한 개념들의 이러한 순서에서 눈을 떼서는 안 된다. 눈을 뗀다면 우리는 모든 것이 완전한 조화를 이루며 병존하는데도 스스로 오해하고 모순적이라고 믿을 것이기 때문이다.

V 110

제2장
최고선 개념 규정에서 순수이성의 변증론

이미 **최고**라는 개념이 두 가지 뜻으로 해석될 수 있기 때문에 주의하지 않으면 불필요한 논쟁이 생길 수 있다. 최고는 최상[1]을 의미하거나 아니면 완전[2]도 의미할 수 있다. 최상은 그 자체로 무조건적인 조건, 다시 말해 어떤 다른 조건에도 종속하지 않는 조건이다. 완전은 다음과 같은 전체, 즉 같은 종류이면서 자신보다 더 큰 전체의 부분을 이루지 않는 전체다. (행복할 자격으로서) 덕은 우리에게 오직 바랄 만한 것으로 여겨질 [옳은 것으로 여겨지는지는 상관없이] 모든 것의 **최상** 조건, 따라서 행복에 대한 우리의 모든 추구의 최상 조건, 요컨대 최상선이다. 이상은 분석론에서 증명되었다. 덕은 최상선에 불과하므로 아직 유한한 이성적 존재자들의 욕구능력 대상인 전체적이고도 완전한 선은 아니다. 전체적이고도 완전한 선이려면 덕에 더하여 **행복** 또한 요구되기 때문이다. 이는 자기 자신을 목적으로 만드는 인격의 편파적인 눈에만 그런 것이 아니라 세계 내 인격 일반 A 199 을 목적 자체로 여기는 편파적이지 않은 이성의 판단에서조차 그러하다. 행복이 필요하고 행복할 자격도 있는데 행복을 누리지 못하는 것은 어떤 이성적 존재자의 완전한 의욕에 결코 부합할 수 없기 때문이다. 우리가 이러한 이성적 존재자를 시험 삼아 생각해본다 하더라도 이 존재자는 모든 권능을 지닌 존재자일 것이다. 이제 덕과 행복은 함께 한 인격에서 최고선의 소유를 구성하되 행복이라 하더라도 도덕성에 (인격의 가치로서 도덕성에, 이 인격의 행복할 자격으로서 도덕성에) 아주 정확히 비례해서 할당되었을 때, 가능한 세계의 **최고선**을 구성한다. 이런 한에서 최고선은 전체, 즉 완전한 선을 의미한다. 그러나 이 완전선에서 덕은 항상 조건으로서 최상선이다. 더는 아무 상위 조건도 갖지 않기 때문이다. 행복은 그것을 소유한 사람에게는 늘 쾌적한 어떤 것이겠지만 그 자체만으로는 단적으로 선하지 않으며 모든 점에서 선한 것도 아니다. 오히려 이 완전선에서 행복은 언제나 도덕적·합법칙적 행동을 조건으로 전제한다.

하나의 개념 안에 **필연적으로** 결합한 두 규정은 근거와 결과로 결합할 수밖에 없다. 이 통일은 **분석적인** 것으로 (논리적 결합으로) 여겨지거나 아니면 **종합적인** 것으로 (실재적 연결로) 여겨진다. 앞의 것은 동일률에 따른 결합이며 뒤의 것은 인과율에 따른 연결이다. 그래서 덕과 행복의 결합은 다음 둘 가운데 하나로 이해할 수 있다. 먼저 덕스럽고자 노력하는 것과 이성적으로 행복을 추구하는 것이 두 가지 다른 행위가 아니라 전적으로 동일한 행위일 경우다. 이 경우 덕의 이유가 되는 준칙은 행복의 이유가 되는 준칙과 다를 필요가 없다. 아니면 원인이 결과를 산출하듯, 덕이 덕의 의식과는 구별되는 어떤 것인 행복을 산출하는 식으로 덕과 행복이 결합하는 경우다.

원래 고대 그리스 학파들 가운데 덕과 행복을 최고선의 두 가지 다른 요소로 여기지 않는다는 점에서 최고선 개념을 규정할 때 사실상 같은 방법을 좇은 학파는 둘뿐이었다. 따라서 이 두 학파는 동일성 규칙에 따라 원리의 통일을 추구했다. 그러나 이 두 학파는 덕과 행복 가운데 근본 개념이 되는 것을 서로 다르게 선택하면서 갈라섰다. 에피쿠로스주의자는 행복으로 인도하는 자기 준칙을 의식하는 것이 덕이라고 말했고 **스토아주의자**는 자신의 덕을 의식하는 것이 행복이라고 말했다. 에피쿠로스주의자에게는 **영리함**이 도덕성과 다름없었고, 덕을 좀더 높은 것으로 지정하는 쪽을 택한 스토아주의자에게는 오로지 **도덕성**만이 참된 지혜였다.

유감스러울 수밖에 없는 것은 이들의 모든 총명함이 (동시에 우리 A 201 가 이들에 대해 놀랄 수밖에 없는 것은 그렇게 이른 시기에 이미 철학적 영토 확장에서 생각해낼 수 있는 모든 길을 시도했다는 점이다) 불행하게도 행복과 덕이라는 극단적으로 이종적인 개념들 사이에서 동일성을 찾아내는 데 적용되었다는 것이다. 그러나 본질적이고도 결코 통일될 수 없는 원리상 차이를 용어 논쟁으로 바꾸려고 시도함으로써 제거하는 것, 그래서 순전히 다르게 명명될 뿐 개념은 하나라는 V 112 식으로 겉으로 문제를 덮어버려 제거하는 것은 당시 변증적 정신에 걸맞았다. 오늘날에도 치밀한 사람이 종종 이런 일에 현혹되긴 하지만 말이다. 대개 이런 일이 일어나는 것은 종류가 다른 근거들을 통일하는 일이 너무도 근본적·고차원적 사안과 관련되는 까닭에, 혹은 그때까지 철학적 체계에서 받아들여졌던 이론들을 너무도 철저히 바꾸도록 요구하는 까닭에 실재하는 차이를 깊게 들여다보기를 두려워하고 차라리 이 차이를 순전히 형식상 불일치로 취급하는 경우다.

두 학파가 덕의 원리와 행복의 원리가 한가지라는 것을 찾아내려 시도했지만 그렇다고 해서 이 동일성을 끌어내려고 한 방법에서 일치한 것은 아니었다. 그 원리를 한쪽은 감성적 측면에, 다른 한쪽은 논리적 측면에 두었기 때문에 그리고 한쪽은 감성적 욕구를 의식하 A 202 는 것에, 다른 한쪽은 모든 감성적 규정근거로부터 실천이성이 독립적이라는 데 두었기 때문에 두 학파는 오히려 간격을 무한히 벌리며 갈렸다. 에피쿠로스주의자에 따르면 덕 개념은 자기 행복을 촉진한다는 준칙에 이미 놓여 있었던 반면, 스토아주의자에 따르면 행복 감정은 자신의 덕을 의식하는 것에 포함되어 있었다. 그런데 어떤 다른 개념에 포함된 것은 그것의 부분과 한가지이긴 하지만 전체와는 한가지가 아니다. 게다가 두 전체는 설령 동일한 소재로 구성되었다고 하더라도 종적으로 서로 구별할 수 있다. 말하자면 두 전체에서 부분들이 각 전체에 대해 서로 완전히 다른 방식으로 결합하는 경우 말이다. 스토아주의자가 주장한 것에 따르면 덕이 전체 최고선이며 행복은 주관의 상태에 속하는 것으로 덕을 소유하고 있다는 의식일 뿐이다. 에피쿠로스주의자가 주장한 것에 따르면 행복이 전체 최고선이며 덕은 단지 행복을 추구하기 위해 준칙이 갖는 형식, 즉 행복에 이르는 수단을 이성적으로 사용할 때 준칙이 갖는 형식일 뿐이다.

분석론이 분명히 밝힌 것은 덕의 준칙과 자기 행복의 준칙이 최상의 실천 원리와 관련하여 완전히 다른 종류라는 것과 비록 최고선을 가능하게 만들기 위해 덕과 행복이 하나의 최고선에 속하기는 하지만, 이 둘이 일치하기는커녕 동일한 주관 안에서 서로 제한하고 해를 끼친다는 것이다. 그래서 **어떻게 최고선이 실천적으로 가능한가** 하는 문제는 지금까지 행복과 덕을 **결합**하려고 온갖 **시도**를 했지만 여전히 풀리지 않은 과제다. 이 문제를 해결하기 어려운 과제로 만드는 것은 분석론에서 제기했다. 그것은 행복과 도덕성이 종적으로 최고선의 완전히 **상이한** 두 요소라서 이 둘의 결합을 분석적으로 (이를테면 자기 행복을 추구하는 사람이 이렇게 자기 행복을 추구하는 행동에서 순전히 자신의 개념들을 분석함으로써 자신을 덕스럽다고 보게 된다든지 아니면 덕을 좋는 사람이 이러한 덕을 좋는 행위를 의식하면서 이미 덕을 의식하는 것 자체 때문에 자신을 행복하다고 여기게 된다든지) 인식할 수 **없으며**, 오히려 이 둘의 결합이 개념들의 **종합**일 거라는 것이다. 그러나 이 결합은 아프리오리한 것으로 따라서 실천적으로 필연

A 203

V 113

적인 것으로 인식되므로, 요컨대 경험에서 유래하지 않은 것으로 인식되므로, 그래서 최고선의 가능성이 아무런 경험적 원리에도 근거를 두지 않으므로 최고선 개념의 연역은 선험적일 수밖에 없다. 의지의 자유에 의하여 최고선을 산출하는 것은 아프리오리하게 (도덕적으로) 필연적이다. 그래서 최고선의 가능성 조건 또한 오로지 아프리오리한 인식 근거에 의거한다.

I

실천이성의 이율배반

우리에게 실천적인, 다시 말해 우리 의지로 실현하는 최고선에서 덕과 행복은 필연적으로 결합된 것으로 사유된다. 따라서 어느 한쪽이 최고선에 속하지 않고는 다른 한쪽도 순수실천이성에서 받아들여질 수 없다. 그런데 이 결합은 (어떤 결합이든 그렇듯이) 분석적이거나 아니면 **종합적**이다. 바로 앞에서 살펴본 것처럼 주어진 이러한 결합은 분석적일 수 없으므로 이 결합은 종합적인 것, 그것도 원인과 결과의 결합으로 사유될 수밖에 없다. 이 결합이 실천적 선, 다시 말해 행위에 의해 가능한 것과 관계하기 때문이다. 그래서 행복을 향한 욕망이 덕의 준칙의 운동 원인일 수밖에 없거나 아니면 덕의 준칙이 행복을 낳는 원인일 수밖에 없거나다. 첫째는 **단적으로 불가능**하다. (분석론이 증명했듯이) 자기 행복을 바라는 것에 의지의 규정근거를 두는 준칙은 전혀 도덕적일 수 없고 아무 덕도 근거 지을 수 없기 때문이다. 둘째 **역시 불가능**하다. 의지가 규정되는 것의 성과로 세계 안에서 원인과 결과가 실천적으로 결합하는 일은 의지의 도덕적 심정을 따르지 않고 자연법칙에 대한 지식과 이 지식을 자기 의도를 위해 사용하는 물리적 능력을 따르기 때문이다. 요컨대 제아무리 도덕법칙을 정확하게 지킨다 하더라도 이 세상에서 행복과 덕이 필연적으로 그리고 최고선을 위해 충분할 정도로 결합하는 일은 결코 기대할 수 없기 때문이다. 그런데 원인과 결과의 이러한 결합을 개념에 내포하는 최고선을 촉진하는 것이 우리 의지의 아프리오리하게 필연적인 객관이기 때문에 그리고 이 최고선의 촉진이 도덕법칙과 불가분적 연관을 맺고 있기 때문에, 첫째[최고선]가 불가능하다는 것은 둘째[도덕법칙]도 거짓이라는 것을 증명할 수밖에 없다. 그래서 실천적 규칙에 따라서는 최고선이 불가능하다면, 최고선을 촉진하라고 명령하는 도덕법칙 또한 환상적일 수밖에 없고 상상의 공허한 목적을 지향할 수밖에 없으며 따라서 그 자체가 거짓일 수밖에 없다.

II
실천이성의 이율배반의 비판적 해소

세계 내 사건들의 인과성에서 자연필연성과 자유 사이의 상충과 비슷한 것이 순수사변이성의 이율배반에 있다. 이 상충은 우리가 사건들과 이 사건이 일어나는 세계 자체를 (그렇게 보아야 하듯) 오직 현상으로만 여길 경우 아무런 진정한 상충도 없을 것이라는 점이 증명됨으로써 제거되었다. 하나이자 동일한 행위 존재자가 **현상으로는** (설령 자기의 고유한 내감의 대상이라 할지라도) 감성계 내의 인과성, 즉 언제나 자연기계성에 따르는 인과성을 갖지만, 행위하는 인격이 자신을 동시에 **예지체로** (시간에 따라 규정되지 않는 현존 중에 있는 순수 예지적 존재로) 여기는 한, 자연법칙에 따르는 저 인과성을 규정하는 근거, 즉 그 자체가 모든 자연법칙으로부터 자유로운 규정근거를 이 동일한 사건과 관련하여 함유할 수 있기 때문이다.

지금 다루려는 순수실천이성의 이율배반에서도 사정은 같다. 두 명제 가운데 행복을 향한 노력이 덕스러운 심정의 근거를 낳는다는 첫째 명제는 단적으로 거짓이다. 그러나 덕의 심정이 필연적으로 행복을 낳는다는 둘째 명제는 단적으로 거짓이 아니라 우리가 덕의 심정을 감성계의 원인성 형식으로 여기는 한에서만 거짓이다. 따라서 이 명제는 내가 감성계 내의 현존을 이성적 존재자가 실존하는 유일한 방식으로 여길 경우 거짓이다. 그러므로 둘째 명제는 오직 조건적으로만 거짓이다. 그러나 나는 내 현존을 지성계의 예지체로도 사유할 권한이 있을 뿐만 아니라 도덕법칙에서 (감성계 내의) 내 원인성 A 207; V 115의 순수지성적 규정근거를 갖기도 한다. 그렇기 때문에 원인으로서 심정의 도덕성이 감성계 내의 결과로서 행복과 연관을 맺는 것이 불가능하지는 않다. 도덕성과 행복의 이러한 연관은 직접적이지 않고 (자연의 예지적 창시자를 통한) 간접적 연관이기는 하지만 필연적 연관이다. 이러한 결합은 순전히 감각 능력의 객관일 뿐인 자연에서는 우연히만 생길 수 있고 최고선을 위해서는 충분할 수 없다.

따라서 실천이성이 자기 자신과 외관상 상충하는 것처럼 보이지만 최고선은 도덕적으로 규정된 의지의 필연적인 최고 목적, 실천이성의 참된 객관이다. 최고선이 실천적으로 가능하고 질료상으로 최고선과 관계하는 의지 준칙이 객관적 실재성을 갖기 때문이다. 최고선과 관계하는 준칙의 이러한 객관적 실재성은 처음에 도덕성과 행복을 보편법칙에 따라 결합할 때 저 이율배반에 의해 타격을 받았지만 이는 순전히 오해에서 비롯했다. 현상들 간의 관계를 이들 현상에 대한 사물들 자체의 관계로 간주했기 때문이다.[3]

우리가 살펴본 대로 최고선의 가능성, 즉 이성이 모든 이성적 존재자에게 지시해준 모든 도덕적 소원의 목표의 가능성은 이와 같은 폭에서, 즉 [감성계를] 예지계와 결합하는 데서 찾을 수밖에 없다. 사정이 이런데도 고대와 근대를 막론하고 철학자들이 덕에 완전히 비례적으로 조응하는 행복을 현세의 생명에서 (감성계에서) 발견했다거나 의식했다고 강변할 수 있었던 것은 놀라운 일이다. 에피쿠로스도 스토아주의자들도 덕을 의식한 생명에서 나오는 행복을 모든 것 위에 두었으니 말이다. 에피쿠로스는 자신의 실천 지침에서 사람들이 그의 이론 원리에서 추론하고 싶었던 것처럼 그렇게 저속하게 생각하지 않았다. 그의 원리들도 설명을 위해 동원된 것일 뿐 행위를 위해 동원된 것이 아니었다. 혹은 에피쿠로스는 많은 사람이 만족이라는 표현 대신 쾌락이라는 표현을 쓴 것에 유혹되어 그의 지침을 해석했던 것처럼 그렇게 저속하게 생각하지 않았다. 오히려 그는 선의 지극히 사심 없는 실행을 가장 내면적인 기쁨을 향유하는 방식으로 간주했다. 그가 기획한 즐거움에 속했던 것은 가장 엄격한 도덕철학자들이 요구했음 직한 방식대로 경향성을 절제하고 제어하는 것이었다(그가 이해한 즐거움은 늘 기쁜 마음이다). 그런데 에피쿠로스는 이러한 즐거움을 운동 원인으로 삼았다는 점에서만 스토아주의자들과 달랐다. 스토아주의자들은 [덕의 의식에서 나오는 행복을 모든 것 위에 두는 것은 받아들였지만] 즐거움에 운동 원인을 두는 것을 정당

하게도 거부했다. 한편으로 덕스러운 에피쿠로스는 오늘날 도덕적으로 선량하기는 하지만 자기 원리를 충분히 숙고하지 않는 많은 사

람과 마찬가지로, 그가 덕을 위한 동기를 비로소 마련해주려던 사람들에게 이미 덕스러운 심정을 전제하는 잘못에 빠져들었다(사실 정직한 사람은 먼저 자기 정직함을 의식하지 않으면 행복할 수 없다. 이런 심정에서는 정직에 위배될 때 자기 고유의 사유방식이 강제할 비난과 도덕적 자기 저주가 이 사람으로 하여금 쾌적함을 향유하지 못하게 할 것이기 때문이다. 다른 경우라면 자기 상태에 포함될 쾌적함일 텐데도

말이다). 그러나 문제는 과연 무엇으로 자기 현존의 가치를 높이 평가하는 사유방식과 심정이 비로소 가능하느냐는 것이다. 이러한 심정 이전에는 도덕적 가치 일반에 대한 아무 감정도 주관 안에서 발견하지 못할 것이기 때문이다. 물론 덕스러운 사람은 행위마다 자신의 정직함을 의식하지 않고는 생명이 즐겁지 않을 것이다. 생명의 물리적 상태에서 제아무리 행운이 자신에게 우호적이라 하더라도 말이다. 그러나 먼저 이 사람을 덕스럽게 만들기 위해서, 따라서 아직 이 사람이 자기 실존의 도덕적 가치를 그렇게 높이 평가하기 이전에 마음의 평온, 즉 정직함을 의식하는 데서 나올 마음의 평온을 우리가 이 사람에게 권할 수 있을까? 이 사람이 정직함에 대해 아무런 감도 잡지 못하는데 말이다.

다른 한편, 감각하는 것에 대한 자기의식과 구별되는, 행하는 것에 대한 자기의식에 있는 혼동의 오류,[4] 말하자면 착시의 오류를 범하는 이유가 여기에 있기 마련인데 제아무리 경험이 많은 사람이라 할지라도 이 착시를 완전히 피할 수는 없다. 도덕적 심정은 **법칙이 직접** A 210 **적으로** 의지를 규정하는 것을 의식하는 것과 필연적으로 결합해 있다. 이때 욕구능력이 규정되는 것을 의식하는 것은 항상 이러한 의식함으로 산출되는 행위에 만족하는 근거다. 그러나 이러한 쾌, 자기 자신에 대한 만족 자체는 행위의 규정근거가 아니다. 오히려 의지가 직접적으로, 순전히 이성에 의해서만 규정되는 것이 쾌감의 근거이며, 욕구능력이 규정되는 것은 순수 실천적 사태이지 감성적 사태가 아니다. 그런데 이러한 규정은 내면적으로 활동을 자극하는 효과를 미치는데, 하필 이 효과는 쾌적함의 감정, 즉 욕구된 행동에서 기대되는 쾌적함의 감정이 미칠 효과와 동일하다. 그렇기 때문에 우리는 우리 자신이 행한 것을 쉽게, 순전히 수동적으로 느낀 것으로 간주하여 도덕적 동기를 감성적 자극으로 여기는데, 이런 일은 이른바 감각 V 117

능력의 착각(여기서는 내감의 착각)에서 늘 일어나곤 한다. 순수한 이성 법칙에 의해 직접 행위로 규정되는 일은 인간 본성에서 매우 숭고한 어떤 것이다. 그리고 의지의 이러한 지성적 규정 가능성의 주관적인 것을 미감적인 어떤 것으로, 특수한 감성적 감정의 효과로 (지성적 감정이 모순이라는 이유에서) 여기는 착각조차도 숭고한 어떤 것이다. 우리 인격성의 이런 속성에 주목하게 만들고 이성이 이 감정에 미치는 영향을 가능한 최대로 개발하는 것도 매우 중요하다. 그러나 우리가 유의해야 할 것이 있다. 도덕적 규정근거에 특수한 기쁨의 감정을 근거로 (그러나 이 기쁨 감정은 결과에 불과하다) 두면서 이렇게 된 도덕적 규정근거를 동기로 불순하게 높이 평가하면, 본래적인 참된 동기, 즉 법칙 자체가 말하자면 가짜 은박이 입혀지듯 가치 절하되고 손상된다는 것이다. 그러므로 이성에 근거로 놓여 있고 선행하는 감정이 (이 감정이 언제나 감성적이고 정념적일 것이므로) 결코 대신할 수 없는 어떤 것은 존경이지 즐거움이나 행복의 향유가 아니다. 의지가 법칙에 의해 직접적으로 강요되는 것에 대한 의식인 존경은 결코 쾌의 감정과 비슷한 것이 아니다. 존경의 의식은 욕구능력과의 관계에서 [쾌 감정이 하는 것과] 꼭 같은 일을 하지만 다른 근거에서 그렇게 하기 때문이다. 그러나 우리는 이러한 [의지가 법칙에 의해 직접적으로 강요되는 것의] 표상방식을 통해서만 우리가 추구하는 것에 도달할 수 있다. 그것은 행위가 순전히 의무에 맞게만 (쾌적한 감정을 좇아) 생겨나는 것이 아니라 의무로부터 생겨나는 것이다. 이렇게 행위가 의무로부터 생겨나는 것이 모든 도덕적 육성의 참된 목적이어야 한다.

그런데 우리는 행복이라는 말처럼 향유를 표시하는 말이 아니면서도 자기 실존에 대한 흡족을 지시하는 말, 덕 의식이 필연적으로 동반할 수밖에 없는 행복과 비슷한 것을 지시하는 말을 가지고 있지 않은가? 그렇다! 바로 **자기만족**이라는 말이다. 본래적 의미에서 이 말은 언제나 자기 실존에 대한 소극적 흡족, 즉 아무것도 필요하지 않다는 것을 의식하는 흡족만 지시한다. 자유는 그리고 굳센 마음씨로 도덕법칙을 좇는 능력인 자유를 의식하는 것은 **경향성으로부터 독립성**, 즉 우리 욕구를 (비록 **촉발**하지는 않지만) 적어도 규정하는 운동 원인인 경향성으로부터 독립성이다. 자유와 자유 의식은 내 도덕적 준칙을 준수하는 가운데 의식되는 한 불변적 만족의 유일한 원천이다. 이 불변적 만족은 자유와 필연적으로 결합하는, 아무런 특수한 감정에도 근거를 두지 않는 만족이다. 이 만족은 지성적이라 일컬을 수 있다. 경향성의 충족에 근거를 두는 감성적 만족은 (감성적 만족이라는 말은 원래 부적절한 표현이다[5]) 경향성이 제아무리 교묘하게 구사된다 하더라도 우리 자신이 생각하는 만족에는 결코 부합할 수 없다. 이들 경향성은 변하고 우리가 부추기는 만큼 자라나며 늘 채웠다고 생각하는 것보다 더 큰 빈자리를 남기기 때문이다. 그러므로 경향성은 이성적 존재자에게는 언제나 **짐**이다. 이성적 존재자는 이 경향성을 버릴 수는 없다 하더라도 이것에서 벗어나려는 소망을 갖지 않을 수 없다. 의무에 맞는 것에 대한 경향성(예를 들어 선행의 경향성)이라 할지라도 **도덕적 준칙**의 작용을 아주 쉽게 할 수는 있겠지만 결코 도덕적 준칙을 산출할 수는 없다. 행위가 순전히 **합법성**만 함유하는 것이 아니라 **도덕성**도 함유해야 한다면, 도덕적 준칙에서 모든 것은 규정근거로서 법칙을 표상하는 것에 달려 있을 수밖에 없기 때문이다. 경향성은 양성이건 아니건 맹목적이고 노예적이다. 도덕성이 관건인 경우 이성은 순전히 이 경향성의 후견 역할만 해서는 안 된다. 이성은 경향성을 고려하지 않고 순수실천이성으로서 자기의 고유한 관심을 전적으로 홀로 돌보아야 한다. 연민의 감정과 인정에 약한 공감의 감정조차도 무엇이 의무인지 숙고하는 것에 앞서서 규정

V 118

A 213

근거가 된다면, 바르게 사유하는 사람 자신에게 짐이 된다. 이런 감정은 이 사람이 숙고한 준칙을 혼란에 빠뜨려서 이런 감정에서 벗어나 입법적 이성에만 복종하려는 소망을 불러일으킨다.

여기에서 이해할 수 있는 것은 행함으로써 순수실천이성 능력을 의식하는 것(덕)이 어떻게 경향성에 대한 주권 의식을 불러일으킬 수 있느냐다. 이와 더불어 순수실천이성 능력의 의식이 어떻게 경향성에 대한 독립 의식을 불러일으킬 수 있는지, 그래서 경향성을 동반하게 마련인 불만족에 대한 독립 의식을 불러일으킬 수 있는지, 따라서 어떻게 자기 상태에 대한 소극적 흡족, 다시 말해 기원상 자기 인격에 대한 만족인 그런 **만족**을 불러일으킬 수 있는지 이해할 수 있다. 자유 자체는 이런 방식으로 (즉 간접적으로) 향유하는 능력이 있다.

A 214 이 향유는 감정이 적극적으로 개입하는 것에 의존하지 않으므로 행복이라고 일컬을 수 없다. 또한 이 향유는 경향성과 욕구에서 전적으로 독립한 것은 아니므로 정확하게 말해서 **지복**이라고 말할 수도 없다. 그러나 적어도 의지규정이 경향성의 영향력으로부터 자유롭게 유지될 수 있는 한 이 향유는 지복과 유사하며 적어도 기원상 우리가 최고 존재자에게 부여할 수 있는 자족과 비슷하다.

V 119 이상 실천적 순수이성의 이율배반을 해소함으로써 귀결되는 것은 다음과 같다. 도덕성을 의식하는 것과 도덕성에 비례하는 행복을 도덕성의 결과로 기대하는 것, 이 둘이 실천원칙 안에서 자연적·필연적으로 결합하는 일은 적어도 가능한 것으로 사유된다(물론 그렇다고 해서 우리가 이러한 결합을 인식하거나 통찰할 수 있는 것은 아니다). 이와 반대로 행복 추구 원칙이 도덕성을 산출하는 것은 가능할 수 없다. 그래서 도덕성이 (최고선의 제일 조건인) **최상선**을 이룬다. 반면에 행복은 최고선의 둘째 요소를 이루기는 하지만, 이 행복이 오직 도덕적으로 조건 지어진 결과, 그것도 도덕성의 필연적 결과일 뿐

인 방식으로 그렇다. 행복이 덕 아래 있는 질서에서만 최고선은 순수 실천이성의 전체 객관이다. 이 순수실천이성은 필연적으로 최고선을 가능한 것으로 표상할 수밖에 없다. 최고선을 산출하는 데 모든 가능한 기여를 하라는 것이 순수실천이성의 명령이기 때문이다. 이 A 215렇게 피제약자가 그것의 제약과 결합할 가능성은 전적으로 사물들의 초감성적 관계에 속하고, 감성계 법칙에 따라서는 전혀 주어질 수 없다. 물론 이러한 [피제약자와 제약의 결합이라는] 이념의 실천적 결과, 즉 최고선의 실현을 지향하는 행위는 감성계에 속하지만 말이다. 이상의 이유로 우리는 피제약자가 제약과 결합할 가능성의 근거를 첫째, 우리가 직접 지배하는 것과 관련해서 드러내려 시도할 것이다. 이후에 우리는 피제약자가 제약과 결합할 때 가능성의 근거를 둘째, 우리가 최고선을 가능케 하는 데 무능하기 때문에 이성이 이것을 보완하려고 우리에게 (실천적 원리에 따라 필연적으로) 제공하는 것, 즉 우리가 지배하지 않는 것에서 드러내려 시도할 것이다.

III
사변이성과 결합할 때 순수실천이성의 우위

이성에 의해 결합된 두 개나 여러 개 사이에서 우위라는 말로 의미하는 것은 이 중 어떤 하나의 우선성, 즉 여타의 모든 것과 결합할 때 제일 규정근거임이다. 더 좁은 실천적 의미에서 우위는 (그 어떤 다른 관심 뒤에 놓일 수 없는) 어느 하나의 관심에 다른 것들의 관심이 종속하는 한에서, 이 하나의 관심의 우선성을 말한다. 우리는 마음 A 216의 능력마다 관심이 있다고, 다시 말해 마음의 실행을 촉진하는 유일한 조건을 내포하는 원리가 있다고 여긴다. 원리의 능력인 이성은 모든 마음의 힘의 관심을 규정하지만 자신의 관심은 스스로 규정한다. 이성이 사변적으로 사용될 때 이성의 관심은 객관을 인식하되 아프리오리한 최고 원리에 이르기까지 인식하는 데 있다. 이성이 실천적으로 사용될 때 이성의 관심은 궁극적이고 완전한 목적과 관련하여 의지를 규정하는 데 있다. 이성 사용이 가능하려면 일반적으로 요구되는 것, 즉 이성의 원리들과 주장들이 서로 모순되어서는 안 된다는 것은 조금도 이성의 관심에 해당하지 않는다. 오히려 이러한 무모순성은 아예 이성을 가지기 위한 조건이다. 오로지 자신을 확장하는 것만이 이성의 관심일 뿐 이성이 자기 자신과 순전히 합치하는 것은 이성의 관심이 아니다.

사변이성이 자신의 통찰로부터 독자적으로 실천이성에 내놓을 수 있었던 것 이상을 실천이성이 받아들여서도, 주어진 것으로 사유해서도 안 된다면 사변이성이 우위를 점한다. 그런데 만일 실천이성이 독자적으로 아프리오리하고 근원적인 원리들을 가지고, 이 원리들이 특정 이론적 정립들과 불가분적으로 결합하기는 하지만 사변이성의 가능한 모든 통찰에서 벗어나 있다면(그렇다고 이 원리들이 사 변이성에 모순되어서는 안 되겠지만), 문제는 실천이성의 관심과 사변이성의 관심 가운데 어느 것이 최상의 관심인가 하는 것이다(어느 것이 물러나야 하는 것은 아니다. 어느 하나가 다른 하나와 반드시 상충할 필요는 없기 때문이다). 그래서 문제는 다음과 같다. 자기에게 실천이성이 받아들이라고 제시하는 모든 것에 대해 아무것도 알지 못하는 사변이성이 이 [실천이성의 근원적 원리들과 결합하는 이론적] 명제들을 받아들여야만 할지, 그래서 비록 이 명제들이 자기가 보기에 한계를 넘은 것이기는 하지만 그럼에도 이 명제들을 자기에게 양도된 타자의 소유로 보고 자기의 개념들과 통일하려고 추구해야만 할지. 아니면 사변이성이 자기 고유의 분리된 관심을 완고하게 쫓을 권리가 있는지, 그래서 경험에서 제시되는 명백한 실례에 의해 자신의 객관적 실재성을 확증할 수 없기는 하지만 그럼에도 실천적인 (순수한) 사용의 관심과 아주 긴밀하게 엮여 있는 모든 것, 그러면서도 그 자체 이론이성과 모순되지는 않는 모든 것을 에피쿠로스의 규준학에 따라 궤변으로 물리칠 권리가 있는지. 이러한 모든 것이 사변이성이 스스로 설정한 한계를 철폐하고 사변이성을 상상력의 온갖 터무니없는 짓과 망상에 내맡겨버리는 한에서 사변이성의 관심을 실제로 파괴한다는 이유로 말이다.

사실 실천이성이 정념적으로 조건 지어진 것으로, 다시 말해 경향성의 관심을 순전히 행복의 감성적 원리에 따라서만 지배하는 것으로 근거 구실을 한다면, 사변이성에 대한 이러한 [사변이성이 알지 못하는 어떤 것을 받아들이라는] 요구는 전혀 통하지 않을 것이다. 마호메트의 천국 혹은 신지학자들과 신비가들의 신성과의 융합적 합일이 각기 제 구미에 맞는 대로 이성에게 그들의 괴물을 들이밀 테 A 218; V 121 지만, 이런 식으로 이성을 몽땅 몽상에 맡겨버리는 것은 아예 이성을 가지지 않는 것과 마찬가지일 것이다. 그러나 순수이성이 독자적으로 실천적일 수 있다면 그리고 도덕법칙의 의식이 증명하듯이 실제로 실천적이라면 이론적 의도에서건 실천적 의도에서건 원리에 따라 아프리오리하게 판단하는 것은 오직 하나이자 동일한 이성이다. 여기서 분명한 것은, 이론적 의도에서 이 이성의 능력이 특정 명제를 단언적으로 확정하기에 충분하지 않다고 하더라도 이 명제가 이 이론적 의도에 바로 모순되지 않는다면, 이 명제가 순수이성의 실천적 관심에 불가분적으로 속하는 즉시 [이론적 의도는] 이 명제를 사실 자기 지반에서 자라난 것이 아닌 외부에서 제안되긴 했지만 그럼에도 충분히 신임된 것으로 받아들여야 하고 또 이 명제를 이성이 사변이성으로서 관할할 수 있는 모든 것과 비교·결합하려고 시도해야만 한다는 것이다. 그럼에도 유념할 것은 이 명제를 받아들이는 것은 이성이 이 명제를 통찰하는 것이 아니라 모종의 다른 의도, 즉 실천적 의도로 이성 사용을 확장하는 것이라는 점이다. 이런 식으로 이성 사용을 확장하는 것은 사변적 장난을 제한하려는 이성의 관심에 결코 저촉되지 않는다.

따라서 순수사변이성이 순수실천이성과 결합하여 하나의 인식을 이룰 때 순수실천이성이 우위를 점한다. 단, 이러한 결합이 우연적·임의적이지 않고 아프리오리하게 이성 자체에 근거를 둘 경우, 즉 필연적일 경우 말이다. 이런 위계가 없다면 이성이 자기 자신과 상충할 것이다. 순수사변이성과 순수실천이성이 나란히 위치 지어진다면 (병렬관계에 있다면) 어느 한쪽은 스스로 자기 한계를 좁게 닫아서 다른 쪽의 아무것도 자기 영역으로 받아들이지 않겠지만 다른 쪽은 모든 것을 넘어 자기 한계를 확장할 테고 그럴 필요가 생기면 한쪽을 자기 영역 안에 포함하려 들 것이기 때문이다. 그런데 우리는 순수실천이성이 사변이성 아래에 있게 되는 것, 그래서 질서가 역전되는 것을 순수실천이성에 결코 요구할 수 없다. 모든 관심은 결국 실천적이며 사변이성의 관심이라 하더라도 오직 조건적일 뿐이고 사변이성의 관심은 오로지 실천적 사용에서만 완전하기 때문이다.

IV
순수실천이성의 요청인 영혼불멸

세계 안에서 최고선을 실현하는 것은 도덕법칙에 의해 규정될 수 있는 의지의 필연적 객관이다. 그런데 이런 의지에서 심정이 도덕법칙에 완전히 부합하는 것은 최고선의 최상 조건이다. 그래서 심정이 도덕법칙에 완전히 부합하는 것은 이 부합함의 객관[최고선]과 마찬가지로 가능할 수밖에 없다. 최고선을 촉진하라는 동일한 명령에 포함되어 있기 때문이다. 그러나 의지가 도덕법칙에 완전히 부합하는 것은 신성함, 즉 감성계의 아무런 이성적 존재자도 자기 현존의 아무 시점에 도달할 수 없는 완전함이다. 그럼에도 의지가 도덕법칙에 완전히 부합하는 것은 실천적으로 필연적인 것으로 요구되므로 이렇게 부합하는 것은 오직 이를 향한 하나의 **무한한 전진**에서만 발견할 수 있다. 이러한 실천적 진보를 우리 의지의 실질적 객관으로 받아들이는 것은 순수실천이성의 원리에 따라 필연적이다. A 220

그런데 이 무한한 전진은 동일한 이성적 존재자의 무한히 존속하는 실존과 인격성을 (우리는 이것을 영혼불멸이라 일컫는다) 전제해야 가능하다. 그래서 최고선은 영혼불멸을 전제해야만 실천적으로 가능하다. 따라서 영혼불멸은 도덕법칙과 불가분적으로 결합한 것으로, 순수실천이성의 **요청**이다(여기서 요청이라는 말로 의미하는 것은, 아프리오리하게 무조건적으로 타당한 **실천**법칙에 불가분적으로 결부된 한에서 **이론적** 명제, 그러나 그 자체로는 증명 불가능한 명제다).

이 명제는 도덕법칙에 완전히 부합하기 위한 무한한 진보에서만 도달할 수 있는, 우리 본성의 도덕적 규정에 대한 명제다. 이 명제는 이렇게 사변이성의 무능을 보완한다는 점에서뿐만 아니라 종교와 관련해서도 효용이 아주 크다. 이 명제가 없으면 상황은 다음 둘 가운데 하나로 귀결된다. 우리가 도덕법칙을 관대한 것(맘대로 해도 되는 것)이라고 편의에 따라 말을 꾸며내는 과정에서 이 법칙의 **신성함**을 끌어내리거나 아니면 우리의 소명과 동시에 기대를 도달 불가능한 규정에 이르기까지, 즉 바라던 대로 의지의 신성함을 완전히 획득하는 것에 이르기까지 잡아 늘려서 자기 인식에 전적으로 모순되는 **신지학적·광신적** 꿈에서 길을 잃거나다. 둘 다 엄격한 이성의 명령을 A 221 V 123

정확하게 그리고 철저하게 준수하려고 끊임없이 **추구하는** 것을 가로막을 뿐이다. 이 이성의 명령은 관대하지는 않지만 이상적이지도 않으며 참되다. 이성적이지만 유한한 존재자에게 가능한 것이라고는 도덕적 완전성의 낮은 단계에서 더 높은 단계로 무한히 전진하는 것뿐이다. 시간의 제약을 받지 않는 **무한자**는 우리 인간에게는 끝이 없는 이러한 계열에서 도덕법칙에 부합하는 것의 전모를 볼 것이다. 그리고 신성함, 즉 무한자가 이성적 존재자 저마다에게 정해주는 최고선의 몫 안에서 무한자의 정의에 부응하는 요건으로 엄격하게 명령되는 신성함은, 이성적 존재자들의 현존을 [이 무한자가] 지성적으로 직관하는 것에서만 유일하게 온전히 발견할 수 있다. 최고선의 이러한 [무한자가 이성적 존재자 저마다에게 정해준] 몫에 대한 희망과 관련하여 피조물이 유일하게 가질 수 있는 것은 자기 심정이 시련(試鍊)된다는 의식일 것이다. 그리하여 더 나쁜 것에서 도덕적으로 더 나은 것으로 지금까지 해왔던 진보에서 출발해 그리고 이 진보를 통해 피조물 자신이 알게 된 변하지 않는 결의에서 출발해 그 이상으로 이 진보를, 자기 실존이 어디까지 미치든 상관하지 않고 심지어 현세의 생명 너머까지라도 밀고 나가기를 희망할 수 있을 것이다.*

A 222

---

* 그럼에도 선으로 진보할 때 심정이 흔들리지 않을 것이라는 확신은 피조물에게 독자적으로는 불가능한 것처럼 보인다. 이 때문에 기독교는 이 확신이 오직 신성화[거룩해짐]를 야기하는 정신[성령]에서만 유래한다고, 다시 말해 도덕적 전진에 있는 확고한 결의 및 이 결의와 함께하는 불변성의 의식을 야기하는 정신에서만 유래한다고 가르친다. 그러나 자기 삶의 끝에 이르기까지 오랜 기간 좀더 선한 것을 향해 진보하면서 유지해왔다고 의식하는 사람이라면, 그것도 진정한 도덕적 동인에서 그랬다고 의식하는 사람이라면 [종교적으로가 아니라] 자연적 방식으로도 위로가 되는 희망을, 비록 확신이 아니라 희망이긴 하지만, 가질 수 있는데, 이 희망은 현세의 생명을 넘어 계속되는 실존에서도 이 사람이 이 원칙들을 고수할 것이라는 희망이다. 제 눈에 결코 자기가 현세에서 의롭다고 인정받을 수 없다 하더라도 그리고 바라던 대로 미래의 어느 시점에 자연적 완전성 및 이와 함께하는 의무들이 성장해도 결코 의롭다고 인정받

그것도 결코 현세나 자기 현존의 예상 가능한 미래 시점에서가 아니 A 223
라 오직 무한히 지속하는 내내 (신만이 이러한 무한한 지속을 조망할 V 124
수 있다) 신의 의지에 완전히 부합하기를 (신적 정의에 맞지 않는 관대
함이나 사면 없이) 희망할 수 있을 것이다.

V
순수실천이성의 요청인 신의 현존

앞의 분석에서 도덕법칙은 실천적 과제로 귀결되었는데 이 과제
란 어떠한 감성적 동기도 개입하지 않고 순전히 순수이성에 의해서
만 지시되는 것으로, 최고선의 첫째 가장 고귀한 부분인 **도덕성**의 필
연적 완전성이라는 과제다. 이 과제는 오직 영원 중에서만 완전히 해
결할 수 있으므로 도덕법칙은 [영혼]불멸의 요청으로 귀결되었다. 바
로 이 법칙은 최고선의 둘째 요소, 즉 이런 도덕성에 적합한 **행복**의
가능성으로도 귀결될 수밖에 없는데, 앞의 경우와 마찬가지로 이해
관계가 개입하지 않고 순전히 공평한 이성의 지시에 따라 그렇게 된 A 224
다. 즉 이 법칙은 행복이라는 결과를 낳기에 충분한 원인의 현존을
전제하는 것으로 귀결된다. 다시 말해 이 법칙은 (순수실천이성의 도
덕적 입법과 필연적으로 결합한 우리 의지의 객관으로서) 최고선의 가

기를 희망할 수 없다 하더라도 이 사람은 이 진보에서, 즉 비록 무한히 먼 목표
와 관계하지만 그럼에도 신이 보기에는 이 사람 소유로 간주될 수 있는 진보에
서 지극히 복된 미래에 대한 전망을 가질 수 있다. 지극히 복된 미래라는 말은 세
상의 모든 우연적 원인에 독립적인 완전한 복을 표시하기 위해 이성이 사용하
는 표현이고, 이 완전한 복은 신성함과 마찬가지로 하나의 이념, 즉 오직 무한한 A 223
진보 및 이 진보의 총체에만 내포될 수 있어 피조물이 결코 완벽하게 도달할 수
없는 이념이기 때문이다.

능성에 필연적으로 속하는 것인 신의 실존을 요청할 수밖에 없다. 나는 이 연관을 확실하게 서술하고 싶다.

행복은 세계 안의 이성적 존재자의 상태로, 이 존재자의 전체 실존에서 모든 것이 바라고 뜻하는 대로 이루어지는 상태다. 따라서 행복은 자연이 이성적 존재자의 전체 목적과 일치하는 데 근거를 두고, 마찬가지로 자연이 이 존재자의 의지의 본질적 규정근거에 일치하는 데 근거를 둔다. 그런데 자유의 법칙인 도덕법칙은 명령을 내리되 (동기들로서) 자연과 이 자연의 우리 욕구능력의 일치에 전적으로 독립적인 규정근거에 따라 명령을 내린다. 그러나 세계 안에서 행위하는 이성적 존재자는 동시에 세계와 자연 자체의 원인인 존재자가 아니다. 따라서 도덕법칙에는 도덕성과 이에 비례하는 행복을 필연적으로 연관 짓는 최소한의 근거도 없다. 이 행복은 세계에 부분으로 속하는 존재자, 따라서 세계에 의존적인 존재자의 행복이다. 이 존재자는 바로 이러한 세계 의존성 때문에 자기 의지로는 이러한 자연의 원인일 수 없고 자기 행복과 관련해 자기 힘으로 자연을 자신의 실천 원칙과 철저히 일치시킬 수 없는 존재자다. 그럼에도 이러한 연관은 순수이성의 실천적 과제에서, 다시 말해 최고선을 위한 필수 작업에서 필연적인 것으로 요청된다. 우리는 최고선을 촉진하려고 추구해야만 한다(그러므로 최고선은 가능할 수밖에 없다). 따라서 자연과 구별되는, 전체 자연의 원인의 현존, 즉 행복과 도덕성의 정확한 일치인 이러한 연관의 근거를 포함할 원인의 현존 역시 요청된다. 그러나 이러한 최상의 원인은 순전히 자연이 이성적 존재자의 의지 법칙과 일치하는 근거만 함유해야 하는 것이 아니라, 이성적 존재자가 법칙을 최상의 의지 규정근거로 두는 한에서 자연이 이 법칙의 표상과 일치하는 근거를 함유해야 하고, 따라서 순전히 자연이 도덕과 형식상 일치하는 근거뿐만 아니라 도덕의 운동 근거인 이성적 존재자의 도덕성,

즉 이성적 존재자의 도덕적 심정과 일치하는 근거도 지녀야 한다. 그래서 이 세계 안에서 최고선은 오로지 도덕적 심정에 적합한 원인성을 갖는 최상의 원인이 자연의 원인으로 받아들여지는 한에서만 가능하다. 그런데 법칙 표상에 따라 행위할 수 있는 존재자는 예지적 존재(이성적 존재자)이며 이러한 법칙 표상에 따르는, 이 존재자의 원인성이 의지다. 따라서 자연의 최상 원인은 최고선을 위해 전제되어야 A 226 만 하는 한, 지성과 의지에 의해 자연의 원인인 (따라서 창시자인) 존재자, 즉 신이다. 결국 최고의 파생된 선의 (최선의 세계의) 가능성에 대한 요청은 동시에 최고의 근원적 선의 현실성에 대한 요청, 즉 신의 실존에 대한 요청이다. 최고선을 촉진하는 것은 우리에게 의무였다. 그래서 이 최고선의 가능성을 전제하는 것은 단지 권리일 뿐만 아니라, 요구로서 의무와 결합된 필연성이기도 하다. 그런데 최고선은 신의 현존이라는 조건 아래서만 가능하다. 그래서 최고선은 신의 현존을 전제하는 것과 의무, 이 둘을 불가피하게 결합한다. 다시 말해 신의 현존을 받아들이는 것은 도덕적으로 필연적이다.

이때 주의해야 할 것은 이러한 도덕적 필연성이 주관적이지 객관적이지는 않다는 것, 즉 요구이지 그 자체로는 의무가 아니라는 것이다. 어떤 것의 실존을 받아들일 아무런 의무도 있을 수 없기 때문이다(어떤 것의 실존을 받아들이는 것은 순전히 이성의 이론적 사용과 관계하므로). 그리고 이 도덕적 필연성은, 신의 현존을 모든 구속성 일반의 근거로 받아들이는 것이 필연적이라는 것을 의미하지도 않는다 (충분히 입증되었듯이 구속성의 근거는 오로지 이성 자체의 자율에만 V 126 기초하기 때문이다). 여기서 의무에 속하는 것은 단지 이 세계 안에서 최고선, 즉 그 가능성이 요청될 수 있는 최고선을 가져오고 촉진하기 위해 노력하는 것뿐이다. 그런데 우리 이성은 최고의 예지적 존재를 A 227 전제하지 않고는 이 최고선의 가능성을 사유 가능한 것으로 여기지 않는다. 따라서 이 최고 예지적 존재의 현존을 받아들이는 것은 우리 의무와 연결되어 있다. 사실 이러한 받아들임 자체는 이론이성의 일에 속한다. 오로지 이론이성과 관련해서는, 설명 근거로 여겨진 이러한 받아들임은 가정이라고 일컬어질 수 있다. 그러나 도덕법칙에 의해 우리에게 부과된 객관(최고선)의 이해 가능성과 관련해서는, 즉 실천적 관점에서 요구의 이해 가능성과 관련해서는 신앙, 그것도 순수한 이성신앙이라고 일컬어질 수 있다. 순전히 순수이성만이 (이론적 사용에서나 실천적 사용에서나) 이 신앙의 원천이기 때문이다.

왜 그리스학파들이 최고선의 실천적 가능성 문제를 해결하는 데 이를 수 없었는지는 이러한 연역으로 이해된다. 이 학파들은 인간의 의지가 자유를 사용할 때의 규칙만을 이러한 가능성의 유일한 자기 충족적 근거로 삼았을 뿐 이를 위해 신의 현존을 생각할 필요를 느끼지 못했기 때문이다. 사실 이 학파들이 도덕의 원리를 이러한 요청에 의존하지 않고 독자적으로 오직 의지에 대한 이성의 관계에서만 확정해서 이 원리를 최고선의 최상의 실천적 조건으로 만든 것은 옳았다. 그렇다고 해서 도덕의 원리가 최고선의 가능성의 전체 조건인 것은 아니다. 에피쿠로스주의자들은 완전히 잘못된 도덕원리, 즉 행복원리를 최상의 원리로 삼았다. 그들은 법칙을 누구든 자기 경향성에 따라 임의로 택하는 준칙으로 대체했다. 그럼에도 이들이 충분히 일관적이었던 것은 이들의 최고선을 [법칙을 준칙으로 격하한 것과] 마찬가지로, 즉 그들의 원칙의 저급함에 어울리게 격하했고 인간적 영리함을 (이 영리함에는 경향성의 자제와 억제도 포함된다) 통해 얻을 수 있는 것 이상의 대단한 행복을 기대하지 않았다는 것이다. 우리가 아는 대로 이 영리함은 아주 옹색한 것일 수밖에 없고 상황에 따라 매우 다른 결과를 낳을 수밖에 없었다. 예외 문제, 즉 그들의 준칙이 끊임없이 허용해야 했고 그래서 이 준칙을 법칙으로 만드는 것을 소

A 228

용없게 만드는 예외 문제는 말할 것도 없다. 이에 반해 **스토아주의자**들은 최상의 실천적 원리, 즉 덕을 최고선의 조건으로 선택한 점에서 전적으로 옳았다. 그러나 이들은 덕의 순수 법칙을 위해 요구되는 덕 V 127 의 정도를 현세의 생명에서 완전히 도달 가능한 것으로 생각하면서, 인간의 도덕 능력을 **현자**라는 이름 아래 인간 본성의 한계를 넘어 확장하고 모든 인간 인식에 모순되는 어떤 것을 받아들였다. 이뿐만 아니라 무엇보다 이들은 최고선에 속하는 둘째 **구성요소**, 즉 행복을 인간적인 욕구능력의 특수 대상으로 여기려 하지 않았고, 그들의 **현자** A 229 를 인격의 탁월성 의식에서 신성과 유사하게 (현자의 만족과 관련해) 자연으로부터 전적으로 독립적으로 만들기도 했다. 즉 그들은 현자를 삶의 화에 내맡기기는 했지만 복종하도록 하지는 않았고 (동시에 악으로부터 자유로운 존재로 제시했고) 이렇게 해서 최고선의 둘째 요소인 자기 행복을 실제로는 제거했다. 그들이 최고선의 둘째 요소를 순전히 행위에 그리고 현자의 인격적 가치에 대한 만족에 두어 도덕적 사유방식의 의식에 포함시켜버렸기 때문이다. 그러나 이때 그들은 그들 자신의 본성의 목소리에 의해 반박되었을 것이다.

이 대목에서 기독교의 가르침*은 우리가 이 가르침을 종교의 가르

---

* 사람들은 대개 도덕의 기독교적 지침이 그 순수함에서 스토아주의자들의 도덕적 개념보다 나은 게 없다고 여긴다. 그렇지만 이 둘의 차이는 매우 분명하다. 스토아적 체계는 마음의 굳셈을 의식하는 것을 축으로 삼고, 모든 도덕적 심정은 이 축을 중심으로 돌아야 한다고 보았다. 비록 이 체계의 추종자들이 의무를 언급하고 또 아주 잘 규정하기는 하지만 그럼에도 그들은 의지의 동기와 본래적 규정근거를 마음이 약한 경우에만 힘을 발휘하는 저급한 감각 능력의 동기를 넘어 사유방식이 고양되는 데 두었다. 따라서 그들에게 덕은 인간의 동물적 본성 너머로 자신을 고양하는 현자, 즉 스스로에게 족한 현자의 어떤 영웅적인 것이었다. 이 현자는 다른 사람들에게는 의무를 설파하지만 그 자신은 의무를 넘어 고양되고 도덕법칙을 위반할 어떤 유혹에도 굴복하지 않는다. 그러 A 230 나 만일 스토아주의자들이 복음서의 지침이 하듯이 이 법칙을 순수하고도 엄격하게 표상했더라면 그들은 이 모든 것을 할 수 없었을 것이다. 내가 완전성

침으로 보지 않는 경우라 할지라도, 실천이성의 가장 엄격한 요구를 유일하게 충족하는 최고선 개념(신의 나라 개념)을 제시한다. 도덕법칙은 신성하고 (엄격하며) 도덕의 신성함을 요구한다. 인간이 도달할 수 있는 도덕적 완전성이라고는 오직 덕, 다시 말해 법칙에 대한 존경에서 나온 합법칙적 심정일 뿐이지만 말이다. 이러한 심정은 위반의 지속적 성벽을 의식하거나 적어도 불순성의 지속적 성벽을 의식한다. 다시 말해 법칙을 준수하기 위해 많은 불순한 (도덕적이지 않은) 운동 근거가 끼어드는 것을 의식하는 것이다. 따라서 덕은 굴복과 결합된 자기평가다. 그래서 기독교적 법칙이 요구하는 신성함과 관련해서 도덕적 완전성은 피조물에게 무한한 진보밖에는 아무것도 남기지 않으며, 바로 그렇기 때문에 피조물에게 무한한 지속[영혼불

을, 이에 적합한 아무것도 경험에서는 주어질 수 없는 이념으로 이해한다고 해도 그렇다고 도덕적 이념이 결코 공상적인 것, 다시 말해 우리가 그 개념을 한 번이라도 충분하게 규정할 수 없는 그런 것, 혹은 사변이성의 이념처럼 도대체 그에 대응하는 대상이 있는지가 불확실한 그런 것인 것은 아니다. 오히려 도덕적 이념은 실천적 완전성의 원형으로서 도덕적 행동의 필수불가결한 규준으로 쓰이는 동시에 비교의 척도로 쓰인다. 그래서 기독교 도덕을 그 철학적 측면에서 본다면 다음과 같이 그리스 학파들의 이념들과 비교될 것이다. 키니코스주의자들의 이념은 자연적 소박함이고, 에피쿠로스주의자들의 이념은 영리함이며, 스토아주의자들의 이념은 지혜이고, 기독교도들의 이념은 신성함이다. 이념에 도달하는 길과 관련해서 그리스 철학자들은 서로 나뉘어 키니코스주의자들은 이를 위해 상식적 인간 지성이면 충분하다고 보았고 다른 학파들은 학문의 길만이 충분하다고 보았다. 그럼에도 두 진영은 순전히 자연적 힘의 사용만으로 충분하다고 본 점에서는 같았다. 기독교 도덕은 (마땅히 그래야 하듯이) 지침을 순수하고 엄격하게 세우는 탓에 적어도 현세에서 삶 중에 그 지침에 온전히 적합하게 될 기대를 인간에게서 앗아버린다. 그럼에도 기독교 도덕은 다시금 이 기대를 고무하는데, 그것은 우리가 우리 능력껏 선하게 행위할 경우 우리 능력에 있지 않은 것이 다른 데로부터 우리에게 크게 도움이 되는 것을 희망할 수 있다는 것을 통해서다. 이런 도움이 어떤 식으로 일어나는지 우리가 알건 모르건 간에 말이다. 아리스토텔레스와 플라톤은 우리 도덕 개념의 기원에 관해서만 달랐을 뿐[우리 능력으로 선의 이념에 도달할 수 있다고 보았다는 점에서는 같았던 것]이다.

멸]에 대한 희망을 가질 권리를 부여한다. 도덕법칙에 완전히 부합하는 심정의 가치는 무한하다. 현명하고 전능한 행복 분배자의 판정에서 모든 가능한 행복은 이성적 존재자가 의무에 부합하는 데 결함이 있는 경우에만 제한되고 그밖에는 결코 제한되지 않기 때문이다. 그러나 도덕법칙은 그 자체로는 아무 행복도 약속하지 않는다. 행복이 자연 질서 일반의 개념에 따라 법칙 준수와 필연적으로 결합하는 것은 아니기 때문이다. 이제 기독교 도덕이론은 이 결여된 것을(최고선의 둘째 필수불가결한 구성요소를), 이성적 존재자들이 도덕법칙에 마음을 다해 헌신하는 세계를 신의 나라로 제시함으로써 보완한다. 이 A 232 러한 신의 나라에서 자연과 도덕은 신성한 창시자, 즉 이러한 파생된 최고선을 가능하게 하는 신성한 창시자에 의해 조화하는 데 이른다. 이 조화는 자연과 도덕 각각에는 낯선 것이다. 도덕의 신성함은 현세의 생명 중에 있는 이성적 존재자들에게 이미 규준으로 지시된다. 그 V 129 러나 이 규준에 비례하는 복, 지복은 오직 영원에서만 도달 가능한 것으로 표상된다. 도덕의 신성함은 이성적 존재자가 어떤 처지에 있건 항상 행동의 원형이어야만 하고 이 신성함으로 전진하는 것은 이미 현세의 생명에서도 가능하고 필연적이지만, 지복은 현세에서 행복이라는 이름 아래서는 (우리 능력이 문제인 한) 결코 도달할 수 없어서 오로지 희망의 대상일 뿐이기 때문이다. 그럼에도 도덕의 기독교적 원리 자체는 신학적이지 않고 (따라서 타율이 아니고) 순수실천이성 자체의 자율이다. 기독교 도덕이 신과 신의 의지를 인식하는 것을 이러한 법칙의 근거로 삼지 않고 오직 이 법칙을 준수하는 조건 아래에서 최고선에 도달하는 근거로만 삼았으며, 법칙 준수의 본래적 동기조차 법칙 준수로 바라는 결과에 두지 않고 의무 표상에만 두었기 때문이다. 그래서 의무를 충실하게 지키는 데 행복을 얻을 만한 자격이 있다.

이런 방식으로 도덕법칙은 순수실천이성의 객관이자 궁극 목적인 최고선 개념에 의해 종교에, 즉 모든 의무를 제재가 아니라 신의 명령으로 인식하는 데 이른다. 다시 말해 하는 모든 의무를 어떤 다른 의지의 자의적이며 그 자체로 우연적인 지령이 아니라 모든 자유로운 의지의 자기 자신에 대한 본질적 법칙으로 인식하는 데 이른다. 그러나 이 법칙은 최고 존재자의 명령으로 여겨져야만 하는데, 우리는 오직 도덕적으로 완전하고 (신성하고 자비로우며) 동시에 또한 전능한 의지로부터만 최고선, 즉 도덕법칙이 우리에게 추구할 대상으로 삼으라고 의무화하는 최고선을 희망할 수 있고 따라서 이러한 의지와 일치함으로써만 최고선에 도달하기를 희망할 수 있기 때문이다. 따라서 이 경우에도 모든 것은 이기적이지 않으며 순전히 의무에만 근거를 둔다. 즉 공포 혹은 희망을 동기로 근거에 둘 필요가 없다. 공포 혹은 희망은 원리가 되면 행위의 전체 도덕적 가치를 파괴한다. 도덕법칙은 세계에서 최고의 가능한 선을 내 모든 행동의 최종 대상으로 삼으라고 명령한다. 그러나 나는 오직 내 의지가 신성하고 자비로운 세계 창시자의 의지와 일치함으로써만 최고의 가능한 선을 성취하기를 희망할 수 있다. 전체로서 최고선 개념, 즉 최고 행복이 도덕적 (피조물에서 가능한) 완전성의 최대 정도와 가장 정확하게 비례되면서 결합한 것으로 표상되는 최고선 개념에 나의 자기 행복이 같이 포함되어 있기는 하지만 그럼에도 행복이 아니라 도덕법칙이 (오히려 도덕법칙은 내가 한계를 넘어 행복을 요구하는 것을 엄격한 조건을 제시하여 제약한다) 의지의, 즉 최고선을 촉진하라고 지시받는 의지의 규정 근거다.

그렇기 때문에 도덕도 원래 우리가 어떻게 자신을 행복하게 만들지에 관한 가르침이 아니라 어떻게 행복할 자격을 갖추어야만 하는지에 관한 가르침이다. 도덕에 종교가 더해지는 오직 그때에만, 행복할 자격이 없지 않도록 유념하는 정도만큼 언젠가 행복을 나눠 가질 것이라는 희망도 등장한다.

어떤 사람이 사물이나 상태를 소유할 자격이 있는 경우는 이 사람이 그것을 소유하는 것이 최고선과 합치할 때다. 이제 우리는 자격 있음이 모두 도덕적 행동에 달려 있다는 것을 쉽게 통찰할 수 있다. 이 도덕적 행동은 최고선 개념에서 나머지 것(상태에 속하는 것), 즉 행복에 참여하는 것의 조건을 이루기 때문이다. 이것의 귀결은 다음과 같다. 우리는 결코 도덕 자체를 행복론으로, 다시 말해 행복에 참여하기 위한 지침으로 취급해서는 안 된다. 도덕은 오로지 행복의 이성적 조건(불가결의 조건[6])과만 관계할 뿐 행복을 얻는 수단과는 관계하지 않기 때문이다. 그러나 도덕이 (이 도덕은 순전히 의무만 부과할 뿐 이기적 소망에 방책을 제공하지는 않는다) 완전히 제시되었다면 그리고 법칙에 근거하여 최고선을 촉진하려는 (신의 나라를 우리에게 가져오려는) 도덕적 소망, 즉 도덕이 완전히 제시되기 전에는 어떤 이기적인 마음에도 떠오를 수 없었던 도덕적 소망이 일깨워지고 이 소망을 위해 종교로 이행하고 난 후라면, 비로소 도덕은 행복론으로 불릴 수 있다. 최고선에 대한 희망은 오로지 종교와 함께 비로소 시작되기 때문이다.

A 235

여기에서 우리는 또한 다음을 통찰할 수 있다. 세계 창조에서 신의 최종 목적이 무엇인가라는 물음에 우리는 이 세계 내 이성적 존재자들의 행복이 아니라 최고선을 거론해야만 한다. 최고선은 행복에 대한 이 존재자들의 소망에 한 가지 조건을 부가하는데 그것은 행복할 자격이 있음이라는 조건, 다시 말해 바로 동일한 이성적 존재자들의 도덕성이라는 조건이다. 이 존재자들이 어떤 현명한 창시자의 손에 의해 행복에 참여하리라 희망할 수 있을 때 따라야 할 유일한 척도는 오직 도덕성만이 내포한다. 지혜란 이론적으로 고찰했을 때 최고선의 인식을 의미하고 실천적으로 고찰했을 때 **최고선에 의지가 부합함**을 의미하는 탓에, 순전히 **자비**에만 근거를 둘 어떤 목적은 최고의 자립적 지혜에 용인될 수 없기 때문이다. 우리가 자비의 이러한 영향에 (이성적 존재자의 행복과 관련하여) 부합한다고 사유할 수 있는 것은 오로지 최고의 근원적 선으로서 의지의 **신성함***과 일치한다는 제약 조건 아래에서뿐이다. 그래서 창조의 목적을 신의 영광에 (이 영광을

신인동형론적으로, 즉 칭찬받으려는 경향성으로 사유하지 않는다고 전제할 때) 두었던 사람들은 실로 최선의 표현을 찾았다. 신의 법칙이 우리에게 부여한 신성한 의무를 준수하는 것 이후에 이러한 [의무 준수가 보여주는] 아름다운 질서를 상응하는 행복으로 장식하는 신의 장엄한 조처가 따르는 것이라면, 세상에서 가장 소중한 것인 그의 명령을 존경하는 것, 이러한 신성한 의무를 준수하는 것보다 신을 영광스럽게 하는 것은 없기 때문이다. 행복으로 보상하는 것이 (인간적으로 말해) 신을 사랑할 만하게 만드는 것이라면, 아름다운 질서에 의해 신은 숭배(예배) 대상이다. 인간들도 선행으로 사랑을 얻을 수는 있지만 이것만으로는 결코 존경을 얻을 수 없다. 가장 위대한 선행이

---

* 이 기회에 그리고 이 개념의 고유한 점을 알리기 위해 다만 다음만 덧붙인다. 사람들은 피조물들에서도 대응하는 성질이 발견되는 여러 속성을 신에게 부여하는데, 여기서 다른 것은 신의 속성은 최고 정도로 높여진 것이라는 점이다. 예를 들어 [피조물에서 발견되는] 힘, 학문, 현재함, 자비 따위는 전능, 전지, 무소부재(無所不在), 전적인 자비 따위의 이름으로 최고 정도로 높여진다. 그렇지만 배타적인 방식으로, 양을 더는 덧붙일 수 없는 방식으로 신에게 부여되는 세 가지 속성, 그것도 죄다 도덕적인 세 가지 속성이 있다. 즉 신은 유일하게 **신성한 자**, 유일하게 **지복한 자**, 유일하게 **지혜로운 자**다. [이 세 속성이 배타적이고 더는 양을 덧붙일 수 없는 것인 이유는] 이 세 개념이 이미 무제약성을 동반하기 때문이다. 따라서 이 개념들의 순서에 따라 신은 신성한 **입법자**(그리고 창조자), 자비로운 **통치자**(그리고 유지자), 정의로운 **심판자**다. 이 세 가지 속성은 신을 종교의 대상으로 만드는 모든 것을 포함한다. 그리고 이 세 가지 속성에 조응하여 [세 가지] 형이상학적 완전성이 이성 안에서 자연스럽게 부가된다.

라 할지라도 오직 [존경]받을 만함 이후 행사될 때에만 인간들을 영광스럽게 만든다. 이제 저절로 귀결되는 것은 목적들의 질서에서 인간이 (인간과 더불어 모든 이성적 존재자가) **목적 자체**라는 점, 다시 말해 인간이 어떤 이에 의해 결코 순전히 수단으로만, 즉 동시에 목적 자체임 없이 사용될 수 없다는 점, 따라서 우리 인격 안에 있는 인간성이 우리 자신에게 신성할 수밖에 없다는 점이다. 왜냐하면 인간은 **도덕법칙의 주체**, 따라서 그 자체로 신성한 것의 주체이기 때문이다. 이러한 그 자체로 신성한 것 때문에 그리고 이러한 그 자체로 신성 V 132 한 것과 일치할 경우에만, 어떤 것은 신성하다고 일컬어질 수 있다. 이 도덕법칙이 자유로운 의지인 인간 의지의 자율에 근거를 두기 때문이다. 이 자유로운 의지는 자신의 보편적 법칙에 따라 필연적으로, 자신이 **복종**해야만 하는 것에 동시에 일치할 수 있음이 틀림없다.

VI
순수실천이성의 요청들 일반

A 238

순수실천이성의 모든 요청은, 요청이 아니라 법칙인 도덕성의 원칙에서 나온다. 이성은 이 법칙으로 직접 의지를 규정한다. 의지가 법칙에 의해 규정된다는 바로 이러한 사태에 의해 의지는 순수한 의지로서 자기 지침 준수의 필연적 조건들을 요구한다. 이 요청들은 이론적인 학적 명제들이 아니라 필연적으로 실천적인 고려에서 **전제**들이다. 따라서 이 요청들은 사실 사변적 인식을 확장하지는 않지만, 사변이성의 이념들에 **일반적으로** (이 이념들이 실천적인 것과 관계하는 것을 통하여) 객관적 실재성을 부여하고, 이 이념들에 개념의 권한, 즉 다른 경우라면 사변이성이 감히 주장할 수도 없었던 개념의 권한을 부여한다.

　이 요청들이란 **영혼불멸**의 요청, 적극적인 것으로 간주된 **자유**(예지계에 속하는 한에서 존재자의 원인성으로서 자유)의 요청 그리고 신의 현존의 요청이다. **첫째**, 요청은 도덕법칙을 완전하게 충족하기 위해 이에 적합한 시간적 지속이 실천적으로 필연적이라는 조건에서 흘러나온다. **둘째**, 요청은 감성계로부터 독립을 전제하는 데서, 예지계의 법칙에 따른 자기 의지 규정 능력, 즉 자유를 필연적으로 전제하는 데서 흘러나온다. **셋째**, 요청은 이러한 예지계를 위한 조건의 필연성에서 흘러나오는데, 이 필연성은 최고의 자립적 선, 다시 말해 신의 현존이 전제됨에 따라 최고선이 존재하도록 하기 위한 것이다.

A 239

　법칙에 대한 존경에 따라 필연적으로 최고선을 지향하는 것과 그 귀결로 최고선의 객관적 실재성을 전제하는 것은 실천이성의 요청들에 의해 개념들, 즉 사변이성이 문제로 제시할 수는 있었지만 해결할 수는 없었던 개념들로 인도한다. 그래서 첫째로, 사변이성이 해결하려고 하면 **오류 추리**에 빠질 수밖에 없었던 문제(즉 영혼불멸 문제)로 인도한다. 이 문제와 관련하여 사변이성이 오류 추리에 빠졌던 까닭은, 자기의식에서 영혼에 필연적으로 부여되는 최종 주체라는 심리학적 개념을 보충하여 실체를 실재하는 것으로 표상하기 위해서는 고정불변성의 징표가 있어야 하는데 사변이성의 경우 이것이 결여되어 있기 때문이다. 이 징표를 실천이성이 제공한다. 그것은 실천이성의 전체 목적인 최고선 안에서 도덕법칙에 적합하기 위해 요구되는 시간적 지속을 요청함으로써다. 실천이성이 [최고선을 지향할 때] 이르게 되는 둘째 개념은 이것과 관련하여 사변이성이 **이율배반**을 포함하게 되는 개념이다. 사변이성은 이러한 이율배반을, 문제가 있는 것으로 생각할 수는 있지만 객관적 실재성에 따라서는 사변이성이 입증할 수 없고 규정할 수 없는 개념에 근거해서만 해소할 수

V 133

있었다. 이 개념은 예지계라는 **우주론적** 이념 그리고 이 예지계에 우
리가 현존한다는 의식인데 이 개념에 이를 때 경유하는 것이 자유의
요청이다(실천이성은 자유의 실재성을 도덕법칙에 의해 명시하며, 동
시에 사변이성이 단지 지시할 수만 있었을 뿐 그 개념을 규정할 수는 없
었던 예지계의 법칙을 이 도덕법칙을 가지고 명시한다). [최고선을 지
향할 때] 실천이성은 셋째로, 사실 사변이성이 사유할 수밖에 없었지
만 순전한 선험적 **이상**으로 규정되지 않은 채로 둘 수밖에 없었던 것,
즉 근원적 존재자라는 신학적 개념에 예지계에서 최고선의 최상 원
리라는 의미를 부여하는데(이는 실천적 관점에서 의미를 부여하는 것,
다시 말해 저 법칙에 의해 규정된 의지의 객관이 가능하기 위한 조건이
되는 신학적 개념에 의미를 부여하는 것이다), 최고선의 이러한 최상
원리는 예지계에서 지배력을 갖는 도덕적 입법에 의거한다.

그렇다면 우리 인식이, 이런 방식으로 순수실천이성에 의해 실제
로 확장되는가? 그래서 사변이성에 **초험적**이었던 것이 실천이성에
서는 내재적인가? 물론 그렇다. 그러나 **오직 실천적 관점에서만** 그렇
다. 이로써 우리가 인식하는 것은 그 자체로 존재하는 것에 따른 우
리 영혼의 본성도, 예지계도, 최고 존재자도 아니다. 우리는 다만 이
것들의 개념들만 의지의 객관으로서 **최고선**이라는 실천적 개념에
서 통일했을 뿐인데, 그것도 순수이성에 의해 완전히 아프리오리하
게, 그러나 오직 도덕법칙을 통하여 통일했을 뿐이다. 또한 도덕법
칙이 명령하는 객관과 관련해서는 순전히 이 도덕법칙과만 관계하
면서 통일했을 뿐이다. 그러나 이렇게 통일한다고 해서, 어떻게 오직
자유만이 가능한가 그리고 어떻게 우리가 이런 종류의 원인성을 이
론적·적극적으로 표상할 수 있는가 하는 것은 통찰되지 않는다. 단
지 이러한 인과성이 있다는 것만 도덕법칙에 의해 그리고 도덕법칙
을 위해 요청된다. 어떤 인간 지성도 그 가능성을 결코 밝혀내지 못

할 나머지 이념들과 관련해서도 사정은 같다. 그러나 마찬가지로 어떤 궤변도 이 이념들이 참된 개념이 아니라고 가장 평범한 인간에게라도 확신시키지 못할 것이다.

VII
순수이성의 사변적 인식을 확장하지 않으면서 동시에 이 이성을 실천적 의도에서 확장하는 일이 어떻게 사유 가능한가?

너무 추상적으로 되지 않기 위해 이 물음을 우리의 당면 사례에 바로 적용하여 답하려고 한다. 순수한 인식을 실천적으로 확장하려면 어떤 의도가 아프리오리하게 주어져야 한다. 다시 말해 어떤 목적이 (의지의) 객관으로, 즉 모든 이론적 원칙에 독립해서 의지를 직접적으로 규정하는 (정언적) 명령에 의하여 실천적으로 필연적인 것으로 표상되는 객관으로 주어져야만 한다. 우리의 경우 의지의 이러한 객관은 최고선이다. 그러나 세 이론적 개념, 즉 자유, 영혼불멸, 신을 전제하지 않는다면 최고선은 가능하지 않다(이 이론적 개념들이 순전한

순수이성 개념들인 까닭에 이 개념들에 조응하는 아무 직관도 발견되지 않고, 이 개념들에 대해 이론적 방법으로는 아무런 객관적 실재성도 발견되지 않는다). 그래서 최고의, 이 세계 안에서 가능한 선의 실존을 명령하는 실천법칙에 의해 순수사변이성의 저 객관들의 가능성이, 사변이성이 이 객관들에 확보해줄 수 없었던 객관적 실재성이 요청된다. 물론 순수이성의 이론적 인식은 이러한 요청에 의해 확대되기는 하지만, 이러한 확대는 순전히 다음과 같은 데에만, 즉 전에는 사변이성에 대해 문제가 있는 (순전히 사유 가능한) 개념들이 이제는 그

것들에 실제로 객관들이 귀속되는 확정적 개념들로 선언되는 데에만 존립한다. 실천이성이 이런 객관들의 실존을, 사실상 실천적으로는 단적으로 필연적인 자신의 객관의 가능성을 위하여, 즉 최고선의 가능성을 위하여 불가피하게 필요하며 이렇게 하여 이론이성은 이런 객관들을 전제할 권리를 부여받기 때문이다. 그러나 이론이성의 이러한 확장은 결코 사변의 확장이 아니다. 다시 말해 이때 결코 이론적 의도에서 이론이성을 적극적으로 사용하는 것이 아니다. 여기서 실천이성이 이루어낸 것은 저 개념들이 실재적이라는 것, 저 개념들이 실제로 자신들의 (가능한) 객관들을 갖는다는 것 이상이 아니다. 그러나 이때 저 개념들에 대한 아무 직관도 주어지지 않으며(직관이 주어져야 한다고 요구될 수도 없다), 따라서 개념들의 이러한 허용된 실재성으로는 아무런 종합명제도 가능하지 않다. 결국 이렇게 밝혀내는 것은 사변적 의도에서는 조금이라도 우리에게 도움이 되지 않지만, 순수이성의 실천적 사용과 관련해서는 이러한 우리 인식을 확장하는 데 도움이 될 수 있다. 위에서 말한 사변이성의 세 가지 이념은 그 자체로는 아직 아무 인식도 아니다. 그렇지만 이 이념들은, 불가능한 것도 아닌 (초험적) **사상들**이다. 그래서 이 이념들은 필연적인 실천법칙에 의해 객관적 실재성을 획득한다. 이 이념들은 실천법칙이 **객관으로 삼으라고** 명령하는 어떤 것이 가능하기 위한 필연적 조건이다. 다시 말해 실천법칙이 지시하는 것은 이 **이념들이 객관들을 갖는다는** 사태다. 물론 이때 이 이념들의 개념이 어떤 객관과 관계하듯이 그렇게 객관을 보여줄 수 있는 것은 아니며, 이 이념들이 객관들을 갖는다는 것이 이 **객관들을** 인식하는 것도 아니다. 이 이념들의 개념에 의해서는 이 이념들에 대해 아무것도 종합적으로 판단할 수 없으며 이 이념들의 적용을 이론적으로 규정할 수도 없기 때문이다. 따라서 이 이념들에 대해서는 원래 이성의 모든 사변적 인식을 가능

A 243

V 135

하게 하는, 이성의 이론적 사용이 이루어질 수 없다. 이렇게 해서 비록 이러한 객관들에 대한 이론적 인식이 확장된 것은 아니라 할지라도, 실천적 요청에 의해 저 이념들에 객관들이 주어진 한, 그럼에도 이성 일반의 이론적 인식은 확장되었다. 이념들에 객관들이 주어짐으로써 순전히 문제가 있는 사상이 비로소 객관적 실재성을 얻었기 때문이다. 따라서 이것은 주어진 **초감성적 대상들에 대한 인식의 확장은 아니었지만, 이론이성이 이러한 대상들이 있다는 것을 인정할 수밖에 없었던 한 이론이성의 확장이었고 초감성적인 것 일반과 관련한 이론이성의 인식의 확장이었다. 이론이성이 이 대상들을 더는 자세히 규정할 수는 없었고 따라서 (이제 실천적 근거에서, 그리하여 실천적 사용을 위해서만 이성에게 주어진) 객관들 자체에 대한 이 인식을 확장할 수는 없었지만 말이다. 그래서 순수이론이성은 이러한 확대를 오직 자신의 순수 실천적 능력에 빚질 수밖에 없다. 순수이론이성에 저 모든 이념은 초험적이며 객관을 갖지 못하는 것이기 때문이다. 여기서 이 이념들은 **내재적**으로 되고 **구성적**으로 된다. 이 이념들이 순수실천이성의 **필연적 객관(최고선)을 실현할 가능성의 근거들이기 때문이다. 이러한 가능성의 근거가 아닐 경우 이 이념들은 **초험적**이다. 그리고 이러한 가능성의 근거가 아닐 경우 이 이념들은 사변이성의 순전히 **규제적인 원리들, 즉 사변이성에 경험을 넘어 새로운 객관을 받아들이라고 요구하지 않으며 경험 안에서 완벽에 가깝도록 사변이성을 사용할 것만 요구하는 규제적 원리들일 뿐이다. 그러나 이성이 일단 이렇게 확대되면 사변이성으로서 이 이성은 (본래 오로지 자신의 실천적 사용을 확보하기 위해) 소극적으로 된다. 다시 말해 저 이념들을 다룰 때 확장하는 것이 아니라 정화한다. 이것은 한편으로 미신의 원천인 **신인동형론을 멀리하기 위해서 혹은 경험이라고 주장된 것에 의해 저 개념들을 외관상으로 확장하는 것을 막기 위해서다. 다

A 244

V 136

른 한편으로 초감성적 직관이나 초감성적 감정에 의해 이러한 외관 A 245
상의 확장을 약속하는 광신을 막기 위해서다. 신인동형론이나 광신
같은 것들은 모두 순수이성을 실천적으로 사용하는 것을 방해한다.
그래서 이런 것들을 막는 것도 물론 실천적 의도에서 우리 인식을 확
장하는 일에 해당한다. 이때 이렇게 확장함으로써 이성이 사변적 의
도에서 최소한의 것도 얻을 수 없다는 것을 동시에 인정하는 것은 실
천적 의도와 모순되지 않는다.

대상과 관련하여 이성을 사용할 때면 언제나 이를 위해 순수한 지
성 개념(범주)이 요구되는데, 이 범주가 없으면 아무 대상도 사유할
수 없다. 범주가 이성을 이론적으로 사용하기 위해, 다시 말해 이론
적으로 인식하기 위해 적용될 수 있는 것은 오직 동시에 이 범주에
(언제나 감성적인) 직관이 기초로 놓이는 한에서이며, 따라서 순전히
가능적 경험의 객관을 이 범주로 표상하기 위한 경우일 뿐이다. 그런
데 여기서는 이성의 **이념**, 즉 결코 경험에 주어질 수 없는 이념이, 인
식을 위해 범주를 통해 사유되어야만 할 어떤 것이다. 물론 여기서
문제는 이 이념의 객관을 이론적으로 인식하는 것이 아니라 단지 이
이념이 과연 객관을 갖는가 아닌가 하는 것이다. 순수실천이성은 이
러한 실재성을 제공한다. 이때 이론이성은 범주에 의해 저 객관을 순
전히 사유하는 것 이상을 하지는 않는다. 우리가 다른 곳에서 분명히
제시한 것처럼 이런 일에는 직관이 (감성적 직관이건 초감성적 직관
이건) 필요하지 않고도 매우 잘 진행된다. 범주는 독립적으로 그리 A 246
고 모든 직관에 앞서서 오로지 사유하는 능력으로서 순수지성에 자
기 자리와 근원을 갖기 때문이며 항상 오직 객관 일반만을, 이 객관이
어떤 방식으로 우리에게 주어지건 간에, 의미화할 뿐이기 때문이다. 그
래서 범주가 저 이념에 적용되어야 하는 한, 직관 안에 있는 아무 객
관도 이 범주에 주어지는 것이 가능하지 않다. 그럼에도 이러한 객관

이 실재적이라는 것, 따라서 순전한 사유 형식인 범주가 여기서 공허하지 않으며 의미를 지닌다는 것은 이 범주에 충분히 확보된다. 이는 실천이성이 최고선 개념에서 의심할 여지없이 드러낸 객관에 의해, 즉 최고선의 가능성을 위해 요구되는 **개념의 실재성**에 의해 그렇게 된다. 물론 이렇게 확대된다고 해서 이론적 원칙에 따른 인식 확장은 조금도 일어나지 않지만 말이다.

* * *

V 137 　　이러한 신, 예지계(신의 왕국) 그리고 영혼불멸의 이념이 우리 자신의 본성으로부터 취한 술어에 의해 정밀하게 규정될 때, 우리는 이러한 규정을 저 순수이성이념의 **감성화**로 (신인동형론으로) 간주해서는 안 되고, **초감성적** 대상에 대한 한계를 벗어난 인식으로 간주해
A 247 서도 안 된다. 이 술어는 지성과 의지 외의 것이 아니기 때문이다. 그것도 도덕법칙에서 사유되어야만 하는 대로, 따라서 오직 순수실천적으로 사용되는 한에서 상호관계하는 것으로 고찰되는 지성과 의지 말이다. 이 경우 지성과 의지 개념에 심리적으로 붙어 있는 나머지 모든 것, 즉 우리가 이러한 지성과 의지 능력을 이 **능력의 실행**에서 경험적으로 관찰하는 한에서 지성과 의지 개념에 붙어 있는 모든 것은 도외시된다(예를 들어 인간 지성은 논변적이라는 것, 따라서 지성의 표상, 즉 사상은 직관이 아니라는 것, 직관들은 시간 안에서 잇따른다는 것, 인간의 의지는 늘 자신의 만족을 의지 대상의 실존에 의존할 수밖에 없다는 것 따위. 최고 존재자에게는 이런 것들이 해당될 수 없다). 그래서 우리에게 순수지성적 존재자를 사유하게 만드는 개념들에서 남아 있는 것은 도덕법칙을 사유할 가능성을 위해 꼭 필요한 것 말고는, 따라서 사실상 신의 인식 [신을 인식하는 것] 말고는 없다. 그렇

지만 이 신의 인식은 실천적 관계에서의 인식일 뿐이다. 신의 인식을 이론적 인식으로 확장하려고 시도할 때 우리는 이 실천적 관계를 통하여 신의 지성과 의지[에 대한 인식]를 얻는데, 이 지성은 사유하지 않고 **직관**하며, 이 의지는 대상을 향하되 이 대상의 실존에 의존적인 만족을 조금도 갖지 않는다(선험적 술어는 언급도 하지 않겠다. 예를 들어 실존의 크기, 즉 지속은 언급하지도 않겠다. 그것도 시간 안에서 발생하지 않는, 즉 우리가 현존을 양으로 생각할 수 있는 유일한 수단인 A 248 시간 안에서 발생하지 않는 지속 말이다). 그래서 [우리에게 순수지성적 존재자를 사유하게 만드는 개념들에서] 남아 있는 것은 순수 속성들이다. 이 순수 속성들은 우리가 대상 인식에 유용한 어떤 개념도 이 속성들에 대해 만들 수 없는 것들이다. 이로부터 우리가 알게 되는 것은, 이 속성들이 초감성적 존재자들에 대한 어떤 **이론**을 위해서는 결코 쓰일 수 없다는 점, 그래서 이 속성들이 이런 측면에서 사변적 인식을 근거 지을 능력이 없고 오로지 도덕법칙의 실행에만 자기 사용을 한정한다는 점이다.

이 마지막 지적은 [지성과 의지의 순수한 속성들이 도덕법칙의 실행에만 사용된다는 것은] 너무도 명백하고 사실에 의해 워낙 분명하게 입증할 수 있어서, 자신을 신에 대해 **자연적으로 박식한** 사람이라고 (이것은 놀라운 명칭*이다) 주장하는 모든 이에게 우리가 서슴없이 요구할 수 있는 것은 이러한 그들의 대상을 (순전히 존재론적 술어를 V 138

---

* 원래 박식은 단지 역사 지식의 총개념일 뿐이다. 따라서 계시 신학의 교사만이 신에 대해 박식한 사람이라 불릴 수 있다. 그런데 우리가 이 단어의 의미에 (이 단 V 138 어는 그저 배워야만 하는 어떤 것, 스스로 이성에 의해 발견할 수 없는 어떤 것을 박식으로 여기게 마련이다) 모순되게도 이성의 학문을 (수학과 철학을) 소유한 사람도 박식한 사람이라고 부르려 한다 하더라도, 신에 대한 인식을 실증적 앎으로 갖는 철학자는 너무도 빈약한 모습을 보일 뿐이어서 이런 실증적 앎을 가진다는 이유로 이 사람을 **박식한** 사람이라고 부를 수는 없을 것이다.

넘어서) 규정하는 단 하나의 속성, 이를테면 지성과 의지의 단 하나

의 속성만이라도 거론해보라는 것이다. 그들이 거론할 어떤 속성에서 신인동형론적인 모든 것을 제거하고 남는 것이라고는 순전히 말뿐이라는 점을 반박으로 제시할 수 있을 것이다. 그들이 거론하는 속성은, 우리에게 이론적 인식의 확장을 기대할 수 있게 만드는 개념과 조금도 연결되지 못한다. 그러나 실천적인 것과 관련해서 지성과 의지의 속성들 가운데 [박식한 사람들이 아니라] 우리에게 남아 있는 것은 관계 개념, 즉 (바로 의지에 대한 지성의 이러한 관계를 아프리오리하게 규정하는) 실천법칙으로부터 객관적 실재성을 부여받는 관계 개념이다. 실천법칙이 지성과 의지의 관계에 객관적 실재성을 부여하는 일이 일단 한 번 일어나면, 도덕적으로 규정된 객관 개념(최고선 개념)에도 실재성이 주어지고, 이 개념과 함께하는 최고선의 가능성 조건들, 즉 신의 이념, 자유의 이념, 영혼불멸의 이념에도 실재성이 주어진다. 그러나 이때 실재성이 주어지는 것은 오직 도덕법칙의 실행과 관계할 때뿐이다(즉 어떤 사변적 목적을 위해 주어지지 않는다).

이상이 환기되고 나면 신 개념이 자연학에 속하는 개념인지 (따라서 형이상학, 즉 일반적 의미에서 자연학의 아프리오리한 순수 원리들만 함유하는 형이상학에도 속하는지) 아니면 도덕에 속하는 개념인지 하는 중요한 문제에 대한 답 또한 쉽게 찾을 수 있다. 어떤 사람이 자연의 장치 혹은 이 장치의 변화를 **설명**하기 위해 만물의 창시자로서 신에게 호소한다면 이것은 적어도 아무런 물리적 설명도 아니며 대개는

자기 철학이 종언을 고했다는 것을 고백하는 데에 지나지 않는다. 자신이 목도하는 것의 가능성을 파악하기 위해 지금까지 자기가 파악하지 못하던 어떤 것을 받아들 수밖에 없기 때문이다. 형이상학에 의하여 확실한 **추론**을 거쳐 이 세계에 대한 앎으로부터 신 개념에 도달

하는 것 그리고 신의 실존 증명에 도달하는 것은 불가능하다. 이 세계가 오로지 하나의 신에 의해서만 (우리가 신 개념을 이렇게 사유해야 하듯이) 가능했다고 말하려면 이 세계를 가장 완전하게 가능한 전체로 인식해야만 하는데, 이를 위해 모든 가능한 세계를 (이 세계와 비교할 수 있기 위해) 인식해야만 하며, 따라서 전지해야만 하기 때문 V 139 이다. 그러나 이 존재자의 실존을 순전한 개념들로부터 완전히 인식하는 것은 절대 불가능하다. 내가 어떤 존재자에 대해 개념을 가질 때, 이 존재자가 실존한다고 말하는 어떤 실존명제도 종합명제이기 때문이다. 다시 말해 실존명제는 이 존재자에 대한 개념을 넘어 개념에서 사유했던 것 이상을 이 존재자에 대해 말하는 명제이기 때문이다. 말하자면 지성 안에 있는 이 개념에 지성 밖에 있는 대상이 대응하면서 설정되는데, 이런 일을 생기게 만드는 것은 명백히 어떤 추론으로도 불가능하다. 따라서 이성에 남은, 이 존재자에 대한 인식에 이르는 유일한 길은 이성이 순수이성으로서 자신의 순수한 실천적 사용의 최상 원리에서 출발하면서 (어쨌건 이성의 실천적 사용은 이성의 귀결인 어떤 것의 실존을 지향하기 때문에) 자신의 객관을 규정하 A 251 는 것이다. 그리고 이때 이성의 불가피한 문제, 즉 의지가 필연적으로 최고선을 지향하는 문제에서 이러한 근원 존재자를 세계 내 최고선의 가능성과 관련하여 받아들일 필연성이 드러난다. 이뿐만 아니다. 가장 주목할 만한 점은 자연의 길을 이성이 걸어갈 때에는 전적으로 결여되었던 어떤 것, 즉 이러한 근원 존재자의 정확하게 규정된 개념이 드러난다는 것이다. 우리는 이 세계의 오직 작은 부분만 알 뿐이고 더욱이 이 세계를 모든 가능한 세계와 비교할 수도 없기 때문에 이 세계의 질서, 합목적성 그리고 크기 따위로부터 추론할 수 있는 것은 현명하고 선하며 힘 있는 따위의 세계 창시자이지, 이 창시자의 전지, 전적인 자비, 전능 따위가 아니다. 또한 매우 잘 인정될 수 있는 것은 우리가 이런 불가피한 결여를 하나의 허용된, 전적으로 이성적인 다음과 같은 가설로 보충할 권한을 지닌다는 것이다. 이 가설은 말하자면 지혜와 자비 따위가 우리가 좀더 자세히 아는 많은 부분에서 두드러지면 모든 나머지 부분에서도 역시 그러할 것이라는 가설이다. 그래서 우리는 세계 창시자에게 모든 가능한 완전성을 부여하는 것이 이성적이라는 것을 매우 잘 인정할 수 있다. 그렇지만 이것은 우리에게 자신의 통찰을 자랑하게 만드는 **추론**이 결코 아니다. 다만 권한, 즉 관용할 수 있는 것이긴 하지만 사용하려면 다른 곳의 추

A 252 천이 필요한 권한일 뿐이다. 따라서 신 개념은 경험적 방식(자연학의 방식)에 따를 때는 신성(神性) 개념에 적합하게 유지하기에는 **정확하게 규정되지 않은**, 제일 존재자의 완전성 개념으로만 머물 뿐이다(그러나 선험적 부분의 형이상학으로는 아무것도 성취할 수 없다).

V 140   이 완전성 개념을 실천이성의 객관에서 유지하려 시도할 때 내가 발견하는 것은, **최고의 완전성**을 갖는 세계 창시자를 전제할 때에만 도덕적 원칙이 완전성 개념을 가능한 것으로 허용한다는 점이다. 내 행동을 모든 가능한 경우와 모든 미래에서 내 심정의 가장 내면적인 것에 이르기까지 인식하려면 신은 **전지적**일 수밖에 없다. 그리고 내 행동에 적절한 결과를 할당하려면 신은 **전능**할 수밖에 없다. 마찬가지로 신은 **무소부재**할 수밖에 없고 영원할 수밖에 없다 따위. 따라서 도덕법칙은 최고선 개념에 따라 순수실천이성의 대상으로, **최고 존재자**인 근원 존재자 개념을 규정한다. 이런 일은 이성의 자연적 과정(더 높은 차원에서 전개되면 이성의 형이상학적 과정)으로는 일어날 수 없었고 따라서 이성의 전체 사변적 과정에서는 일어날 수 없었다. 따라서 신 개념은 근원적으로 자연학에 속하는 개념이 아니다. 다시 말해 신 개념은 사변이성을 위한 개념이 아니라 도덕에 속하는 개념이다. 우리는 이성의 실천적 사용에서의 요청들로 위에서 다룬 이성

개념들[영혼불멸과 자유]에도 똑같이 말할 수 있다.

우리가 그리스 철학사에서 아낙사고라스[7] 이전에는 순수이성신학   A 253
의 뚜렷한 족적을 만날 수 없는 이유는 아낙사고라스 이전의 철학자
들에게 지성과 통찰이 결여된 나머지 그들이 전적으로 이성적인 가
설의 도움을 받기라도 해서 사변에 의해 그들 자신을 이성신학의 차
원으로 올려놓지 못했다는 데 있지 않았다. 사람마다 자연히 떠오르
는 다음과 같은 사상, 즉 세계 원인들의 규정되지 않은 완전성 정도
를 받아들이는 대신 모든 완전성을 소유하는 유일한 이성적 원인을
받아들이는 사상보다 더 쉽고 자연적인 사상이 있을 수 있었겠는가?
그러나 모든 완전성을 소유하는 유일한 이성적 원인을 받아들이는
이러한 가정을 정당한 것으로 간주하기에는 아낙사고라스 이전 철
학자들에게 이 세계 안의 화(禍)가 너무도 중대한 반론인 것처럼 보
였다. 따라서 그들은 저 유일한 이성적 원인을 그들 자신에게 허용하
지 않고 오히려 자연적 원인들 가운데 근원 존재자에게 요구되는 성
질과 능력을 만날 수나 있지 않을까 하고 자연적 원인들을 뒤졌다.
바로 이런 점에서 아낙사고라스 이전 철학자들은 지성과 통찰을 보
여주었다. 그러나 이 총명한 민족은 다른 민족들이 결코 잡담거리 이
상으로 다루지 않았던 도덕적 대상까지 철학적으로 다룰 정도로 탐
구에서 진보했을 때 비로소 하나의 새로운 요구, 즉 어김없이 이들에
게 근원 존재자 개념을 규정적으로 제시했던 실천적 요구를 발견했
다. 사변이성은 이런 일이 벌어지는 것을 지켜보기만 하거나 기껏해
야 자기 토대에서 자라나지 않았던 어떤 개념을 장식하는 공적을 이   A 254
루었을 뿐이고, 또 당시 막 등장했던 자연고찰로부터 일련의 확증을   V 141
가지고, 이 개념에 권위를 더한 것이 아니라(이 권위는 이미 확립되었
다), 오히려 그들이 주장하는 이론적 이성통찰로 이 개념을 좀더 치
장하는 공적을 이루었을 뿐이다.

이상의 환기로부터 순수사변이성의 독자들이 완전히 확신할 것은, 범주를 연역하는 저 수고로운 작업이 신학과 도덕을 위해 참으로 긴요하고 유용했다는 점이다. 오직 이러한 연역만이 사람들이 범주를 순수지성에 두는 경우 플라톤처럼 이 범주를 생득적인 것으로 간주하는 것을 방지할 수 있고, 이 연역만이 끝을 알 수 없는 초감성적인 것에 관한 이론이 이러한 범주에 근거해서 한계를 넘어 월권하는 것과 신학을 환상의 마술등불로 만드는 것을 방지할 수 있기 때문이다. 그러나 사람들이 범주를 획득된 것으로 간주할 경우, 연역이 방지하는 것은 에피쿠로스처럼 모든 범주 사용을, 심지어 실천적 의도에서 범주 사용도, 순전히 감각 능력의 대상과 규정근거에 국한하는 일이다. 그런데 연역이 이렇게 방지할 수 있는 것은 비판이 저 연역에서 다음 두 가지를 증명한 후 가능하다. 첫째로 이 범주가 경험적 기원을 갖는 것이 아니라 아프리오리하게 순수지성에 그것들의 자리와 원천을 갖는다는 것이다. 둘째로 범주들이 대상들 일반과 그 대상들의 직관에 독립적으로 관계하기 때문에 사실 이 범주들이 경험적 대상들에 적용할 경우에만 이론적 인식을 가져오기는 하지만, 순수실천이성에 의해 주어진 대상에 적용할 경우 초감성적인 것에 대한 규정적 사유를 위해 사용되기도 한다는 것이다. 물론 이렇게 사용되는 것은, 이 규정적 사유를 규정하는 술어들이 순전히 아프리오리하게 주어진 순수한 실천적 의도와 이 의도의 가능성에 필연적으로 속하는 한에서 그렇다. 순수이성의 사변적 제약과 순수이성의 실천적 확장은 동일한 순수이성을 비로소 그 속에서 이성 일반이 합목적적으로 사용될 수 있는 평등 관계로 옮겨놓는다. 이러한 평등한 사례가 그밖의 사례보다 더 잘 증명하는 것은, 지혜로 나아가는 길이 모름지

A 255

기 안전하고 막히지 않으며 차단되지 않으려면 우리 인간에서는 불가피하게 학문의 길을 거쳐야만 한다는 것이다. 그러나 학문이 지혜라고 하는 저 목적으로 인도할 거라고 확신할 수 있는 것은 오직 학문이 완성된 후다.

VIII

순수이성의 요구에서 비롯한, 참으로 여김

순수이성의 요구는 이 이성의 사변적 사용에서 다만 가정에 이를 뿐이지만 순수실천이성의 요구는 요청에 이른다. 사변적 사용의 경우 나는 파생된 것에서 출발하여 내가 원하는 대로 근거들의 계열에서 아주 높이 올라가고 근원 근거를 필요로 한다. 이렇게 하는 것은 저 파생된 것에 (예를 들어 세계 내 사물들과 변화들의 인과결합에) 객관적 실재성을 부여하기 위해서가 아니라 파생된 것과 관련해 다만 내 탐구적 이성을 완전히 만족시키기 위해서다. 그래서 내 앞에 있는 자연 안의 질서와 합목적성을 보면서, 내가 이 질서와 합목적성의 현실성을 확보하기 위해 사변으로 나아갈 필요는 없고 다만 이것들을 설명하기 위해 이것들의 원인으로 신성을 전제할 필요만 있다. 이렇게 되면 결과에서 시작해서 규정된 원인으로 추론, 특히 우리가 신에서 사유해야만 하는 것과 같이 정확하고도 완전히 규정된 원인으로 추론하는 것은 늘 불확실하고 위태롭기 때문에 신성을 전제하는 것은 우리 인간에게 가장 이성적인 의견의 수준 이상을 넘을 수 없다.*

---

* 그러나 이 경우조차 문제적이기는 하지만 불가피한 이성 개념이 없다면, 즉 단적으로 필연적인 존재자 개념이 없다면 우리는 이성의 요구를 구실로 내세울 수 없을 것이다. 그런데 이 개념은 규정되기를 원한다. 그리고 이런 원함은 만

이에 반해 순수실천이성의 요구는 어떤 것(최고선)을 내 의지 대상으로 삼아 이것을 내 힘을 다해 촉진하라는 의무에 근거를 둔다. 그러나 이때 나는 최고선의 가능성을 전제해야만 하고 따라서 최고선을 위한 조건인 신, 자유, 영혼불멸 또한 전제해야만 한다. 이런 것들을 내 사변이성으로 증명할 수 없기 때문이다. 물론 사변이성으로 반박할 수도 없지만 말이다.

그러나 최고선을 촉진하라는 이 의무는 이런 것들을 전제하는 것에 전적으로 독립적인, 그 자체로 필연적으로 확실한 도덕법칙에 근거를 둔다. 이런 한 이 의무는 우리를 가장 완전한 방식으로 무조건적으로 합법칙적인 행위에 구속시키기 위해 도덕법칙 밖의 어떤 다른 곳으로부터도 지지가 필요하지 않다. 즉 사물들의 내적 성질과 세계 질서의 숨겨진 목적에 대한, 혹은 이 세계 질서에 선행하는 통치자에 대한 이론적 견해를 통한 지지가 필요하지 않다. 그러나 이 법칙의 주관적 효과, 즉 도덕법칙에 적합하고 또한 도덕법칙에 의해 필연적인 **심정**, 말하자면 실천적으로 가능한 최고선을 촉진하는 심정은 적어도 최고선이 **가능하다**는 것을 전제한다. 이렇게 전제하지 않을 경우, 근본적으로 공허하고 객관이 없을지도 모르는 그런 개념의 객관을 추구하는 것은 실천적으로 불가능하다. 그런데 위의 요청들은 오직 최고선이 **가능하기** 위한 자연적 혹은 형이상학적 조건, 한마디로 사물 본성에 놓인 조건들과 관계할 뿐이다. 그렇지만 이렇게 관계하는 것은 임의적·사변적 의도를 위한 것이 아니라 순수한 이성의지의 실천적으로 필연적인 목적을 위한 것이다. 여기서 이성의지

일 확장 충동이 여기에 더해질 경우, 사변이성의 요구, 즉 다른 존재자들에 대해 근원 근거 역할을 하는 필연적 존재자 개념을 좀더 자세히 규정하고 또 가능한 한 알려는 요구의 객관적 근거다. 이러한 선행하는 필연적 문제가 없다면 적어도 순수이성의 요구도 없다. 나머지 요구는 **경향성**의 요구다.

는 선택하는 것이 아니라 엄격한 이성명령에 복종하는데 이 이성명령은 자기 근거를 **객관적으로** 사물들의 성질, 즉 순수이성에 의해 보편적으로 판정될 수밖에 없는 사물들의 성질에서 갖고 **경향성**에 근거를 두지 않는다. 경향성은 우리가 순전히 주관적 근거들에서 바라는 것이라고 해서 이 바라는 것의 수단을 가능한 것으로, 아예 이 바라는 것의 대상을 현실적인 것으로 받아들일 권한을 결코 갖지 못한다. 따라서 이런 일은 **절대적으로 필연적인 의도에서의 요구**이며 자신의 전제를 순전히 허용된 가설로 정당화하지 않고 실천적 의도에서의 요청으로 정당화한다. 그래서 정직한 사람이라면 순수한 도덕법칙이 명령으로서 (영리함의 규칙으로서가 아니라) 어떤 사람이라도 엄격하게 구속한다는 것을 승인하면서 다음과 같이 말할 것이다. 나는 **의욕한다**, 신이 존재하기를. 또 이 세상에서 내 현존이 자연연관을 벗어나서도 순수지성계에서 현존이기를. 결국 내가 무한히 지속하기를. 나는 이렇게 의욕하는 것을 고수하고 이런 믿음을 거두지 않을 것이다. 이렇게 의욕하는 것은 내가 결코 소홀히 할 수 없는 내 관심이, 복잡 미묘한 이성적 논의에 주의할 것 없이, 내 판단을 불가피하게 규정하는 유일한 경우이기 때문이다. 또 나는 이런 논의에 답하거 A 259 나 좀더 그럴듯한 것을 내세우고 싶지도 않다.*

---

* 『독일 박물관』 1787년 2월호에는 매우 치밀하고 영리한 두뇌의 소유자인 고 비첸만 씨[8]의 논문이 실려 있다. 그의 때 이른 죽음은 유감스럽다. 이 논문에서 그는 어떤 요구로부터 이 요구 대상의 객관적 실재성으로 추론할 권한을 비판하면서 요구 대상을 어떤 **사랑에 빠진 사람**의 예로 제시한다. 이 사람은 순전히 자신의 환상인 아름다움의 이념에 정신을 빼앗긴 나머지 그러한 객관이 실제로 어딘가에 실존한다고 추론하려 한다. 나는 요구가 **경향성**에 근거하는 모든 경우 그가 옳다고 인정한다. 경향성은 그것에 사로잡힌 사람에서도 단 한 번이라도 필연적으로 객관의 실존을 요청할 수 없으며 더욱이 모든 사람에게 타당한 요구를 내포하지도 않아서 소망의 순전히 **주관적** 근거일 뿐이다. 그러나 여기에 이성의 요구가 있으니 그것은 의지의 **객관적** 규정근거, 즉 도덕법칙에 기인한

순수한 실천적 이성신앙 개념 같은 익숙하지 않은 개념을 사용할
때 오해를 방지하기 위해 주의를 하나 더 추가하는 것을 허락해주기
바란다. 여기서 이성신앙 자체가 **명령**으로 고지된 것과 다름없는 것
처럼, 말하자면 최고선을 가능한 것으로 받아들이라는 명령이 고지
된 것과 다름없는 것처럼 보일 것이다. 그러나 명령되는 신앙은 말이
되지 않는다. 최고선 개념에서 받아들이도록 요구되는 것에 대한 앞
의 설명을 기억해본다면, 우리는 결코 최고선의 가능성을 받아들이
라고 명령될 수 없을 거라는 점을 알게 된다. 그리고 이것[최고선 개
념에서 받아들이도록 요구되는 것]이 최고선의 가능성을 인정하는
아무런 실천적 심정도 요구하지 않으며, 오히려 사변이성이 굳이 누
가 요구하지 않아도, 최고선의 가능성을 시인하지 않을 수 없을 거라
는 점을 알게 된다. 이성적 존재자들이 이 세계 안에서 도덕법칙에
적합하게 행복할 자격과 이 자격에 비례하는 행복의 소유, 이 둘이
결합하는 것 자체가 **불가능**할 것이라고 누구도 주장하려 할 수 없기
때문이다. 그런데 최고선의 첫째 부분과 관련해서, 즉 도덕성과 관련
해서 도덕법칙은 순전히 명령만을 줄 뿐이다. 이 구성부분의 가능성
을 의심하는 것은 도덕법칙 자체를 의심하는 것과 다르지 않을 것이

다. 이 도덕법칙은 어떤 이성적 존재자라도 필연적으로 구속해 자연 안에서 도
덕법칙에 적합한 조건들을 전제하는 것에 아프리오리하게 권리를 부여하며,
이 조건들을 이성의 완전한 실천적 사용과 분리될 수 없도록 만든다. 최고선을
우리 능력의 최대한으로 실현하는 것은 의무다. 따라서 또한 최고선은 가능할
수밖에 없다. 즉 최고선의 객관적 가능성을 위해 필연적인 것을 전제하는 일은
이 세계 안의 어떤 이성적 존재자에게도 불가피하다. 이러한 전제함은 도덕법
칙과 마찬가지로 필연적이다. 도덕법칙과 관계해서만 이러한 전제함 또한 타
당하다.

다. 그렇지만 최고선이라는 저 객관의 둘째 부분, 즉 행복할 자격에 철저히 부합하는 행복과 관련해, 이 행복의 가능성 일반을 인정하는 것은 명령이 필요하지 않다. 이론이성도 이 행복의 가능성 일반을 인정하는 데 반대할 이유가 없기 때문이다. 다만 자연법칙과 자유법칙 A 261 의 이러한 조화를 우리가 사유하는 방식은 우리에게 선택할 여지가 V 145 있는 어떤 것을 그 자체로 갖는다. 이 방식에 대해 이론이성은 필연적 확실성을 가지고는 아무것도 결정하지 않지만, 이와 관련하여 결정을 내리는 도덕적 관심은 있을 수 있기 때문이다.

위에서 나는 세계의 순전한 자연과정에 따르면 도덕적 가치에 정확하게 부합하는 행복을 기대할 수 없고 이런 행복을 불가능한 것으로 간주해야 한다고 말했고 이 점에서 최고선의 가능성은 도덕적 세계 창시자를 전제해서만 인정될 수 있다고 말했다. 의도적으로 나는 이런 [도덕성에 비례하는 행복은 자연의 과정에서는 불가능하고 도덕적 세계 창시자에 의해 가능하다는] 판단을 우리 이성의 주관적 조건에 국한하는 것을 뒤로 미루었는데, 이것은 이성이 참으로 간주하는 방식을 자세히 규정하고 난 후 비로소 이것을 사용하기 위해서였다. 사실 언급한 불가능성은 순전히 주관적이다. 다시 말해 우리 이성은 그토록 서로 다른 두 법칙에 따라 발생하는 세계 사건들 사이의 그토록 정확하게 부합하면서 철저히 합목적적인 연관을 순전한 자연과정에 입각하여 파악하는 일이 **이성 자신에게 불가능**하다는 것을 발견한다. 비록 그밖에 자연 안의 합목적적인 모든 것에서와 마찬가지로 이러한 불가능성을 보편적 자연법칙에 입각하여 입증할 수도, A 262 다시 말해 이런 불가능성을 객관적 근거로부터 충분히 밝힐 수도 없지만 말이다. 그러나 이제 다른 종류의 결정 근거가 작동하여 사변이성이 주저하는 사이에 결정을 내린다. 최고선을 촉진하라는 명령은 객관적으로 (실천이성에) 근거 지어지고, 최고선의 가능성 일반도 마찬가지로 객관적으로 (이 최고선의 가능성에 반대할 것이 없는 이론 이성에) 근거 지어진다. 그러나 우리가 이러한 최고선의 가능성을 표상하는 방식을 이성은 객관적으로 결정할 수 없다. 즉 자연에 선행하는 현명한 창시자 없이 보편적 자연법칙에 따라 이 가능성을 표상할지 아니면 이 창시자를 전제하고만 표상할지 하는 방식은 이성이 객관적으로는 결정할 수 없다. 이제 여기에 이성의 **주관적** 조건이 등장한다. 자연의 나라와 도덕의 나라의 정확한 합치를 최고선이 가능할 조건으로 사유하는 방식, 유일하게 이성에 이론적으로 가능한 동시에 (이성의 **객관적** 법칙 아래에 있는) 도덕성에도 물론 유익한 방식 말이다. 최고선을 촉진하는 것, 그래서 최고선의 가능성을 전제하는 것은 **객관적으로** (그러나 오직 실천이성을 좇아서만) 필연적이지만, 동시에 우리가 최고선을 가능한 것으로 사유하려는 방식은 우리의 선택에, 즉 순수실천이성의 자유로운 관심이 현명한 세계 창시자를 받아들이기로 결정하는 선택에 맡겨져 있다. 그렇기 때문에 우리 판단을 규정하는 원리는 사실 요구로는 **주관적**이기는 하지만 동시에 **객관적으로**(실천적으로) 필연적인 것을 촉진하는 수단으로는 도덕적 의도에서 참으로 여김의 준칙의 근거, 다시 말해 순수한 **실천적 이성신앙**이다. 그래서 순수한 실천적 이성신앙은 명령되지 않는다. 이 신앙은 우리 판단을 자유의지적으로, 도덕적 (명령된) 의도에 유익하게 규정하는 것으로, 그것도 이성의 이론적 요구, 즉 저 [신이라는] 실존을 받아들이고 더 나아가 이성을 사용할 때 이 실존을 토대에 두려는 이론적 요구에 일치해 규정하는 것으로 그 자체 도덕적 심정에서 비롯한다. 그래서 이성신앙은 종종 마음씨가 선량한 사람에서조차 흔들리기도 하지만 결코 불신앙으로 빠지지는 않는다.

IX
인간의 실천적 사명에 지혜롭게 부합하는,
인간 인식 능력들의 조화

　인간적 본성이 최고선을 추구하도록 규정되어 있다면 이 본성의 인식 능력들의 정도, 특히 이 능력들의 상호관계 또한 이 목적에 적합한 것으로 받아들여질 수밖에 없다. 그런데 순수**사변이성비판**은 사변이성이 자신 앞에 놓인 가장 중요한 과제들을 목적에 맞게 해결하기에는 지극히 부족하다는 것을 입증했다. 비록 이런 비판이 바로　A 264 이 동일한 이성의 자연적이고도 간과할 수 없는 암시와 이 동일한 이성이 이룰 수 있는 커다란 진보를, 이성에 각인된 위대한 목적에 접근하기 위해서 오해하지는 않지만 말이다. 물론 이 사변이성은 최대한 자연 인식의 보조를 받는다 하더라도 독자적으로는 이 목적에 한 번도 이르지 못한다. 그래서 자연은 우리 목적에 필요한 능력을 단지 의붓어머니처럼 마련해준 것 같다.

　자연이 우리가 바라는 대로 해주어 우리가 기꺼이 가지려 했거나 몇몇 사람이 실제로 가졌다고 **망상하는** 통찰력이나 깨닫는 능력을 주었다고 해보자. 그 결과는 외견상 어떨까? 이 통찰력이 주어짐과 동시에 우리 본성이 전면적으로 바뀌지 않는 한, 모든 경우 제일의 발언권을 갖는 **경향성**이 먼저 자기 충족을 요구할 것이며, 이성적 숙　V 147 고와 연결되어 최대한으로 가능하고 지속적인 충족을 **행복**이라는 이름으로 요구할 것이다. 그다음에 도덕법칙이 발언할 텐데 경향성을 그 적합한 한계 안에 유지하기 위해서, 심지어 경향성 전체를 하나의 더 높은, 아무 경향성도 고려하지 않는 목적 아래 두기 위해서 그렇게 할 것이다. 그러나 도덕적 심정이 경향성과 벌여야 하는 싸움 대신에, 즉 몇 번 패배한 뒤 점차로 마음의 도덕적 강함을 가져올 싸움　A 265

대신에 공포스러운 위엄을 가진 신과 영원이 끊임없이 우리 눈앞에 놓일 것이다(이 경우 우리가 완전히 증명할 수 있는 것은 그 확실성에서 눈으로 확인할 수 있는 것만큼 유효하기 때문이다). 물론 법칙을 위반하는 일은 피할 테고 명령된 것은 행해질 것이다. 그러나 행위를 일어나게 하는 심정은 아무 명령으로도 주입될 수 없다. 여기서 활동을 자극하는 것이 바로 손 옆에 있고 외면적이므로 이성은 최우선적으로 법칙의 존엄을 생생하게 표상하여 경향성에 저항하기 위한 힘을 결집하려고 애써 스스로 향상할 필요가 없다. 따라서 합법칙적 행위들은 대부분 공포에서, 소수의 법칙에 맞는 행위들은 희망에서 생겨날 테고 그래서 전혀 의무에서 생겨나지 않을 것이다. 반면에 행위의 도덕적 가치, 즉 최고 지혜의 눈으로 볼 때 인격의 가치는 물론 심지어 세계의 가치를 결정하는 도덕적 가치는 전혀 존재하지 않을 것이다. 따라서 이런 대로 인간들의 본성이 원하는 한, 그들의 행위는 순전한 기계성으로 바뀔 것이다. 이 기계성에서는 꼭두각시놀음처럼 모든 것이 좋게 동작으로 나타나겠지만 이런 인물들에게서는 아무 생명도 만날 수 없을 것이다. 그런데 우리 실상은 이와 전혀 다르다. 우

A 266 리는 우리 이성으로 아무리 노력해도 미래에 대해 아주 희미하고 불확실한 전망만 가질 뿐이다. 세계 통치자는 그의 현존과 존엄함을 단지 추측하게 할 뿐 파악하거나 증명하는 것을 허용하지 않는다. 이에 비해 우리 안의 도덕법칙은 우리에게 확실하게 어떤 것을 약속하거나 위협하지 않고 비이기적 존경을 요구한다. 그러나 이 도덕법칙은 존경이 활동하고 지배할 때 비로소 그리고 이를 통해서만 비록 희미할지라도 초감성적인 것의 나라에 대한 전망을 허용한다. 이상의 이유에서 법칙에 직접적으로 헌신하는 참되고 도덕적인 심정이 생길 수 있으며, 이성적 피조물이 그저 행위가 아니라 인격의 도덕적 가치

V 148 에 적합하게 최고선을 배당받을 자격을 가질 수 있다. 그래서 다른

곳[순수이성비판]에서 자연과 인간에 대한 연구가 충분히 알려주는 것에 옳은 것이 있다면, 우리를 실존하게 하는 불가지적 지혜는 그것이 우리에게 부여한 것 못지않게 거부하는 것에서도 존경받을 가치가 있다는 점일 것이다.

제2편
순수실천이성의 방법론

순수실천이성의 **방법론**이 의미하는 것은 순수 실천원칙을 학문적 A 269; V 151
으로 인식하려고 이 원칙을 (숙고에서나 진술에서나) 다루는 방식이
아니다. 물론 원래 이런 방식은 다른 데, 즉 **이론적** 인식에서는 방법
이라고 불리지만 말이다(통속적 인식에는 **수법**이 필요하지만 학문에
는 **방법**, 즉 이성의 **원리에 따른** 절차가 필요하다. 이러한 절차에 따라서
만 인식의 다양한 것이 하나의 **체계**로 될 수 있다). 이 방법론이 의미하
는 것은 순수실천이성의 법칙들이 인간 마음에 **진입**하게 할 수 있고
이 마음의 준칙에 **영향**을 미치게 할 수 있는 방식, 다시 말해 객관적
으로 실천적인 이성을 **주관적으로도** 실천적이게 만들 수 있는 방식
이다.

물론 분명한 것은, 유일하게 준칙을 원래 도덕적으로 만들고 준칙
에 도덕적 가치를 부여하는 의지 규정근거를 행위의 고유한 동기로,
즉 법칙을 직접적으로 표상하고 이 법칙을 의무로 객관적으로 필연
적인 방식으로 준수하는 것을 행위의 고유한 동기로 생각해야 한다
는 점이다. 그렇지 않을 경우 행위의 **합법성**이 생길지는 모르지만 심 A 270
정의 **도덕성**은 생기지 않을 것이기 때문이다. 이에 비해 모든 사람에
게 분명치 않은 것으로, 아니 얼핏 보기에 전혀 있을 법하지 않은 것

으로 나타날 수밖에 없는 사태가 있다. 그것은 순수 덕의 현시(現示)가 주관적으로도, 즐거움 및 일반적으로 인간이 행복으로 간주할 모든 것이 현혹하는 데서 오는 유혹이 야기할 수 있는 것보다, 혹은 고통과 화가 가하는 위협이 야기할 수 있는 것보다 더 많은 힘을 인간 마음에 행사하고 또 훨씬 강력한 동기를 제공하는 사태다. 덕의 현시가 행사하는 이러한 훨씬 강력한 동기는 행위의 합법성을 야기하는 것은 물론이고, 법칙에 대한 순수한 존경에서 비롯되어 법칙을 다른 각각의 고려보다 우위에 두려는 한층 강력한 결의도 불러일으킨다. 분명치 않게 나타날 수밖에 없지만 사정은 실제로 이렇다. 만일 인간 본성이 이렇게 되어 있지 않다면, [덕의 현시가 아니라] 우회로에 의해 그리고 추천되는 수단에 의해 법칙을 표상하는 어떤 방식도 결코 심정의 도덕성을 가져오지 못할 것이다. 그렇다면 모든 것은 순전히 위선일 테고 법칙은 혐오 대상 혹은 아마도 아예 경멸 대상이 될 것이며 이 와중에 법칙은 자기이익을 위해 준수될 것이다. 우리 행위에서 법칙의 문자(합법성)는 발견할 수 있겠지만 우리 심정에서 법칙의 정신(도덕성)은 전혀 발견할 수 없을 것이다. 아무리 노력해도 우리는 자신을 판단하는 과정에서 이성으로부터 우리 자신을 완전히 떼놓을 수 없으므로 불가피하게 우리의 고유한 눈에는 우리가 무가치하고 사악한 인간으로 보일 수밖에 없을 것이다. 설령 우리가 내면의

법정 앞에서 당한 이러한 치욕을 모종의 즐거움으로 배상하려고 시도한다 할지라도 말이다. 이 즐거움은 우리가 받아들인 자연적 법칙 혹은 신적 법칙이 [내면적 재판관이 아니라] 경찰 기제와 망상적으로 연결하는 그런 즐거움이다. 이 경찰 기제는 순전히 사람들이 행하는 것에 따라서만 판결할 뿐 행위를 일으킨 동인에는 신경 쓰지 않는다.[1)]

사실, 아직 교양이 부족하거나 야만 상태인 마음을 처음으로 도덕

적 선의 길로 들여놓기 위해 자기 이익으로 유인하거나 손해로 위협하는 예비적 지도가 필요하다는 점은 부인할 수 없다. 그러나 이러한 기계적 장치, 보행보조 장치가 조금이라도 효과를 거두는 즉시 순수 도덕적 운동근거가 철저히 마음에 들어와야 한다. 이러한 순수 도덕적 운동근거는 단지 그것만이 성격(불변적 준칙에 따르는 실천적으로 일관된 사유방식)을 뿌리내리게 한다는 점에서뿐만 아니라, 인간으로 하여금 자신의 고유한 존엄을 느끼도록 가르치는 까닭에서도, 인간 자신이 예기치 않았던 힘을 마음에 부여한다. 이 힘은 감성적 애착이 지배하려 할 때 이 모든 감성적 애착에서 벗어나는 힘이며, 인간이 바친 희생[애착의 단념]에 대한 풍부한 보상을 예지적 본성이 갖는 독립성에서 그리고 자기 사명으로 여기는 영혼의 위대함에서 발견하는 힘이다. 그래서 우리가 누구라도 할 수 있는 관찰로 A 272 증명하려는 것은 우리 마음의 이러한 속성, 즉 순수한 도덕적 관심이라는 수용성, 따라서 덕에 대한 순수한 표상이 갖는 운동력이, 만일 이것이 적절하게 가슴에 각인된다면, 선을 위한 가장 강력한 동기라는 점, 그것도 도덕적 준칙을 지속적으로 그리고 엄격하게 준수하는 것이 관건인 경우 유일한 동기라는 점이다. 이 관찰이 이러한 감정의 V 153 현실성만 증명할 뿐 이 감정에 의해 생기는 도덕적 개선을 증명하지는 못하는 것은 사실이다. 그러나 기억해야 할 것은 이 사실이, 객관적으로 실천적인 순수이성의 법칙을 순전히 의무를 순수하게 표상하는 것에 의해 주관적으로 실천적이도록 만드는 유일한 방법을 마치 공허한 환상인 것처럼 깎아내리지는 않는다는 점이다. 이 방법은 아직까지 적용된 적이 없는 까닭에 경험은 이 방법의 결과에 대해 아무것도 보여줄 수 없고, 사람들은 다만 이러한 동기의 수용성에 대한 증거만 요구할 수 있을 뿐이기 때문이다. 나는 먼저 이 증거를 간략히 제시하고 다음으로 참된 도덕적 심정을 뿌리내리고 개발하는 방법을 간단히 기획하겠다.

순전히 학자들과 현학자들뿐만 아니라 사업가들이나 부인들도 섞인 모임에서 오가는 대화를 주의해 들어보면 이야기나 농담 밖에도 담화, 말하자면 비평이 있게 마련이라는 것을 알게 된다. 호기심과 호기심 어린 관심을 동반하는 이야기는 곧 소진되고 농담은 쉽게 진부해지기 때문이다. 그런데 모든 비평 가운데 어떤 한 사람의 성격을 보여주는 이런저런 행위의 도덕적 가치에 대한 비평보다 더 많이 그밖의 세밀하게 따지는 일에는 모두 곧 권태를 느끼는 사람들을 끼어들도록 자극하고 그래서 모임에 일정한 활력을 불어넣는 것도 없다. 여타 이론적 문제에서 모든 미세한 것과 꼬치꼬치 따져야 하는 것을 재미없고 귀찮은 일로 여기는 사람들도, 이야기된 선하거나 악한 어떤 행위의 도덕적 내용을 결정하는 것이 문제이면 즉시 끼어든다. 그래서 의도의 순수성과 이 의도에서 덕의 정도를 줄이거나 단지 의심스럽게 만들기라도 하는 모든 것을 들추어내 그밖의 사변 대상에서는 결코 기대할 수 없을 정도로 정확하고 섬세하게 꼬치꼬치 따진다. 우리는 이러한 판정에서 종종 타인에 대해 판정하는 이들 자신의 성격이 언뜻 드러나는 것을 볼 수 있다. 타인에 대해 판정하는 이들 가운데 몇몇은 고인에 대해 심판관 역할을 하면서, 고인이 순수하지 못했다고 모욕하는 모든 반대에 맞서서 고인의 이런저런 행동에 대해 이야기되는 선을 옹호하고, 무엇보다도 고인이 위선적이고 은밀한 악의를 지녔다는 비난에 맞서 고인의 전체 도덕적 가치를 옹호하는 특별한 경향을 보인다. 반대로 다른 이들 몇몇은 고인의 이러한 가치에 이의를 제기하려고 고인을 책망하고 고발하는 데 더 많은 애를 쓴다. 그럼에도 우리는 이 둘째 부류가 늘 인간의 모든 본보기로부터 덕을 궤변을 통해 완전히 몰아내고, 이로써 덕을 공허한 이름으로 만들어버리려는 의도를 갖고 있다고 볼 수만은 없다. 오히려 이것은 종종 엄격한 법칙에 따라 진정한 도덕적 내용을 규정할 때 좋게 의도된 엄격함일 뿐이다. 본보기가 아니라 법칙과 비교될 때, 도덕적인 것에서 자만은 가라앉아버린다. 이 경우 굴복은 순전히 가르쳐지기만 하는 것이 아니라 혹독하게 자기 검열하는 사람이라면 누구나 느끼게 된다. 그렇지만 주어진 본보기에서 의도의 순수성을 옹호하는 사람들에게서 우리가 알 수 있는 것은, 의도가 그 자체로 정직성을 짐작하게 하는 것을 보여줄 때 그들은 이 의도로부터 최소한의 오점이라 할지라도 기꺼이 씻어내려 한다는 점이다. 그들이 이렇게 기꺼이 씻어내려는 이유는 모든 본보기가 되는 사람들에서 진실성이 의심되고 모든 인간적 덕으로부터 순수성이 부정된다 할지라도 궁극적으로 덕이 하나의 순전한 환상으로 여겨지지 않게 하고, 덕을 향한 모든 노력이 공허한 겉치레와 기만적 자만으로 평가절하되지 않게 하기 위해서다.

나는 왜 청소년 교육자들이, 제시된 실천적 문제들에서 가장 치밀 A 275 한 검증이라 하더라도 즐겨 하는 이러한 이성의 성벽을 진작부터 사용하지 않았는지 모르겠다. 또 왜 이들 교육자가 순전히 도덕적인 문답법을 토대로 가르친 다음, 제시된 의무의 실례를 취할 의도로 고금의 전기를 뒤지지 않았는지 모르겠다. 이 실례에서, 특히 여러 상황에서 유사한 행위들을 비교함으로써 학생들의 판단은 활성화되고, 학생들은 이 행위들의 도덕적 내용에 다소간 주목하게 된다. 이 과정에서 교육자들은 나이 어린 청소년이라 할지라도 곧 매우 총명해지는 것을 보게 될 것이며, 이 어린 청소년이 자기 판단력이 향상되는 것을 느끼기 때문에 자못 흥미로워하는 것을 보게 될 것이다. 그러나 무엇보다 중요한 것은 교육자들이 확실히 가질 수 있는 희망이다. 즉 선행을 전적인 순수한 형태로 알아서 이 선행에 찬동하고 반대로 순수성에서 조금이라도 벗어나는 것을 알아차리면 유감으로 여기거나 경멸하는 부단한 훈련이, 비록 그 과정에는 이 일이 다만 어린이들이 서로 경쟁 삼아 하는 판단력의 유희로만 추동된다 하더라도, 한편으로 지속적인 존중의 인상을 남기고 다른 한편으로 지속적인 혐오의 인상을 남길 것이라고 교육자들은 희망할 수 있다. 그리고 여러 차례 이런 행위를 찬동받을 만하거나 비난받을 만한 것으로 간주하는 순전한 습관에 의해 이러한 존중과 혐오가 미래 품행의 정직성을 위한 토대를 이룰 것이라고 희망할 수 있다. 오직 내가 바라는 것은, 우리의 감상적 저작들이 마구 써대는 이른바 탁월한(지극히 공적이 뛰어난) 행위로 어린이들에게 해를 끼치지 않고, 모든 것을 순전히 의무와 가치에, 즉 의무를 위반하지 않았다는 의식에 의해 인간이 자기 자신에게 부여할 수 있고 또 부여해야만 하는 가치에 맡기는 것이다. 도달할 수 없는 완전성을 향한 공허한 소망과 동경으로 결말 지어지는 것은 순전히 소설적 영웅만 낳을 뿐이기 때문이다. 이런 영웅은 한계를 넘어 자신이 위대하다는 감정을 자랑스럽게 여기면서도, 그저 의미 없을 정도로 사소한 것으로 보이는 평범하고 일상적인 책무를 준수하는 것으로부터 자신을 면제시킨다.*

그런데 행위마다 도덕적 내용을 검증할 때 시금석이 되어야 할 순수 도덕성이 원래 무엇이냐고 사람들이 묻는다면, 나는 철학자들만

---

* 비이기적이고 동정적인 위대한 심정과 인간성을 드러내는 행위를 찬양하는 것은 매우 권장할 만하다. 그렇지만 여기서 우리는 매우 사라지기 쉽고 지나가 버리는 마음의 고양보다는 의무에 대한 가슴에서 우러난 복종에 주의를 기울여야 한다. 이러한 복종에서 기대될 수 있는 것은 이것이 원칙을 (그러나 마음의 고양은 단지 감동만을) 동반하는 까닭에, 마음의 고양보다 더 오래 인상을 남길 수 있다는 점이다. 공적에 대한 자기애착적 상상으로 의무 사상을 억압하지 않으려면 잠시만 숙고해보면 된다. 그러면 우리는 늘 이 영웅이 어떤 식으로든 인류에 대해 저지른 죄과를 발견하게 될 것이다(어떤 사람이 시민적 체제에서 불평등을 통해 이익을 누리고 다른 사람들이 이 때문에 그만큼 더 궁핍할 수밖에 없다면 이것만으로도 죄책이다).

이 문제 해결을 의심스럽게 만들 수 있다고 고백할 수밖에 없다. 평범한 인간 이성은 이 문제를, 비록 추상적 일반 정식에 의하지는 않지만 그럼에도 일상적 사용에 의해, 말하자면 오른손과 왼손을 구별하는 것처럼 진작 해결했기 때문이다. 그래서 먼저 순수한 덕을 검증하는 기준을 하나의 예에서 보여주고 싶다. 이를테면 열 살 어린이에게 예를 판단하도록 제시했다고 생각하고 이 어린이가 선생의 지도 없이 스스로 필연적으로 그렇게 판단하는지 보자. [예로 제시할] 이야기 속 인물은 정직한 사람이다. 이야기 속에서 사람들은 이 정직한 사람을 움직여 허물없고 무력한 사람을 (영국 헨리 8세에게 고소당한 앤 불린[2] 같은 사람을) 모함하려는 이들 쪽으로 끌어들이려 한다. 그래서 이 정직한 사람에게 이익이, 다시 말해 엄청난 선물이나 높은 지위가 제시된다. 하지만 정직한 사람은 거절한다. 여기까지 들려주면 어린이 마음에 순전한 갈채와 동의를 불러일으킬 것이다. 정 V 156 직한 사람이 거절한 것은 이익이었기 때문이다. 이제 그들은 손해를 주겠다고 위협하기 시작한다. 이렇게 모함하는 자들 가운데는 우정 A 278 을 거절하는 절친한 친구들도 있고, (재산 없는) 이 사람의 상속권을 빼앗겠다고 위협하는 근친도 있으며, 이 사람이 어딜 가든 어떤 상황에 있든 쫓아가서 괴롭힐 수 있는 권력자도 있고, 자유를 박탈하겠다고, 심지어 목숨까지도 박탈하겠다고 위협하는 군주도 있다. 고난의 정도를 더하기 위해 이 정직한 사람에게 도덕적으로 선한 마음만이 정말 내적으로 느낄 수 있는 고통도 느끼게 해보자. 이를 위해 극심한 곤경과 궁핍으로 위협받아서 이 사람에게 뜻을 굽히라고 간청하는 가족을 이야기할 수 있을 것이다. 나아가 이 사람도, 정직하긴 하지만 그렇다고 자기 곤궁을 느끼는 데서나 [타인에 대한] 연민을 느끼는 데서 딱딱하고 무딘 기관을 갖지 않은 사람으로 이야기할 수 있을 것이다. 그럼에도, 형언할 수 없는 고통에 내맡겨지는 결코 겪고 싶지 않았던 날의 어떤 순간에도 정직하려는 의도를 흔들림이나 추호의 의심 없이 올곧게 유지하는 사람으로 이야기할 수 있을 것이다. 이때 이야기를 듣는 우리의 어린이는 점차 순전한 동의에서 경탄으로, 경탄에서 경악으로, 급기야 지극한 경모(敬慕)와 이런 사람이 될 수 있을 거라는 열렬한 소원으로 고양될 것이다(물론 이 사람의 처지에 놓이는 것을 소원하지는 않겠지만 말이다). 그렇지만 여기서 덕은 어떤 이익을 가져오기 때문이 아니라 그토록 많은 대가를 치르기 때문에 그만큼 더 가치가 있다. 이 모든 경탄과 정직한 자의 이런 성격

A 279 을 닮으려는 노력조차도 여기서 전적으로 도덕적 원칙의 순수성에 근거를 둔다. 이 순수성은 우리가 오직 행복을 위해서만 고려할 모든 것을 행위의 동기로부터 제거함으로써만 참으로 분명하게 제시될 수 있다. 따라서 도덕성이 순수하게 현시되면 될수록 도덕성은 인간 마음에 그만큼 더 힘을 미칠 것이 틀림없다. 이로부터 귀결되는 것은 다음과 같다. 도덕의 법칙3)이 그리고 신성함과 덕의 상(像)이 우리 마음에 어느 정도라도 영향을 미쳐야 한다면, 덕이 복지의 의도와 섞이지 않고 순수하게 동기로 마음에 놓이는 한에서만 영향을 행사할 수 있다. 덕은 고난 중에도 가장 장엄하게 드러나기 때문이다. 어떤 것을 제거했을 때 운동력의 작용이 강화되었다면 이것은 장애였음이 틀림없다. 따라서 자기 행복에서 취해진 동기를 섞는 것은 모두 도덕법칙이 인간 마음에 영향을 미치는 데 장애가 된다. 더 나아가 나는 다음과 같이 주장한다. 저 영웅적 행위에서조차 이 행위를 가져

V 157 온 운동 근거가 자기 의무를 존중하는 것이었다면, 고매함이나 고귀하고 공적적 사유방식이 관객에게 어떤 내면적 견해를 갖도록 요구함으로써 관객의 마음에 힘을 행사하는 것이 아니라 바로 법칙에 대한 존경이 관객 마음에 가장 큰 힘을 행사한다. 결국 공적이 아니라 의무가 마음에 가장 확실한 영향뿐만 아니라 의무의 불가침성이라

는 올바른 빛 속에서 표상될 경우, 가장 강렬한 영향 또한 미칠 것이 A 280 틀림없다.

　이 방법을 언급하는 것은 어느 때보다 긴요하다. 우리 시대가 건조하고도 진지하게 인간의 불완전성과 이에 따른 선의 진보에 좀더 적합하게 의무를 표상하면서 마음에 많은 영향을 미치려고 희망하는 시대라기보다, 부드럽고 상냥한 감정으로 아니면 가슴을 부풀려 하늘 높이 날게 만들어서 강하기보다는 나른하게 만드는 허세로 마음에 많은 영향을 미치려고 희망하는 시대이기 때문이다. 어린이에게 고상하고 관용적이며 공적적인 행위를 모범으로 제시하면서, 이런 행위에 대한 열정을 불어넣어줌으로써 어린이를 사로잡을 생각으로 그렇게 한다면, 이는 완전히 목적에 어긋나는 일이다. 이런 일은, 어린이들이 가장 평범한 의무를 준수하는 데서도 미숙하고 이런 의무를 올바르게 판정하는 것조차 아직 미숙한 까닭에, 일찍이 어린이를 공상가로 만드는 것과 마찬가지기 때문이다. 그러나 더 많이 교육받고 더 많이 경험한 부류에서도 이러한 사이비 동기는 손해가 되는 것은 아니라 할지라도, 적어도 동기에 의해 성취하려는 진정한 도덕적 영향을 마음에 미치지는 못한다.

　모든 감정, 특히 평소와 다른 긴장을 유발하는 감정은 격렬한 순간에, 즉 잠잠해지기 전에 영향을 미쳐야 한다. 그밖의 경우 감정은 아무런 영향도 미치지 못한다. 마음은 자연적이고도 정상적인 삶의 운 A 281 동으로 자연스럽게 되돌아가 예전의 본래 상태로 곧 가라앉는다. 사실 마음을 자극하는 어떤 것이 마음에 등장했지, 마음을 강하게 하는 어떤 것도 마음에 등장하지 않았기 때문이다. 원칙은 개념 위에 세워질 수밖에 없다. 원칙이 모든 다른 토대에 기초하면 단지 변덕만 가능할 따름이다. 변덕은 인격에 아무 도덕적 가치도 줄 수 없을뿐더러 결단코 자기 자신에 대한 신뢰를 줄 수 없다. 자신에 대한 신뢰가 없다면 자신의 도덕적 심정과 도덕적 성격을 의식하는 일이 결코 생길 수 없으며 인간 내 최고선도 결코 생길 수 없다. 이 개념이 주관적으로 실천적이어야 한다면, 이 개념에 대해 경탄하고 또 이 개념을 인간성과 관련하여 존중하기 위해 이 개념은 도덕성의 객관적 법칙들에 머물러서는 안 되며 이 개념의 표상을 인간 및 인간 개인과 관련지어 고찰해야만 한다. 저 법칙은 최고의 존경할 만한 형태로 나타나기는 하지만, 인간에게 자연적인 방식으로 익숙한 어떤 장소에 속하는 것처럼 그렇게 마음에 드는 형태로 나타나는 것은 아니기 때문이다. 오히려 법칙은 이 익숙한 장소를 종종 자기부정 없이는 떠나지 못하도록, 한 차원 높은 장소로 옮겨가도록 강제하는 방식으로 나타난다. 인간이 이 한 차원 높은 장소에서 자신을 유지할 수 있는 것은 끊임없이 퇴락을 염려하면서 오로지 노력할 때뿐이다. 요컨대 도덕법칙은 의무로부터 준수하는 것을 요구하지, 우리가 전제할 수 없고 전제해서도 안 되는 애호로부터 준수하는 것을 요구하지 않는다.

V 158

A 282
　　과연 한 행위를 고상하고 관용적인 행위로 표상하는 것이, 이 행위를 진지한 도덕법칙과 관계하는 순전한 의무로 표상하는 것보다 동기의 주관적 운동력을 더 많이 갖는지 예를 들어 살펴보자. 어떤 사람이 생명에 커다란 위험을 무릅쓰고 난파선으로부터 사람들을 구하려다 결국 자기 생명을 잃어버린 경우 이 행위는 한편으로는 물론 의무로 간주될 것이다. 다른 한편으로는 대부분 공적 있는 행위로 간주될 것이다. 그러나 우리가 이 행위를 존중하는 것은 자기 자신에 대한 의무 개념에 의해 아주 약화된다. 자기 자신에 대한 의무를 위반한 것처럼 보이기 때문이다. 이보다 더 결정적인 것은 조국을 지키려고 자기 생명을 고결하게 희생한 경우다. 그렇지만 명령받음 없이 스스로 이런 목적에 자신을 바치는 것이 그렇게 완전한 의무인지 일말의 의구심이 남는다. 그래서 이 행위는 모범이 갖는 힘과 모방을 위한 자극의 힘 전체를 그 자체에 지니지는 않는다. 그런데 조국을 지키기 위해 생명을 희생하는 것이 면제될 수 없는 의무라고 한다면, 즉 그것을 위반하면 도덕법칙을 그 자체로, 인간의 안녕을 고려할 것도 없이 손상하고 도덕법칙의 신성함을 짓밟는 그런 의무라고 한다면(우리는 이와 같은 의무들을 신에 대한 의무라고 일컫곤 하는데 그것은 우리가 실체 안에 있는 신성함의 이상을 신에서 사유하기 때문이다), 우리 경향성의 모든 가장 친밀한 것을 위해 가치가 있을 어떤 것이라도 희 A 283 생하여 이 법칙을 준수하는 것에 대해, 우리는 더 완전할 수 없는 최고 존경을 바친다. 그래서 우리가 이 같은 본보기에서, 자연이 인간적 본성에 반대되는 어떤 것을 동기에 마련해놓았든 간에 인간적 본성은 이 모든 것을 넘어 위대하게 고양할 능력이 있다는 것을 확신할 수 있다면, 우리 마음이 이러한 본보기에 의해 강화되고 고양된다는 것을 발견할 것이다. 유베날[4]은 이런 본보기를 극적으로 제시하면서 독자들이 의무 자체의 순수법칙에 부착되어 있는 동기력을 생생히 느끼게 한다.

선한 군인이어라. 선한 감독이어라. 사심 없는 중재자여라.
네가 혹시 의심스럽고 불확실한 일에 증인으로 불려나간다면
팔라리스[5]가 네게 거짓말하라고 명령하고 황소를 내세워 위증을 V 159
요구할지라도,
명예보다 목숨을 앞세우는 것, 살기 위해 사는 이유를 잃어버리는 것을
최대 죄악으로 여겨라.[6]

우리가 공적이 주는 어떤 즐거움을 행위에 투입할 수 있다고 한다면, 이때 동기는 이미 일정 정도 자기애착과 섞였으므로 감성으로부

터 어느 정도 도움을 받은 것이다. 그러나 모든 것을 오로지 의무의 신성함 뒤에 두는 것 그리고 자신의 이성이 이런 일을 [모든 것에 의무의 신성함을 앞세우는 것을] 의무의 명령으로 인정하고 또 이성이 이런 일을 행해야 한다고 말하는 까닭에 우리가 이런 일을 할 수 있다고 의식하는 것, 이상의 의미는 말하자면 자신을 감성계 자체 너머로 완전히 고양하는 것이다. 그리고 이 동일한 의식 안에서 법칙의 의식

A 284 은 또한 동기로서, **감성을 지배하는** 능력과 불가분하게 연결되어 있다. 비록 이 동기가 항상 효과와 연결되는 것은 아니지만 말이다. 그러나 이 효과는 동일한 동기에 좀더 자주 종사함으로써 시작 시점에서는 미미했던 동기사용 시도에 의하여 자신의 효력을 발생할 것이라는 희망을 준다. 그리하여 우리 안에서 점차로 법칙에 대한 최대의, 그러나 순수한 도덕적 관심이 야기된다.

따라서 방법은 다음과 같은 과정을 밟는다. **첫째로** 문제가 되는 것은 오로지, 도덕법칙에 따른 판정을, 우리 자신의 행위에 동반되고 또 타인의 자유로운 행위를 관찰하는 것에 동반되는 자연스러운 업 (業)으로, 말하자면 습관으로 만들고 이 판정을 예리하게 만드는 일이다. 이런 일은 먼저 행위가 객관적으로 **도덕법칙에** 맞는지, 어떤 도덕법칙에 맞는지 묻는 과정에서 일어난다. 이때 우리는 순전히 구속성을 위한 이유만 주는 법칙에 주의하여 실제로 **구속적인 법칙과** 구별하고(구속하는 법칙과 구별되는 구속적 법칙[7])(예를 들어 인간의 필요가 내게 요구하는 것의 법칙과 인간의 **권리가** 내게 요구하는 것의 법칙을 구별하는 것을 말하는데 여기서 뒤의 것은 본질적 의무를, 앞의 것은 비본질적 의무를 지시한다), 그래서 한 행위에 같이 등장하는 여러 의무를 구별하도록 가르친다. 주의를 기울여야 할 다른 점은, 행위가

A 285 또한 (주관적으로) **도덕법칙 때문에** 일어나는지, 그래서 이 행위가 단지 행동으로서 도덕적 올바름만 가지는 것이 아니라 행위의 준칙 측

면에서 봤을 때 심정으로서 도덕적 가치 또한 가지는지 하는 문제다. 그런데 이러한 연습은 그리고 순전히 실천적인 것만 판단하는 우리 이성이 이 연습에서 개발된다는 의식은 이성의 법칙 자체에 대한 어떤 관심, 즉 도덕적으로 선한 행위에 대한 관심을 점차 불러일으킬 수밖에 없을 것이다. 이 점은 의심할 여지가 없다. 결국 우리가 좋아하게 되는 어떤 것은 그것을 고찰하면 우리 인식력 사용이 확장된다는 것을 느끼게 만들기 때문이다. 특히 그 속에서 우리가 도덕적 옳음을 만나는 어떤 것은 이러한 인식력의 확장된 사용을 촉진한다. 이성은 오직 사물의 이러한 질서에서 자기 능력, 즉 무엇이 생겨나야만 하는지를 아프리오리하게 원리에 따라서 규정하는 능력에 만족할 수 있기 때문이다. 자연 관찰자라 하더라도 처음에는 감관에 거슬렸던 대상을 결국 좋아하는 경우가 있는데 그것은 이 관찰자가 이 대상의 조직에서 위대한 합목적성을 발견하고, 이성이 이 대상을 고찰하는 데서 즐거움을 느꼈기 때문이다. 라이프니츠는 어떤 벌레를 현미경으로 자세히 관찰하고 난 후 조심스럽게 다시 나뭇잎 위에 갖다놓았는데 이는 자신이 관찰을 통하여 가르침을 받았다는 것을 알았기 때문이다. 이 벌레로부터 말하자면 은혜를 입었기 때문이다. V 160

   그러나 우리 자신의 인식력을 느끼게 해주는 판단력의 이러한 활용은 아직 행위와 이 행위의 도덕성 자체에 대한 관심이 아니다. 판단력은 순전히 우리가 기꺼이 이렇게 판정하는 것을 즐기도록 만들 뿐이며 덕에 혹은 도덕법칙에 따르는 사유방식에 아름다움의 형식을 줄 뿐이다. 아름다움은 우리를 경탄하게 한다. 그러나 경탄한다고 해서 추구 대상이 되는 것은 아직 아니다(칭송되지만 추위를 겪는다[8]). 관찰하면 주관적으로 우리 표상력들이 조화를 이룬다는 의식을 불러일으키는 모든 것, 우리의 전체 인식 능력들(지성과 상상력)이 강해졌다고 느끼도록 만드는 모든 것은 흡족을 불러일으키며 이 A 286

흡족은 다른 사람에게도 전달된다. 그럼에도 객체의 실존은 우리에게 무관심한 것으로 머무는데, 이 객체가 동물성을 넘어서는 재능의 소질을 우리 안에서 자각하게 하는 유인으로만 간주되기 때문이다. 그러나 이제 **둘째** 연습이 자기 일을 시작한다. 그것은 도덕적 심정을 본보기에서 생생하게 현시하여 의지의 순수성을 알아차리도록 하는 일이다. 우선, 의무로부터의 행위에서 경향성의 아무 동기도 의지에 규정근거로 영향을 미치지 않는 한에서, 오직 의지의 소극적 완전성으로서 의지의 순수성이 중요하다. 이렇게 해도 학생은 자기 **자유** 의식에 대해 주의를 유지할 것이다. 비록 이렇게 [경향성을] 단념하는 것은 처음에는 고통 감각을 불러일으킬지라도, 이것이 학생을, 참된 요구들의 강제라 하더라도 이 강제로부터 떼어놓음으로써 동시에 모든 이러한 요구가 이 학생을 몰아넣었던 갖가지 불만족으로부터 해방되었음을 이 학생에게 알려주고 마음은 다른 원천으로부터 오는 만족감을 받아들일 수 있게 된다. 본보기에서 제시된 순수 도덕적 결단에서 인간이 자신에게 다른 경우에는 한 번도 제대로 알려지지 않았던 내면적 능력인 내적 **자유**를 발견할 경우, 가슴은 언제나 은밀히 누르고 있던 부담으로부터 해방되어 가벼워진다. 이 내적 자유는 경향성의 충동적 강박에서 자신을 해방시켜서 아무 경향성도, 심지어 가장 애호하는 경향성이라 할지라도 이성을 사용하여 내려야만 하는 결단에 영향을 미치지 못하게 하는 자유다. 내가 부정을 저질렀다는 것을 **오직 나만이** 아는 경우가 있다. 그래서 비록 이 부정을 자백하고 자청해서 바로잡는 일에 대해 내 자만심, 이기심 그리고 권리를 침해당한 상대방에게 갖는 평소 같으면 불법적이지는 않을 반감이 거세게 저항하기는 하지만, 그럼에도 내가 이 모든 주저함을 물리칠 수 있는 경우가 있다. 이 경우에는 경향성과 행복한 환경으로부터 독립해 있다는 의식, 자족적일 수 있다는 의식이 포함되어 있다.

자족의 가능성은 대개 다른 점에서도 언제나 내게 유익을 준다. 그리고 이제 의무의 법칙은 우리가 이 법칙을 준수할 때 느끼는 적극적 가치에 의하여, 자유에 대한 의식에 있는 우리 자신에 대한 존경을 거치면서 [우리에게] 좀더 쉽게 들어온다. 내면적 자기 검증을 할 때 자기 눈에 자신이 경멸받을 만한 자, 비난받을 만한 자로 보이는 것보다 더 두려운 것이 인간에게 없을 때, 자기 자신에 대한 존경은 충분히 뿌리내린 것이 된다. 이제 모든 선한 도덕적 심정은 이러한 충분 A 288 히 뿌리내린 자기 자신에 대한 존경에 접목될 수 있다. 이런 일[자기 눈에 자신이 경멸받을 만한 자로 보이는 것을 가장 두려워하는 것]은 저속하고 부패한 충동이 마음에 침입하는 것을 막는 최선의 파수꾼, 아니 유일한 파수꾼이기 때문이다.

이상으로 나는 도덕적 육성과 연습의 방법론이 갖는 가장 일반적 준칙들만 언급하려 했다. 다양한 의무는 각기 종류대로 특수한 규정들을 요구해 이런 일에서 세밀한 작업을 이룰 것이므로, 단지 예습에 불과한 이런 저작에서 이 정도 개요로 끝맺는 것을 허락해주기 바란다.

맺는말

　더 자주 더 오래 숙고하면 숙고할수록 매번 새롭고 매번 커지는 경
탄과 경외로 마음을 채우는 두 가지가 있다. 그것은 내 위에 별이 총총
한 하늘과 내 안의 도덕법칙이다. 나는 이 둘을 어둠 속에 혹은 한계 너 　V 162
머에 감춰져 있는 것으로 내 시야 바깥에서 찾아서는 안 되고 순전히
추측만 해서도 안 된다. 나는 이 둘을 내 앞에서 본다. 그리고 이 둘을 　A 289
내 실존의 의식과 직접 결합한다. 첫째 것은 내가 외적 감성계에서
차지하는 자리에서 시작해 나와 세계 그리고 나와 체계 간의 결합을
확장하되 세계들 위의 세계들, 체계들의 체계들로 측량할 수 없을 크
기로 확장하고, 이에 더하여 이 세계와 체계의 주기적 운동의 무한한
시간으로 이 운동의 시작과 지속을 확장한다. 둘째 것은 보이지 않는
내 자아, 내 인격성에서 시작한다. 그리고 참된 무한성을 갖지만 지
성에만 감지되는 세계 안에 있는 나를 현시한다. 내가 이 세계와 (그
러나 이 세계를 통하여 동시에 저 모든 보이는 세계들과) 첫째에서처럼
순전히 우연적으로만 결합하는 것이 아니라 보편적으로 그리고 필
연적으로 결합한다는 것을 나는 인식한다. 수없는 세계 집합이 보여
주는 첫째 광경은 말하자면 나의 중요성을, 동물적 피조물로서 내 중
요성을 없애버린다. 이 피조물은 물질에서 나왔고 잠시 (어째서 그런

지는 모르겠지만) 생명력을 부여받은 후에는 이 물질을 (우주의 한 점에 불과한) 지구라는 행성에 되돌려주어야 한다. 이에 비해 둘째 광경은 내 인격성에 의하여 나의 가치를, 예지적 존재로서 내 가치를 무한히 높이 올린다. 도덕법칙이 이 인격성에서 나에게 계시하는 것은 동물성에 독립적이고 전체 감성계로부터도 독립적인 생명이다. 물론 감성계로부터의 이러한 독립성은 적어도 내 현존의 합목적적 사명으로부터 추측되는 만큼의 독립성이다. 이 사명은 이 법칙에 의한 것으로, 현세 생명의 조건과 한계에 제한되지 않고 무한에 진입하는 사명이다.

A 290

그러나 경탄과 존경은 탐구를 자극할 수는 있지만 탐구의 결점을 보충할 수는 없다. 그렇다면 유용하고도 대상의 숭고함에 적합하게 탐구를 시작하려면 무엇을 해야 할까? 이때 기존의 탐구 사례는 경고로 쓰일 수도 있지만 모방으로 쓰일 수도 있다. 세계에 대한 고찰은 가장 장엄한 광경에서 출발했다. 이 광경은 그때까지 인간 감각 능력이 제시할 수 있는 광경 가운데 가장 장엄했고, 이 감각 능력의 광범위한 영역을 좇아 지성이 감당할 수 있는 광경 가운데 가장 장엄했다. 그러나 이 고찰의 끝은 점성술이었다. 도덕은 인간 본성의 가장 고귀한 속성, 즉 그것을 발전시키고 개발하면 무한한 효용을 약속할 속성에서 출발했다. 그러나 그 끝은 광신 혹은 미신이었다. 일의 핵심 부분에서 이성을 사용하는 것이 관건인데도 이 일을 조야하게 시도하는 모든 경우에 결말은 이렇다. 이성을 사용하는 것은 발을 사용하듯 자주 실행하면 저절로 되는 것이 아니다. 특히 통속적 경험에서 직접 드러나지는 않는 속성을 이성을 사용하여 탐구할 경우 그렇다. 그러나 비록 늦기는 했지만 이성이 하려고 계획하는 모든 단계를 미리 충분히 숙고하는 준칙이 널리 퍼진 후에는 그리고 이 단계를 다름 아닌 미리 충분히 생각한 방법의 궤도를 벗어나서는 결코 진행되

V 163

도록 하지 않는 준칙이 널리 퍼진 후에는 세계 구조물을 판정하는 일 A 291
은 전혀 다른 방향으로 전환했고 이러한 방향 전환과 더불어 그전과
는 비교할 수 없을 만큼 한층 다행스러운 결과를 얻었다. 돌의 낙하,
투석기의 운동은 그 요소들로, 이 과정에서 드러나는 힘들로 분해되
고 수학적 작업을 거쳐 결국 세계 구조에 대한 명료한 통찰을, 어떤
미래에도 불변적인 통찰을 가져왔다. 이 통찰은 이후 관찰에서 오로
지 계속 확장하는 것만 기대할 수 있을 뿐, 필시 축소되지 않을까 두
려워할 필요가 없다.

이 사례는 우리 본성의 도덕적 소질을 다루는 일에도 마찬가지로
이 길을 택하도록 추천할 수 있고, 유사한 좋은 성과를 가져올 것이
라는 희망을 줄 수 있다. 그런데 우리는 도덕적으로 판정하는 이성의
사례들을 손에 지니고 있다. 이제 이 사례들을 그 요소 개념들로 분
석하는 일, 수학을 사용할 수는 없어도 **화학과 유사한 분리 절차**, 즉
경험적 요소를 이 사례들에 들어 있을 합리적 요소와 분리하는 절차
를 평범한 인간지성에 대한 반복적 실험에서 채택하는 일은 이 두 요
소를 순수하게 알게 할 수 있고 두 요소 저마다 독자적으로 수행할 수
있는 것을 확실히 알게 할 수 있다. 그리하여 이렇게 분석하는 일은
한편으로는 아직 **조야하고 훈련되지 않은 판정**의 오류를 방지하고,
다른 한편으로는 (이 점이 훨씬 긴요하다) **천재의 준동**을 방지한다. 현
자의 돌을 다루는 연금술사들에서 흔히 그렇듯이 천재의 준동은 자
연에 대한 어떤 방법적 탐구나 인식도 없이 몽상적 보물을 약속하지 A 292
만 참된 보물은 내다버린다. 요컨대 **지혜론**에 이르는 좁은 문은 (비판
적으로 추구되고 방법적으로 인도된) **학문**이다. 지혜론이 순전히 우리
가 행해야 하는 것만을 의미하는 것이 아니라, 누구라도 가야 할 지
혜의 길을 잘 닦아 드러나게 하고 또 다른 사람들이 잘못된 길을 가
지 않도록 보호하기 위하여 **교사들**이 규준으로 사용하는 것을 의미

한다면 말이다. 철학은 언제나 학문의 수호자로 머물 수밖에 없다. 대중이 철학의 세밀한 탐구에 관심을 가질 필요는 없다. 그러나 대중은 철학의 이러한 탐구 작업 후 비로소 그들에게 제대로 밝게 빛날 수 있는 가르침에는 관심을 가져야 한다.

해제

차례

『도덕형이상학 정초』

김석수

경북대학교·철학

『도덕형이상학 정초』의 성립사

『도덕형이상학 정초』(1785, 이하『정초』)의 제목에는 도덕형이상학을 세우려는 뜻이 담겨 있다. 그렇다면 칸트는 왜 도덕형이상학을 세우려고 하는가? 이는 그의 철학 정신 안에 이미 들어 있다. 그의 철학은 기본적으로 선험철학으로 향해 있다. 그의 선험철학은 우리 인간의 존엄성을 해치는 부당한 학문에 대한 근본적 반성에서 출발한다. 그는 이 선험철학을 "학문의 이념"으로 삼고, 이를 통해 기존에 잘못된 학문을 바로잡고 인간의 존엄성을 제대로 마련하고자 한다.[1] 그래서 그는 이 선험철학에 인간 이성 자체에 대한 철저한 비판을 수행하는 역할을 부여한다.[2] 따라서 이 선험철학에는 종래의 전통 형이상학에 대한 비판과 아울러 당대의 자연과학에 대한 재정립 활동이 담겨 있다.[3] 그는 이 선험철학을 통해 대상 일반의 성립 및 인식의

---

1) 『순수이성비판』 B 27.
2) 『순수이성비판』 A 12; B 25, 27, 80 참조할 것.
3) 『학문으로 등장할 수 있는 미래의 모든 형이상학을 위한 서설』(*Prolegomena zu*

참된 조건에 대해서 검토한다.[4] 이런 의미에서 그는 자신의 선험철학을 형이상학이라고 칭하기도 한다. 사실 그에게 이 선험철학은 존재론 내지는 일반형이상학이 되며, 궁극적으로는 모든 형이상학에 앞서는 "근원적 형이상학"이 된다.[5] 이런 그의 선험철학은 감성의 직관과 지성의 사유를 종합하고 매개하는 선험적 종합판단 및 연역활동에 관여한다.[6]

그는 이 선험철학을 통해 이성의 월권과 독단 형이상학에서 비롯되는 변증적 기만을 비판하고자 하며, 아울러 이를 넘어서기 위하여 자연형이상학과 도덕형이상학을 구별하고자 한다. 나아가 그는 이런 구별에 기초하여 이론이성의 한계를 설정하고 실천이성의 우위로 도덕형이상학을 제대로 확립하고자 한다.[7] 특히 그는 우리 이성 안에 "아프리오리하게 놓여 있는 실천적 원칙들의 원천을 탐구하기 위한 사변적 동인에서" 그리고 "도덕 자체가 자신을 올바르게 판정할 실마리와 최상의 규범을 갖추"기 위해서 '도덕형이상학'이라는 학문이 불가피함을 주장한다.[8] 그는 이 도덕형이상학이라는 학문을 확립함으로써 종교, 도덕, 과학 사이의 조화를 모색하고자 하며, 아울러 이를 통해서 인간의 존엄성을 확립하고자 한다.[9] 그에게 도덕

---

einer jeden künftigen Metaphysik, die als Wissenschaft wird auftreten können, 1783, 이하『형이상학 서설』) IV 279;『순수이성비판』 B 875 참조할 것.
4)『형이상학 서설』 IV 286-293 참조할 것.
5)『형이상학 강의(L₂)』 XXVIII 541-542;『순수이성비판』 B XXXVI 참조할 것.
6)『순수이성비판』 B 23, 92-93, 117-163, 424, 661 참조할 것.
7)『순수이성비판』 B XXV-XXX, B 375-376, 661-668, 823-848, 870 참조할 것. 그의 이런 태도는 "학문개념으로서의 철학"과 "세계개념으로서의 철학"에 대한 구별 그리고 이에 바탕을 두고 이론이성에서 실천이성으로 나아가려는 것에도 나타난다(『순수이성비판』 B 866, 878 참조할 것).
8)『정초』 IV 390;『칸트전집』 6 25.
9)『순수이성비판』 B XXIX, 833, 844 참조할 것.

형이상학의 확립은 학문을 제대로 자리매김하는 것이자, 동시에 인간의 자유와 존엄성을 제대로 정립하는 것이다. 이처럼 그는 경험적인 자연학에 앞서 자연형이상학을 마련하듯, 실천적 인간학에 앞서 도덕형이상학을 마련하려고 한다.[10] 사실 그는 이미 오래전에 모든 경험에서 독립된 순수도덕철학을 마련하는 데 뜻을 두고 있었다.[11]

그렇지만 그는 "도덕형이상학"을 내놓기 전에 먼저 이를 위한 "정초"를 내놓으려고 했다. 물론 그는 형이상학의 정립에서 "순수사변이성비판"이 필요한 만큼, 도덕형이상학의 정립에서도 "순수실천이성비판"이 그 정도로 꼭 필요하다고 생각하지는 않았다. 또한 그는 이렇게 하려면 순수사변이성과 순수실천이성을 하나의 공통된 원리 아래서 통일해야 할 필요가 있는데, 이 역시 완전히 또 다른 방법이 요구되어 독자에게 혼란을 안겨줄 수 있다고 생각했다. 그래서 그는 "순수실천이성비판"이라는 명칭 대신에 "도덕형이상학 정초"라는 명칭을 사용하기를 희망했으며, 이 명칭이 대중성을 얻는 데 매우 유익하리라 생각했다.[12] 그는 이런 생각 아래서 "도덕성의 최상 원리"를 찾아내려고 했다.[13]

이런 노력을 집중적으로 담은 그의 저서가 바로 『정초』다. 물론 이책 이전의 글들에서도, 가령 베를린 학술원 현상(懸賞) 공모에 제출한 『자연신학 원칙과 도덕 원칙의 명확성에 관한 연구』(1764)의 마지막 절[14]과 『순수이성비판』(1781)의 제2부 '선험적 방법론'의 제2

---

10) 『정초』 IV 388 참조할 것.
11) 『정초』 IV 389 참조할 것. 사실 윤리학이나 도덕철학과 관련하여 "도덕형이상학"이라는 용어를 칸트가 처음으로 사용했다.
12) 『정초』 IV 391; 『칸트전집』 6 27 .
13) 『정초』 IV 392; 『칸트전집』 6 28.
14) 여기에서 칸트는 윤리학이 감정에 기초할 것이 아니라 이성에 기초해야 함을 강조했다. 『자연신학 원칙과 도덕 원칙의 명확성에 관한 연구』

장 '순수 이성의 규준' 등에서도 윤리학에 관한 논의들을 했다.[15] 그렇지만 그는 이들 글에서는 윤리 문제를 체계적이고 전체적으로 다루지는 못했다. 오랜 숙고 끝에 61세가 되던 해에 이르러서야 그는 비로소 윤리 문제를 제대로 다룬『정초』를 내놓을 수 있었다.

물론 앞에서도 언급했듯이, 도덕에 대한 그의 예비 작업은 1760년대에 시작되었다.[16] 이런 정황은 당시 자신의 지인들이 주고받은 편지나 자신이 이들과 주고받은 편지들에서 잘 나타난다.[17] 가령 람베르트(Johann Lambert)에게 보낸 편지(1765년 12월 31일)에서 칸트는 자신이 형이상학 및 철학 전체의 고유한 방법에 몰입하고 있음을 밝

(*Untersuchung über die Deutlichkeit der Grundsätze der natürlichen Theologie und der Moral*, 1764, 이하『원칙의 명확성』) II 298-300 참조할 것.

15) 물론 칸트는 비판기 이전, 즉 1750년대의 글인『일반 자연사와 천체이론 또는 뉴턴의 원칙에 따라 다룬 우주 전체의 구조와 기계적 기원에 관한 시론』(*Allgemeine Naturgeschichte und Theorie des Himmels oder Versuch von der Verfassung und dem mechanischen Ursprunge des ganzen Weltgebäudes, nach Newtonischen Grundsätzen abgehandelt*, 1755, 이하『일반 자연사』)과『형이상학적 인식의 제1원리들에 관한 새로운 해명』(*Principiorum primorum cognitionis metaphysicae nova dilucitatio*, 1755, 이하『새로운 해명』)에서도 이론이성과 실천이성을 구분해 자연적 세계를 넘어 도덕적 세계로 나아가려는 모습을 보여주기도 했다(『일반 자연사』I 366-368;『새로운 해명』I 387-416 참조할 것).

16) G. Irrlitz, 2002, p.277 참조할 것. 물론 카울바하(Friedrich Kaulbach)에 따르면 도덕에 관한 칸트의 초기 이론은 라이프니츠-볼프의 형이상학에 영향을 받고 있거나, 아니면 샤프츠베리(Lord Shaftesbury), 허치슨(Francis Hutcheson) 등 도덕감정론자들의 영향 아래 놓여 있었다. 그래서 그에게 도덕법칙은 이성의 자율성보다는 신이 인간에게 심어놓은 것이거나, 아니면 감정에 기초하는 것으로 여겨졌다(F. 카울바하, 1992, 191-194쪽 참조할 것).

17) 하만(Johan Hamann)이 린더너(Johann Lindner)에게 보낸 편지(1764년 2월 1일)에서 "칸트가 도덕성이라는 제목 아래 약간의 작업을 하고 있다"라고 언급했으며(P. Menzer, 1911, p.624) 그리고 헤르더에게 보내는 편지(1767년 2월 16일)에서도 "칸트가 도덕형이상학에 관해서 작업하고 있다"라고 언급했다(P. Menzer, 1911, p.624; K. Vorländer, 1965, p.V 참조할 것).

혔다.[18] 이어서 그는 이 편지에서 "자연과학의 형이상학적 기초원리"와 "실천철학의 형이상학적 기초원리"에 대해 작업함을 밝혔으며, 이와 같은 상황은 그 이듬해 람베르트가 이들 작업이 출판되기를 학수고대하면서 칸트에게 다시 보낸 편지(1767년 2월 3일)에서도 나타난다.[19] 그뿐만 아니라 도덕형이상학에 관한 언급은 그 뒤 칸트와 헤르더(Johann Herder)가 주고받은 편지에서도 나타난다. 그는 헤르더에게 보낸 편지(1767년 5월 9일)에서 인간 역량과 경향성이 지닌 본성 및 한계에 대해서 알려고 하는 것이 주요한 목적임을 언급하면서 당시 진행하고 있는 "도덕형이상학"에 관한 작업이 곧 완결되기를 바란다고 언급했다.[20] 또한 그다음 헤르더가 칸트에게 보낸 편지(1768년 1월)에서도 그는 칸트가 세우려는 도덕이론이 미와 숭고에 대한 작업만큼이나 성공적이기를 기대한다고 언급했다.[21] 그러나 유감스럽게도 칸트의 이런 계획은 성취되지 못했다.[22] 물론 그럼에도 그는 모든 종류의 형이상학적 문제들을 검토하면서 경험적 원리가 전혀 포함되지 않는 순수도덕철학, 즉 도덕형이상학의 탐구를 완결하고자 했으며, 이로부터 자신의 형이상학을 재구성하고자 했다.[23]

---

18) 『서한집』 X 56 참조할 것.
19) 『서한집』 X 56; P. Menzer, 1911, p.624; K. Vorländer, 1965, p.VI; 김재호, 2006, 13쪽 참조할 것. 그 이듬해 람베르트가 칸트에게 보낸 편지(1766년 2월 3일)에서도 그는 칸트의 "자연철학의 기초원리"와 "실천철학의 기초원리"가 출판되기를 간절히 기대한다고 언급했다(『서한집』 X 67 참조할 것).
20) 『서한집』 X 56, 74; P. Menzer, 1911, p.624; K. Vorländer, 1965, p.VI; 김재호, 2006, 14쪽 참조할 것.
21) 『서한집』 X 77-78 참조할 것.
22) P. Menzer, 1911, p.624; K. Vorländer, 1965, p.VI; 김재호, 2006, 14쪽 참조할 것.
23) 칸트가 람베르트에게 보낸 편지(1770년 9월 2일, 『서한집』 X 97-98). 아울러 P. Menzer, 1911, p.624; K. Vorländer, 1965, p.VII; 김재호, 2006, 14쪽 참조할 것.

그는 이런 관점에서 감성의 타당성과 한계에 대해서 논의하고, 감성의 원리가 순수이성의 대상에 적용될 수 없음에 대해서 주장했다.[24]

　이런 상황은 칸트가 람베르트에게서 받은 편지(1770년 10월 13일)에서도 나타난다. 여기에서 람베르트는 칸트가 다루는 「감성계와 예지계에 관하여」라는 글과 관련하여 후자, 즉 예지계가 형이상학과 윤리학을 개선할 수 있는 방안이 될 수 있다고 주장했다.[25] 아울러 그는 이 편지에서 칸트가 본체와 현상, 감성과 지성을 엄격히 구분한 점에 주목한다고 언급했다.[26] 줄처 역시 이런 구분을 분명히 하고자 했으며, 아울러 그는 당시 안정되지 못한 도덕철학의 상황을 개선하는 데 매우 크게 이바지할 수 있을 것으로 여긴 칸트의 도덕형이상학의 작업이 빨리 완결될 수 있기를 희망했다.[27] 더욱이나 그는 당시 인간에게 작동하는 덕스러운 영혼과 악스러운 영혼 사이의 물리적-심리적 차이가 무엇인지 알고 싶어 했으며, 이를 해결하기 위해서라도 칸트의 도덕형이상학 작업이 조속히 마무리되기를 바랐다.[28]

　물론 칸트 자신도 그 시기에 도덕철학에 대해 지속적으로 관심을 두고 고찰하고 있는 상황이었다. 그가 멘델스존(Moses Mendelssohn)에게서 받은 편지(1770년 12월 25일)에는 샤프츠베리의 "도덕적 본능"과 에피쿠로스의 "감각적 쾌락" 사이의 의견 차이에 대한 논의가 담겨 있다.[29] 칸트는 이들 사이를 계승관계로 보는데, 멘델스존은 이들이 명백히 서로 다른 입장에 서 있는 것으로 보았다. 이런 과정을 볼 때, 칸트가 계속 도덕철학에 관심을 두고 있었다는 것은 분명하

---

24) 『서한집』 X 98 참조할 것.
25) 『서한집』 X 103 참조할 것.
26) 『서한집』 X 105 참조할 것.
27) 줄처가 칸트에게 보낸 편지(1770년 12월 8일, 『서한집』 X 112).
28) 『서한집』 X 112 참조할 것.
29) 『서한집』 X 114 참조할 것.

다. 이 같은 상황은 칸트가 헤르츠(Markus Herz)와 주고받은 편지에도 잘 나타난다. 헤르츠에게 보낸 편지(1771년 6월 7일)에서 그는 감성계를 결정하는 근본 원리와 법칙을 탐구하고, 아울러 취미와 형이상학 및 도덕철학에 필수적인 부분들을 탐구할 계획을 밝혔으며, 이들과 관련된 "감성과 이성의 한계"라는 작품을 준비하느라 바쁘게 지내고 있다고 언급했다.[30] 그가 헤르츠에게서 받은 편지(1771년 7월 9일)에도 이런 내용이 담겨 있다. 헤르츠는 이 편지에서 자신의 친구 프리드랜드(David Friedländer)에게서 칸트가 사변철학이나 기존의 형이상학에 더 이상 헌신하지 않고 오히려 도덕철학에 몰두하고 있음에 대해 들었다고 언급했다.[31] 또한 그는 이 친구에게서 도덕철학에 대한 연구가 자신들이 살았던 시대에 요구되고 있다고 칸트가 주장한 점을 전해 들었다고 언급했다.

도덕에 관한 그의 이런 관심은 칸트가 다시 헤르츠에게 보낸 편지(1772년 2월 21일)에서도 지속적으로 나타난다. 그는 이 편지에서 자신이 그동안 줄곧 감성계와 지성계를 구별하는 일을 해왔으며, 이와 더불어 도덕의 원리를 탐구하려 해왔다고 언급했다. 아울러 그는 이를 반영한 "감성과 이성의 한계"라는 제목의 책을 작업하려고 계획하고 있었음을 언급했다. 그는 이 책을 이론적인 부분과 실천적인 부분으로 양분하고, 전자에서는 현상학 일반과 형이상학, 후자에서는 "감정, 취미, 감각적 욕구의 보편적 원리와 도덕성의 제일 원리"를 다루려고 했다.[32] 이어서 그는 철학을 이론철학과 실천철학으로 구별하고, 이로부터 도덕성의 순수 원리를 마련하려고 했다.[33] 이와 같은

---

30)『서한집』X 123; K. Vorländer, 1965, p.VII; 김재호, 2006, 14쪽 참조할 것.
31)『서한집』X 124 참조할 것.
32)『서한집』X 129-130; K. Vorländer, 1965, p.VII 참조할 것. 그렇지만 이 계획이 결실을 보게 되는 것은 1781년『순수이성비판』에 이르러서였다.

내용은 1773년 끝 무렵에 헤르츠에게 보낸 편지에도 나타난다. 그는 여기에서 도덕성의 최상 근거를 다루면서 이 근거를 쾌락이 아니라 지성적인 것에서 추론하고자 했음을, 그것도 의지에서 제일 원천을 찾고자 했음을 언급했다.[34] 물론 이 와중에 그는 선험철학의 완성에 해당하는 순수이성비판 작업을 끝내면 기쁠 것이라는 사실도 밝혔다.[35] 이어서 그는 이 작업이 끝나면 형이상학 탐구로 돌아가 이를 "자연형이상학"과 "도덕형이상학"으로 구분하고, 이 중 후자와 관련된 책을 먼저 출간하고자 한다고 언급했다.[36]

그렇지만 이런 그의 계획은 현실화되지 못했으며, 오히려 『순수이성비판』이 먼저 출판되었다. 더욱이나 이 책에서는 도덕형이상학에 관한 내용이 단지 부분적으로만 다루어졌을 뿐이다. 칸트가 당시 지인들과 주고받은 편지를 살펴보면 그가 도덕형이상학보다 『순수이성비판』에 더 치중했음을 알 수 있다. 칸트가 리바트(Johann Lavater)에게서 받은 편지(1774년 4월 8일)에도 그가 칸트의 『순수이성비판』이 나오기를 간절히 기다리고 있다는 언급이 있다. 그리고 헤르츠에게 보낸 편지(1777년 8월 20일)에도 칸트 자신이 철학의 영역 전체의 관계 및 체계를 확립하기 위해, 이것의 근간이 되는 『순수이성비판』을 작업하는 데 몰입하고 있음을 언급했다.[37] 마침내 헤르츠에게 보낸 편지(1781년 5월 1일)에 이르러서는 하르트크노흐(Johann

---

33) 『서한집』 X 132 참조할 것.
34) 『서한집』 X 145 참조할 것.
35) 칸트는 『순수이성비판』과 관련하여 이 책이 그동안 자신과 헤르츠 등 여러 사람이 "감성계와 지성계"라는 제목 아래 함께 논쟁해왔던 개념들에서 출발하고 있음을 언급했다. 헤르츠에게 보낸 편지(1781년 5월 7일) 참조할 것 (『서한집』 X 266).
36) 『서한집』 X 145; P. Menzer, 1911, p.625; K. Vorländer, 1965, p.VII; 김재호, 2006, 15쪽 참조할 것.
37) 『서한집』 X 213 참조할 것.

Hartknoch)의 출판사에서 『순수이성비판』이 출판되고 있다고 언급했다. 칸트는 도덕형이상학보다 『순수이성비판』에 더 집중하고 있었다. 그렇지만 이 책이 세상에 나오던 당시에도 사람들은 이 책에 이어 자연형이상학과 도덕형이상학이 곧 출판되기를 여전히 희망했다. 이런 상황은 멘츠와 포어랜드의 탐구에 잘 나타난다. 이들은 『순수이성비판』의 출판자 하르트크노흐와 하만 사이에 주고받은 편지(1782년 1월 11일) 내용을 분석하고 있다. 이들 분석에 따르면 당시 칸트는 자연형이상학과 도덕형이상학이라는 두 형이상학에 관한 책을 조속히 출판하도록 독촉받고 있었으며, 또한 이런 분위기 속에서 후자의 형이상학을 준비하고 있었다.[38]

하지만 유감스럽게도 당시 칸트는 자신이 작업한 『순수이성비판』에 대해 독자들이 드러낸 불만을 해소해야 하는 다급한 상황에 놓여 있었다.[39] 그래서 그는 『형이상학 서설』을 작업하는 데 몰입하지 않을 수 없었으며, 이로써 도덕형이상학에 대한 작업을 계속 지연할 수밖에 없었다. 물론 『형이상학 서설』이 나오던 그해에 멘델스존에게 보내는 편지(1783년 8월 16일)에서 그는 도덕철학의 첫 번째 부분을 거의 완성할 것이라고 언급했다.[40] 비록 이후에도 쉽지 않은 과정들이 이어졌지만, 그는 도덕형이상학을 완성하는 일에 계속 몰입했다.[41] 이 당시 그는 이를 곧 출판하게 될 것이라고 자주 언급하곤 하

---

38) P. Menzer, 1911, p.625; K. Vorländer, 1965, VIII쪽; 김재호, 2006, 15쪽 참조할 것.
39) 『서한집』 X 266-394 참조할 것.
40) 『서한집』 X 346-347; P. Menzer, 1911, p.626; K. Vorländer, 1965, p.IX; 김재호, 2006, 16쪽 참조할 것. 칸트는 이 편지에서 도덕철학에 대한 작업은 이성의 한계를 설정하는 다른 작업에 비해 대중의 취미에 더 부합하리라 생각했다(『서한집』 X 346-347 참조할 것).
41) P. Menzer, 1911, pp.626-627; K. Vorländer, 1965, p.X; 김재호, 2006, 18쪽 참조할 것. 실제로 1784년 8월 이후의 편지들에 따르면 칸트는 도덕형이

였다. 그렇지만 이후에도 이 책의 출판은 지연되었으며, 또한 출판된 후에도 이 책과 관련하여 이런저런 비판들이 제기되었다. 그럼에도 이 책은 많은 사람의 관심을 불러일으켰다.[42]

이상에서 보듯이, 칸트는 『정초』를 작업하기 이전에 이미 이 책에 대한 예비 작업을 줄곧 진행해왔다. 이 같은 노력은 그의 『순수이성비판』과 『형이상학 서설』에도 분명히 나타나 있다.[43] 그는 이들 저작에서 형이상학이 학문일 수 있는지를 검토하며, 아울러 이를 통해 자연형이상학과 도덕형이상학을 구분했다. 또한 그는 이런 구분에 기초하여 심리학적 인간학을 넘어 순수도덕학으로서 형이상학을 마련하려고 했다.[44] 앞서 언급했듯이, 그의 이와 같은 태도는 이후 『정초』에도 그대로 이어졌다. 이렇게 해서 이 책이 출판되었을 때 쉬츠가 매우 만족했듯이, 이 책은 2회의 수정판과 4회의 중판이 나올 정도로 독자의 관심이 아주 높았다.[45]

상학 서설의 작업에 몰입하고 있었다(『서한집』 X 395-396; P. Menzer, 1911, pp.627-628; K. Vorländer, 1965, p.XI쪽 참조할 것). 칸트는 쉬츠(Christian Schütz)에게 보내는 편지(1785년 9월 13일)에서 『자연과학의 형이상학적 기초원리』를 끝내고 도덕형이상학에 관한 글을 작업하고 있다고 언급했다(『서한집』 X 406 참조할 것). 물론 바로 전 쉬츠가 칸트에게 보낸 편지(1784년 7월 10일)에서도 자연형이상학을 내놓은 이후에 도덕형이상학을 반드시 내놓아야 함을 강조했다(『서한집』 X 393 참조할 것).

42) P. Menzer, 1911, pp.627-628; K. Vorländer, 1965, p.XII; 김재호, 2006, 19쪽 참조할 것.

43) 라인홀트(Karl Reinhold)는 칸트의 순수이성비판 작업이 종교적 토대들에 대한 도덕적 정초를 발전시키는 과정에서 비롯한 것으로 분석했다. 라인홀트가 칸트에게 보낸 편지(1787년 10월 12일) 참조할 것(『서한집』 X 408).

44) 『순수이성비판』 A 842; B 870과 『형이상학 서설』 IV 265-266, 371, 383 참조할 것.

45) P. Menzer, 1911, pp.629-630; K. Vorländer, 1965, pp.XIV-XV; 김재호, 2006, 19-20쪽 참조할 것.

『정초』의 주요 내용

『정초』는 크게 머리말, 본론, 결론으로 이루어져 있으며, 본론은 또다시 3절로 되어 있다. 머리말에서는 학문 분류 및 특성에 대한 논의로부터 자연형이상학과 도덕형이상학의 확립과 이들 사이의 구별의 중요성을 제시한다. 이어서 칸트는 "모든 도덕성의 최상 원리"를 찾아내는 것이 중요함을 밝히고, 또한 이 작업을 "실천이성비판"이나 "도덕형이상학"에 앞서 해야 할 이유를 제시한다. 마지막으로 그는 본론에서 다루어야 할 내용, 즉 제1절 "도덕에 관한 평범한 이성 인식에서 철학적 이성 인식으로 이행"과 제2절 "대중적 도덕철학에서 도덕형이상학으로 이행"을 거쳐 제3절 "도덕형이상학에서 실천이성비판으로 이행"으로 나아가야 하는 부분을 언급한다.

본론 제1절에서는 도덕에 관한 평범한 이성 인식에서 철학적 이성 인식으로 나아간다. 즉 여기에서는 우리의 평범한 이성이 도덕에 관해서 일상적으로 생각하는 것을 분석하여 이로부터 도덕적으로 선한 행위가 지닌 특징을 밝혀낸다. 칸트는 이 부분에서 일상적인 도덕 판단에 참여하는 이성과 관련하여 이 이성에 바탕을 두고 있는 도덕원리를 찾아내는 일에 집중한다. 이는 곧 도덕에 대한 철학적 이성 인식을 수행하는 것이기도 하다. 칸트는 이런 인식 활동과 더불어 도덕적으로 선한 행위에는 선의지가 자리하고 있음을 제시하고, 또한 이 의지는 절대적 가치를 지니고 있음을 주장한다. 이어서 그는 이 선의지가 도덕법칙에 대한 순수한 존경으로 향해 있다는 점을 제시한다. 나아가 그는 우리가 일상에서 도덕적이라고 판단하는 것에는 바로 이런 태도가 기초로 놓여 있어야 한다고 주장한다. 이로부터 그는 일상적 도덕 판단에 근거로 작용하는 도덕성에 주목하며, 이것에 근거가 되는 의무 개념을 끌어낸다. 이어서 그는 이 의무 개념을 통해 인간 이성이 욕구나 경향성에 이끌려 변증론에 빠지는 부분을 더 철저히 비판하려고 한다.

다음으로 제2절에서는 대중적 도덕철학에서 도덕형이상학으로 이행하는 과정을 서술한다. 여기에서 칸트는 도덕을 이에 대한 일상인의 평범한 이성 인식에서 찾아낸다고 해서 그것의 정당성도 이들의 경험적 인식에서 마련해야 한다고 생각하지는 않는다. 오히려 그는 이것을 선험적으로 마련해야 한다고 생각한다. 그는 이 절 제1절에서 철학적 이성 인식으로 밝혀낸 선의지와 이 의지가 도덕법칙에 대한 존경으로 향해 있는 도덕적 의무와 관련하여 정언명령을 언급한다. 그는 경험에 근거하지 않는 이 정언명령 개념을 분석함으로써 이로부터 보편화 가능성의 정식과 목적의 정식을 제시하며, 나아가 자율성과 목적의 나라에 대해 언급한다. 그러나 이성에 기초하는 이들 아프리오리한 원리는 대중적 도덕철학으로는 밝혀질 수 없다. 따라서 그는 대중적 도덕철학에서 도덕형이상학으로 이행하지 않을 수 없다.

이제 마지막 제3절에서는 도덕형이상학에서 순수실천이성비판으로 이행한다. 여기에서 칸트는 우리 인간이 자율적 존재임을 입증하기 위해 자유라는 개념에 집중한다. 사실 앞의 제1절과 제2절에서는 도덕에 대한 일상인들의 평범한 생각을 고찰함으로써 이로부터 도덕법칙이 어떤 것인지를 분석하고, 나아가 이를 통해 이 법칙이 보편성을 지녀야 하고, 또한 인간을 목적으로 대하는 태도에 기초해야 한다고 제시한다. 여기에서는 이른바 인간이 선의지를 갖고 도덕법칙을 존경하는 자율적 존재여야 함을 주장한다. 이제 칸트는 이런 과정을 거쳐 도덕법칙을 존경하여 이를 스스로 지키는 의지의 자율성은 감성계에서 벗어나 스스로 입법할 수 있는 의지의 자유라는 개념으로 가능함을 보여주려고 한다. 그래서 그는 자유를 소극적 자유와 적극적 자유로 구분하고, 후자의 자유에서 자유는 모든 이성적 존재자의 의지가 지닌 속성으로서 전제되어야 한다고 주장한다. 즉 그는 제대로 된 자유라면 도덕법칙을 스스로 입법하고 존경하여 준수하려는 이성적 존재자의 선한 의지에 기초해야 함을 주장한다. 따라서 그에 따르면 자유는 도덕성과 이성적 존재자를 결합하도록 해준다. 그렇지만 칸트는 이 자유가 도덕성을 가능하도록 하기 위해 전제된 것이 아니라 인간이 감성계와 지성계 사이에 속해 있다는 데 기초한다고 주장한다. 그에 따르면 인간은 이들 양 세계에 속해 있기 때문에 도덕법칙을 명령으로 느끼지만, 이를 통해 감성계의 자연법칙을 넘어서 자유의 나라로 나아갈 수 있다.

칸트는 이제 이러한 논의들을 통해 결론을 내린다. 그는 인간이 자연과 관련해서는 이성을 사변적으로 사용하여 최상의 원인이 지닌 절대적 필연성으로 나아가고, 자유와 관련해서는 이성을 실천적으로 사용하여 자신의 행위 법칙의 절대적 필연성으로 나아간다고 주장한다. 즉 그는 인간의 이성이 일어나는 자연세계와 일어나야 할 도덕세계와 관련하여 그 필연성을 알아낼 때까지 쉼 없이 나아간다고 주장한다. 그렇지만 이성은 이와 관련하여 만족에 이를 만큼 온전한 인식에 이르지 못한다. 그래서 칸트는 우리가 "도덕적 명령이 지닌 실천적인 무조건적 필연성을 파악하지는 못"[46]한다고 주장한다. 하지만 그는 우리가 이것의 파악 불가능성은 파악하며, 바로 이것이 한계철학이 요구할 수 있는 전부라고 주장한다.

머리말

바로 앞에서 『정초』의 전체 내용을 개략적으로 살펴보았다. 이제

---

46) 『정초』 IV 463; 『칸트전집』 6 129.

이들 내용을 좀더 세부적으로 살펴보자. 앞서 언급했듯이 칸트는 인간의 자유와 존엄성을 제대로 마련하기 위해 학문 자체에 대한 엄밀한 분석에 착수한다. 그래서 그는 이 책 머리말에서부터 학문 분류에 주목한다. 그는 고대에서부터 이루어진 학문 분류, 즉 자연학, 윤리학, 논리학의 구분법에 기초하여 각 학문들의 특징을 검토한다.[47] 그의 설명에 따르면 자연학과 윤리학이 질료 및 대상에 관계한다면, 논리학은 이성의 순수한 사유형식에만 관계한다. 자연학이 특정 대상과 이 대상에 관계하는 자연법칙에 참여한다면, 윤리학은 자연에 영향을 받는 의지 자신의 자유법칙에 참여한다.[48] 그리고 이들 자연학과 윤리학이 경험에 근거를 두면 '경험철학'이 되며, 아프리오리한 이성 원리에 기초하면 '순수철학'이 된다.[49] 나아가 이 순수철학이 사유의 순수 형식에만 관계할 때 논리학이 되며, 반면에 지성의 특정 대상에 관계하면 형이상학이 된다.[50] 그리고 이 형이상학에는 자연 형이상학과 도덕형이상학이 존재하며, 이들 학문은 경험학문에 앞설 뿐만 아니라 이 학문의 토대를 이루는 학문이다.[51] 나아가 칸트는 자연학과 윤리학 모두에 경험적인 부분과 이성적인 부분이 존재한다고 본다. 그래서 그는 윤리학에서 경험적인 부분에만 해당하는 것을 '실천적 인간학', 순수하게 이성적인 부분에만 해당하는 것을 '도덕(학)'이라고 칭한다.[52]

---

47) 『정초』 IV 387 참조할 것.
48) 같은 곳 참조할 것.
49) 『정초』 IV 388 참조할 것.
50) 같은 곳 참조할 것.
51) 칸트가 『순수이성비판』에서 주장하는 바에 따르면, '자연형이상학'은 "모든 사물을 이론적으로 인식하는 것"에 관계하는 "이성의 모든 순수 원리를 포함하는" 학문이며, '도덕형이상학'은 "행동거지를 아프리오리하게 규정하고 필연적이게 하는" 학문이다(『순수이성비판』 B 869).
52) 같은 곳 참조할 것.

이처럼 칸트는 학문을 대상과의 관계 및 사유 형식에 근거해서, 그리고 아프리오리한 상황과 아포스테리오리한 상황에 근거해서 분류한다. 그는 이런 분류에 기초하여 학문 작업의 효율성을 극대화하려고 하며, 이를 위해 학문 작업의 분업화를 시도한다.[53] 그래서 그는 경험적 자연학에 앞서 자연형이상학을, 실천적 인간학에 앞서 도덕형이상학을 마련하는 일에 전념한다.[54] 분업을 통해 순수철학으로서 도덕형이상학을 마련하려는 그의 작업은 도덕법칙의 법칙다움, 즉 이해관심에 지배되지 않는 법칙을 마련하는 쪽으로 향해 있다. 그가 생각하기에 도덕법칙은 일어나는 행위와 관련하여 어디에서나 보편적 기준으로서 역할을 해야 하며, 그 행위가 도덕적 행위임을 결정하는 데 절대 필연적인 근거로서 역할을 해야 한다. 따라서 '도덕성의 최상 원리'는 보편성과 필연성을 지닌 이성의 아프리오리한 원리에서 마련할 수밖에 없다. 이런 의미에서 도덕의 최상원리를 찾아내는 작업에는 경험을 넘어서는 형이상학, 즉 도덕형이상학의 작업이 요구되지 않을 수 없다. 그는 이런 목표 아래서 실천적 인간학과 순수 도덕학을 뒤섞어놓은 볼프의 철학을 넘어서려고 하며, 나아가 자연형이상학을 제대로 정립하듯이, 도덕형이상학도 제대로 정립하려고 한다.[55] 그는 사변이성비판을 통해서 자연형이상학을 마련하려고 하듯이, 실천이성비판을 통해서 도덕형이상학을 마련하려고 한다.

그러나 앞서 언급했듯이, 사변이성은 변증적일 수 있기 때문에, 여기에는 이 이성의 월권을 막는 비판적 활동이 반드시 요구되지만, 이에 반해 일상의 도덕적인 일에 관계하는 실천이성은 이런 잘못을 쉽

---

53)『정초』IV 388 참조할 것.
54)『정초』IV 388 참조할 것.
55)『정초』IV 390 참조할 것.

게 범하지 않기 때문에 여기에 대해 굳이 비판적 고찰이 요구되지 않는다. 게다가 그가 보기에 실천이성을 제대로 비판하기 위해서는 실천이성뿐만 아니라 이성의 또 다른 한 갈래인 이론이성까지 포함해서 이들 모두를 "하나의 공동 원리에 의거해서 동시에 제시할 수 있어야"[56] 한다. 그러나 칸트는 이 작업이 현재로서는 너무 벅찬 일이어서 이 부분은 뒤로 미루어두고, 먼저 대중에게 비교적 쉽게 다가갈 수 있는 도덕형이상학을 정초하는 작업부터 할 필요가 있다고 생각한다.[57] 그리고 그는 비록 이 작업이 도덕형이상학으로 나아가는 준비 작업이기는 하지만, 곧 이어질 『실천이성비판』 작업에도 더 쉽게 접근할 수 있게 해준다고 보았다.

그는 이런 관점에서 먼저 도덕에 대한 평범한 인식에서 출발하여 이 인식에 자리한 도덕을 분석함으로써 도덕성의 최상 원리를 확립하고, 다음으로 이 원리를 검토하고 이 원리의 원천으로까지 거슬러 올라가 탐구하여 이를 평범한 인식과 종합하고자 한다. 그는 이와 같은 대원칙 아래서 3단계 과정을 거쳐 도덕형이상학을 정초하고, 이를 바탕으로 『실천이성비판』으로 나아가려고 한다.[58]

제1절 도덕에 관한 평범한 이성 인식에서 철학적 이성 인식으로 이행

앞에서 언급했듯이, 이 절에서 중요한 문제는 사람들이 '도덕적으로 선하다'고 주장하는 것이 무엇을 의미하는지, 이에 대해서 제대로 분석해내는 것이다. 이를 위해 칸트는 도덕에 대한 평범한 이성적 인식에서 출발하여 철학적 인식으로 나아가는 과정을 밟는다. 이렇게 해서 그는 다음 절에서 집중적으로 다룰 최상의 도덕원리인 정언

---

56) 『정초』 IV 391; 『칸트전집』 6 27.
57) 『정초』 IV 391-392 참조할 것.
58) 『정초』 IV 392 참조할 것.

명령으로까지 나아간다. 그는 이 과정에서 선의지, 목적론 논변, 의무와 관련된 세 가지 명제, 정언명령 등을 다룬다. 그러나 이 절에서 그는 먼저 '선의지'를 출발점으로 삼아 이를 집중적으로 다룬다. 사실 선의지는 인간의 존엄성을 정립하는 데 너무나 중요한 개념이다. 왜냐하면 칸트에 따르면 선의지는 이 세상 안에서나 바깥에서나 제한 없이 선한 것이기 때문이다.[59] 이 선의지는 성취된 결실물이나 이익과 상관없이 선한 마음을 먹는 것 자체에 해당하는 경우다. 그러므로 이 선의지는 행복을 성취하려는 목표와 관련된 의지가 아니고, 오로지 순수한 의욕에 기초한다. 칸트는 이런 선의지에 기초하여 기존의 목적론적이고 행복론적인 윤리관을 거부한다. 그가 보기에 인간이 이런 의지를 상실하게 되면 결과로서 행복이나 쾌락의 노예가 될 수밖에 없으며, 따라서 근원적으로 자유를 상실한 존재가 될 수밖에 없다. 그러므로 선하게 살려고 하는 선의지는 뛰어난 재능이나 기질, 나아가 행운의 자질보다도 더 근원적인 인간의 마음 능력이다. 인간이 이런 선의지를 포기하게 되면 그는 이성적 인간이기를 그만두게 되며, 결국 행복을 갈망하는 욕망의 존재로 전락하게 된다.

칸트에 따르면 "이성의 진정한 사명은 다른 의도에 [이바지하는] 수단으로서 어떤 것이 아니라 **자체적으로 선한 의지**를 산출하는 것이어야 한다."[60] 이런 이성이 추진해야 할 선의지는 '의무를 위해서 의무를 다하는', 즉 '의무에 합치하도록' 행하는 차원을 넘어 '의무에서' 행하는 차원이어야 한다. 이는 의무에 반하는 행위가 되어서도 안 되고, 의무가 그 어떤 경향성에 의해서 행해지는 행위여서도 안 된다. 칸트의 경우, 이런 선의지에 이를 수 있는 것은 행복이나 경향

---

59) 『정초』 IV 393 참조할 것.
60) 『정초』 IV 396; 『칸트전집』 6 35.

성에 얽매이지 않고 행위를 수행하려는 주관의 원칙인 준칙 외에 달리 있을 수 없다. 따라서 행위의 도덕적 가치도 의무를 이행하려는 이 준칙에 달려 있다. 더군다나 이 준칙이 오로지 보편적 법칙 그 자체를 존경하여 이를 지키려는 경우에만 한 행위자의 행위도 비로소 도덕적 가치를 지닌다. 따라서 어떤 한 행위의 도덕적 가치는 인간이 자신의 이성으로 진정으로 옳다고 생각하는 법칙을 자발적으로 표상하여 이를 참으로 존경하여 준수할 때 성립한다. 이런 도덕적 가치야말로 자연에 주어진 필연성의 법칙을 넘어 인간을 진정으로 자유롭게 하는 것이기도 하다. 즉 이 가치는 인간으로 하여금 욕구나 경향성에 지배받는 자연법칙과 고리를 끊고 스스로를 비로소 자유롭게 해주는 것이다. 따라서 인간을 자유롭게 해주는 도덕법칙은 모든 자연적 경향성으로부터 자유로워야 하며, 자연적 내용에 지배받지 않는 의지의 보편적 형식에 기초해야 한다.

이렇게 해서 칸트는 도덕에 대한 일상인의 평범한 인식을 분석하여 이것의 의미를 밝혀낸다. 그는 이른바 철학적인 이성 인식을 통해 도덕성의 근원적 의미를 밝혀낸다. 이상의 논의에서 보듯이, 인간이 자신의 삶을 실천하는 과정에서 제대로 도덕적으로 산다는 것은 곧 도덕의 근본법칙이 지녀야 할 성격을 제대로 알고 이를 실천하는 것이어야 한다. 이는 우리가 이성이 범하는 독단을 막기 위해서 이성의 사변적 활동을 엄정히 비판해야 하듯이, 이성이 욕구와 경향성에 지배를 받아 변증론에 빠지지 않고 제대로 실천하도록 이성의 실천적 활동에 대해서도 엄정한 비판을 수행해야 하는 경우이기도 하다. 이는 도덕에 대한 평범한 인식을 넘어서는 철학적 인식을 요한다.

제2절 대중적 도덕철학에서 도덕형이상학으로 이행

이제 칸트는 도덕에 대한 평범한 인식을 넘어 철학적 인식을 수행함으로써 대중적인 도덕철학의 차원을 넘어 도덕형이상학으로 나아간다. 사실 앞서 언급했듯이, 도덕적인 행위는 선의지에 입각한 행위, 즉 도덕법칙에 대한 존경에 입각한 행위다. 그런데 행위들 중에는 이런 도덕법칙에 대한 존경에서 하는 행위도 있지만, 자기애라는 내적 동기를 통해 하는 행위도 있다. 이 경우 행위들이 전자에서 이루어졌는지, 아니면 후자에서 이루어졌는지에 관해서 제대로 분별하기란 쉽지 않다. 따라서 일상의 삶에서 그 누군가가 의무에 합치하는 행위를 했다고 하더라도, 우리는 그가 도덕법칙에 대한 존경에서 그렇게 행한 것인지, 아니면 자기애에서 행한 것인지에 관해서 쉽게 분별할 수 없다. 그에 따르면 도덕법칙은 경험에서 독립하여 완전히 아프리오리하게 정초되어야 하는 것이어서 경험으로 확인할 수 없는 내적 원리에 해당한다.[61] 따라서 도덕성은 현실 경험세계의 실례로부터 결코 나올 수 없다. 실례에 입각해서 도덕법칙을 인식하는 것이 "평범한 인식"일 뿐이라면 근본 원리를 아프리오리하게 인식하는 것은 "철학적 인식"이 된다. 이제 그는 "순수이성의 원리"로 올라간 뒤, 이로부터 "대중적 개념"으로 내려온다. 그래서 칸트는 "먼저 형이상학의 토대 위에 도덕이론을 세우고, 이 이론이 확고해지면 그 후에 대중성을 통해 이를 널리 수용하게" 해야 한다고 주장한다.[62]

이처럼 그는, 자신의 철학하기 일반이 그러하듯, 일단 먼저 법칙 자체를 아프리오리하게 정초하고, 다음에 이를 현실로 가져가는 방식을 취한다. 그래서 그는 정초하는 단계에서는 경험적인 것과 순수하게 이성적인 것을 마구 뒤섞는 것을 지양하려고 한다. 그는 경험적인 것 모두에서 나와서 순수하게 이성적인 개념들 안에서만 도덕법

---

61) 『정초』 IV 407, 408.
62) 『정초』 IV 409; 『칸트전집』 6 55.

칙을 정초하려고 한다. 그는 이를 "순수 실천철학" 내지는 "도덕형이 상학"이라고 주장한다. 그는 이 "도덕형이상학"을 "의무들에 대해서 확실하게 규정된 모든 이론적 인식에 필수불가결한 토대"라고 보며, 또한 이 "의무가 훈계하는 것들을 현실적으로 실현하려는 데" 기본 적으로 요구되는 것이라고 규정한다.[63] 따라서 인간학은 도덕형이상 학으로부터 완전히 분리되어야 하며, 도덕형이상학을 통해 마련된 원리들을 현실에 적용할 때에만 필요할 뿐이다.

이제 칸트는 이런 시각에서 '명령', '정언명령', '자연의 보편적 법 칙의 정식', '인간성의 정식', '자율성과 목적의 나라의 정식'을 다룬 다. 그는 먼저 '명령'이라는 것을 다룬다. 그에 따르면 이 '명령'은 도 덕법칙이 우리의 의지에 관계할 때 일어나게 되는 상황이다. 우리의 의지가 경향성에 이끌릴 때, 이 '명령'은 '강제'라는 이미지로 우리 에게 의식된다. 사실 누구나 하고 싶은 대로 하려고 할 때, 바로 그 순 간에 '해야 할 바로서의 법칙'이 내 마음 세계에 개입하게 되면, 그 경우 이 법칙은 내 마음을 강제하는 것으로 느끼게 마련이다. 실제로 인간은 이런 경향성에 부단히 영향을 받기 때문에, 객관적 원리를 이 성 자신이 스스로 표상한다고 하더라도, 이것은 자신에게 명령으로 여겨지지 않을 수 없다. 인간은 저절로 이성적으로 의지를 행사하고 행위를 할 만큼 신성한 의지를 지닌 완전한 존재가 아니어서 도덕법 칙을 명령으로 느낄 수밖에 없다.

그런데 이 명령과 관련하여 인간은 조건적으로 임하기도 하고, 무 조건적으로 임하기도 한다. 즉 인간은 이성의 객관적 법칙 내지는 실 천적 규칙이 이성 자신에게 명하는 의무를 조건적으로 이행할지, 아 니면 무조건적으로 이행할지를 고민하게 된다. 의무 이행이 자신의

---

63) 『정초』 IV 410; 『칸트전집』 6 56-57.

이익이나 욕구와 관련하여 이루어지면 전자에 해당할 것이고, 이와 상관없이 그 자체로 이루어지면 후자에 해당할 것이다. 칸트에 따르면 전자의 명령은 가언명령이 되고, 후자의 명령은 정언명령이 된다. 따라서 가언명령은 무언가를 위한 수단으로서의 선한 것에 관계한다면, 반면에 정언명령은 그 자체로 선한 것에 관계한다.[64] 그리고 전자의 가언명령에는 숙련의 명령과 영리함의 명령이 존재한다. 숙련의 명령이 이루어야 할 최종 목적이 어떤 것이든 상관없이 목적에 이르기 위한 훈련을 지시하는 명령이라면, 영리함의 명령은 주어진 목적을 실현하기 위한 수단을 지시하는 명령으로서, 이 경우 확보할 수 있는 행복을 최대화하는 데 집중한다. 마지막으로 우리가 수행하는 명령 중에는 행위와 관련된 그 어떤 내용이나 목적을 고려하지 않고 오로지 행위 자체의 원리에 관계하여 옳음을 수행하려는 마음과 관계된 명령이 있는데, 바로 이것이 정언명령에 해당한다. 이 정언명령은 이해관계를 넘어서 수행하게 되는 명령, 즉 "도덕성의 **명령**"에 해당한다. 이 명령은 "숙련의 **규칙**"이나 "영리의 **충고**"와 달리 절대적이고 필연적인 명령에 해당한다. 칸트는 이들 각각을 "**기술적**" 명령, "**실용적**" 명령, "**도덕적**" 명령이라고도 명명한다.[65]

그러나 전자의 두 명령은, 즉 기술적인 숙련의 명령이나 실용적인 영리함의 명령은 가언명령에 해당하는 것으로 목적 달성과 수단을 함께 동반하기 때문에, 목적을 이루려는 사람은 동시에 그것과 관련된 수단도 함께 추구해야 한다. 따라서 이 명령은 기본적으로 분석적이다. 그러나 도덕성의 명령은 정언명령으로서 행위를 해서 이루려는 목적이 전제되어 있지 않다. 그래서 이 명령은 이로부터 근거

---

64) 『정초』 IV 414 참조할 것.
65) 『정초』 IV 416-417; 『칸트전집』 6 65-66.

를 분석적으로 도출하지 못한다. 무조건적인 정언명령은 경험적인 실례로 가능하지 않다. 그것은 어디까지나 아프리오리하게 마련되어야 하며, 또한 분석적이 아니라 종합적이어야 한다. 즉 정언명령은 아프리오리한 종합 명제의 형태를 지녀야 한다. 이 명령은 외부 조건에 영향을 받지 않고, 오로지 행위의 주관적 원칙인 준칙이 보편적 법칙이 되도록 해야 하는 명령이다. 칸트는 이와 같은 관점에 기초하여 정언명령을 다음과 같이 표현한다.

그 준칙이 보편적 법칙이 될 것을 네가 동시에 바랄 수 있게 해주는 준칙에 따라서만 행하라.[66]

마치 네 행위의 준칙이 네 의지를 통해서 보편적 자연법칙이 되어야 할 것처럼 그렇게 행하라.[67]

이처럼 칸트는 준칙이 주관적 욕구나 목적에 지배되지 않도록 해야 함을, 그래서 보편적 법칙이 되게 해야 함을 강조한다. 그의 이런 정식은 자신이 분류한 네 가지 의무와 연관해서도 논의된다. 그에 따르면 의무는 '우리 자신에 대한 의무', '타인에 대한 의무', '완전한 의무', '불완전한 의무'로 분류된다. 칸트는 자신과 타인에 대한 '완전한 의무'와 '불완전한 의무'를 분류하고, 이어서 전자의 예로 자살과 거짓 약속을 든다. 여기에서 그는 인간이 자신의 생명을 돌보아야 하는데 이를 지키지 않거나, 약속을 지켜야 하는데 이를 이행하지 않게 될 경우, 더군다나 이와 같은 경우를 준칙으로 삼을 경우, 이 준칙

---

66) 『정초』 IV 421; 『칸트전집』 6 71.
67) 같은 곳; 『칸트전집』 6 72.

이 보편적인 자연법칙과 모순 상태에 놓이게 됨을 보여주려고 한다. 이렇게 함으로써 그는 정언명령을 통과하지 못하는 준칙은 도덕적 가치도 지니지 못한다고 주장한다.

다른 한편, 그는 한 행위를 엄격히 구속하는 완전한 의무와 달리 느슨하게 구속하는 불완전한 의무에 관해서도 언급한다. 그는 인간이 자신의 소질을 제대로 계발하지 않거나, 타인의 아픔을 배려하지 않는 경우를 여기에 해당하는 예로 든다. 물론 그는 이들 경우는 완전한 의무의 경우처럼 보편적 자연법칙에 모순되는 상황에 처하지는 않을 수 있다고 본다. 그렇지만 그는 이 경우도 보편적 자연법칙에 이르지 못한 경우로 시정되어야 한다고 본다. 그는 이들 의무에서도, 완전한 의무에서와 마찬가지로, 이에 관계하는 준칙이 과연 보편적 자연법칙이 될 수 있는지를 문제 삼아야 한다고 본다. 그래서 그는 이들 예에서의 의무 이행이 과연 정언명령의 차원이 될 수 있는지에 주목한다. 그에 따르면 의무 이행이 정언명령에 입각하지 않으면 결코 도덕적 가치를 지니지 못한다.

그런데 이런 정언명령은 경험적인 조건에 얽매이지 않는 무조건적 명령으로서, 따라서 이 명령은 의지가 철저하게 이성의 아프리오리한 원리에 기초해야 하는 경우다. 즉 정언명령은 "욕망의 주관적 근거"인 "동기"(Triebfeder)에 의존해서는 안 되고, 오로지 "의욕작용의 객관적 근거"인 "동인"(Bewegungsgrund)에 입각해야 한다. 이런 의미에서 정언명령을 추구하는 순수도덕철학은 경험적 심리학에 관련된 인간학을 넘어서는 도덕형이상학이어야 한다. 이 도덕형이상학은 심리적 욕망이나 쾌락에 지배를 받는 "주관적 목적"을 넘어 그 어떤 것에도 수단이 되지 않는 목적 자체로서 "객관적 목적"으로 나아가야 한다. 이 경우, 그의 객관적 목적은 실질적 내용에 관계하는 주관적 목적을 추상하고, 오로지 형식적인 목적에만 관계한다.[68] 이런 그의 도덕형이상학은, 비록 이 세상에서 단 한 번도 실제로 일어나지 않았다 하더라도, 언젠가는 반드시 일어나야 할 당위로서 실천법칙에 관계하며, 이를 통해 실현해야 할 목적에 관계한다. 이런 의미에서 칸트의 도덕형이상학은 도덕적 목적론으로 향해 있다.

이런 칸트의 도덕형이상학은 인간을 당연히 다른 목적을 위한 수단이 아니라 그 자체가 목적이 되는 길을 모색한다. 따라서 그의 도덕형이상학이 인간을 '물건'이 아니라 '인격'으로 바라보는 관점으로 이어져 있다. 이 인격은 인간이 어떤 행위의 결과로서 가치를 지니는 주관적이고 상대적인 목적의 차원을 넘어 그 자체가 객관적이고 절대적인 목적이 되는 경우다.[69] 바로 이와 같은 차원에서 칸트는 '인간성의 정식'을 다음과 같이 표현한다.

> 너는 너 자신의 인격에서나 다른 모든 사람의 인격에서도 인간성을 결코 단지 수단으로 사용하지 않고 언제나 동시에 목적으로 사용하도록 행하라.[70]

이처럼 칸트가 도덕법칙과 관련하여 정언명령을 강조하는 것은 결국 인간성을 목적으로 대해야 한다는 자신의 신념을 표현하는 것이기도 하다. 여기에서도 그는 앞서 언급한 자신과 타인에 대한 완전한 의무와 불완전한 의무를 다시 논하며, 이를 통해 자신과 타인을 수단으로 대하지 말고 목적으로 대해야 한다고 강조한다.[71] 그런데 그에 따르면 인간이 자신뿐만 아니라 타인을 목적으로 대해야 하는

---

68) 『정초』 IV 427; 『칸트전집』 6 80.
69) 『정초』 IV 428 참조할 것.
70) 『정초』 IV 429; 『칸트전집』 6 82-83.
71) 『정초』 IV 429-431 참조할 것.

것을 삶의 원리로 삼으려면, 이 원리를 결코 경험적인 차원에서 마련할 수 없고, 오로지 이성의 아프리오리한 활동에서 마련해야 한다. 왜냐하면 인간성을 제대로 목적으로 대하려면 주관적인 욕구 만족을 넘어서 무조건적으로 타자를 존중하는 마음에서만 가능하기 때문이다. 이는 인간이 자신의 의지를 보편적인 실천이성과 하나가 되게 하는 것이기도 하다.

이 경우, 인간은 자신의 의지로 스스로 법칙다운 법칙을 제정하고, 이 법칙을 스스로 존경하여 지켜야 한다. 이처럼 법칙의 제정자도 법칙의 준수자도 바로 인간 의지 자신이 되는 것은 곧 자율성이 아닐 수 없다. 이로부터 칸트는 자율성의 정식을 마련하게 된다. 바로 이 자율성으로부터 칸트는 인간을 '시장가격'이나 '애호가격'을 넘어선 '존엄성'을 지닌 존재로 설정하게 된다.[72] 결국 그의 이런 관점은 우리 인간들로 하여금 서로가 서로에 대해서 목적으로 대우하는 '목적의 나라의 정식'을 마련할 수 있도록 한다. 보편적인 법칙을 형식적으로 표상하는 각자는 또한 동시에 서로를 절대적 가치를 지닌 목적으로 대하는 내용적 차원과 결합하여, 결국 서로가 자율적인 목적의 나라의 구성원이 되는 길로 향한다.

그러나 이제껏 칸트는 도덕성이 어떤 것이며, 이런 것이 가능하려면 우리 인간이 어떠한 존재여야 하는지에 대해서는 설명해주었다. 즉 그는 도덕법칙에 대한 무조건적 존경에 참여하는 자율적 존재를 통해서 도덕성의 본질과 가능성에 대해서 설명해주었다. 그러나 그는 이런 자율적 존재가 실제로 가능한지에 대해서는 더 이상 언급하지 않았다. 이는 그에 따르면 도덕형이상학의 한계를 넘어서는 문제다. 사실 칸트가 주장하는 대로 도덕성과 자율성은 서로 반드시 결합

---

72) 『정초』 IV 434-435 참조할 것.

되어 있어야 하며, 또한 이것이 제대로 가능하려면 우리가 "순수실천이성을 가능한 한 종합적으로 사용"할 수 있어야 한다. 그러나 이를 위해서는 우리는 순수실천이성 능력 자체를 비판하는 작업에 착수하지 않을 수 없다.[73]

제3절 도덕형이상학에서 순수실천이성비판으로 이행

이제 칸트는 도덕에 대한 평범한 인식에서 철학적 인식으로 나아간 제1절과 대중적인 도덕철학에서 도덕형이상학으로 이행한 제2절의 내용을 바탕으로 실천이성비판으로 나아가는 길을 모색한다. 그는 도덕법칙이 모든 이성적 존재자에게 무조건적으로 명령할 수 있는 힘을 지녔다는 것을, 즉 의지의 자유와 도덕법칙의 보편성이 결합하는 것을 아프리오리하면서 종합적인 명제라고 본다.[74] 이는 선의지가 도덕법칙을 스스로 표상하여 이를 존경함으로써 준수하는 자율성, 즉 적극적 자유의 경우이기도 하다. 그런데 그는 이런 것이 어떻게 가능하며 필연적인지에 관해서는 도덕형이상학의 차원만으로는 가능하지 않다고 보며, 이를 위해서는 실천이성비판으로 이행해야 한다고 본다.[75] 왜냐하면 이 문제는 순수한 실천이성을 종합적으로 사용하는 것과 관련되어 있고, 이 경우 이렇게 하는 것이 과연 문제가 없는지 검토해야 할 필요가 있기 때문이다.[76]

바로 여기에서 일차적으로 다루어야 할 문제는 바로 '자유' 문제다. 왜냐하면 방금 언급한 의지의 자율성도 자유 없이는 가능하지 않기 때문이다. 그래서 칸트는 제3절을 "자유의 개념은 의지의 자율을

---

73) 『정초』 IV 445; 『칸트전집』 6 104.
74) 『정초』 IV 447 참조할 것.
75) 『정초』 IV 444 참조할 것.
76) 『정초』 IV 444 참조할 것.

설명하는 열쇠"라고 주장하면서 시작한다. 사실 그의 이런 생각은 이미 『순수이성비판』의 변증론에서 '제3이율배반'을 다룰 때 예비적으로 고찰되었던 것이기도 하다. 그는 거기에서 현상과 물자체의 구별에 근거하여 자연필연성과 자유의 양립 가능성을 확립하고, 이로부터 선험적 자유를 마련한다. 그는 이 세상에서 스스로 시작하는 선험적 자유가 가능하지 않으면, 그 속에 자리한 인간의 의지의 자유도 가능하지 않다고 주장한다.[77] 그래서 그는 이 세상에서 스스로 시작하는 선험적 자유가 물자체 차원에서 가능함을 규제적 이념으로 설정하고, 이로부터 의지의 자유와 실천적 자유의 길로 나아간다. 그는 이런 견지에서 "의지는 생명체들이 이성적인 한에서 이들이 지니고 있는 일종의 원인성이다. 자유는 이 원인성이 ……갖는 속성"이라고 주장한다. 그에 반해 그는 "자연필연성은 ……이성이 없는 모든 존재자가 지닌 원인성의 속성"[78]이라고 주장한다. 결국 그는 이성이 있는 존재인지, 그렇지 못한 존재인지에 따라 자유를 가늠한다. 그에 따르면 인간이 자유로운 존재가 되려면 이성을 간직하고 있어야 하고, 또 이 이성에 따라 행해야 한다.

그러나 자연필연성에 맞서 자리하는 정도의 자유라는 개념은 아직도 자유의 '소극적인' 차원일 뿐이다. 그래서 칸트는 자유의 적극적 개념을 확보하기 위해 원인성과 법칙의 관계를 다시 조명한다. 그에 따르면 원인성이 자연법칙에 따르는 경우도 있고, 이와는 다른, 즉 도덕법칙에 따르는 경우도 있다. 전자에서는 자연필연성이 지배할 뿐이지만, 후자에서는 적극적 자유가 가능하게 된다. 현상의 자연필연성에 맞서는 물자체 차원의 소극적 자유 개념으로서 선험적 자

---

77) 『순수이성비판』 A 532-559, 795-820; B 560-587, 823-848 참조할 것.
78) 『정초』 IV 446; 『칸트전집』 6 105.

유가 의지의 자유를 통해 적극적 자유가 되기 위해서는 의지 자신의 원인성을 도덕법칙에서 찾지 않으면 안 된다. 물론 도덕법칙이 의지에 원인으로 작동하는 것만으로 적극적 자유가 마련될 수는 없다. 인간의 의지가 이 법칙을 스스로 입법하고 존경하여 준수할 때에야 비로소 적극적 자유가 마련될 수 있다. 그래서 칸트는 "자유의지와 도덕법칙 아래 놓여 있는 의지는 같은 것이다"[79]라고 주장하며, 이런 자유는 인간의 자율성에 기초하여 성립된다. 즉 인간의 자유로운 의지가 자율적인 의지가 될 때 비로소 제대로 된 자유가 마련될 수 있으며, 이런 자유를 간직할 때, 인간은 자신을 존엄한 존재가 되게 할 수 있다. 이는 인간이 그 어떤 조건이나 결과에도 지배받지 않고 오로지 도덕법칙에 대한 존경으로 자신의 삶을 꾸려가는 정언명령의 길이기도 하다.

그러나 칸트도 고민하듯이 문제는 인간이 자유를 가지고 있다는 것을 어떻게 입증할 것인가 하는 점이다. 이는 인간의 자유라는 것을 실천이성에서 연역해야 하는 과제이기도 하다. 사실 그동안 논의된 도덕성이라는 것도 인간에게 자유가 없다면 아무런 의미가 없다. 왜냐하면 도덕성이란 의지가 자신의 준칙을 보편적 법칙이 되도록 하는 데 있는데, 이를 위해서는 자유가 전제되어야 하기 때문이다. 그러므로 자유가 없는 존재에게 도덕성을 요구한다는 것은 말이 안 된다. 따라서 도덕성이 제 가치를 지니려면 인간에게 자유가 가능하다는 것이 확립되어야 한다. 또한 인간이 제대로 된 의지의 자유를 실현하려면 그 자유가 이미 도덕법칙을 존경하여 준수하려는 마음에 기초한 자유여야 한다. 그런데 이 자유의 존재는 경험적으로 입증할 수 없다. 이 자유는 인간이 목적 자체로서, 인격체로서 존엄한 존

---

[79] 『정초』 IV 447; 『칸트전집』 6 106.

재가 되기 위해서는 전제할 수밖에 없는 것이다. 따라서 이성은 스스로가 법칙을 입법하여 이를 존경하며 준수하는 "실천적 이성 내지는 이성적 존재자의 의지로서, 자기 자신이 자유로운 것으로 간주해야만 한다."[80] 이처럼 이성적 존재는 그 의지가 자유라는 이념과 필연적 관계를 맺어야 한다. 이런 관계 속에서만 이성적 존재인 인간은 비로소 제대로 된 도덕성을 지니게 된다. 이와 같은 상황에서 볼 때, 도덕법칙 없이 자유가 가능하지 않고, 자유 없이 도덕법칙이 가능하지 않다. 그런데 여기에는 순환론이 존재하는 것 같다.

그래서 칸트는 이런 상황에서 벗어나기 위해서 이 세계를 현상과 물자체로, 감성계와 지성계로 구별하려고 하며, 인간 역시 이 두 세계에 속해 있는 존재로 보려고 한다. 나아가 그는 이를 통해서 인간이 왜 도덕법칙에 따라야 하는지를 설명하고자 한다. 그는 인간이 감성계를 넘어 예지계에 속해 있는 존재로서 감성계의 영향을 받지만, 이를 넘어 스스로 자발성을 발휘하는 존재임을 주장하려고 한다. 이렇게 함으로써 그는 인간의 의지가 자율성을 지니고 있고, 동시에 자신이 스스로 세운 도덕법칙을 통해 도덕성을 인식하는 존재임을 주장하고자 한다. 인간은 예지계에 속해 있는 한에서 자율적으로 자신의 도덕법칙을 입법하고 준수하며 살아갈 수 있지만, 동시에 감성계의 영향을 받기 때문에 이 도덕법칙이 자신에게 명령으로 의식된다. 그런데 이렇게 의식된 도덕법칙은 인간이 자유라는 이념 아래서 스스로 부과한 법칙이자 스스로 존경하여 준수하는 법칙이기 때문에, 이때 이 법칙이 인간 의지에 명령하는 것은 인간 자신이 스스로에게 명령하는 정언명령이 된다. 이 정언명령은 인간이 외부의 강제에 구속되지 않고 자기강제를 바탕으로 자신을 자율적 존재로 설 수 있게

---

80) 『정초』 IV 448; 『칸트전집』 6 108.

해주며, 따라서 인간을 존엄한 인격체로 자리하게 해준다. 이때 이 정언명령은 감성계의 영향 속에 있는 인간 자신의 의지와 이를 넘어서 예지계 차원에서 자신의 의지를 수행하는 것이 결합된 '아프리오리한 종합명제'다.[81] 인간은 감성계와 예지계 사이에 존재하는 자로서 한편 도덕법칙을 명령으로 느끼며, 다른 한편 도덕법칙을 스스로 지키는 자율적 존재가 될 수 있다. 이로부터 실제로 정언명령은 가능하게 되며, 또한 인간이 감성계에만 속한 존재처럼 행복에만 예속되지 않고 도덕성에 최고 가치를 부여할 수 있게 된다.

이처럼 인간이 감성적 존재에 머물러 있는 자연적 존재를 넘어 예지적 존재에 속하는 인격적 존재가 될 때에 비로소 제 격에 맞는 존재로서 존엄성을 지니게 된다. 그러므로 인간이 도덕법칙의 명령을 받아들여 자발적으로 따르려는 것은 곧 인간 자신의 위상을 제대로 갖추기 위함이다. 그런데 인간이 이런 도덕적 관심을 갖는 것의 이유를 우리는 감각경험이나 개념으로 설명할 수 없으며, 그저 우리 인간이 저마다 제대로 존엄한 존재이려고 한다는 "이성적 믿음"으로 말해줄 수 있을 뿐이다.[82] 인간의 순수이성이 어떻게 실천적일 수 있는지, 인간의 자유가 어떻게 가능한지에 대해서 현상계의 대상을 인식하듯이 인식할 수 없으며, 또한 개념적으로도 설명해줄 수 없다. 이 물음은 인간 이성의 근원적 한계에 맞닿아 있다.

결론

마침내 칸트는 본론의 마지막 절을 끝내고 결론에 이르러 인간 이성의 이런 근원적 한계를 제시하고 이와 관련하여 역설적인 표현을

---

81) 『정초』 IV 454 참조할 것.
82) 『정초』 IV 462.

한다. 우선 그는 인간 이성이 자연과 관련해서는 사변적 사용으로 세계의 최상 원인이 지닌 절대적 필연성에 이르고자 하며, 자유와 관련해서는 실천적 사용으로 이성적 존재자 자체의 행위 법칙이 지닌 절대적 필연성에 이르고자 한다고 언급한다. 그렇지만 그는 인간 이성이 근원적으로 유한하여 이 절대적 필연성에 이르지 못한다고 한다. 그래서 그는 이 필연성을 그냥 수용할 수밖에 없다고 주장한다. 그는 우리 인간에게 다가오는 "도덕적 명령이 지닌 실천적인 무조건적 필연성을 파악하지는 못하지만, 그것의 **파악 불가능성은 파악한다**"[83]라고 주장한다. 그렇지만 그가 언급하듯이, 이런 상황이 도덕성의 최상 원리를 연역하는 데 흠이 되어서는 안 된다. 이는 오히려 인간의 인식 한계를 드러냄으로써 감성계에 관계하여 개념화할 수 없는 예지계로서 '나'와 이 '나'를 통해 표상되는 도덕성의 영역을 제대로 지켜내려는 것이기도 하다. 즉 이는 이론이성의 앎에 한계를 설정함으로써 실천이성의 우위를 그려냄과 동시에 도덕적 삶과 가치가 현상계의 경험과학이 탐구하는 대상으로 전락할 수 없음을 보여주려는 것이기도 하다. 동시에 이는 인간이 자유로운 존재로서 이 세상에서 가장 존엄한 존재임을 제시하려는 것이기도 하다. 그러므로 이런 한계 설정은 도덕의 참된 가치와 인간의 존엄성을 지켜내는 철학에 진정한 기반이 된다.

『정초』의 의의와 영향사

윤리학이나 도덕철학과 관련하여 '도덕형이상학'이라는 용어를

---

83) 『정초』 IV 463; 『칸트전집』 6 129.

처음으로 사용한 사람은 바로 칸트다.[84] 그는 이 용어를 사용함으로써 자신의 윤리학을 기존의 윤리학과 확연히 구분 짓고 있다. 또한 그는 이 용어를 사용함으로써 기존의 철학과 형이상학에 대해서 근본적 변화를 시도한다. 그가 보기에 기존의 윤리학이나 도덕철학은 라이프니츠(Gottfried Leibniz), 볼프(Christian Wolf)처럼 사변 형이상학에 기초하여 도덕원리를 마련하거나, 아니면 당대의 로크(John Locke), 샤프츠베리, 허친슨, 흄(David Hume)처럼 인간 본성과 욕구에 기초하여 도덕원리를 마련해서 이들은 모두 독단적이고 상대적인 면을 벗어나기 어렵다.[85] 그는 이들이 전개한 윤리학이나 도덕철학으로는, 특히 당대의 대중철학으로서 윤리학이나 도덕철학으로는 학문이 갖추어야 할 보편성과 필연성을 마련하지 못한다고 보았다.[86] 그는 독단적 이성이나 인간 본성 및 감정에 기초한 윤리학을 넘어 누구나 받아들일 수밖에 없는 보편적이고 필연적인 윤리학을 정립하고자 했다.[87] 그래서 그는 경험 독립적인 윤리학, 즉 이성의

---

84) 칸트는 "순수도덕학"과 관련하여 "도덕형이상학"이라는 용어를 사용한다 (『순수이성비판』 B 870). "도덕형이상학"이라는 명칭을 사용하는 의의에 대한 자세한 사항은 이엽, 1996, 13-36쪽 참조할 것.

85) 『감성계와 지성계의 형식과 원리』(De mundi sensibilis atque intelligiblis forma et principiis, 1770, 이하 『교수취임논문』) II 396; 임마누엘 칸트, 2007, 28쪽; 『정초』 IV 442 참조할 것. 칸트는 "도덕감은 도덕적 경향의 근거이며", "판단의 근거가 아니라 경향성의 근거다"라고 주장한다(『단편』 XIX 135).

86) 김수배에 따르면 당시 행복주의 윤리를 표방한 가르베(Christian Garve), 티텔(Gottlob Tittel), 페더(Johann Feder) 등은 칸트의 "도덕형이상학"을 행복을 배제한 이성의 형식주의에 머물러 있다고 비판한다(김수배, 1996, 38쪽, 54-55쪽 참조할 것).

87) 물론 비판기 이전의 칸트는 흄이나 허친슨의 주장을 긍정적으로 수용하여 도덕 감정을 윤리학에서 중요시했다. 그렇지만 1770년에 이르러 도덕법칙에 대한 존경과 관련하여 순수 감정을 강조했으며, 나아가 의지보다 이성을 강조한 볼프와 이성보다 의지를 강조한 크루지우스(Chriatian Crusius)를 비판적으로 종합하고자 했다(김석수, 2015, 187-188쪽; 『서한집』 X 131 참

아프리오리한 원리에 기초한 윤리학을 세우고자 했다. 바로 이것이 그가 말하는 도덕형이상학에 해당한다. 그는 이 도덕형이상학을 통해서 학문으로서 도덕철학, 즉 순수도덕철학을 제대로 마련하고자 했다.

그의 이런 시도는 윤리학 내에서도 혁명적인 변화를 보여주는 것이기도 하지만, 동시에 기존의 독단 형이상학, 특히 라이프니츠-볼프의 형이상학으로 실추된 학문의 권위를 바로 세우는 것이기도 했다. 그는 인간의 유한한 이성이 결코 인식할 수 없는 이념을 인식하려고 함으로써 비롯된 학문의 불신을 해소하기 위해 이성의 이론적 사용에 한계를 설정하고 이를 실천적 사용을 통해 인식하려고 했다. 이렇게 함으로써 그는 인간 이성의 월권을 막으면서 동시에 인간의 존엄성을 확립하고자 했다. 바로 여기에 그의 도덕형이상학이 자리한다. 그가 도덕형이상학을 내세운 것은 기존의 잘못된 윤리학을 바로잡는 길이자 사변 형이상학의 독단을 비판하고 학문의 권위를 회복하는 길이다. 동시에 이는 인간 존엄성을 마련하는 길이다. 이 점에서 그의『정초』는 윤리학의 역사에서 혁명적 변화를 안겨준 저서이자, 학문을 제대로 자리매김하는 길을 열어준 저서다. 아울러 이『정초』는 이후 전개된 윤리학 저서, 즉『실천이성비판』(1788),『도덕형이상학』(1797)에 기초를 놓아준 저서이며『순수이성비판』에서『실천이성비판』으로 나아가는 길을 열어준 저서다. 또한『정초』는 자연신학을 넘어 도덕신학에 기초하여 종교를 쇄신하고자 한 그의『이성의 오롯한 한계 안의 종교』(1793, 이하『종교론』)에 기초를 제공해주었다.

조할 것). 한편 그는 규칙 직관주의자로서 의무론자인 푸펜도르프(Samuel Pufendorf)에게서도 많은 영향을 받았다(루이스 포이만·제임스 피저, 2011, 243-244쪽 참조할 것).

이처럼 그의 『정초』는 칸트철학 체계 내에서도 중요한 역할을 했을 뿐만 아니라 윤리학의 역사에서도 혁명적인 역할을 수행했다. 그는 이 저서로 기존의 독단 형이상학을 혁신하고, 또한 아리스토텔레스 이후 전개되어온 행복주의 윤리학을 혁신했다. 『정초』의 번역자이자 전문 연구자인 페이톤(Herbert Paton)은 이 저서를 플라톤의 『국가론』이나 아리스토텔레스의 『니코마코스 윤리학』에 버금가는 저서로 평가하고 있다.[88] 또한 독일 칸트 실천철학 전문 연구자인 회페(Ottfried Höffe)도 이 저서를 칸트 도덕철학 저서들 중에서 가장 영향력 있는 저서로 평가했다.[89] 칸트 도덕철학의 전문 연구자인 쉬네윈트(Jerome Schneewind)와 폴만(Peter Pohlmann)도 칸트가 이 저서에서 다룬 자율성에 주목하여 그의 이런 접근이 윤리학의 새로운 길을 열어놓은 것으로 평가했다. 이들은 칸트에 이르러서야 비로소 도덕법칙을 스스로 입법하는 자율적인 도덕철학이 가능하게 되었다고 평가했다.[90] 그의 자율성 윤리학은 『정초』의 제1절에서 다룬 '선의지'에 대한 강조에서부터 잘 나타난다. 그는 이 세상 안에서나 바깥에서나 무제한적으로 선한 것은 바로 '선의지'라고 주장하고 있다. 이렇게 선의지에 대한 강조는 곧 그의 자율성 윤리학과 밀접하게 연관되어 있다.

이런 그의 윤리학은 동기의 순수성에 기초하는 의무론적 윤리설로 향해 있어 아리스토텔레스 윤리이론에서부터 당대의 감정주의 윤리이론에 이르기까지 기존의 행복주의 윤리이론 모두를 비판한다. 따라서 그가 『정초』에서 마련한 윤리이론은 형이상학적인 세계

88) H. Paton, 1950, p.7 참조할 것.
89) O. Höffe, 1989, p.9 참조할 것.
90) J. Schneewind, 1997, pp.3-11, pp.483-530; P. Pohlmann, 1971, p.702, pp.707-709 참조할 것.

관이나 공리주의적 세계관에 기초하는 목적론적이고 결과론적인 윤리이론 모두를 비판한다. 그의 이런 태도는 인간이 지켜야 할 법칙이 내세의 행복이나 현실의 쾌락에 기초하게 되면 인간이 그 법칙에 예속되어 결국 자신의 주체성을 상실하는 존재가 될 수밖에 없다는 인식에 기초한다. 인간의 진정한 주체성은 어떤 사심도 없이 순수한 동기에서 법칙을 스스로 세워 이를 자발적으로 준수할 때 가능하다. 그래서 칸트도 도덕법칙을 존경함으로써 이 법칙에 스스로를 기꺼이 강제하는 정언명령의 길을 모색했다. 이렇게 함으로써 그는 전근대적인 맹목적 주체의 문제도, 근대적인 계산적 주체의 문제도 극복하려고 했다. 이런 면에서 그가『정초』를 통해 모색한 자율적인 도덕적 주체는 인간의 존엄성을 제대로 회복하려는 기획이었다고 볼 수 있다.

　그래서 그는 행복을 배제하거나 부정하지는 않지만, 행복이 행위의 가치를 결정하는 근거로 작동해서는 안 된다는 주장을 견지했다. 그는 인간의 존엄성을 행복 때문에 붕괴시킬 수 없다는 관점을 강하게 견지했다. 존엄성에 바탕을 두고 행복을 마련해야지, 행복 때문에 존엄성을 붕괴시켜서는 안 된다. 그의 이런 관점은 우리가 지켜야 할 도덕법칙이 구성원들의 이해관계에 따라 상대화되는 것을 허락하지 않았으며, 이 법칙은 어디까지나 보편성과 필연성을 지녀야 했다. 그렇기 때문에 이 법칙의 법칙다움은 초월적인 직관이나 경험적인 고찰에서 나올 수 없으며 철저하게 이성의 자기 내적 활동으로부터 아 프리오리하게 마련되어야 했다. 비록 법칙이 경험세계에 적용되어야 하지만, 법칙의 법칙다움을 정초하는 것만큼은 경험세계로부터 마련되어서는 안 되었다.

　칸트의 이와 같은 선험철학적 기획은 이론철학과 실천철학 모두에 관통하는 부분이기도 하다. 그는 인간을 현상과 물자체, 감성계와 지성계 사이에 존재하는 경계 존재로 보며, 따라서 이런 인간이 인식과 사유, 경향성과 의무 사이의 분리와 대립으로 겪게 되는 시련은 그 스스로가 견디어내야 하는 삶의 몫이기도 하다. 인간이 이런 자신의 존재 상황을 무시하고 이 경계를 서둘러 무너뜨리려고 할 때 변증론에 빠져들게 될 것이며, 결국 자신의 존엄성을 붕괴시키는 결과를 낳게 될 것이다. 인간은 신적 존재가 아니어서 자신이 사유하는 모든 것을 인식으로 전환할 수 없으며, 또한 하고 싶어 하는 모든 것을 해야 할 바의 것으로 전환할 수도 없다. 인간 자신이 독단에 빠지지 않으려면 사유를 인식으로 전환하려는 욕구를 제어해야 하며, 이를 위해서는 자신의 이성의 이론적 활동에 한계를 긋는 비판도 수행해야 한다. 마찬가지로 인간이 자신의 존엄성을 붕괴시키지 않으려면 경향성을 법칙으로 만들려는 유혹을 통제해야 하며, 이를 위해서는 자신의 이성의 실천적 활동에 제재를 가하는 비판을 수행해야 한다. 칸트의 이런 비판적 활동은 모두 인간 존엄성의 참된 자리를 마련하려는 활동이기도 하다. 그가 『정초』에서 도덕에 대한 평범한 인식에서 철학적 인식을 거쳐, 이로부터 대중적인 도덕철학에서 도덕형이상학을 거쳐 실천이성비판으로 나아가는 것도 이런 활동의 일환이라고 볼 수 있다.

이런 비판철학의 토대 위에 구축된 『정초』도 그의 이론철학만큼이나 실천철학의 영역에서 중요한 가치를 지닌다. 그가 도덕형이상학을 정초하는 과정에서 강조한 선의지, 도덕법칙에 대한 아프리오리한 접근, 정언명령, 자유와 자율 등은 오늘날의 윤리학 영역에서 여전히 소중한 개념으로 자리하고 있다. 그의 윤리학은 이후 의무론주의[91]나 보편적 규제주의 윤리학[92]을 통해 비판적으로 계승되었으며,

---

91) 칸트 이후 새롭게 모색된 의무론주의자들로는 조셉(Horace Joseph), 프리차

또한 롤즈의 정의론이나 하버마스의 담론윤리학 및 고진(柄谷行人)의 어소시에이션이즘[93])을 통해 발전적으로 계승되고 있다. 이들은 하나같이 칸트 윤리학에 작동하는 보편주의를 중시하며, 또한 윤리학을 욕구의 갈등을 해결하고 조율하는 계산 활동으로만 보려고 하는 태도를 비판한다. 칸트가 도덕법칙을 단순히 신체의 생리법칙이나 심리의 욕구법칙으로 전환하려는 모든 인간학적 시도를 비판했듯이, 이들 역시 인간이 추구하는 삶의 규범을 단순히 생리적이고 심리적인 법칙으로만 환원하는 것을 거부했다. 이들 역시 칸트처럼 도덕법칙이 보편성을 지녀야 한다는 주장을 공유하며, 따라서 윤리적 상대주의를 견제하려고 한다. 물론 이 법칙의 보편성을 직관적 차원에서 마련할 것이냐, 아니면 언어적 공동체 안에서 소통을 통해 마련할 것이냐에 따라 차이가 난다. 특히, 오늘날 현대철학에서는 후자의 주장이 부각되고 있다.

　오늘날 정치철학에 중요한 영향을 미친 롤즈의 경우, 이론에서의

───────────

드(Harold Prichard), 로스(William Ross), 유잉(Alfred Ewing) 등이 존재한다 (W. 사하키안, 1992, 174-210쪽 참조할 것).

92) 논리실증주의를 바탕으로 전개된 메타윤리학의 정의주의(emotivism)에 따라서 규범의 보편성에 대한 강한 비판이 제기되었다. 이를 극복하기 위해 윤리적인 가치언어에도 규제적인 보편성이 자리한다고 주장한 사람이 헤어(Richard Hare)다. 그는 공리주의적 시각에서 칸트의 보편주의를 재구성하려고 했다(R. Hare, "Could Kant have been a Utilitarian?", http://www.deontology.com/과 R. Hare, 1978, pp.34-50, pp.72-85, p.219 참조할 것).

93) 고진은 자본주의 사회의 교환양식과 관련하여 발생하는 반인간적 상황을 극복하기 위해 교환양식 네 가지, 즉 "증여와 답례", "수탈과 재분배", "화폐에 의한 상품교환", "어소시에이션"을 구분하고 네 번째에 입각하여 소생산자 연대를 통해 자본의 부당한 지배를 넘어서려고 한다. 즉 그는 국가를 부정하는 두 번째 교환양식과 계급차별을 낳는 세 번째 교환양식에서 배제된 첫 번째 교환양식을 고차적으로 회복하는 네 번째 단계의 교환양식을 구축한다. 바로 여기에 어소시에이션이즘이 자리한다(가라타니 고진, 2014, 183-184쪽 참조할 것).

제1덕목이 '진리'이듯이, 실천에서의 제1덕목이 '정의'라고 생각했다.[94] 그는 이 정의를 옳음이 좋음에 지배받지 않아야 한다는 칸트의 도덕이론을 기초로 하여 마련하려고 했다. 그래서 그 역시 칸트의 의무론적 윤리설에 입각하여 정의가 유용성에 우선해야 한다고 주장했다.[95] 또한 그는 이 옳음의 원리를 직관주의가 아니라 순수 절차적 관점에서 접근하려고 한다.[96] 그는 이 과정에서 사람을 서로 수단으로 취급하지 말고 목적으로 대하라는 칸트의 목적 정식이나 서로를 자율적 존재로 대해야 한다는 그의 자율성 정식을 자유롭고 평등한 원초적 입장에서 사람을 대해야 한다는 자신의 정의 원칙에 도입했다.[97] 따라서 그는 자신의 정의의 원칙이 곧 정언명령이라고 주장했다.[98] 이처럼 그는 칸트의 옳음 법칙을 순수실천이성의 사실로서가 아니라 순수 절차적 정의 속에서 마련하려고 한다. 이렇게 함으로써 그는 칸트 윤리학에 담긴 형이상학적 요소를 제거하고 옳음 법칙을 우리 삶의 범위 안에서 내재적으로 마련하려고 한다.[99]

　이러한 시도는 하버마스에게도 나타난다.[100] 그 역시 칸트의 보편주의 윤리학을 수용하지만, 탈맥락적 보편성이 아니라 공동체 내 구성원들 사이의 의사소통 절차를 거쳐 마련되는 합리성 관점에서 보편성을 추구하려고 한다. 헤겔의 영향을 받은 듀이(John Dewey)의

---

94) J. Rawls, 1973, pp.3-4; 존 롤즈, 1977, 25-26쪽 참조할 것.
95) J. Rawls, 1973, pp.27-32; 존 롤즈, 1977, 49-53쪽 참조할 것.
96) J. Rawls, 1973, pp.34-39; 존 롤즈, 1977, 55-61쪽, 103-109쪽 참조할 것.
97) J. Rawls, 1973, pp.179-180, pp.251-253; 존 롤즈, 1977, 196쪽, 268-269쪽 참조할 것.
98) J. Rawls, 1973, p.253; 존 롤즈, 1977, 269쪽 참조할 것.
99) J. Rawls, 1973, pp.264-265; 존 롤즈, 1977, 281쪽 참조할 것.
100) 아펠(Karl-Otto Apel)도 선험화용론의 견지에서 칸트의 정언명령을 의사소통 공동체의 언어적 지평에서 재구성하려고 한다(K.-O. Apel, 1976, p.126 참조할 것).

입장을 바탕으로 칸트의 윤리학을 비판적으로 재구성하려고 한 롤즈와 마찬가지로, 하버마스 역시 헤겔의 '인정투쟁' 과정에 주목하여 칸트의 반성철학이 안고 있는 문제점을 극복하려고 한다. 그래서 그는 헤겔이 칸트 윤리학에 대해서 비판한 점에 주목한다. 하버마스도 언급하듯이, 헤겔이 보기에 칸트 윤리학이 마련하려는 도덕법칙은 삶의 현실과 괴리된 형식주의적인 면을 지녔다. 따라서 이 법칙이 지닌 보편성도 추상성을 면치 못하며, 그의 윤리학은 오로지 심정 내부에서 자기 확신에만 심취해 현실에 무력한 상태로 머물러 있다.[101] 그래서 그 역시 헤겔이 칸트의 "추상적 보편주의"와 아리스토텔레스 및 아퀴나스의 "구체적 특수주의"를 종합하려고 하듯이, 의사소통 공동체 구성원들의 논의를 거쳐 전략적 합리성을 넘어 의사소통적 합리성의 관점에서 도덕적 규범을 정초하려고 한다.[102] 특히, 그도 롤즈와 마찬가지로 의식 내면의 독백을 통해 초월적인 목적의 나라로 나아가는 칸트의 형이상학을 제거하려고 한다. 그도 도덕법칙을 의식 차원의 반성으로만 마련하지 않고 공동체 구성원들의 언어적 장에서 의사소통으로 마련하려고 한다.[103] 따라서 그에게도 도덕법칙의 정당화 작업과 적용 작업은 분리되는 것이 아니라 항상 동반되는 형태가 되어야 한다.[104] 이렇게 함으로써 그는 각자의 권리에 집중하는 옳음 원리로서 정의와 구성원들 사이의 맥락적 관계를 중

---

101) J. Habermas, 1991, pp.9-11; 위르겐 하버마스, 1997, 15-17쪽 참조할 것.

102) J. Habermas, 1991, p.17; 위르겐 하버마스, 1997, 24쪽 참조할 것.

103) J. Habermas, 1991, pp.20-21; 위르겐 하버마스, 1997, 27-28쪽 참조할 것.

104) J. Habermas, 1991, p.24; 위르겐 하머마스, 1997, 31쪽 참조할 것. 하버마스는 '칸트의 선험적 논증방식 + 헤겔의 변증법적 방식 + 실용주의 + 해석학'을 종합하여 도덕법칙의 보편성과 구체성 사이의 조화를 이루어내려고 했다(J. Habermas, 1983, p.12; 하버마스, 『도덕의식과 소통적 행위』, 21쪽 참조할 것).

시하는 유대성을 함께 종합하려고 한다. 이른바 그의 담론윤리는 칸트의 자율성과 공동체주의자들이나 헤겔주의자들이 강조하는 "상호주관적으로 공유된 생활세계"를 종합하려고 한다.[105] 이렇게 함으로써 그는 삶의 맥락으로부터 유리되어 있다는 칸트의 정언명령을 헤겔의 인륜성과 다시 종합하려고 시도한다.[106] 그러므로 그의 담론윤리학은 윤리적 규범의 보편성과 삶의 구성원들의 유대성을 함께 종합하려는 기획을 담고 있다.[107]

이처럼 칸트 윤리학에 호의적인 철학자들은 그의 윤리학을 오늘날에도 비판적으로 계승하여 발전시키려고 한다. 이런 적극적인 면을 더 강하게 보여주는 사람이 바로 회페와 고진이다. 회페는 칸트가 『정초』에서 마련한 도덕원리와 정언명령으로 롤즈의 '절차적 합리성'이나 하버마스의 '의사소통적 합리성'을 넘어서는 '규범적 합리성'을 모색하고자 한다.[108] 적어도 그는 칸트의 선험주의에 동의하여 규범을 목적론적 관점에서 정초하는 것을 원치 않는다. 칸트가 주장하듯이, 그는 도덕원리를 선험적으로 마련해야 한다고 보며, 다만 이것을 적용할 때는 목적론적으로 접근할 수 있다고 본다. 실제로 그는 『정초』 이후 작업된 『실천이성비판』과 『도덕형이상학』을 통해, 특히 후자의 작품을 통해 칸트의 이론 안에 이미 의무론과 목적론이 만날 가능성이 있음을 주장하며, 또한 이를 발전시키고자 한다.[109] 나아가 그는 아리스토텔레스 윤리학과 칸트 윤리학의 만남을 모색하며, 이 일환으로 롤즈와 하버마스의 윤리학을 논의하면서 동시에 이를 넘

---

105) J. Habermas, 1991, p.70, p.73; 위르겐 하버마스, 1997, 88쪽, 91쪽 참조할 것.
106) J. Habermas, 1991, pp.82-83; 위르겐 하버마스, 1997, 102쪽 참조할 것.
107) J. Habermas, 1991, p.100; 위르겐 하버마스, 1997, 123쪽 참조할 것.
108) O. Höffe, 1979, pp.419-474; 김석수, 1998, 23-31쪽 참조할 것.
109) O. Höffe, 1990, p.181; 김석수, 1998, 122쪽 참조할 것.

어서고자 한다.[110]

한편 가라타니 고진은 또 다른 맥락에서 칸트가 『정초』를 통해서 제시한 윤리학의 기본 정신을 오늘날 사회에 발전적으로 적용하려고 한다. 그는 칸트가 '인간을 수단으로 대하지 말고 목적의 대하라'는 주장 그리고 이런 주장을 실현하기 위해 우리에게 가언명령이 아니라 정언명령에 충실할 것을 요구하는 부분과 관련하여, 바로 이 부분이 오늘날 과다 시장지배, 자본지배가 낳고 있는 인간의 사물화 현상을 극복할 중요한 기반이라고 보았다.[111] 특히, 그는 칸트 철학을 근대철학 일반과 마찬가지로 주체 중심의 철학으로 보려는 포스트모던주의자들의 태도에 동의하지 않는다. 그는 칸트가 물자체에 대해서 인식 불가능성을 주장한 점에 매우 중요한 의의를 두려고 한다. 그는 물자체의 인식 불가능성에는 진정으로 타자를 타자로 대하려는 윤리적 태도가 담겨 있는 것으로 보려고 한다.[112] 또한 그는 칸트가 도덕법칙의 보편성을 강조한 것에도 이 지구상의 모든 인간을 차별하지 않고 똑같이 존중하려는 타자 중심의 윤리학이 자리한 것으로 보려고 한다.[113] 이처럼 그는 칸트 윤리학에 미래의 세계평화에 관한 참된 자산이 담겨 있는 것으로 보았다.

그렇지만 이런 긍정적 평가와 달리 칸트의 윤리학에 대한 혹독한 비판도 줄곧 전개되어왔다. 쇼펜하우어는 칸트가 자신의 도덕형이상학을 정초하는 과정에서 주장한 선의지와 정언명령에는 비인간적인, 그야말로 냉정하고도 이기적인 면이 담겨 있다고 지적한다. 그는 인간이 끊임없이 자연으로부터 영향을 받으며, 따라서 감정을 완전

110) 김석수, 1998, 21-31쪽; 오트프리트 회페, 1997, 203쪽 참조할 것.
111) 가라타니 고진, 2014, 185쪽; 가라타니 고진, 2011, 222쪽 참조할 것.
112) 가라타니 고진, 2011, 188-189쪽, 213쪽 참조할 것.
113) 가라타니 고진, 2011, 216쪽 참조할 것.

히 배제한 순수한 선의지나 이에 입각한 정언명령이라고 하는 것은 현실 인간 세계에서 가능할 수 없음을 주장한다.[114] 마찬가지로 니체도 우리 인간으로 하여금 칸트의 정언명령에 참여하게 하는 것은 생에 대한 의지에 적합하지 않은 것으로 판단하며, 그는 관점주의적 시각에서 칸트의 아프리오리한 종합판단이 잘못된 판단이라고 지적한다.[115] 또한 그는 칸트의 윤리학이 기초하고 있는 "금욕주의적 이상"도 "퇴화되어가는 삶의 방어 본능과 구원 본능에서 생겨난 것"일 뿐이라고 비판한다.[116] 이와 같은 급진적인 비판은 감성과 상상력에 기초하여 차이와 충돌을 강조하는 포스트모던주의자들에 의해서 강하게 제기되었다.[117]

다른 한편 이들과는 다른 시각에서, 즉 공동체주의적 시각에서 칸트의 도덕형이상학 정초를 비판하는 태도도 존재한다. 매킨타이어는 아리스토텔레스와 아퀴나스의 윤리학에 기초하여 칸트의 윤리학을 비판한다. 그는 '행위' 중심의 윤리학이 안고 있는 추상성에서 벗어

---

114) A. Schopenhauer, 1978, p.10; A. Schopenhauer, "Critique of Kantian Philosophy", https://en.wikipedia.org/wiki/Critique_of_the_Kantian_philosophy 참조할 것.

115) 니체, 2014, 20쪽, 29쪽. 나아가 칸트 윤리학의 형식주의에 대한 비판은 인간학자 셸러(Max Scheler)를 통해서 강하게 제기되었다. 그는 칸트 윤리학에 담겨 있는 형식주의는 의무론, 동기론의 문제점을 동시에 수반하며, 연대성의 부재로 이어짐을 지적한다(M. 셸러, 1998, 72-93쪽, 239-294쪽, 506-624쪽 참조할 것).

116) 니체, 2014, 484쪽 참조할 것.

117) 이들과는 다른 시각이지만, 여전히 보편화할 수 없는 타자의 타자성을 강조하는 윤리학, 특히 주체의 자기 권리보다는 타자에 대한 책임성을 강조하는 레비나스의 윤리학도 존재한다(E. Lévinas, 1982, p.97; 엠마누엘 레비나스, 2005, 131쪽; 강영안, 2005, 46-80쪽, 217쪽 참조할 것). 그런가 하면 칸트의 윤리학이 타자의 알 수 없음에서 비롯되는 상처에서 벗어나기 위한 강박증적 증세를 겪고 있다는 지적도 존재한다(S. Žižek, 1993, pp.195-196; 슬라보예 지젝, 2007, 375-377쪽 참조할 것).

나려고 한다. 그래서 그는 '행위자'가 처해 있는 공동체의 역사적이고 사회적인 상황을 중시하는 관점에서 접근함으로써, 즉 도덕법칙을 맥락적으로 접근함으로써 규범의 구체성을 확보하려고 한다. 그는 규범이 탈맥락적인 '정의' 수준에 머물지 않고, 이를 넘어 공동체 구성원들의 연대적 삶에 기여하는 형태를 지향한다. 이런 맥락에서 그는 칸트가 탈상황적(탈경험적)으로, 즉 아프리오리하게 도덕법칙을 정립하려는 자율성의 윤리학, 정언명령의 윤리학을 비판한다.[118]

샌델 역시 이런 시각에서 칸트의 의무론적 윤리설에 기초한 롤즈의 정의론이 공동체 구성원들의 맥락을 추상한 점에 대해서 비판하며, 옳은 삶 못지않게 좋은 삶의 중요성을, 따라서 구성원들 사이의 보편성 모색 못지않게 서로 다름에 대한 수용이 중요함을 강조한다.[119] 테일러 역시 이런 시각에서 공동체 구성원들 사이의 차이에 대한 인정을 중시하려고 하며, 나아가 칸트의 형식적 법칙 안에 작동하는 급진적 자유, 즉 자율성의 비현실성을 비판한다.[120] 또한 그는 헤겔의 시각에서 경향성과 이성, 행복의 길과 덕의 길 사이의 인정투쟁 과정이 제대로 모색되지 못하는 칸트의 형식주의의 문제점을 비판한다. 그가 보기에 칸트는 이성을 감성 아래 둠으로써 몸의 감성이 자신의 감정을 제대로 표현하지 못하게 하며, 그래서 그의 자율성의 윤리학은 이성의 강제 아래 자신을 구속하는 면이 존재한다고 지적한다.[121] 그는 헤겔의 표현주의 전통과 해석학적 지평을 수용하여 윤

---

118) A. MacIntyre, 1984, pp.49-50, p.60, p.77, p.249, p.266, pp.273-274; 알래스데어 매킨타이어, 1997, 86쪽, 103쪽, 124쪽, 366쪽, 389쪽, 399쪽 참조할 것.
119) M. Sandel, 1998, pp.210-218; 마이클 샌델, 2010, 335쪽, 361쪽 참조할 것.
120) C. Taylor, 1978, p.31; C. Taylor, 1996, pp.82-86; N. Smith, 1988, pp.105-106 참조할 것.
121) C. Taylor, 1978, pp.59-61, pp.190-191; C. Taylor, 1995, pp.235-256 참조할 것.

리가 칸트의 절대적인 형식적 보편성을 넘어 차이를 인정하며 공감하는 구체적 보편성의 길로 나아가는 길을 모색한다.[122]

이처럼 칸트의 윤리학에 초석을 놓은 『정초』의 주장들은 오늘날에도 여전히 다양한 시선으로 수용되기도 하고 비판받기도 한다. 여기에서 전개된 윤리학이 어떤 식으로 평가되고 해석되든 한 가지 분명한 사실은 그의 윤리학이 강조한 '인간을 목적으로 대해야지 결코 수단으로 대해서는 안 된다'는 주장은, 즉 인간 존엄성에 대한 주장은 여전히 중요한 가치를 지닌다는 점이다. 비록 그의 도덕법칙이 형식적이고, 그래서 비현실적이라고 하더라도 이익과 손해를 초월하여 우리의 참된 삶의 규범을 마련하려는 뜻을 담고 있는 이상, 이 법칙은 인간 삶의 바람직한 조건을 정초하는 데 반드시 요구되는 것이기도 하다. 이 법칙이 이해관계에 따라 좌지우지되면 우리의 삶 자체가 모두 계산적 관계로 전락하고 말 것이다. 더군다나 이 법칙이 상대적인 것으로 전락하게 되면 우리의 삶은 도덕적 무정부 상태에 직면할 수도 있을 것이다. 문제는 정초 과정에서 형식적인 보편성을 띨 수밖에 없었던 이 법칙이 안게 된 추상성을 어떻게 극복하느냐 하는 점이다. 그것은 칸트 자신이 정초한 법칙을 현실의 구체적 상황에 어떻게 적용하느냐 하는 문제이기도 하다. 바로 이 점이 칸트가 도덕형이상학을 정초하는 데 머물지 못하고, 실천이성에 대한 비판적 작업을 거쳐 도덕형이상학을 완성하려고 한 점이기도 하다. 그래서 그는 법칙의 정초를 넘어 적용을 완성하기 위해 이후 『실천이성비판』과 『도덕형이상학』을 작업하게 된다.

---

122) C. Taylor, 1995, p.377; N. Smith, 1988, pp.60-64 참조할 것. 하지만 샌델과 달리 회페는 칸트의 옳음 우선의 원칙에 기초하여 아리스토텔레스의 행복의 윤리학을 종합하려고 시도한다(O. Höffe, 1981, p.80 참조할 것).

참고문헌

강영안, 『타인의 얼굴: 레비나스의 철학』, 문학과지성사, 2005.

고진, 가라타니, 송태욱 옮김, 『트랜스크리틱』, 한길사, 2011.

_____, 조영일 옮김, 『세계공화국으로』, 도서출판 b, 2014.

김석수, 「도덕적-정치적 담론에 대한 고찰」, 대동철학회 엮음, 『대동철학』 제2집, 1998.

_____, 『요청과 지양』, 울력, 2015.

김수배, 「칸트의 도덕형이상학과 형식주의」, 한국칸트학회 엮음, 『칸트와 윤리학』, 민음사, 1996.

김재호, 『칸트『윤리형이상학 정초』』, 서울대학교 철학사상연구소, 2006.

니체, F., 김정현 옮김, 『선악의 저편·도덕의 계보』, 책세상, 2014.

레비나스, E., 양명수 옮김·해설, 『윤리와 무한』, 다산글방, 2005.

포이만, L.·피저, J., 박찬구 외 옮김, 『윤리학』, 울력, 2011.

매킨타이어, A., 이진우 옮김, 『덕의 상실』, 문예출판사, 1997.

사하키안, W.S., 박종대 옮김, 『윤리학』, 서강대학교출판부, 1992.

샌델, M., 이창신 옮김, 『정의란 무엇인가』, 김영사, 2010.

셸러, M., 이을상·금교영 옮김, 『윤리학에 있어서 형식주의와 실질적 가치 윤리학』, 서광사, 1998.

이엽, 「윤리학의 새로운 명칭으로서 도덕 형이상학과 칸트 윤리학의 근본 동기」, 한국칸트학회 엮음, 『칸트와 윤리학』, 민음사, 1996.

롤즈, J., 황경식 옮김, 『사회정의론』, 서광사, 1977.

카울바하, F., 백종현 옮김, 『칸트 비판철학의 형성과정과 체계』, 서광사, 1992.

칸트, I., 최소인 옮김, 『감성계와 지성계의 형식과 원리들』, FjB, 2007.

하버마스, J., 이진우 옮김, 『담론윤리의 해명』, 문예출판사, 1997.

_____, 황태연 옮김, 『도덕의식과 소통적 행위』, 나남출판, 1997.

회페, O., 이상헌 옮김, 『임마누엘 칸트』, 문예출판사, 1997.

Apel, K.-O., "Sprechakttheorie und transzendentale Sprachpragmatik zur ethischen Normen", in *Sprachpragmatik und Philosophie*, hrsg. Apel, K.-O., Frankfurt am Main: Suhrkamp, 1976.

Habermas, J., *Erläuterungen zur Diskursethik*, Frankfurt am Main: Suhrkamp, 1991.

_____, *Moralbewußtsein und kommunikatives Handeln*, Frankfurt am Main: Suhrkamp, 1983.

Hare, R., *Freedom and Reason*, Oxford: Oxford University Press, 1978.

_____, "Could Kant have been a Utilitarian?", http://www.deontology.com/

Höffe, O., *Ethik und Politik*, Frankfurt am Main: Suhrkamp, 1979.

_____, *Kategorische Rechtsprinzipien*, Frankfurt am Main: Suhrkamp, 1990.

_____, *Sittlich-politische Diskurse*, Frankfurt am Main: Suhrkamp, 1981.

_____, "Vorwort", in *Grundlegung zur Metaphysik der Sitten*, hrsg. Höffe, O., Frankfurt am Main: Vittorio Klostermann, 1989.

Irrlitz, G., *Kant-Handbuch*, Stuttgart · Weimar: J.B. Metzler, 2002.

Lévinas, E., *Ethique et Infini*, Fayard, 1982.

MacIntyre, A., *After Virtue*, Notre Dame: University of Notre Dame Press, 1984.

Menzer, P., "Einleitung", in Kant, I., *Grundlegung zur Metaphysik der Sitten*, hrsg. von Menzer, P., Berlin, 1911.

Paton, H., *The Moral Law or Kant's Groundwork of the Metaphysic of Morals*, New York: Barnes & Noble, 1950.

Pohlmann, P., "Autonomie", in *Historisches Wörterbuch der Philosophie*, hrsg.

Ritter, J., Basel/Stuttgart: Schwabe & Co. AG Verlag, 1971.

Rawls, J., *A Theory of Justice*, Cambridge: Harvard University Press, 1973.

Sandel, M., *Liberalism and the Limits of Justice*, Cambridge: Cambridge University Press, 1998.

Schneewind, J., *The Invention of Autonomy*, Cambridge University Press, 1997.

Schopenhauer, A., *Essay on the Freedom of the Will*, trans. Kolenda, K., Indianapolis: The Bobbs-Merrill Company, 1978.

_____, "Critique of Kantian Philosophy", in https://en.wikipedia.org/wiki/Critique_of_the_Kantian_philosophy, 2017.12.30.

Smith, N., *Charles Taylor*, Cambridge: Polity, 1988.

Taylor, C., *Hegel*, Cambridge: Cambridge University Press, 1978.

_____, *Philosophical Arguments*, Cambridge: Harvard University Press, 1995.

_____, *Sources of the Self*, Cambridge: Harvard University Press, 1996.

Vorländer, K., "Einleitung" in Kant, I., *Grundlegung zur Metaphysik der Sitten*, hsrg. von Vorländer, K., Hamburg, 1965.

Žižek, S., *Tarrying with the Negative*, Durham: Duke University Press, 1993.

『실천이성비판』

김종국

경인교육대학교 · 철학

『실천이성비판』의 탄생

『실천이성비판』의 성립사를 밝히는 데 중요한 물음은 '왜 칸트는 『정초』에도 불구하고 『실천이성비판』을 저술했는가'라는 물음이다. 왜냐하면 『정초』라는 제목이 이미 도덕형이상학을 위한 '토대 놓기'라는 의미를 갖는 만큼 칸트 자신이 이 저작에서 '장차 저술할 도덕형이상학의 예비학으로 『정초』가 충분하다'고 여기고,[1] 이를 위해 특

---

1) 이에 대해 『정초』의 다음 문구 참조할 것. "나는 장차 도덕형이상학을 저술하려고 하며, 이런 계획 아래서 먼저 이 『도덕형이상학 정초』를 내놓는다. 물론 도덕형이상학을 위한 기초로는 원래 순수실천이성비판 이외에 다른 어떤 것도 없다. 이는 형이상학을 위한 기초로 이미 출판된 순수사변이성비판 이외에 다른 어떤 것도 없는 것과 마찬가지다. 그렇지만 한편으로 순수실천이성비판은 순수사변이성비판처럼 그렇게 대단하게 필요한 것은 아니다. 왜냐하면 인간의 이성은 도덕적인 것에서는 가장 평범한 지성으로도 상당한 정확성과 세밀함에 이를 수 있지만, 이 이성이 이론적이고 순수한 사용에서는 완전히 변증적이기 때문이다"(『정초』 IV 391; 『칸트전집』 6 27). 실제로 『정초』 출간 다섯 달 후에 쓰인 쉬츠에게 보내는 편지에서 칸트는 '이제 주저하지 않고 도덕형이상학 저술을 시작하려고 한다'고 적었다. 『서한집』 X 406 참조할 것.

히 제3절 '도덕형이상학에서 순수실천이성비판으로 이행'에서 도덕의 가능조건에 대한 정당화를 시도하기 때문이다. 요컨대『정초』가 도덕형이상학을 위한 비판철학의 기능을 다하는 듯이 보이는 마당에 굳이『실천이성비판』이라는 저작을 쓸 이유가 있었는가라는 것이다.『실천이성비판』의 성립과 관련한 이 의문을 해소하고 이런 한에서 이 저작의 의의를 밝히려면 칸트의 생각의 변화를 추적해야 한다.

도덕형이상학을 위한『순수이성비판』과『정초』

1764년의『아름다움과 숭고의 감정에 관한 고찰』(*Beobachtungen über das Gefühl des Schönen und Erhabenen*, 1764)의 첨부에서 확인되듯 인간 및 도덕에 대한 철학적 관심은 루소에 의해 촉발되었다.[2] 같은 해의 수상논문『원칙의 명확성』은 도덕의 원칙 문제를 본격적으로 다룬 칸트의 최초 저작이다. 허치슨과 샤프츠베리의 도덕 감정설의 영향 아래 있다는 점을 보여주기는 하지만 이 글에서 칸트는 도덕철학의 제일 원칙 및 그것을 가능케 하는 인식적 조건들을 문제 삼고,[3] 이 원칙으로 구성된 도덕형이상학의 필요성을 피력한다.[4] 지인들과 교환했던 당시 서신들을 살펴보면 칸트는 실제로 이 시기에 도덕형이상학 관련 작업을 하고 있었다.[5] 그런데 계획된 도덕형이상

---

2) 칸트는『미와 숭고 첨부』(*Bemerkungen zu den Beobachtungen über das Gefühl des Schönen und Erhabenen*, 1764)에 다음과 같이 덧붙인다. "나는 한때 이것[물리적 세계에 대한 인식]만이 인간성을 존경하도록 만들 수 있으리라고 믿어 아무것도 모르는 천민을 경멸했다. 루소가 나를 바로잡았다. 나를 눈멀게 만든 특권은 사라지고 나는 인간에 대한 존경을 배운다."『미와 숭고 첨부』 II 44. 칸트는 '도덕의 루소'를 '자연의 뉴턴'과 동급으로 둔다.『미와 숭고 첨부』 II 58-59 참조할 것.
3)『원칙의 명확성』 II 300 참조할 것.
4) "도덕의 제일 원칙은 현재 상태로는 아직 요구되는 모든 확실성에 이를 수 없다."『원칙의 명확성』 II 298.

학의 출간은 연기될 수밖에 없었는데 이것은 '형이상학'에 대한 칸트의 견해에 변화가 있었기 때문이다. 1770년의 『교수취임논문』에서 인식의 감성적 요소와 지성적 요소를 선명하게 분리하고 이에 입각하여 형이상학을 바라보는 견해가 변화함에 따라 칸트는 더는 샤프츠베리와 허치슨의 경험적 도덕철학에 머무를 수 없었다.[6] 그리고 이어지는 시기 칸트가 흄에 의해 (『교수취임논문』이 지향했던) 사변적 형이상학의 꿈에서 깨어나고, 상당 기간의 노력에 의해 형이상학의 토대로 『순수이성비판』을 1781년 내놓았을 때, 칸트가 보기에 자연형이상학과 도덕형이상학을 위한 비판철학적 토대 놓기는 끝난 것 같았다.[7]

그런데 칸트가 『순수이성비판』으로 자연형이상학과 도덕형이상학의 토대가 놓였다고 생각했던 것, 그래서 도덕형이상학을 위해 이 저작의 방법론에서 '이성 사용을 위한 규준'을 제시했던 것은 곧 불충분한 것으로 여겨질 수밖에 없었다. 그것은 이 저작에서 논의된 '영혼불멸', '신'이나 '이성의 순수한 실천적 사용규준'만으로는 도덕성의 본질을 드러내지 못한다는 통찰이 이어졌기 때문이다. 문제의 핵심은 도덕성의 근본 구조로서 '자율' 및 '자율에서 확인되는 아프리오리한 종합성'의 정당화였다. 칸트는 『순수이성비판』 후 이와 관련한 통찰을 심화했고 이 성과가 결국 1785년 『정초』로 나타난 것

---

5) 이와 관련하여 1765년 람베르트에게 보내는 편지(『서한집』 X 56)와 1768년 헤르더에게 보내는 편지(『서한집』 X 74) 참조할 것.
6) 『교수취임논문』 II 396 참조할 것. 여기서 칸트는 도덕철학이 '순수 철학'에 속한다고 말한다.
7) 칸트는 『순수이성비판』에서 철학을 '아프리오리한 이성 능력을 탐구하는 비판'(혹은 예비적 철학)과 '순수이성으로부터 나온 참된 철학적 인식인 형이상학'으로 구별하고(『순수이성비판』 A 841; B 869 참조할 것) 순수이성비판을 두 하위 부분(자연형이상학과 도덕형이상학)을 갖는 형이상학의 예비학이라고 본다(『순수이성비판』 A XII 참조할 것).

이다. 이로써 칸트는 앞으로의 도덕형이상학의 토대가 놓였다고 보았다. 그래서 칸트는 이 저작에서 '도덕형이상학을 내놓으려는 의도에서 먼저 『정초』를 내놓으려고 한다'고 말할 수 있었던 것이다.

'정초'와 '비판' 사이

우리의 출발점을 이루는 의문으로 돌아왔다. 왜 『정초』에서 바로 도덕형이상학으로 이행하지 않고 『실천이성비판』을 저술했는가? 이는 '『정초』에서 말한 것 이상의 것을 말할 칸트적 필요성'에 대한 고찰을 요구한다. 이와 관련하여 주목해야 할 것은 『정초』의 (앞선 인용 바로 뒤에 있는) 다음과 같은 발언이다.

다른 한편으로 나는 순수실천이성비판을 완성하려면, 실천이성과 사변이성의 통일을 하나의 공동 원리에 의거해서 동시에 제시할 수 있어야 한다고 요구한다. 결국 하나의 동일한 이성이 있을 뿐이고, 이 이성은 적용될 때에만 구별되어야 하기 때문이다. 그러나 여기서는 그와 같은 것을 아직 완벽하게 할 수 없다. 그렇게 하려면 완전히 다른 방식의 고찰을 도입해야 하는데, 이는 독자를 혼란에 빠뜨릴 수밖에 없다. 바로 이 때문에 나는 순수실천이성비판이라고 명명하는 대신 도덕형이상학 정초라는 명칭을 사용하게 되었다.[8]

---

8) 『정초』 IV 391; 『칸트전집』 6 27. 학술원판 실천이성 편집자였던 나토르프(Paul Natorp)는 칸트의 계획이 『정초』 이후에 '도덕형이상학'을 저술하고 난 후 최종적으로 이론이성과 실천이성의 통일을 증명할 '순수실천이성비판'을 쓰려는 것이었다는 가설을 내세운다. 이에 대해서는 P. Natorp, 1911, p.497 참조할 것. 그러나 벡(Louis Beck)은 이 가설을 뒷받침할 전거가 부족하다고 본다. 이에 대해서는 L. Beck, 1974, p.23, p.24 참조할 것.

발생사에 대한 연구에 따르면 '실천이성과 사변이성의 통일을 하나의 공동의 원리에 의거해서 동시에 제시하는 방법', 즉『정초』에서 미루어두었던 과제가 현안으로 등장한 것은, 구체적으로 이 저작 발간 후 제기된 비판들에 대해 칸트가 해명할 필요성을 느꼈기 때문이다.[9] 특히 피스토리우스(Hermann Pistorius)는『순수이성비판』변증론의 심리학적·우주론적·신학적 이념에 근친적인 '자유'가, 즉 변증성을 갖는 이 자유라는 이념이, 어떻게『정초』에서 주장되듯 도덕의 객관적 타당성의 토대를 이룰 수 있는지에 의문을 제기했다.[10] 말하자면 자유에 대한 이론철학적 '비판'과 실천철학적 '옹호' 사이의 비일관성에 대한 이러한 의문은 결국 칸트가 과제로 여기던 '사변이성과 실천이성의 통일' 문제로 연결되었던 것이다. 요컨대『순수이성비판』과『정초』사이의 정합성을 확보할 필요성이,『정초』에서 과제로 남긴 '순수실천이성비판'에 착수하게 만든 구체적 동기라고 할수 있다. 그래서 (혹은 그런데) 1786년 11월 칸트는『순수이성비판』재판 출간을 예고하면서 이 재판에 순수실천이성비판이 '추가'될 것이라고 말한다.[11] 그러나 정작 1787년 4월 출판된 재판에는 순수실

---

9) 이에 대해서는 L. Beck, 1974, p.27; H. Klemme, 2003, p.XIII 참조할 것.

10) H. Pistorius, 1786, p.109, p.110 참조할 것. 피스토리우스는『실천이성비판』에서 "실로 진리를 사랑하고 총명하며 존경할 만한 어떤 서명자"(『실천이성비판』V 8;『칸트전집』6 142)로 언급된 인물(목사)이다. 그는 이외에도『정초』와『실천이성비판』에 대해 동일 학술지(『독일일반도서』)에 각각 "Rezension der Grundlegung zur Metaphysik der Sitten"(1786)과 "Rezension der Kritik der praktischen Vernunft"(1794)라는 서평을 발표했다. 루트비히(Bernd Ludwig)에 따르면 칸트의 자유론이 보여주는 변화, 즉 이론적 관점에서 실천적 관점으로 자유론이 변화한 것은 피스토리우스에게 받은 자극 때문이었다. 이에 대해서는 B. Ludwig, 2010, pp.595–628 참조할 것.

11)『일반문헌지』(*Allgemeine Literatur-Zeitung*)는 1786년 11월 21일 다음과 같이 알리고 있다. "초판에 포함된 순수사변이성비판에 더하여 재판에서는 순수실천이성비판이 추가될 것이다"(『순수이성비판』III 556).

천이성비판이 추가되지 않았고 그 대신 1787년 말(출판연도는 1788년) '독립 저작으로' 『실천이성비판』이 출간되었다. 『순수이성비판』의 한 부분으로 추가되는 '순수실천이성비판' 대신 『순수이성비판』에 독립적인(온전히 대응하는) '『실천이성비판』'이 출간된 것이다.[12]

이렇게 된 것에는 상황적 이유도 있었지만[13] 구조적으로는 『정초』 출간 후의 과제, 즉 실천이성과 이론이성의 통일이라는 과제가 그 성격상 이론이성비판 안에서 처리될 수 없었기 때문이다. 그래서 『실천이성비판』은 발간된 『정초』가 과제로 남겨놓은 부분, 즉 이론이성과 통일하는 문제를, 이론이성비판에 독립적인 공간에서 다룬다. 『정초』에 대한 이러한 차별성은 『실천이성비판』의 서술형식, 즉 『순수이성비판』도 공유하는 비판철학의 절차(요소론과 방법론, 분석론과 변증론의 과정을 거치면서 진행되는 절차)에서 이미 확인된다. 이 절차, 형식으로 『정초』의 내용이 (『순수이성비판』이라는 파트너를 염두에 두면서) '재서술'되고 '보완'되는 것이다. 『실천이성비판』 머리말에서 칸트는 『정초』가 "의무 원리를 예비적으로 알게 하고, 또 규정

---

12) 벡은 『실천이성비판』을 저술하려는 계획은 1787년 4월 『순수이성비판』 재판이 저술된 이후에야 형성되었다고 주장한다. L. Beck, 1974, p.26 참조할 것. 그러나 클렘메(Heiner Klemme)는 1786년 11월에서 1787년 4월 사이에 순수실천이성비판을 쓰려는 계획을 포기하고 그 대신 『실천이성비판』을 출판할 결심을 했다고 주장한다. 그가 추측하는 계획 변경의 근거는 1785년까지는 알지 못했던 '순수실천이성의 이율배반'이다. 그에 따르면 "순수이성 자체가 그것의 실천적 사용에서 변증적이기 때문에 순수이성은, 도덕형이상학이 쓰일 수 있기 전에, 근본적 비판을 받아야 한다"라는 것이다. H. Klemme, 2003, p.X, p.XIX 참조할 것.

13) 이 이유는 이미 분량상 충분히 두꺼워진 『순수이성비판』 재판에 순수실천이성비판을 덧붙일 공간이 없었던 것, 이미 재판작업이 계획했던 기간보다 길어져 내용을 더할 시간이 부족했던 것 그리고 당시 칸트가 총장직을 수행하느라 학문외적 일에 분주했던 것 등이다. 이에 대해서는 L. Beck, 1974, p.25, p.26 참조할 것.

된 의무 정식을 제시하고 정당화하는 한에서만"『실천이성비판』에 전제된다고 하면서 "그밖에 이 체계[실천이성비판에서 전개된 순수 실천이성의 체계]는 자체적으로 성립한다"라고 말한다.[14] 이 '그밖의 점'은『정초』에서 의무 원리를 '예비적으로' 알게 하는 일을 넘어 말하자면 '본격적으로' 알게 하는 일[15]일 것이며, 또 무엇보다 '사변이성과 순수실천이성의 통일'과 관련된 논의[16]일 것이다. 그래서『정초』의 '규정된 의무 정식 제시'도『실천이성비판』의 체계 안에서 원칙, 대상, 동기 장에 '재분류'된다.[17] 이렇게 '순수이성비판의 부분집합인 순수실천이성비판'으로부터 '순수이성비판에 독립적인 실천이성비판'으로 이행하면서 칸트 철학의 '건축술적 구조'는 세워진다. 칸트는『실천이성비판』머리말에서 이 건축술적 구조의 마무리 쐐기돌, 즉 사변이성과 순수실천이성을 연결하는 고리를 '자유 개념'으로 제시한다. 이렇게『실천이성비판』의 출간으로 비판철학 체계의 구도가 세워지는 까닭에 칸트는, 라인홀트에게 알리는 대로,『실천이

---

14)『실천이성비판』V 8;『칸트전집』6 141-142.

15) 이에 해당하는 부분은 '순수실천이성의 원칙들'(『실천이성비판』V 19 이하) 특히 '실천이성 원칙들의 연역'(『실천이성비판』V 42 이하)이다.

16) 이에 해당하는 부분은 다음과 같다. 분석론의 '사변적 사용에서는 그 자체로 불가능한 확장에 대한 실천적 사용에서 순수이성의 권한'(『실천이성비판』V 50 이하), '순수실천이성의 분석론에 대한 비판적 조명'(『실천이성비판』V 89 이하), 변증론의 '실천이성의 이율배반의 비판적 해소'(『실천이성비판』V 114 이하), '사변이성과 결합할 때 순수실천이성의 우위'(『실천이성비판』V 119 이하), '순수실천이성의 요청인 영혼불멸'(『실천이성비판』V 122 이하), '순수실천이성의 요청인 신의 현존'(『실천이성비판』V 124 이하), '순수이성의 인식을 사변적인 것으로 확장하지 않으면서 동시에 실천적 의도에서 이 순수이성을 확장하는 일이 어떻게 사유 가능한가'(『실천이성비판』V 134 이하), '인간의 실천적 사명에 지혜롭게 부합하는, 인간 인식 능력들의 조화'(『실천이성비판』V 146 이하)다.

17) 이에 대해서는 이 글의 '자율로서 자유:『실천이성비판』의 주요 내용' 중 네 번째, 다섯 번째 항목 참조할 것.

성비판』을 출간한 후 바로 취미비판 작업, 즉 후에『판단력비판』으로 출간된 작업에 돌입할 수 있었다.[18]

1790년의『판단력비판』으로 철학의 세 부문, 즉 이론철학, 목적론, 실천철학에 대한 비판철학적 정초 작업은 일단락된다.『판단력비판』은 사변이성에 대한 비판과 순수실천이성에 대한 옹호를 '연결'하는 역할을 맡는 것이다.[19]

자율로서 자유:『실천이성비판』의 주요 내용

자유. 순수이성 체계의 '이맛돌': 머리말

머리말에서 칸트는 실천이성비판을 완수함으로써 순수이성비판까지 포함하는 체계의 정신, 즉 '정합성'을 구현했다고 자부한다. 문제는 이론적으로 인식 불가능한 자유와 양립 가능한 '의지 규정능력으로서 자유', 즉 '자유 개념의 이론적 사용 불가능성'과 모순되지 않는 '실천적 사용 가능성'을 확보하는 것이다. 이러한 확보와 더불어 자유는 '순수이성의 체계라는 구조물의 하중을 지탱하는 마무리 쐐

---

18) I. Kant, 1986, p.334 참조할 것.
   1787년 봄의 라이프치히 전시회 목록에 출판업자 하르트크노흐가 올려놓은 칸트의 출간예정작 제목이『취미비판을 위한 토대 놓기』(*Grundlegung zur Kritik des Geschmacks*)였던 것 그리고 칸트가 지인에게 보낸 1787년 6월의 편지로 보아, 칸트는 최소한 이 시기에 나중에『판단력비판』으로 출간될 저작을 구상하고 있었다(『서한집』 X 490 참조할 것). 그래서 클렘메는『순수이성비판』 재판의 부분으로 계획된 순수실천이성비판이『실천이성비판』으로 독립되어 저술된 까닭 중 하나는 칸트가 인식 능력, 욕구 능력, 쾌·불쾌 능력이라는 비판철학의 세 영역에 대한 전망을 1787년 봄에 이미 가졌다는 데 있다고 주장한다. H. Klemme, 2010, p.21, p.22 참조할 것.
19) 칸트는 "판단력의 원칙이 (지반Boden을 가질 수는 있지만) 고유한 대상 영역(Gebiet)을 갖지 않는다"라고 말한다.『판단력비판』 V 177 참조할 것.

기둥'이 된다. 이 순수이성의 체계는 물론 사변이성도 포함하는 체계이지만, 자유의 이념이 도덕법칙에 의해 현시되는 한 '사변이성에 대한 실천이성의 우위'를 보여주는 체계이며, 그래서 '순수이성의 실천적 사용에 있는 자유'에 대한 고찰은 사변이성비판의 '보충물'이 아니다. 오히려 사변적 이성은 실천이성을 통해 체계의 온전한 구성원이 될 수 있다.

'순수실천이성비판이 아니라 실천이성비판': 서론

감성적 직관에서 출발하여 지성의 개념과 원칙 순으로 진행되는 『순수이성비판』 분석론의 논의 순서와 달리 『실천이성비판』은 원칙, 개념, 감성의 순으로 (말하자면) 내려간다. 그 까닭은 『실천이성비판』의 목적이 순수이성을 비판하여 그 월권을 제한하는 데 있는 것이 아니라 '경험적으로 제약된 실천 이성의 유일지배라는 월권'을 비판하여 '이성이 도덕법칙에 따라 순수이성으로서 실제로 실천적임'을 보이는 데 있기 때문이다. 그래서 『실천이성비판』 분석론의 논의 순서는 먼저 순수실천이성의 정언적 원칙, 다음으로 선·악이라는 개념, 마지막으로 법칙에 대한 존경이라는 감정이다.

'이성의 사실'로서 순수실천이성의 자율:
분석론 제1장 순수실천이성의 원칙들

분석론 첫머리에서 칸트는 '모든 이성적 존재자의 의지에 대해 타당한, 의지의 보편적 규정을 지니는 실천원칙이 있는가'라는 물음을 제기하고 곧바로 '행복의 원칙'을 이 실천원칙의 후보에서 배제한다. 행복이라는 것이 모든 유한한 이성적 존재자가 필연적으로 원하는 것이긴 하지만, 자기 행복을 어디에 두어야 하는지는 저마다의 특수한 쾌·불쾌 감정에 달려 있어 주관적으로 필연적인 행복이 보편적으로 동일한 대상을 지향한다고 여겨질 수 없기 때문이라는 것이다. 그런데 질료가 아니라 형식에 따라 의지 규정근거를 지니는 원칙은 의지가 자유로울 때에만 가능하다. 자유로운 의지는 질료(행복)에 규정되지 않는 의지와 다름없기 때문이다. 우선 칸트는 의지가 자유롭다고 전제하고 이 자유로운 의지를 규정하는 원칙을 정식화하는데 그것이 '네 의지의 준칙이 언제나 동시에 보편적 입법의 원리로 타당할 수 있도록 행위하라'라는 순수실천이성의 근본법칙이다. 이 법칙을 한마디로 표현하면 '자율'이다.

문제는 의지의 자유가 (이론) 이성의 인식 대상이 아니어서 우리가 자유를 직접 의식할 수 없다는 점이다. 이에 대한 칸트적 대응은 '이성의 사실로서 도덕법칙'과 '자유의 인과율로서 도덕법칙'이다.[20] 우리는 자유를 직접 의식할 수 없지만, 순수한 실천법칙을 직접적으로 의식할 수는 있는데 이런 일은 우리가 모든 경험적 조건으로부터의 분리, 즉 이성이 제시하는 분리에 주의를 기울이는 과정에서 일어난다. 이렇게 우리가 이성의 순수한 실천법칙을 직접 의식할 수 있는 한 의지의 자유는 정당화되는데, 그 까닭은 도덕원칙이 '자유의 인과율'이기 때문이다. 그래서 칸트에 따르면 우리가 자유를 직접 의식할 수 없는 한, 도덕원칙을 연역하는 시도는 말하자면 '헛된 시도'일지 모르지만,[21] 도덕원칙의 부인할 수 없는 의식 내 현존이 자유의 현실성을 증명한다.

---

20) 앞의 것에는 '자유의 인식 근거로서 도덕법칙'이, 뒤의 것에는 '도덕법칙의 존재 근거로서 자유'가 대응한다.

21) 칸트 실천철학의 성립사에 대한 연구에 따르면 '이성의 사실로서 도덕법칙과 법칙에 대한 존경'은 도덕원칙을 연역하려는 시도가 실패한 것의 귀결이다. 이와 관련하여, '『정초』 시기에는 연역 실패의 귀결인 이성의 사실이 명료하게 확정되지는 않았다'는 헨리히(Dieter Henrich)의 글 참조할 것. D. Henrich, 1954/55, p.36.

선·악 대(對) 복·화: 분석론 제2장 순수실천이성의 대상 개념

'순수실천이성의 대상'이라는 말로 칸트가 의미하는 것은 도덕법칙에 따라 규정되는 선·악이다. 최고선과 같은 '좋은 것'으로부터 좋음의 원칙, 즉 도덕원칙을 끌어내는 방식에 칸트가 반대하는 까닭은 '어떤 좋은 것의 좋음'이 의지의 규정근거로 제시될 때, 이 좋음에 '복으로서 좋음'과 같은 도덕과 무관한 좋음이 포함될 수 있기 때문이다. 행위의 복·화 판정이 선·악 판정과 전적으로 다르다면 이 다름을 낳은 원칙들로 소급해야 한다는 것이다. 행복주의적 복·화와 질적으로 구별되는 선·악을 고수한 선구로 칸트는 스토아학파를 꼽는다.

칸트가 『정초』에서 제시한 자연법칙의 정식은 대상 장 말미에 판단력의 '전형'이라는 이름으로 등장한다.[22] 칸트는 『순수이성비판』에서 동종적이지 않은 범주와 직관 사이를 매개하는 (지성적인 동시에 감성적인 제삼의 것으로서) 도식(시간)을, 특수를 보편에 포섭하는 판단력의 원칙으로 제시한 바 있다.[23] 이에 비해 도덕에서 이성의 이념을 자연에 적용할 때 판단력을 위한 원칙은 ('상상력'의 도식이 아니라) '지성'의 법칙이다. 이 지성의 법칙이 자연법칙의 정식, 즉 '네가 의도하는 행위가 너 자신이 그 일부일 자연의 법칙에 따라 일어난다면, 네가 그 행위를 네 의지에 의해 가능한 것으로 간주할 수 있을지 자신에게 물어보라'다. 판단력의 원칙에서 자연법칙은 자유법칙의 '전형'이라는 것이다. 그러나 이 원칙은 선·악을 판정하는 기준일수는 있어도, 칸트가 위에서 말한 도덕적 의지의 규정근거(인 순수실

---

22) 자유법칙의 전형으로서 자연법칙은 (그리고 제3장에 등장하는 '도덕의 나라' 『실천이성비판』 V 82는) 제1장 말미의 '순수실천이성의 원칙들의 연역'에 등장하는 '모사 자연'(『실천이성비판』 V 43)에서 그 근거가 마련된다.
23) 『순수이성비판』 III 133-134 참조할 것.

천이성의 원칙)는 아니다. 그래서 칸트는 '각자가 자신의 행위 준칙을 보편적 자연법칙과 비교한다 하더라도 이런 비교는 자기 의지의 규정근거가 아니다'라고 말한다. 자연법칙의 정식이 순수실천이성의 원칙 장이 아니라 대상을 다루는 장에서 등장하는 까닭이 여기에 있다.

동기로 간주된 도덕성 자체로서 '법칙에 대한 존경': 분석론 제3장 순수실천이성의 동기

칸트에 따르면 도덕법칙은 모든 이성적 존재자의 의지를 규정하는 '보편적 근거'이자 도덕적 선·악을 판정하는 '보편적 기준'이다. 이 두 사태가 도덕법칙의 '객관적' 측면이라고 한다면, 행위 주체의 '주관적' 측면에서 도덕법칙은 도덕적 행위의 동기다.[24] 분석론의 마지막 장은 어떤 방식으로 도덕법칙이 이러한 동기가 되는지, 이 과정에서 인간적 도덕 주체에 어떤 감성적 변화가 일어나는지 서술한다. 먼저 도덕법칙에 대한 의식은 자기애와 같은 우리의 습관적 욕구(경향성)를 중단시킨다는 점에서 우리를 굴복시킨다. 법칙에 의해 중단된 경향성의 감성적 결과는 불쾌다. 그런데 이때 우리의 이성은 이렇게 법칙이 경향성의 저항을 제거하는 사태에서 이 경향성이라는 장애의 제거를 원인성(도덕법칙)의 적극적 촉진으로 평가한다. 순수실천이성의 장애였던 경향성이 법칙에 의해 중단되면 법칙의 무게가 커지고 권위가 높아지는 것으로 판단된다는 것이다. 이렇게 이성이 법칙을 실천적으로 높이 평가하는 것에서 일어나는 '고양'이 법칙에 대한 '존경'이다. 칸트에서 존경이 도덕적 행위의 동기인 까닭은 설

---

24) 칸트는 분석론 말미의 '순수실천이성의 분석론에 대한 비판적 조명'에서 이 구분을 이성 추리의 구분, 즉 대전제(도덕원칙), 소전제(선한 행위 혹은 악한 행위), 결론(주관적 의지 규정)과 유사하다고 말한다.

령 정념적 방해가 제거되었다 하더라도 이것만으로는 아직 도덕적 행위가 일어나지 않고 이에 더하여 이러한 고양이 있어야만 도덕적 행위가 일어나기 때문이다. 결국 '실천이성 활동의 동기로서 존경' 현상은 도덕법칙에 의해 감성이 제약될 때 실천이성 자체의 활동이 촉진된다는 사태, 말하자면 '이성의 실천적 확장'에 존립한다.

칸트는 법칙에 대한 존경이 '도덕법칙이라는 명령에 의한 감성적 제약'을 경유하는 이성의 고양이기 때문에 그 어떤 인간적 도덕 주체도 '기꺼이' 도덕적 의무를 준수할 수 없다고 보고, 이 과정을 생략하는 모든 입장을 도덕적 광신으로, 즉 '경향성과 동시에 이성을 소유한 인간이라는 한쪽과 도덕법칙이라는 다른 한쪽 사이의 거리'를 뛰어넘으려는 시도로 본다. 『정초』에 등장했던 '목적들의 나라'와 '목적 자체로서 인격성'은 『실천이성비판』에서는 모두 존경 장에 나온다.[25] 이는 목적들의 나라의 공동 입법자인 인간이 그럼에도 동시에 백성으로서 '복종적' 위치에 있다는 것, 즉 기꺼이 의무를 준수하지는 않는다는 점을 강조하기 위해서이며, 또 의무나 인간에 대한 '사랑'이 아니라 '존경'이 참된 동기라는 점을 보여주기 위해서, 그래서 목적 자체로서 인격성에 대한 존경이 다름 아닌 법칙에 대한 존경이라는 점을 보여주기 위해서다.

도덕 교육의 핵심으로서 '존경': 순수실천이성의 방법론

칸트가 법칙에 대한 존경을 '도덕적이기 위한 동기가 아니라 주관적으로 동기로 간주된 도덕성 자체'로 본 것은 도덕 교육에 매우 중요한 의의를 지닌다. 그래서 『실천이성비판』 말미에 '방법론'으로 등

---

25) 물론 나중의 변증론에 신(神)의 요청과 더불어 '목적 자체'(『실천이성비판』 V 131) 및 '목적들의 나라'(『실천이성비판』 V 128 이하, 145)는 다시 등장한다.

장하는 도덕 교육론은 내용상으로는 분석론의 순수실천이성의 동기와 관련한 교육론이다. 방법론에 나타난 도덕 교육(의 핵심)이 '순수실천이성의 법칙들이 인간 마음에 진입하도록 하는 방식', 즉 '객관적으로 실천적인 이성이 또한 주관적으로 실천적이도록 만드는 방식', 요컨대 '법칙에 대한 존경을 불러일으키는 방식'이기 때문이다. 칸트는 자신을 '객관적으로 실천적인 순수이성의 법칙을 순전히 의무를 순수하게 표상하는 것에 의해 주관적으로 실천적이도록 만드는 유일한 방법'의 창시자로 자처한다. 도덕성을 순수하게 현시하여 인간 마음으로 하여금 더 큰 힘을 얻도록 만드는 과정은, 경향성의 단념이라는 소극적 단계를 거쳐 자기 자신에 대한 존경이라는 적극적 단계로 이행한다. 이 방법은 그러므로 존경 장의 '도덕 주체가 법칙을 의식할 때 일어나는 감정 변화의 단계'를 불러일으키는, 즉 교육하는 방법이다.

순수실천이성의 분석론에 대한 비판적 조명

이 '비판적 조명'은 칸트가 머리말에서 소홀히 지나치지 말기를 당부할 정도로 중요하게 생각했던 부분이다. 여기서 이론적 인식능력과 실천적 규정 능력은 '자유'를 중심으로 논의된다. 그래서 '대상을 인식하는 이론이성'과 '대상을 실현하는 실천이성'에서 자유의 지위가 비교 고찰된다. 이어서 칸트는 '자유'에 대한 경험주의적 파악, 즉 그가 '비교적 자유'라고 부르는 경험적·심리학적 자유에 '도덕적 책임 귀속의 가능 근거인 선험적 자유'를 대비시킨다. 칸트의 논의는 결국 '시공간의 조건하에 있는 현상의 인과율'이 어떻게 '예지계의 질서에 속하는 자유의 인과율'과 양립 가능한지에 대한 해명에 집중된다. 그래서 이 비판적 조명은 순수이성비판의 주요 주장을 실천이성의 관점에서 '비판적으로 조명'하는 작업이지만 동시에 순수이성비판의 주요 주장, 특히 시공간에 대한 자신의 주장을 논쟁적[26]으로 옹호하는 작업이기도 하다.

도덕과 행복의 결합으로서 최고선: 순수실천이성의 변증론

분석론을 관통하는 흐름이 도덕론과 행복론의 ('대립'이라기보다는) '구별'[27]이었다면 변증론은 이 구별되었던 도덕과 행복을 '결합'한다. 이 결합은 순수실천이성이 실천적으로 제약된 것에 대해 무제약자를 추구하는 과정에서 일어난다. 물론 이 무제약자는 분석론에서 다루었던 '경향성의 제약조건으로서 무조건적 도덕법칙'이 아니라 '순수실천이성의 대상의 무제약적 총체', 즉 전통적으로 덕과 행복의 결합을 의미하는 최고선이다.

칸트는 덕과 행복의 결합을 분석적이라고 보는 에피쿠로스 및 스토아학파를 비판한다. 칸트가 비판하는 에피쿠로스는 '행복을 추구하는 것이 자신을 덕스럽게 만드는 것'이라고 주장하고, 스토아는 덕을 의식함 자체가 행복이라고 주장한다. 그러나 칸트는 행복과 덕의 결합을 종합적이라고 보고, 이 결합과 관련한 이율배반적 두 명제, 즉 '행복이 덕의 원인이다'라는 명제와 '덕이 행복의 원인이다'라는 명제의 타당성을 검증한다. 이율배반의 칸트적 해소는 '만일 도덕적

---

26) 여기에는 당시 스피노자 논쟁 혹은 범신론 논쟁도 한 배경이 된다. 『실천이성비판』에서 언급된 이 논쟁의 당사자들은 멘델스존(『실천이성비판』 V 101), 스피노자(『실천이성비판』 V 102), 비첸만(Thomas Wizenmann, 『실천이성비판』 V 143)이다.

27) 그래서 원칙론에서는 행복의 원칙과 구별되는, 의지의 보편적 규정을 함유하는 실천적 원칙을 제시하고, 개념론에서는 이렇게 상이한 원칙들에 의해 규정되는 복·화 및 선·악이라는 대상을 구별하며, 동기론에서는 이성 활동의 동기로서 쾌와(자기애라는 경향성이 낳는 쾌, 혹은 '신에 대한 사랑'에서 드러나는 바와 같이 도덕법칙의 명령을 기꺼이 준수하는 데서 온다고 하는 쾌와) 구별되는 '도덕적 강제를 통한 존경'을 제시하는 것이다.

심정과 행복의 결합이 현상계의 인과적 결합이 아니라 예지적 원인으로서 도덕성과 현상적 결과로서 행복 간의 결합이라면 이 결합, 즉 최고선이 가능하다'는 것이다. 예지적 도덕성의 현상적 결과로서 행복이 동기 장에서 말한 '이성적 자기애'의 충족, 즉 자기애의 충족으로서 행복이긴 하지만 '도덕법칙과 일치라는 조건에 제한된' 자기애의 충족이다. 그래서 이때의 행복은 '서로 충돌하지 않고 하나의 체계를 이루는 경향성들의 충족'이다. 칸트는 덕의 일부로서 자기인격에 대한 만족만으로 족하다는 스토아를 인간 본성의 목소리에 귀 막은 경우로 비판한다.

　문제는 덕과 행복의 결합이 '어떻게' 가능한가 하는 것이다. 도덕적 심정을 지배하는 자유의 인과율은 이성의 사실로서 도덕법칙에 의해 확인되고, 자연의 인과율은 자연의 법칙으로 우리에게 인식 가능하지만, 어떻게 최고선에서 양자의 결합을 가능케 하는 인과율이 가능한가 하는 것이다. 칸트의 답은 '도덕성과 행복 사이의 이러한 연관은 직접적이지 않고 (자연의 예지적 창시자를 통한) 간접적 연관이기는 하지만 필연적인 연관이다'라는 것이다. 그래서 덕과 행복의 결합에 작용하는 인과율의 칸트적 보증자는 자연의 예지적 창시자, 즉 신이다. 『순수이성비판』에서 (저마다) 이율배반적 상황에 있던 (불멸적 영혼과) 신은 이제 『실천이성비판』 변증론에서 요청 대상, 즉 '증명 불가능하지만, 무조건적으로 타당한 실천법칙에 불가분적으로 속한 이론적 대상'으로 복권된다. 이것이 가능한 것은 결국 덕과 행복의 결합으로서 최고선이 도덕적 의지의 최고 목적이라는 사태에 기인한다. 이 최고 목적의 가능 조건이 ('도덕적 완전성을 위한 불멸하는 영혼' 및) '이 결합에 작용하는 인과율을 위한 신의 실존'이기 때문이다. 이것이 함축하는 것은 철학적 신학은 오직 실천철학 맥락에서만 가능하다는 것, 즉 (자연신학이 아니라) 도덕신학만이 가능하다는 것이다.

칸트는 행복과 덕의 결합인 최고선에서 덕이 최상선으로 행복의 조건이 된다면, 이 최고선은 도덕법칙이 순수의지의 규정근거인 것과 마찬가지로 도덕적 의지의 규정근거라고 말한다. 덕이 최상선으로 조건을 이루는 최고선은 그러므로 순수의지의 목적인 동시에 규정 근거다. 이 세상에서 최고선을 촉진하는 것(최고선을 실현하는 것이 아니라)이 도덕적 의무인 까닭이 여기에 있다.

'지혜에 이르는 좁은 길': 맺는말

칸트적 인간은 '별이 총총한 하늘'과 '내 안의 도덕법칙'을 자기 실존의 의식과 직접 연결하는 존재자다. 인간은 자신을 '물질에서 나와 잠시 생명력을 부여받은 동물'로 의식하는 동시에 '물질의 질서에 독립적인 도덕법칙의 주체, 즉 인격'으로 의식한다. 인간(의 인간 자신)에 대한 탐구는 두 존재방식이 불러일으키는 '경탄'과 '존경'에서 시작된다. 칸트가 경계하는 것은 '이성의 방법과 절차'를 거치지 않는 탐구, 즉 '사물을 요소적 힘들로 분석하고 수학적 작업을 거치는 절차'를 생략하는 자연 탐구와 '경험적인 것과 합리적인 것을 분리하는 절차'를 거치지 않는 도덕 탐구다. 이성의 절차를 거칠 경우에만 자연 탐구는 점성술과 같은 조야한 것으로 흐르지 않을 수 있고, 도덕 탐구는 미신이나 광신으로 귀결되지 않는다.

이 도덕 탐구에서 관건은 '자유'다. 이 자유는 심리적 자유 이상을 알지 못하는 경험론자들에게는 '걸림돌'이다. 그렇다고 이 자유는 도덕의 연금술사, 즉 광신자가 소유하고 있다고 주장하는 '현자의 돌'도 아니다. 칸트가 머리말에서 이맛돌(마무리 쐐기돌)이라 일컬은 이 자유는 '도덕법칙에 의해 현시되는' 자유이기 때문이다. 이렇듯 '도덕법칙에 의해 현시되는 자유에 대한 탐구'로 일컬어질 수 있을

'학문으로서 비판철학'을 칸트는 '지혜'에 이르는 '좁은 길'로 자처
한다.

『실천이성비판』그 이후

영향사적으로 보면 도덕성의 근본 구조를 인식론적·존재론적으
로 밝히고 이를 정당화하는『실천이성비판』을 통해 칸트는 그 깊이
와 폭에서 이후 철학적 윤리학의 논의 지평을 성격 지었다. 그래서
이 저작은 실천철학을 칸트 이전과 이후로 구별하는 분기점이라고
할 만하다.『실천이성비판』의 논의 순서, 즉 도덕원리, 이 원리의 정
당화, 도덕적 동기(이상 분석론),[28] 도덕과 행복의 결합(변증론) 순으
로 이 저작의 영향사(혹은 이 저작을 중심으로 한 논쟁사)를 정리해본
다면 중심 개념은 각각 '형식주의', 의지의 자유, '엄격주의', 도덕적
의지의 규정근거로서 최고선이 될 것이다.

'형식주의'

정언명법, 즉 도덕적 당위의 경험 독립적 보편성으로 대표되는 칸
트적 도덕원리에 대한 논의에서 한 흐름을 이루는 것은 형식주의라
는 비판(을 둘러싼 논쟁)이다. 칸트가『실천이성비판』을 출간한 직후
부터 칸트가 질료적 실천 원리라고 비판한 행복주의에서 반론들이
제기되었다. 특히 1794년 베더만(J.G.K. Werdermann)은 칸트가 비판
했던 통속철학의 입장에서 행복주의와 칸트적 도덕을 결합하려고

---

28) 칸트에서 복·화 판정과 구별되는 선·악 판정을 의미하는 도덕적 가치 판정
　　은 도덕원리에 의존적이므로 같이 다루어도 될 것이다.

시도했다.[29] 『실천이성비판』이 출간된 지 10여 년 지난 1802년 헤겔은 정언명법의 무모순성의 요구가 도덕적 기준과 무관하다고 주장한다. 이를테면 가난한 사람을 도와야 한다는 명령이 정언명법적 무모순성의 요구에 의해 정당화될 수 없는 까닭은 이 명령을 보편적으로 준수하면 더는 가난한 사람이 없을 것이고, 결국 가난한 사람을 도와야 한다는 보편화된 준칙 자체도 지양될 것이기 때문이라는 것이다.[30] 칸트가 죽은 지 약 50년 후 공리주의자 밀(John Mill) 또한 유사한 비판을 전개하는데, 그에 따르면 정언명법은 비도덕적 준칙도 보편적으로 가능한 것으로 정당화한다. 모든 사람이 모든 사람에 대해 해를 끼치는 상황도 얼마든지 정언명법으로 정당화될 수 있다는 것이다.[31]

문제는 의무의 경험 독립성 및 그 원리만으로 도덕현상을 충분히 해명할 수 있는가 하는 것이다. 헤르바르트(Johann Herbart)의 윤리현상과 미적 현상의 통합[32] 그리고 도덕 현상을 경험주의적으로 혹은 심리주의적으로 환원하는 시도에 반대하면서도 동시에 형식주의에 반대하는 셸러의 '질료적 아프리오리'[33]는 보편성의 형식만으로는 충분치 않다고 보고 도덕의 원리에 '내용'을 도입하려고 시도한다. 물론 우리가 살펴본 대로 칸트는 정언명법의 보편성 요구를 의식하는 것만으로 도덕성의 차원으로 온전히 진입한다고 본다.[34]

---

29) J.G.K. Werdermann, 1794, pp.309-339 참조할 것.

30) G. Hegel, 1986, Bd. 2, pp.417-485, 특히 p.465 참조할 것.

31) J. Mill, 1957, p.6 참조할 것. 그래서 그는 정언명법의 보편성의 제약조건으로 '집단의 이익'을 제시한다. 의무(정의)는 행복(공리)과 구별되는 것이 아니라 특별한 종류의 편익, 즉 초월적 편익(공리의 특수한 종류)이라는 것이다.

32) J. Herbart, 1808, pp.23-55 참조할 것.

33) M. Scheler, 1916 참조할 것.

34) 그러나 오늘날 언어분석철학에서 도덕언어의 보편적 규정성을 부각하는 헤

의지의 자유

정언명법에 대한 칸트적 정당화는 '이성의 사실'(에 의한 간접적 증명)에 나타난다. 경험 독립적으로, 그것도 당위의 보편성을 의식하면서, 의지를 규정할 수 있는 능력인 자유는 의무 원칙의 의식 내 실재라고 하는 직관적 사태를 매개로 확인된다는 것이다. 이 자유가 사이비현상(칸트의 말대로 비교적 자유)에 불과하다면 도덕적 행위는 물리적 인과법칙으로 환원될 것이며 따라서 도덕적 책임 귀속도 불가능할지 모른다는 것이 칸트 생각이었다. 『실천이성비판』의 '의지의 자유 문제'는 바로 1789년 아비히트(Johann Abicht)의 글에서, 그리고 '결정론과 자유'의 문제는 1790년 슈미트(Carl Schmid)의 글에서 쟁점이 된다.[35] 잘 알려진 대로 칸트가 그 실재성을 이론적으로 증명하지 못하고 '이론이성에 대한 실천이성의 우위'로 마무리한' 자유의 문제는 피히테(Johann Fichte), 헤겔, 셸링(Friedrich Schelling)으로 이어지는 독일 관념론의 화두였다. 그중에서도 악과 관련한 자유의 문제는 1809년 셸링이 다룬다.[36] 그런데 '악의 능력으로서 자유'는 이미 1792년 라인홀트에서 제기되었는데,[37] 이러한 '선과 악의 능력으로서 자유' 문제는 『실천이성비판』의 자유관이 그 이후 저작에서 변용되었는지 하는 문제에서 촉발되었다.

오늘날 형이상학적 논의와 절연하는 데서 출발한 듯이 보이던 분석철학이 좁은 언어분석의 범위를 벗어나 전통적 주제인 의지의 자

어에 따르면 보편적 규정성은 단지 논리적 요구다. 보편적 규정성은 단지 '언어적 직관'의 사태일 뿐이다. R. Hare, 1981, pp.4-11 참조할 것. 그래서 도덕언어의 논리인 보편적 규정성과 규범적 프로그램으로서 공리주의의 결합도 가능하다. R. Hare, 1989 참조할 것.

35) J. Abicht, 1790; C. Schmid, 1970, Teil 1 참조할 것.
36) F. Schelling, 1988.
37) C. Reinhold, 1792.

유 문제에 관심을 보이는 것은 흥미롭다. 이 문제와 관련한 논의 지형은 (심리 현상과 관련하여 뇌의) 물리적 결정론을 고수하는 환원적 물리주의, 물리주의를 인정하면서도 환원 불가한 심리적 속성을 인정하는 수반론,[38] 물리적 인과성으로 환원되지 않는 행위자 원인성[39]으로 대별되는데 이 논쟁은 『실천이성비판』 분석론 말미의 '비판적 조명'[40]을 재현한다. 칸트가 말한 '하나이자 동일한, 그럼에도 물리적 인과성의 담지자이자 자유의 인과성의 주체인 이성'은 이 논의의 중심축이다.

'엄격주의'

1794년 실러(Friedrich von Schiller)는 의무의 법칙에 대한 존경의 한 측면인 (도덕법칙에 의한 경향성의 중단에서 오는) 불쾌, 그래서 도덕적 결단과 행위에 반드시 동반되기 마련인 불쾌에 주목한다. 그래서 그의 칸트 비판의 과녁은 '칸트적 도덕에서는 의무 준수에 기쁜 마음, 쾌가 동반되지 않는다'는 의미의 엄격주의다.[41] 물론 실러는 칸트가 금욕주의자라는 '오해'를 자초했다고 언급했지만 그리고 칸트도 종교론에서 자신과 실러의 차이는 표현상 차이일 뿐이라고 했지만,[42] 인간은 의무에 '기꺼이' 복종하지는 않는다는 주장을 칸트가 포기하지는 않았다.[43] 아마도 존경이 동반하는 굴복 혹은 자기 멸시

---

38) 김재권, 1999(Jaegwon Kim, 1998) 참조할 것. 저자는 기능적 환원주의에 입각하여 데이비슨의 수반론을 비판한다. 그리고 오늘날의 분석철학과 칸트에 대한 글로 김재권, 1995, 371-389쪽 참조할 것.
39) R. Chisholm, 1964(2003) 참조할 것.
40) 자연 기계성, 심리적(비교적) 자유, 선험적(transzendental) 자유의 구별에 대해서는 『실천이성비판』 V 94-97 참조할 것.
41) F. Schiller, 2004 참조할 것.
42) 『종교론』 VI 23 참조할 것.
43) 『도덕철학 강의(비길란티우스)』 XXVII 490 참조할 것.

를 가장 신랄하게 비판한 자는 니체일 것이다. 니체는 무조건적 권위에 대한 칸트적 욕구가 칸트의 비판주의 정신을 굴복시켰다고 평한다.[44] 그는 쾌 없는 도덕적 행위가 의무의 '자동기계'의 산물에 불과하다고 비판하면서, 삶의 본능이 강제하는 행위는 쾌에서 옳은 행위라는 증명을 얻는다고 주장하는데 이 쾌의 니체적 기원은 (복종의 감정이 아니라) 지배의 감정이다.[45] 문제는 도덕성의 구성적 요소인 감정이 각각 복종의 감정과 지배(혹은 고양)의 감정이라는 양 극단의 어느 한쪽으로, 그래서 덕인이 도덕의 노예와 도덕의 지배자 (혹은 광신자) 어느 한쪽으로 환원되지 않는다는 사태에 있다. 그런 한 칸트가 말한 굴복과 고양의 통일로서 존경은 여전히 현재성을 지니고 있다.

도덕적 의지의 규정근거로서 최고선

『실천이성비판』 변증론에서 형이상학적 함의를 갖는 '영혼불멸과 신의 실존의 요청' 문제 및 '최고선에서 이론이성과 실천이성의 통일' 문제[46]와 더불어 실천철학에서 논쟁이 되는 것은 도덕적 의지의 규정근거로서 (도덕법칙뿐만 아니라) 최고선이라는 칸트의 주장이다. 행복을 덕으로 환원한 스토아주의를 비판하면서 칸트가 최고선에 행복을 도입한 것이 결국 그의 기획에 '행복이라는 타율적 요소'를 받아들인 것이 아닌가 하는 의문과 관련된 논쟁이다.[47] '순수 의

---

44) F. Nietzsche, 1999, Bd. 12, p.259 참조할 것.
45) F. Nietzsche, 1999, Bd. 6, p.177 참조할 것.
46) 『정신현상학』의 '자기 자신을 확신하는 정신, 도덕성'(Der seiner selbst gewisse Geist. Die Moralität)에서 헤겔은 칸트의 요청론을 비판한다. G. Hegel, 1986, Bd. 2 1986, p.394 이하 참조할 것. '정신'의 관점에서 보면 '요청을 통한 자연과 자유의 통일'은 불만족스러울 것이다.
47) 이에 대해서는 L. Beck, 1974, p.225 이하; M. Zeldin, 1971 참조할 것. 칸트

지의 목적인 동시에 규정근거로서 최고선' 및 '이 세상에서 최고선을 촉진할 도덕적 의무'라는 변증론의 칸트 주장이 함축하는 긴장은 그의 기획이 '의무론에 매개된 목적론'[48]인 데서 기인하는 것 같다.

의 최고선과 관련한 (특히 아리스토텔레스의 최고선에 대비한) 최근 논의로 J. Aufderheide and R. Bader (eds.), 2015 참조할 것.

48) 이와 관련하여, '방법(Wie, 의무론)으로부터 목적(Wohin, 목적론)이 나온다'는 칸트의 주장이 목적론을 제거하기 위해서가 아니라 목적론의 약점을 제거하기 위한 것이라고 주장하는 다음 글 참조할 것. 김종국, 「평화의 도덕: 칸트 실천철학에 대한 목적론적 독해」, 『논쟁을 통해 본 칸트 실천철학』, 서광사, 2013, 51-58쪽(Jong-Gook Kim, 2008, Bd. 3, pp.209-214).

참고문헌

김재권, 하종호 옮김, 『물리계 안에서의 마음』, 철학과현실사, 1999.

_____, 「최근 분석철학의 칸트적 경향」, 『철학연구』, 대한철학회, 1995.

김종국, 『논쟁을 통해 본 칸트 실천철학』, 서광사, 2013.

Abicht, J., "Uber die Freiheit des Willens", in *Neues philosophisches Magazin: Erläuterungen und Anwendungen des Kantischen Systems bestimmt*, hrsg. Abicht, J. und Born, F., Bd. I. Leipzig, 1790.

Aufderheide J. and Bader R. ed, *The Highest Good in Aristotle and Kant*, Oxford, 2015.

Beck, L., *Kants "Kritik der praktischen Vernuft". Ein Kommentar*, übers. Ilting, K., Munchen, 1974.

Chisholm, R., "Human freedom and the self ", in *Free Will*, ed. Watson, G., Oxford, 1964(2003).

Hare, R., "Right, Utility and Universalization: Reply to J.L. Makie", in *Essays on Political Morality*, Oxford, 1989.

_____, *Moral Thinking*, Oxford, 1981.

Hegel, G., *Phänomenologie des Geistes* in *Hegel, Werke in 20 Bd.*, Bd. 3. Frankfurt am Mein, 1986.

_____, *Über die wissenschaftlichen Behandlungsarten des Naturrechts, seine Stelle in der praktischen Philosophie, und sein Verhältnis zu den positiven Rechtswissenschaften* (1802), in Hegel, *Werke in 20 Bd*, Bd. 2, Frankfurt am Mein, 1986.

Henrich, D., "Das Prinzip der Kantischen Ethik", in *Philosophische Rundschau*, 1954/55.

Herbart, J., *Allgemeine praktische Philosophie*, Gottingen, 1808.

Jaegwon Kim, *Mind in a Physical World: An Essay on the Mind-Body Problem and Mental Causation*, Cambridge, 1998.

Jong-Gook Kim, "Moral zum ewigen Frieden. Eine teleologische Lektur von praktischer Philosophie Kants", in *Recht und Frieden in der Philosophie Kants. Akten des X. Internationalen Kant Kongresses*, hrsg. Rohden, V., Bd. 3, Berlin, 2008.

Kant, I., Briefwechsel, *Auswahl mit Anmerkungen*, hrsg. Malter, R., Hamburg, 1986.

Klemme, H., "Einleitung", in *Kritik der praktischen Vernuft*, Hamburg, 2003.

———, "The origin and aim of the second Critique", in *KANT'S Critique of Practical Reason. A Critical Guide*, ed. Reath, A. and Timmermann, J., New York, 2010.

Ludwig, B., "Die consequente Denkungsart der spekulativen Kritik. Kants radikale Umgestaltung seiner Freiheitslehre um 1786 und die Folgen fur die Kritische Philosophie als Ganze", in *Deutzsche Zeitschrift für Philosophie* 58, 2010.

Mill, J., *Utilitarianism* (1861), Indianapolis, 1957.

Natorp, P., "Einleitung", in *Kritik der praktischen Vernunft*, hrsg. von der Königlich Preußischen Akademie der Wissenschaften, Berlin, 1911.

Nietzsche, F., *Der Antichrist,* in *Friedrich Nietzsche Sämtliche Werke*. Bd. 6, 1999.

———, *Nachlaß 1885-1887,* in *Friedrich Nietzsche Sämtliche Werke. Kritische Studienausgabe in 15 Bänden*, Bd. 12, hrsg. G. Colli u. M. Montinari, Berlin/New York, 1999.

Pistorius, H., "Erlauterungen uber des Herrn Professor Kant Critik der reinen

Vernunft von Johann Schulze", in *Allgemeine deutsche Bibliothek*, Bd. 66, 1786.

Reinhold, C., "Erorterungen des Begriffs von der Freiheit des Willens", in *Briefe über die Kantische Philosophie*, Leipzig, 1792.

Scheler, M., *Der Formalismus in der Ethik und die materiale Wertethik*, Halle, 1916.

Schelling, F., *Philosophische Untersuchungen über das Wesen der menschlichen Freiheit und die damit zusammenhängenden Gegenstände* (1809), Frankfurt am Main, 1988.

Schiller, F., *Über Anmut und Würde* (1793), in *Erzählungen. Theoretische Schriften, Sämtliche Werke*, Bd. 5, hrsg. Riedel, W., Munchen, 2004.

Schmid, C., *Versuch einer Moralphilosophie*, Jena, 1970.

Werdermann, J.G.K., "Feder und Kant: Versuch zur Aufhebung einiger streitigen Punkte in den Grunden der Moralphilosophie", in *Berlinische Monatsschrift*, Bd. 23, 1794.

Zeldin, M., "The Summum Bonum, the Moral Law, and the Existence of God", *Kant-Studien 62*, 1971.

옮긴이주

도덕형이상학 정초*

* 번역을 위해 다음 책들을 참조했다. ① I. Kant, *Groundwork of The Metaphysics of Moral*, in trans. and ed. M. Gregor and general intro. A. Wood, *Practical Philosophy*, The Cambridge Edition of the Works of Immanuel Kant, Cambridge: Cambridge University Press, 1996. ② I. Kant, *Groundwork of The Metaphysics of Moral*, trans. H. Paton, London and New York: Routledge, 1995. ③ I. Kant, *Groundwork of the Metaphysics of Morals*, ed. J. Timmermann and trans. M. Gregor, Cambridge University Press, 2011. ④ I. Kant, 백종현 옮김, 『윤리형이상학 정초』 제4판, 아카넷, 2014. ⑤ 임마누엘 칸트, 이원봉 옮김, 『도덕형이상학을 위한 기초 놓기』, 책세상, 2015. ⑥ 임마누엘 칸트, 이규호 옮김, 『도덕형이상학원론』, 박영사, 2004. ⑦ 임마누엘 칸트, 최재희 옮김, 『道德哲學序論』, 박영사, 1975.

머리말

1) 칸트는 아프리오리한 원리들에 의거하여 자연을 다루는 형이상학 (Metaphysik)과 구별하여 Physik을 "경험적 원리들에 의존하여" 자연을 고찰하는 철학으로 정의하고 있다(『형이상학강의(L₂)』 XXVIII 541). 현대 학문에서 '물리학'이라고 하면 보통 생물학, 화학, 천체학과 같은 학문과는 구별되는 특별 분과학문으로 이해된다. 그러나 여기에서 'Physik'는 이들 모두를 총칭하는 학문으로 언급되었다. 실제로 아리스토텔레스도 '자연학'(Φυσικά)에 『천체론』, 『생성소멸론』, 『기상론』, 『동물지』, 『해부학』, 『동물보행론』, 『동물운동론』, 『동물발생론』, 『영혼론』, 『동물국부론』 등을 포함하고 있다(코플스톤, 『그리스 로마 철학사』, 김보현 옮김, 철학과현실사, 1998, 374쪽 참조할 것). 그러므로 이 단어의 의미를 제대로 담기 위해서는 '물리학'보다는 '자연학'으로 번역함이 더 적절하다고 판단된다. 그렇지만 칸트는 'Physik'

을 'Physiologie', 'Psychologie'와 구별하고 있다. 그에 따르면 'Physiologie'는 대상일반과 관계하는 지성과 이성의 원칙만 다루는 선험철학과 구별하여 주어진 대상들 전체를 다루는 학에 해당한다(『순수이성비판』 B 874). 그리고 그는 'Physiologie' 아래에서 'Physik'과 'Psychologie'를 다루며, 전자를 외감의 대상으로서의 '물체적 자연'을 다루는 것으로 그리고 후자를 내감의 대상으로서의 마음, 즉 '생각하는 자연'을 다루는 것으로 파악하고 있다(『순수이성비판』 B 874). 그의 이런 구분법에 따르면 Physiologie는 '자연학', Physik과 Psychologie는 '물리학'과 '심리학'으로 번역함이 적합한 것 같다. 그러나 이 책에서 언급되는 Physik는 고대 그리스 시대에 해당하는 것으로 이들 모두를 아우르며, 따라서 '자연학'으로 번역하는 것이 적합할 것 같다. 이는 오늘날 자연과학 중 한 분과 학문으로 이해되는 '물리학' 개념과 혼동을 피하기 위해서다. 이와 관련해서 'Naturlehre'는 앞으로 '자연학'과 구별하기 위해 '자연론'으로 번역한다. 사실 칸트는 'Naturlehre'를 위에서 언급한 'Physiologie'와 동일한 의미로 사용하고 있으며, 그래서 그는 '이성적 자연학'(rationale Physiologie) 내지는 '순수이성의 자연론'(Naturlehre der reinen Vernunft) 아래 '이성적 물리학'(physica rationalis)과 '이성적 심리학'(psychologia rationalis)을 두고 있다(『순수이성비판』 B 875). 그는 '자연론'을 경험적 원리에 기초하는 '물리학'에 앞서 있는 '일반 자연과학'(allgemeine Naturwissenschaft)에 해당하는 것으로 파악하고 있다(『형이상학 서설』 IV 295).

2) 일반적으로 독일어 'Gegenstand'는 '마주해 서 있음'에 근거하여 '대상'(對象)으로 번역한다면, 'Objekt'는 라틴어 ob(앞에)와 iacio(던지다)가 결합된 'obicio, objicio'에서 유래한 것으로 '객체'(客體) 내지는 '객관'(客觀)으로 번역한다. 허창덕 외, 『라틴-한글 사전』, 가톨릭대학교출판부, 1995, 565~566쪽 참조할 것. 그러나 일반적으로 영어 번역에서는 이들 두 단어가 구별되지 않는다. 그렇지만 칸트는 'Objekt'를 "그것의 개념에 주어진 직관의 다양이 통합되어 있는 것"(『순수이성비판』 B 137)으로 언급하고 있다면, 반면에 'Gegenstand'에 대해서는 "우리가 대상을 통해 촉발될 때, 이 대상이 표상능력에 미치는 결과는 감각이다. 감각을 통해 대상과 관계하는 직관은 경험적이라 한다. 경험적 직관의 규정되지 않은 대상은 현상이라 부른다"(『순수이성비판』 B 34)라고 언급하고 있다. 그에 따르면 'Gegenstand'는 직관을 통해 경험하는 것이자 지성을 통해 사유하는 것이기도 하다(『순수이성비판』 B 125, 336). 그렇지만 칸트도 이들 두 단어를 구별하지 않고 사용한 경우가 자주 있다. 이상의 상황에 비추어볼 때, Objekt를 '객체'로 번역하기보다는 '객관'으로 번역하는 것이 더 적합할 것 같다. 왜냐하면 '객체'의 경우, 인식 주관의 의식 활동과 독립된 상태의 의미가 강한 데 반해서, '객관'은 인식 주관의 의식 활동과 관계된 것으로 이해되기 때문이다. 실제로 네이버 국어사전에 따르면 '객관'에는 "자기와의 관계에서 벗어나 제삼자의 입장에서 사물을 보거나 생

각함"이라는 의미도 있지만, "주관 작용의 객체가 되는 것으로 정신적·육체적 자아에 대한 공간적 외계, 또는 인식 주관에 대한 인식 내용"이라는 의미도 있다(http://dic.naver.com/). 칸트의 Objekt는 후자의 의미에 가깝다. 다시 말하면 칸트에게 Objekt는 주관 독립적으로 그 자체로 존재하는 것이 아니라 주관의 의식이 향해 있는 모든 대상을 가리킨다. 여기에는 실제적인 물리학의 대상도 존재하며, 우리가 실현해야 하는 윤리학의 대상도 존재한다.

3) 'Sitte'는 'sitte'에 어원을 두고 있다. sitte는 mores, ethos와 더불어 관습, 풍습, 습속이라는 의미가 있다(W. Kersting, "sitte", J. Ritter und K. Gründer, *Historisches Wörterbuch der Philosophie*, Bd. 9, Basel: Schwabe & Co. AG. Verlag, 1995, pp.898-907 참조할 것). 그러나 칸트는 Sitte를 역사적으로 형성된 관습과 같은 경험적 의미로 사용하기를 거부한다. 그의 Sitte는 선험적인 것에 기초한 당위의 원리다(『도덕형이상학』 VI 215-216). 그러므로 Sitte는 '관습'이나 '관례'가 아니라 '도덕'이나 '윤리'로 번역된다. 여기에서는 『칸트전집』 간행사업단의 '용어조정위원회'에서 결정한 대로 Sitte를 '도덕'으로 번역한다.

4) 원문에 충실할 경우, 이 문장에는 "즉 [논리학에 경험적인 부분이 포함될 경우] 사유의 보편적인 필연적인 법칙들이 경험에서 얻게 될 근거들에 의존하게 되므로, 그래서 논리학에는 경험적인 부분이 결코 포함될 수 없다"는 뜻이 담겨 있다.

5) 18세기에는 '세계지혜'(Weltweisheit)가 흔히 '철학'이라는 용어로 사용되었다(I. Kant, *Practical Philosophy*, trans. and ed. M. Gregor, Cambridge: Cambridge University Press, 1996, p.43 참조할 것). 따라서 여기에서 '자연적인 세계지혜'는 '자연철학'으로, '도덕적인 세계지혜'는 '도덕철학'으로 이해할 수 있다.

6) 칸트는 『순수이성비판』에서도 존재하는 것 일체에 관계하는 '자연철학'과 존재해야 할 것 일체에 관계하는 '도덕철학'으로 분류하고, 나아가 전자와 관련된 순수이성의 사변적 사용에 관계하는 형이상학을 '자연형이상학'으로, 후자와 관련된 순수이성의 실천적 사용에 관계하는 형이상학을 '도덕형이상학'으로 분류하고 있다(『순수이성비판』 B 860-870 참조할 것). 나아가 그는 『판단력비판』에서도 자연개념에 관계하는 '자연철학'을 '이론철학'으로, 자유개념에 관계하는 '도덕철학'을 '실천철학'으로 분류하고 있다(『판단력비판』 V 171-172 참조할 것).

7) 독일어 원문에는 'Objekt'로 되어 있지만 문맥상 이를 '객관'으로 번역하기가 적합하지 않아 '것'으로 번역했다.

8) 이 말은 『마르코의 복음서』 제5장 제9절의 내용에 기초한다. 그 내용은 다음과 같다. "예수께서 '네 이름이 무엇이냐?'고 물으시자 그는 '군대라고 합니다. 수효가 많아서 그렇습니다'"(대한성서공회, 『공동번역 신약성서 개정판』, 1991, 71쪽). 따라서 칸트의 이 표현도, 즉 "그들의 이름은 군대라고 부른다"(deren Name Legion heißt)도 '도덕교사의 이름으로 일컬어지는 수가 무수히

많다'는 것을 의미한다.

9) 'Gebot'는 '지시명령'으로, 'Imperativ'는 '명령'으로, 'gebieten'은 '지시 명령하다'로 번역한다. 다만 gebieten과 Imperativ가 동시에 나오는 문장의 경우에는 전자를 '지시하다'로 번역하고자 한다. 칸트는 여기에서 'Gebot'라는 단어를 도덕법칙이 공허한 환상으로 머물지 않게 하는 경우와 관련하여 사용하고 있다. 즉 그는 이 단어를 이성이 예지적 세계에서 통치자를 상정하여 도덕법칙이 제 역할을 하게 하는 경우와 관련하여 사용하고 있다. 이 경우에 그는 "도덕법칙을 지시명령(Gebot)으로 여긴다"(『순수이성비판』 B 839). 칸트는 다른 곳에서 다음과 같이 주장하기도 한다. "실천이성에 우리를 지도할 권한이 있는 한에서, 우리가 행위를 구속적으로 여기는 까닭은 그 행위가 신의 지시명령이기 때문이 아니다. 오히려 우리가 내적으로 행위에 구속되기 때문에 우리는 그것을 신적 명령이라고 여긴다"(『순수이성비판』 B 347). 아울러 칸트는 'Imperativ'라는 단어도 사용한다. 그는 이 단어를 일어나야만 하는 당위와 관련된 "자유의 객관적 법칙"으로 규정하고 있다(『순수이성비판』 B 830).

10) 칸트는 '동인'(Bewegungsgründe)과 '동기'(Triebfeder)라는 용어를 사용하고 있다. 그는 '동인'을 '경험적 동인', '사변적 동인', '도덕적 동인' 등 다양한 형태로 사용하고 있으며, 이 경우 '동인'은 인간의 생각과 의욕에 영향을 미치는 원인 내지는 근거라는 의미를 지니고 있다. 그리고 그는 '동기'와 관련해서는 어떤 존재자의 이성이 객관적 법칙에 반드시 따르지 않는 자신의 "의지의 주관적 규정근거"(『실천이성비판』 V 72; 『칸트전집』 6 231)로 사용하고 있다. 그는 이 책 63쪽에도 다음과 같이 주장하고 있다. "욕망의 주관적 근거는 동기이며, 의욕작용의 객관적 근거는 동인이다"(『실천이성비판』 IV 427; 『칸트전집』 6 80). 나아가 이따금 그는 동인과 유사한 형태로 'Bewegursache'(『순수이성비판』 B 29)를 사용하기도 한다(I. Kant, *Practical Philosophy*, p.45; I. Kant, *Groundwork of the Metaphysics of Morals*, trans. and ed. M. Gregor, p.3; 제2절 옮긴이주 13 참조할 것).

11) 초판과 재판에는 'diese'로 되어 있으나, 문맥상 앞의 남성명사 'Mensch'와 관련된 지시대명사가 되어야 할 것으로 여겨져 학술원판에서 여성 지시대명사 'diese'를 남성 지시대명사 'dieser'로 수정했다. 이 글에서도 학술원판을 따라 'dieser'로 고쳐 읽었다.

12) 칸트는 경향성(Neigung)을 감정에 기초하는 것으로 감성적 충동과 밀접하게 연관되어 있다고 파악했으며(『실천이성비판』 V 73-74 참조할 것), '습관적인 욕구'를 '경향성'이라고 정의했다(『도덕형이상학』 VI 212). 또한 그는 '경향성'을 '의지의 정념적 근거'로 규정하고(『도덕형이상학』 VI 219), "이성을 약화시키는" 것으로 파악했다(『도덕형이상학』 VI 384; 『칸트전집』 7 260).

13) 'Grundsatz'는 '원칙'으로, 'Prinzip'는 '원리'로 번역한다. 여기에 대한 좀더 자세한 내용은 제2절 옮긴이주 8 참조할 것.

14) 칸트는 이를 '의무에 합치하는'(pflichtmäßig)과 '의무에서'(aus Pflicht) 행하는 것을 구분하여, 전자를 '합법성'(Legalität)에, 후자를 '도덕성'(Moralität)에 연관지었다(『실천이성비판』 V 81).

15) 이때 형이상학은 자연형이상학이 아니라 도덕형이상학이다.

16) 원문은 'gemein'으로서 기본적으로 '평범한'으로 번역하되, 문맥에 따라 '일상적'으로도 번역했다.

17) 볼프(Christian Wolff, 1679~1754)는 라이프니츠와 더불어 독일 계몽주의 철학의 대표적 인물로, 칸트의 존재론, 인식론, 도덕이론에 지대한 영향을 미쳤다. 특히, 그가 강조한 '완전성' 개념은 칸트가 당대의 감정주의 윤리학의 주관성에서 벗어나는 데 많은 영향을 미쳤다. 볼프의 지성주의적 접근, 즉 도덕적 선에 대한 지성적 인식의 강조는 엄격한 윤리학을 확립하려는 칸트의 기획에 많은 영향을 주었다. 그렇지만 칸트는 도덕적 선에 대한 인식이 의지로 하여금 도덕적 선을 반드시 행하도록 한다는 볼프의 견해를 따르지는 않았다((P. Guyer, "Wolff, Christian", in Lawrence C. Becker and Charlotte B. Becker, *Encyclopedia of Ethics*, Vol. II, New York & London: Garland, 1992, pp.1324-1326; R. Bittner, "Das Unternehmen einer Grundlegung zur Metaphysik der Sitten", in hrsg. O. Höffe, *Grundlegung zur Metaphysik der Sitten: ein kooperativer Kommentar*, 3. ergänzte Auflage, Frankfurt am Main: Vittorio Klostermann, 1989, p.21; L. Thorpe, "The Point of Studying Ethics according to Kant", *The Journal of Value Inquiry*, Vol. 40, 2006, pp.461-462; A. Wood, *Kant's Ethical Thought*, Cambridge: Cambridge University Press, 1999, p.160 참조할 것).

18) 이 책, 즉 『일반실천철학』(*allgemeine praktische Weltweisheit*)은 원래 *Philosphia Practica Universalis*(1738~39)라는 제목으로 출간되었다. 볼프의 실천철학은 보편적인 실천철학, 자연법, 정치학, 도덕철학으로 이루어져 있다. 그는 보편적인 실천철학에서 '완전성'이라는 개념에 집중함으로써 인간이 도덕적 선을 실현하여 완전성에 이른다고 주장했다. 그는 이 작업으로 보편적인 윤리학을 마련하려고 했다(http://plato.stanford.edu/entries/wolff-christian/ 참조할 것).

19) 'Will'은 '의지'로 번역하고, 'Wollen'은 (기존에 '의욕하다'로 번역하기도 했지만, 이는 우리말 표기법에 맞지 않아) 문맥에 따라서 '의욕작용', '바람', '원함'으로 번역하고자 한다. 다만 동사형 wollen은 문맥에 따라서 '하고 싶다', '하려고 한다', '바라다', '원하다'로 번역하고자 한다.

20) 구속성(Verbindlichkeit)에 관해서는 『도덕형이상학』 VI 222 참조할 것.

21) 칸트는 1797~98년에 『도덕형이상학』을 출판했다.

22) 헤겔에게 'dialektisch'는 '변증법적'으로 번역될 수 있지만, 여기서는 경험을 넘어선 영역에까지 인식을 확장하여 우리를 이율배반, 모순, 허상으로도 인도할 수 있는 경우를 포함하므로 '변증적'으로 번역한다(『순수이성비판』 A

384; B 390, 450, 534).

23) 1788년에 『실천이성비판』이 출판되고, 1797년에 『도덕형이상학』이 발표됨으로써 도덕철학의 완전한 체계가 마무리된다.

24) '셋째로'가 있으면, '첫째로', '둘째로'가 있어야 할 텐데, 이 부분이 발견되지 않는다. 그래서 문맥상 첫째와 둘째는 앞 문단의 '한편으로'와 '다른 한편으로'의 내용을 가리키는 것으로 추정된다.

25) 여기서 '평범한 지성'(gemeiner Verstand)은 '보통의 이해', 즉 '상식'을 의미한다.

26) 이 학설은 앞뒤 문맥에서 볼 때, '도덕형이상학'에 해당한다.

27) 독자의 이해를 돕기 위해 이 문장을 좀더 의역하면 다음과 같이 될 것이다. "왜냐하면 내가 이 원리를 사용함으로써 편리하고 부족함이 없다고 하여, 그것이 곧 이 원리의 옳음에 대한 어떤 명확한 증거를 제시해주지 못하기 때문이다. 그뿐만 아니라 되레 이러한 것들이 편견을 야기하여, 이 원리를 결과와 상관없이 아주 엄밀하게 탐구하고 숙고하는 것을 방해하기 때문이다."

28) 독일어 원문은 'Letzter Schritt'로 되어 있다. 이는 본문 안의 제3절 제목(『순수이성비판』 A 97; 『정초』 IV 446)에는 'Übergang'으로 나와 있다. 전자는 '최종 행보'로 표현되어 있는데, 후자는 '이행'으로 표현되어 있다.

제1절 도덕에 관한 평범한 이성 인식에서 철학적 이성 인식으로 이행

1) 원문에는 'in mancher Absicht'로 되어 있다. 따라서 '많은 의도에서'라고 번역하는 것이 옳으나, 문맥상으로 볼 때는 '많은 면에서'나 '많은 점에서'로 번역하는 것이 더 잘 어울릴 것 같다. 물론 이 구절에는 재능이나 기질에 해당하는 것들이 일어날 때 그 의도가 선한 경우가 많다는 의미도 담겨 있다.

2) 칸트는 '격정'(Affekt)과 '열정'(Leidenschaft)을 구분했다. 전자는 마음이 자제를 하지 못하고 감각에 자극을 받아 갑작스럽게 일어나는 감정 상태로 숙고가 불가능한 경우라면, 후자는 이성이 경향성에 지배를 받아 제어할 수 없고, 그것도 지속적으로 진행되는 경우다(『인간학』 VI 251-282).

3) 초판과 재판 그리고 바이셰델판에는 'etwa ein bloßer Wunsch'로 되어 있으나 학술원판에서는 'etwa als ein bloßer Wunsch'로 수정되었다. 바로 이어 나오는 'als'와 연관 지을 경우, 학술원판 형식으로 수정하는 것이 적절할 것 같으나, 그대로 사용해도 무방할 것으로 본다.

4) 'Misologie'는 고대 그리스어 'μισολογία'에 기원을 두는 것으로, 토론이나 논증에 참여하는 것을 혐오한다는 의미가 있다. 이 용어는 플라톤의 대화편인 『파이돈』 편에서 나타난다. 여기에서 소크라테스는 이성으로 질문하고 답변하는 논증적 절차를 싫어하는 경우와 관련하여 이 용어를 사용했다. 여기

에 대한 자세한 논의는 Platon, *Paedo*, 88c, 89d-e, 90c-e 참조할 것.

5) 초판과 재판에 모두 'sie'로 되어 있고 바이셰델판에도 'sie'로 되어 있다. 이럴 경우 'Wirkung'(결과)을 가리키게 될 것이므로 '결과'를 의미하게 될 것이다. 그러나 문맥상으로 볼 때, 앞의 'Objekt'(객관)를 가리킨다고 보는 것이 더 적합할 것 같다. 그러면 'sie'가 아니라 'es'가 되어야 한다. 그래서 학술원판에서는 'es'로 수정했다.

6) '법칙의 수립'은 독일어 원문 'Gesetzgebung'을 번역한 것이다. '이를 '입법'으로 번역하면 법률제정이라는 느낌이 강하다. 사실 칸트에게서 Gesetzgebung은 의지가 관계하는 도덕법칙에만 사용되는 것이 아니라, 지성이 관계하는 자연법칙에도 사용된다(『순수이성비판』 A 127 참조할 것).

제2절 대중적 도덕철학에서 도덕형이상학으로 이행

1) 이 부분을 가독성을 위해 의역을 가미하면 다음과 같이 옮길 수 있다. "우리로 하여금 이러저러하게 선하게 행동하게 하고, 매우 큰 희생을 무릅쓰고라도 어떤 행동을 하게 하는 것이 있다면, 그런 것에 충분히 영향을 줄 수 있는 근거는 바로 이러한 의무가 도덕적이라는 데 있다."

2) 초판, 재판에는 'seyn'으로 되어 있고, 바이셰델판 역시 이를 따랐다. 그러나 학술원판에서는 'seien'으로 수정되었다. 이는 'daß'절이 간접화법의 형식을 취한다고 여기기 때문이다.

3) 이 문장은 '우리가 도덕성이라는 개념에서 이 개념이 전적으로 진리이고, 또한 이 개념이 가능한 대상 모두와 관계를 맺고 있음을 우리가 정말 부인하려는 것이 아니라면'의 뜻을 담고 있다.

4) 원문은 'apodiktisch'로서 이를 『칸트전집』 간행사업단의 '용어조정위원회'에서는 '필연적'으로 번역할 것을 제안하고 있다. 그러나 여기에서는 바로 앞에 'notwendig'가 있어 '자명한'으로 번역하고자 한다.

5) 여기에는 '우리의 의지를 결정하는 법칙이 단지 경험적일 뿐이고, 그래서 순수하지만 실천적인 이성에서 완전히 아프리오리하게 기원한 것이 아니라면, 우리는 이런 법칙을 이성적 존재자 일반의 의지를 결정하는 법칙으로 간주할 수 없으며, 또한 오로지 이성적 존재자 일반의 법칙인 차원에서 그 법칙이 우리 자신의 의지에 속해 있는 것으로 간주해볼 수도 없다'는 뜻이 담겨 있다.

6) 독일어 원문에는 'zu oberst'로 되어 있다. 이를 직역하면 '가장 높은 곳에서'가 되며, 이는 '권위를 갖고서'라는 의미를 담고 있기도 하다. 그래서 이 부분을 포함하고 있는 이 문장에는 '실례가 도덕성 개념보다 더 우위에 위치해서 이를 결정하는 역할을 할 수 없다'는 뜻이 담겨 있다. 다른 영어판에서는 'zu oberst'를 '그 자체만으로'(I. Kant, *Groundwork for the Metaphysics of Morals*, trans. and ed. A. Wood, New Haven and London: Yale University Press,

2002, p.25)나 '애초부터'(I. Kant, *Groundwork of the Metaphysics of Morals*, ed. J. Timmermann and trans. M. Gregor, Cambridge: Cambridge University Press, 2011, p.45), '권위를 갖고서'(I. Kant, *Groundwork of the Metaphysics of Morals*, trans. and ed. M. Gregoryn, Cambridge: Cambridge Uiversity Press, 1997, p.21)로 번역하고 있다.

7) 이 부분은 「마태복음」 제19장 제17절에 나온다.

8) 이 문장에 대한 상반된 해석들이 여러 번역서에서 나타나고 있다. 한편에 서는 "모든 경험에 독립해 있지 않으면서 오직 순수성에만 의거해야 하는" 의 의미로 번역한 경우도 있고, 다른 한편에서는 "모든 경험에 독립해 있으 면서, 오직 순수이성에만 의거해서는 안 되는"의 의미로 번역한 경우도 있 다. 그러나 모두 애매하다. 팀머만(Jens Timmermann)은 칸트의 이 문장이 현 대문법에 비추어볼 때 불필요한 부분이 들어 있음을 지적한다. 그는 이 문 장의 의미가 "순수이성에 의거하는 어떤 도덕성의 원리도 없다면"으로 해 독하고 있다(J. Timmermann, *Kant's Groundwork of the Metaphysics of Morals: A Commentary*, Cambridge: Cambridge University Press, 2007, p.56). 애보트(T.K. Abbott)도 "모든 경험에서 독립하여 순수이성에 의거하는 것 외의 어떤 최상 의 도덕성 원리도 없다면"으로 번역하고 있다(I. Kant, *Fundamental Principles of the Metaphysics of Morals*, T.K. Abbott (trans.), London: Longmans, 1972, p.14). 이 문장에는 실제로 이러한 의미가 담겨 있다고 보아야 할 것이다.

9) 칸트의 이와 같은 주장은 그가 언급하는 '원칙'으로도 이해할 수 있다. 그 는 다른 판단들이 그것에 의존하지만 그 자체는 결코 다른 어떤 것에도 예속 될 수 없어서 선험적으로 확실한 직접적 판단을 '원칙'(Grundsatz)이라고 부 를 수 있다고 주장한다(『논리학』 IX §34). 그리고 그는 원칙은 직관적인 경우 도 있고 논의적인 경우도 있다고 주장한다(『논리학』 IX §35 참조할 것). 칸트 는 『순수이성비판』에서도 이와 같은 주장을 했다(『순수이성비판』 B 188-189, 200). 또한 그는 원칙을 경험에 의존하지 않으면서 경험을 가능하게 하는 원 리로 주장했다(『순수이성비판』 B 198, 294). 나아가 그는 원칙을 이성의 원칙 과 지성의 원칙으로 나누고, 전자는 현상에 대해 초험적임을 주장하고, 후자 는 경험의 가능성에 관계하는 내재적인 것임을 주장했다(『순수이성비판』 B 365). 물론 전자도 경험의 가능성에 관계하는 지성의 원칙에 참여하여 통일 하는 활동을 수행한다(『순수이성비판』 B 693). 그는 『실천이성비판』에서는 실 천이성이 원칙에서 시작하여 개념으로 나아가는 데 반해서, 사변이성은 감관 에서 시작하여 원칙으로 나아간다고 주장했다(『실천이성비판』 V 16). 또한 그 는 이 원칙은 의지의 보편적 규정을 포함하는 명제로 이루어지며, 이 아래 여 러 실천적 규칙이 속하게 된다고 주장했다(『실천이성비판』 V 19). 그뿐만 아 니라 그는 준칙, 원칙, 명령(법칙)을 구분했다. 그는 준칙이 원칙이 되기는 해 도 법칙이 되지 못하는 경우가 존재한다고 주장했다. 준칙이 주관적 원칙이

라면, 명령은 객관적 원칙이 된다(『실천이성비판』 V 20). 그리고 그는 종합적 원칙과 분석적 원칙을 언급하며, 전자에 대해서는 감성적 직관과 관계하여 경험을 가능하게 하는 것으로 주장했다(『실천이성비판』 V 42). 결국 그는 실천이성의 최상 원칙은 "전적으로 아프리오리하게 그리고 경험적 원리에서 독립하여 그 자체로 존립한다"고 주장했다(『실천이성비판』 V 46; 『칸트전집』 6 195-196). 그리고 그는 도덕성의 원칙을 본래부터 인간 이성 안에 자리하는 것으로 파악했다(『실천이성비판』 V 105). 그래서 그는 도덕원칙은 경험적인 원천으로부터 나올 수 없다고 주장했다(『도덕형이상학』 VI 215). 나아가 칸트는 '원칙'과 유사한 개념으로 '원리'(Prinzip)라는 개념을 사용했다. 그에게서 '원리'는 지성과 구별되는 이성이 관계하는 부분이다. 그래서 칸트는 이성을 '원리의 능력'이라고 했다(R. Eisler, *Kant Lexikon*, Hildesheim·New York: Georg Olms, 1979, pp.433-434 참조할 것).

10) 이때 "전혀 기술이 아니기 때문이다"는 "제대로 된 역량(방법)이 아니기 때문이다"의 의미를 지니고 있다. 여기 '기술', '역량(방법)'에 해당하는 독일어는 Kunst로서, 이는 흔히 '기예'로 번역된다. 칸트에 따르면 이 용어는 이성에 기초한 자유로운 활동에 관계된 것으로서 이성이 없는 존재의 자연적 본성에 의한 활동과는 구분된다. 그리고 이 용어는 인간의 숙련성에 관계하는 학문이나 임금 노동에 관계하는 수공과도 구별된다(『판단력비판』 V 303-305).

11) 이 단어는 'Hyperphysik'를 번역한 것으로서, 이는 칸트가 자연학에서 일컫듯이 이성이 자연을 고찰할 때 모든 경험을 넘어서는 초험적(transzendent) 활동을 수행하는 것을 가리킨다. 그는 자연고찰에서 이성을 자연적이거나 내재적으로 사용하는 경우와 초자연적(hyperphysisch)이거나 초험적으로 사용하는 경우로 구분하고 있다(『순수이성비판』 B 874).

12) '하자연적'(下自然的)은 'hypophysisch'를 번역한 것이다. 이 말은 자연을 넘어선 것에 관계하는 '초자연적'인 것에 대비되는 것으로 자연 아래 숨겨진 것에 관계한다는 의미다. 칸트는 '우리의 법칙 아래 나타나는 세계의 총괄'을 '자연'이라고 하고, 이 자연을 초월해 법칙으로 규정할 수 없는 것에 관계하는 경우를 '초자연적'(übernatürlich)이라고 하며, 이와 대비하여 '우리에게 알려진 법칙' 아래 놓여 알려지지 않는 자연, 즉 법칙 이전의 자연과 관련하여 '반자연적'(widernatürlich)이라는 용어도 사용하고 있다(『형이상학강의 (L₂)』 XXVIII 667).

13) 줄처(Johann Sulzer, 1720~79). 볼프학파의 철학자로서 흄(David Hume)의 『인간 지성의 탐구』(*An Enquiry Concerning Human Understanding*, 1748)를 1755년에 독일어로 번역했다. 이 번역이 칸트에게 영향을 준 것으로 여겨진다. 그는 수학과 전기 분야에서 활동했으며, 이후 미적 인식에 관여하여 바움가르텐의 접근을 심리학의 영역으로까지 확장해나갔다. 그는 다음과 같

은 저서들을 남겼다. 『자연의 아름다움에 관한 대화』(*Unterredungen über die Schönheit der Natur*, 1750), 『과학과 미술의 기원에 관한 생각』(*Gedanken über den Ursprung der Wissenschaften und schönen Künste*, 1762), 『미술 일반 이론』 (*Allgemeine Theorie der schönen Künste*, 1771~74), 『혼합 철학 문집』(*Vermischte philosophische Schriften*, 1773/81). https://en.wikipedia.org/wiki/Johann_ Georg_Sulzer 참조할 것.

14) 앞서 번역한 '동인들'(Bewegungsgründe)과 구별하기 위해 여기에 사용된 'Bewegursache'는 '작용인들'로 번역하고자 한다.

15) 여기에서 'Imperativ'는 '명령의 형식'의 의미를 담고 있다. 그래서 '명령법' 내지는 '명법'으로 옮길 수도 있다. 하지만 『칸트전집』 간행사업단 '용어조정위원회'의 제안에 따라 이를 '명령'으로 번역하기로 한다.

16) 이 문장에는 "명령은 우리가 어떤 것을 행하거나 하지 않을 경우, 이와 관련하여 이에 대해서 선하다고 하거나 선하지 않다"고 하는 데 관계한다는 뜻이 담겨 있다.

17) 이는 'assertorisch'를 번역한 것으로서, 칸트가 범주표를 마련하기 위해 판단표에서 언급한 용어다. 그는 '양상'에 관한 판단에서 "Problematische, Assertorische, Apodiktische"를 제시하고 있다. 이들 각각은 '개연적'(蓋然的), '실연적'(實然的), '필연적'(必然的)으로 번역되며, '개연적'은 판단에서 가능적인 경우를, '실연적'은 현실적인 경우를, '필연적'은 명증적인 경우를 가리킨다(『순수이성비판』 B 100).

18) 원문에는 'Aufgaben ~, daß ~ '로 되어 있지만, 이 부분은 다른 번역서에서는 "어떤 목적이 우리에게 가능할까라는 과제"(I. Kant, *Groundwork for the Metaphysics of Morals*, trans. and ed. A. Wood, New Heaven and London: Yale University Press, 2002, p.32)로 번역하거나, "우리에게 가능한 어떤 목적을 세워야 할 과제"(I. Kant, *Groundwork for the Metaphysics of Morals*, ed. J. Timmermann and trans. M. Gregor, Cambridge: Cambridge University Press, 2011, p.59)로 번역하고 있다.

19) 이 문장에는 '이성적 존재자들이 실제로 가지고 있을 것으로 가정되는 목적이 존재함'이라는 의미가 담겨 있다.

20) 원어는 'schlecthin'으로서, '즉시', '바로'의 뜻을 지니고 있지만, 내용상으로는 '조건 없이', '무조건적으로'라는 의미를 지니고 있다. 그래서 영어 번역본에는 이 용어가 '자체적으로'(per se) 혹은 '절대적으로'(absolutely)라고 번역되어 있다(I. Kant, *Groundwork for the Metaphysics of Morals*, trans. and ed. A. Wood, New Heaven and London: Yale University Press, 2002, p.33; I. Kant, *Groundwork for the Metaphysics of Morals*, ed. J. Timmermann and trans. M. Gregor, Cambridge: Cambridge University Press, 2011, p.61; I. Kant, *Groundwork of the Metaphysics of Morals*, trans. and ed. M. Gregoryn, Cambridge: Cambridge

Uiversity Press, 1997, p.27).

21) 이 부분에 관해서는『도덕형이상학』VI 221 참조할 것.

22) 여기서 '목적을 바란다'는 것에는 모든 행동을 할 때 아무 목적 없이 행동하기보다는 목적을 염두에 두고 행동한다는 뜻이 담겨 있다. 실제로 칸트는 여기서 인간이 살아갈 때 '행복'을 목적으로 설정하는 것에 대해서 언급하고 있다. 그러므로 이 경우 '목적을 바란다'고 하면 이는 '행복을 바란다'는 의미다. 그리고 이에 이어서 뒤에 나올 수단과 관련해서도 이를 '바란다'는 것은 행복이라는 목적을 성취하기 위한 수단을 마련하기를 바란다는 의미가 된다.

23) 여기에서 '명령'은 'praecepta'를 번역한 것이고, '권고'는 'consilia'를 번역한 것이다. 전자는 원형이 'praeceptum'으로 훈계나 지시를 통하여 따르게 하는 경우라면, 후자는 원형이 'consilium'으로 조언, 상담, 협의를 통해서 권장하는 경우다.

24) 칸트는 지성을 '규칙의 능력'이라고 하며, 이성을 '원리의 능력'이라고 언급한다(『순수이성비판』B 356). 이때 '규칙'은 지성이 현상의 다양과 관계하여 판단할 때 '현상들의 통일'에 관계한다면, '원리'는 이성이 추리를 통해 지성의 인식들을, 즉 '지성의 규칙들을 통일하는' 데 관계한다(『순수이성비판』 B 359, 361). 나아가 칸트는 '법칙'을 현상의 통일에 관계하는 규칙들을 정밀하게 조사해 이것들이 객관적이게 될 때를 의미한다고 주장한다. (『순수이성비판』A 126). 그는 경험을 통해서 알게 되는 많은 법칙과 달리 이들을 넘어서는 궁극적 법칙에 관해서 언급하며, 이 법칙은 지성의 선험적 활동에 기초하고 있음을 주장한다(같은 곳). 그는 원칙, 준칙, 법칙의 관계에 대해서 다음과 같이 주장한다. "실천적 원칙(Grundsätze)은 의지의 보편적 규정을 내포하는 명제로 그 아래에 실천적 규칙이 다수 있다. 주관이 제약을 오직 주관 자신의 의지에 대해서만 타당한 것으로 간주한다면 실천적 원칙은 주관적이다. 혹은 이러한 실천적 원칙은 준칙(Maximen)이다. 그러나 주관이 이 제약을 객관적인 것으로, 다시 말해 모든 이성적 존재자의 의지에 타당한 것으로 인식한다면 실천적 원칙은 객관적이다. 혹은 이러한 실천적 원칙은 실천법칙(Gesetze)이다"(『실천이성비판』V 19;『칸트전집』6 157). 이어서 그는 '원리'와 '법칙'을 구분하고 있다. 전자는 쾌와 불쾌에 입각하여 수용하는 주관적 조건에 관계된 것이며(『실천이성비판』V 21), 후자는 이성의 선험적 근거들에 기초한다(『실천이성비판』V 26). 그에 따르면 주관적 원리들은 실천법칙이 될 수 없다(『실천이성비판』V 26).

25) 정언명령에 따라 행위를 하려고 하는 것은 가언명령에 따라 행위를 하려는 경우처럼 하나의 목적에 대해 바란다는 개념을 분석함으로써 도출될 수 있는 것이 아니다. 정언명령이 행위를 이성적 의지라는 개념과 직접 연결하는 것은 전제된 더 이상의 어떤 목적을 바라는 것으로부터 도출되는 것이 아니

다. 물론 이러한 직접적 연결에도 그 명제는 종합적으로 남는다. 그러한 행위를 하려고 하는 것이 이성적 의지라는 개념 안에 포함되어 있지 않다.

26) 이때 행위들은 앞서 언급한 첫째와 둘째 사람의 경우, 즉 자살하려고 하거나 거짓말을 하려고 하는 사람의 경우다.

27) 여기서 '보편성'은 'Allgemeinheit'(universalitas)를, '일반성'은 'Gemeingültigkeit'(generalitas)를 번역한 것이다.

28) 칸트는 인간 안에 스스로 살아가지 못하는 미성년자나 금치산자를 돌보는 '후견인'[보호자]처럼, 늘 돌봐주고 지켜주려는 '후견인[보호자/수호자]의 본성'(vormundschaftliche Natur)과 같은 것이 자리할 수 있다고 본다. 그렇지만 그는 이런 것으로부터 전해지는 법칙들은 이성이 스스로 설정한 법칙의 자격을 가질 수는 없다고 본다.

29) 로마 최대의 여신으로 주피터(Jupiter)의 처이자 그리스의 헤라(Hera)에 해당한다. 유노(주노)는 하늘과 땅의 비(妃)로, 여성의 결혼생활과 밀접한 여신으로 자리한다(한국사전연구사 엮음,『종교학대사전』참조할 것).

30) 쾌, 미, 선과 관련하여 각각 누군가에게 즐거움을 주는 것, 마음에 들게 하는 것, 존중하거나 시인하는 것에 관련된 것으로 본다. 처음 것은 동물에게도 가능하다고 보고, 둘째 것은 동물적이면서 이성적인 인간들에게에게만 가능하다고 보며, 마지막 것은 모든 이성적 존재자 일반에 해당하는 것으로 본다(『판단력비판』V 210 참조할 것).

31) '물건'(Sache), '인격'(Person)에 관해서는『도덕형이상학』VI 223 참조할 것.

32) '바람'(Wunsch), '자의'(Willkür), '의지'(Wille)에 관해서는『도덕형이상학』VI 213 참조할 것.

33) "본래 도덕에 속한다"라는 것은 도덕이 고유하게 담당해야 할 일이라는 의미다. 여기에는 도덕성의 근본 원리를 다루는 도덕형이상학과 이런 세세한 부분을 다루는 도덕을 구분하려는 뜻이 담겨 있다.

34) "목적을 간직하고 있다"는 표현에는 타인 역시 나와 마찬가지로 단순히 수단적 존재가 아니라 목적으로서 대우받아야 할 존재라는 주장이 담겨 있다.

35) 이 말은 바이셰델판 편집자의 설명과 우드(Allen Wood)나 그레고어(Mary Gregor)가 번역하고 편집한 책의 설명에 따르면 '다른 사람들이 너에게 행하기를 원치 않는 것을 네가 다른 사람에게 행하지 말 것 등'의 의미를 지니고 있다(I. Kant, *Immanuel Kant Werke* Bd. VI, hrsg. W. Weischedel, 1983, p.62; I. Kant, *Groundwork for the Metaphysics of Moral*, trans. and ed. A. Wood, New Haven and London: Yale University Press, 2002, p.48; I. Kant, *Groundwork of the Metaphysics of Moral*, trans. and ed. M. Gregor, Cambridge: Cambridge University Press, 1997, p.38). 칸트는 이것을「마태오의 복음서」제7장 제12절과「루가의 복음서」제6장 제31절의 "너희는 남에게서 바라는 대로 남에게 해주어라"라는 구절에서 드러나는 황금률과 구별하고 있다(대한성서공회,『공동번

역 신약성서 개정판』, 1991, 12쪽; I. Kant, 2002, p.48 참조할 것).

36) 칸트가 제시하는 인간을 규정하는 세 요소, 즉 '동물성'(Thierheit), '인간성'(Menschheit), '인격성'(Persönlichkeit)에 관해서는 『종교론』 VI 26-28 참조할 것.

37) 칸트는 사물의 내적 형식과 관련된 자연의 목적은 사물의 현존과 관련된 자연의 목적을 넘어서 있는 초감성적인 면을 지닌, 즉 궁극목적과 관련된 것으로 보았다(『판단력비판』 V 378).

38) 칸트는 '자기 자신에 대한 의무'와 '타인에 대한 의무'를 구분하고, 후자와 관련하여 '공로가 있는'(verdienstlich) 의무와 '부채가 있는'(schuldig) 의무로 세분했다. 그는 '공로가 있는 의무' 수행과 관련된 감정을 '사랑'으로, '부채가 있는 의무' 수행과 관련된 감정을 '존경'으로 파악하고 있다. 따라서 타인에 대한 사랑의 의무는 "타인의 **목적들**을 내 목적으로 만드는 것"이며, 타인에 대한 존경의 의무는 "어떠한 타인도 내 목적을 위한 한갓 수단으로 격하하지 않는" 의무에 관계한다(『도덕형이상학』 VI 448-450; 『칸트전집』 7 349).

39) 이 문장에는 타인이 수단이 아니라 목적 자체인 것으로 표상되는 한, 그가 추구하는 목적, 즉 행복은 곧 내가 추구하는 목적, 즉 행복이기도 해야 한다는 의미가 담겨 있다. 칸트는 덕의 의무와 관련하여 '동시에 의무인 목적'을 소개하면서 '자신의 완전함'에 관계된 것과 '타인의 행복'에 관계된 것으로 구분하고 있다. 그는 이 후자와 관련하여 자기사랑은 타인이 자신을 목적으로 대해줄 것으로 필요로 하며, 동시에 이 준칙이 보편법칙이 되기 위해서는 자신 또한 타인을 목적으로 대우해야 한다는 의무를 필히 수반한다(『도덕형이상학』 VI 392-393).

40) 이 문장에는 "이런 명령들, 즉 행위들이 **자연** 질서에 유사한 보편적 법칙에 따라야 한다거나 이성적 존재 자체가 보편적으로 목적에서 우선적이어야 한다"는 뜻이 담겨 있다.

41) 초판, 재판에는 'er'로 되어 있으나 학술원판에서는 'es'로 수정했다. 이 대명사가 받는 명사가 '이성적 존재자'(das vernünftige Wesen)로 중성이기 때문이다. 바이셰델판 역시 재판을 따랐다.

42) 초판과 재판, 바이셰델판에는 '준칙'(Maxime)으로 되어 있지만 학술원판에는 'Materie'로 되어 있다. 그런데 1)에서 '형식'이라고 주장된 점에 비추어 볼 때, 이 부분은 학술원판에 표기된 대로 '내용'으로 번역해야 옳은 것으로 여겨진다.

43) 이 문장의 의미는 "의지가 보편적 법칙의 차원에서 가능적 행위들에 관계할 때 이때 의지가 지니는 다양성"이라는 뜻이다.

44) 허치슨(Francis Hutcheson, 1694~1746)은 영국 계몽기 도덕철학자로 로크 사상의 영향을 받았다. 그의 작업은 여러 계몽사상가, 특히 흄이나 애덤 스미

스(Adam Smith) 같은 사상가들에게 많은 영향을 미쳤다. 허치슨에 따르면, 인간은 외감과 내감 등 다양한 감각을 지니고 있으며, 특히 '미감'과 '도덕 감'도 지니고 있다. 그는 '도덕감'을 집중적으로 연구해 당시 대표적 윤리학자 구실을 했다. 그는 『아름다움과 덕 관념의 기원 연구』(*An Inquiry into the Original of our Ideas of Beauty and Virtue*, 1725), 『감정 및 애정의 본성과 행동에 대하여』(*Essay on the Nature and Conduct of the Passions and Affections, with Illustrations upon the Moral Sense*, 1728), 『도덕철학의 체계』(*A System of Moral Philosophy*, 1755) 등 윤리학 관련 저서들을 많이 남겼다. 그에 따르면 인간에게는 이기적 경향과 이타적 경향이 있다. 특히 그는 인간에게는 '도덕감'이 있으며, 이것이 도덕적 행위에 주도적 역할을 한다고 보았다. 그는 이 '도덕감'을 갖춘 자와 그렇지 못한 자를 유덕한 자와 악덕한 자로 분류하고, 나아가 도덕적 선을 행복 증진에 두었다. 이런 그의 주장은 벤담(Jeremy Bentham)의 공리주의에 선구적인 역할을 했다(D. Norton, "Hutcheson, Francis", ed. E. Craig, *Encyclopedia of Philosophy*, London: Routledge, 1998, pp.588-594 참조할 것).

45) 여기서 "본성이 법칙을 부과한다"는 것은 주체가 자신의 이성적 판단에 따라 자율적으로 법칙을 수립하는 것이 아니라 법칙이 자연적 본성에 따라 타율적으로 주어짐을 의미한다. 이는 인간이 자연법칙에 지배되어 있음을 의미하는 것이기도 하다.

46) 이미 칸트는 제1절에서 사람들 사이에 일반적으로 사용되고 있는 도덕성 개념, 즉 도덕에 대한 평범한 인식을 분석하여 이 개념이 지닌 특징을 밝혀내는 철학적 인식을 제시했다. 그리고 제2절에 이르러서는 이를 바탕으로 도덕에 대한 선험적 정당화의 문제를 논의하고자 대중적 도덕철학에서 도덕형이상학으로 이행하는 과정을 서술하고 있다.

제3절 도덕형이상학에서 순수실천이성비판으로 이행

1) '자연필연성은 작용하는 원인이 지닌 타율성'이라는 것은 자연에 일어나는 것 모두에는 원인과 결과의 관계가 작동하며, 각각의 결과는 계속해서 앞서 있는 다른 원인에 의해서 영향을 받아 일어남을 의미한다. 즉 자연에서 일어나는 것들은 스스로가 자기원인이 되어 일어나는 것이 아니라 외부의 다른 원인에 영향을 받아 일어남을 의미한다. 그러므로 작용하는 원인 자체가 이미 자기 외부의 또 다른 원인에 의해서 타율적으로 영향을 받고 있다.

2) 이 문장에는 '단적으로 선한 의지가 있다면, 이런 의지는 자신이 세운 준칙이 이미 그 자체로 보편적 법칙이 되어야 하는 경우에 관계하는 의지'라는 의미가 담겨 있다.

3) '자기 원인성의 의식을 지닌다는 것'은 외부에 원인이 있는 것이 아니라 바로 자기 자신이 원인이 된다는 것을 의식하는 경우다.

4) 초판과 재판 그리고 바이셰델판에는 남성 지시대명사 'er'가 사용되어 앞에 있는 'Verstand'를 받는 것으로 여겨지만, 문맥상 '이성'을 받아야 할 것 같다. 따라서 'er'가 아니라 '이성'(Vernunft)을 가리키는 'sie'로 수정해야 한다. 학술원판은 그래서 'er'를 'sie'로 바꾸어서 표기했다.

5) 따라서 'er'가 'sie'로 바뀌면, 이것을 가리키는 3격 지시대명사도 여성 3격 'ihr'에서 남성 3격 'ihm'으로 수정되어야 한다. 학술원판 역시 이런 수정을 가했다.

6) 이 문장은 자유를 추구하는 인간은 일어나는 사실 세계에만 관계하는 것이 아니라 이를 넘어 일어나야 할 당위 세계에 관계함을 주장하고 있다.

7) 원어는 'bonum vacans'로서, 이는 텅 빈 재산, 즉 "어느 누구에게도 속해 있지 않은 일종의 재산"을 의미한다(I. Kant, *Groundwork for the Metaphysics of Moral*, trans. and ed. A. Wood, New Haven and London: Yale University Press, 2002, p.73).

8) 초판과 재판, 바이셰델판에는 'subjektiv-bestimmten'으로 되어 있지만 문맥 상으로 볼 때 이성이 규정하는 주체가 되어야 할 것 같다. 따라서 학술원판이 제시하듯이 'subjektiv-bestimmenden'으로 바꾸어야 한다. 그래서 이 글의 번역 역시 학술원판 수정 내용을 따랐다.

9) 실천이성이 지성계 안으로 사유해 들어간다는 것은 실천이성이 자신의 법칙을 결정할 때 감성계의 그 어떤 영향도 받지 않겠다는 태도에, 즉 감성계로부터 거리를 두겠다는 소극적(부정적) 태도에 기초하여 사유함을 의미한다.

10) 이성은 그 자신이 제대로 실천적이기 위해서는, 그 자신을 현상계의 자연법칙의 지배를 받지 않는 위치에 있도록 해야 하며, 이를 위해서는 현상계로부터 벗어나 있는 지성계에 관계시켜야 한다. 따라서 지성계라는 개념은 자신이 서 있어야 할 지점에 해당한다.

11) 이 문장은 '감성의 영향을 받는 이성적 존재자가 행해야 할 당위를 명하는 것은 이성뿐이며, 이 이성이 명하는 것을 이 존재자가 이 당위를 실현하려고 하도록 의욕을 갖게 하기 위해서는'이라는 의미를 지니고 있다.

12) '이성에 의한 자신의 원인성'이란 이성적 존재자가 자신의 이성을 바탕으로 시작하여 일으키는 원인성을 의미한다.

13) 이때 '이상'은 'Ideal'을 번역한 것으로, 칸트는 이를 이념, 즉 'Idee'와 함께 사용하고 있다. 그는 이들 사이의 차이를 언급하고 있다. 그에 따르면 '이념'은 현상에 적용되어 구체적 내용을 갖는 범주보다 훨씬 더 객관적 실재성에서 멀어져 있으며, '이상'은 이 이념보다 더 객관적 실재성에서 멀어져 있는 것으로 '이념에 의해서만 규정될 수 있는 개별자'에 해당한다(『순수이성비판』 B 596 참조할 것).

14) 이처럼 이성은 스스로가 자기 필연성을 완전히 인식하는 것에 이르려고 하지만, 현존하거나 일어나는 것 그리고 일어나야 할 것을 제약하는 조건들이 마련되어 있지 않으면 이성 자신도 이런 필연성에 이르지 못하는 한계를 지

니게 마련이다.

15) '파악'에 해당하는 한자 '把握'은 '잡을 파(把)' 자와 '쥘 악(握)' 자로 구성된 것으로 '개념'에 해당하는 독일어 'Begriff'의 동사형인 'greifen'(잡아 쥐다)의 의미를 지니고 있다. 그러므로 여기에 나오는 'begrifflich ~ machen'도 이런 의미에서 '파악하다'로 번역한다. 이때 '파악'에는 칸트가 주장하는 개념적 차원이 반영되어 있다.

16) 이 문장은 인간 이성의 한계에까지 원리적으로 매진하는 철학에 대해 우리가 이 이상으로 부당하게 요구해서는 안 됨을 주장하고 있다.

실천이성비판

머리말

1) 이맛돌은 석조 아치를 만들 때 중심부에 박는 마무리 쐐기돌로, 아치를 구성하는 다른 돌이 움직이지 않게 할 뿐만 아니라 무게를 양쪽으로 분산해 구조물이 더 큰 무게를 견딜 수 있도록 해준다. 로마의 콜로세움을 복층구조로 쌓을 수 있었던 것은 이 아치구조 덕분이었다.

2) 'ratio essendi'(존재 근거), 'ratio cognoscendi'(인식 근거).

3) '참으로 여김'의 원어는 'Fürwahrhalten'.

4) *Quid statis? Nolint. Atqui licet esse beatis.* 호라티우스의 풍자시(I, I, 19).

5) 티텔(Gottlob Tittel, 1739~1816). 칸트가 언급한 내용은 G. Tittel, *Über Herrn Kant' Moralreform*, Leibzig, 1786, p.35, p.55 참조할 것. G. Tittel, "Über einige Sätze der Kantischen Moral", *Erläuterungen der theoretischen und praktischen Philosophie nach Herren Feders Ordnung*, Frankfurt am Main, 1783에도 칸트에 대한 반론이 실려 있다.

6) 인간 본성에 특수하게 관계한다는 것은 '인간적' 이성적 존재자의 본성과 관계한다는 의미인 것 같다. 이 본성에 관련된 의무는 나중에『도덕형이상학』에서 '동시에 의무인 목적'으로 등장한다. 인간 자신의 완전성과 타인의 행복이라는 인간적 목적과 관련하여 의무는 각각 소질 개발의 의무, 선행의 의무로 분류된다. 이에 대해서는『도덕형이상학』V 394~395 참조할 것.

7) 피스토리우스(Hermann Pistorius, 1730~98). 칸트가 언급한 반론은 피스토리우스가 1786년『독일일반도서』(*Allgemeinen Deutschen Bibliothek*)에 익명으로 발표한 서평을 가리킨다.

8) 이 비난은 G. Tittel, 1786, p. 25에서의 비난을 가리킨다.

9) 페더(Johann Feder, 1740~1821). J. Feder, *Über Raum und Causalität, zur Prüpfung der Kantischen Philosophie*, Gottingen, 1787 참조할 것.

10) 'ex pumice aquam'.

11) 흄(David Hume, 1711~76). 스코틀랜드의 철학자, 역사학자, 경제학자. 로크, 버클리(George Berkeley)와 함께 가장 중요한 경험론 철학자다.『실천이성비판』에서 에피쿠로스와 더불어 가장 많이 언급되는 철학자다. 생전에 흄의 작품은 회의주의와 무신론이라는 비난을 받았지만 애덤 스미스와 벤담, 다윈을 비롯한 당시 학자들에게 큰 영향을 미쳤다. 그는 철학을 인간 본성에 관한 귀납적이고 경험적인 과학이라고 생각했다. 그는 뉴턴의 과학과 로크의 인식론을 바탕으로 인간의 마음이 지식을 얻는 방식을 탐구하고 나서 '실체'나 '인과관계' 같은, 경험을 넘어선 지식은 불가능하다는 회의주의에 이른다. 칸트는 흄이 자신을 '독단의 잠'에서 깨어나게 했다고 말하지만 그의 회의주의는 거부한다. 흄은 허치슨의 도덕이론에 영향을 받아 도덕적 행위의 동기를 이성이 아니라 도덕 감정(ethical sentiments)에서 찾는데, 도덕감정설은 칸트 윤리학의 주요 비판대상이다. 그의 저서는 다음과 같다.『자연종교에 대한 대화』(Gespräche über natürliche Religion, 1781, trans. K. Schreiter)(칸트 소장본),『인간 지성론』(An Inquiry concerning Human Understanding, 1748),『도덕원리론』(An Enquiry concerning the Principles of Morals, 1751),『인간 본성론』(Treatise an human Nature, 1739/40),『영국사』(History of England, 1762).

12) 보편적 경험주의, 모든 지식은 습관의 산물이라는 흄 원칙의 '논리적' 귀결은 회의주의다. 흄이 보편적 경험주의라는 원인으로부터 회의주의라는 결과를, 경험적으로가 아니라 논리적으로 추론했다고 칸트는 비꼰다.

13) D. Hume, An Inquiry concerning Human Understanding, Sect. IV, Pt. I 참조할 것.

14) 채즐던(William Cheselden, 1688~1752)은 당시 영국의 외과의사이자 해부학자다. 시각장애인에게 시력회복 수술을 시행했다. 칸트는 1728년의 채즐던의 임상 실험 보고를 다룬 1738년의 (독일어로 편역된) 책(A. Kästner, Vollständiger Lehrbegriff der Optik, Altenburg, 1755)을 읽었다. 선천적 시각장애인이 시력을 회복했을 때 즉시 기존의 촉각을 통해 가진 인식과 동일한 것을 가질 수 있는지 하는, 이른바 몰리뉴(Molyneux)의 문제는 당시 (경험주의) 인식론의 주요 쟁점이었다.

15) 여기서 아무개는 칸트 자신을 가리킨다. 이 언급은『순수이성비판』에 대한 페더 및 가르베(Christian Garve)의 서평을 겨냥한 것이다. 이와 관련하여『형이상학 서설』 IV 375, 376의 주 참조할 것.

서론 실천이성비판의 이념

1) 이론 영역에서 이성이 관여할 수 있는 영역은 경험계인데, 이를 벗어나 순수이성을 사변적으로 사용하는 것은 이 관할 영역을 벗어난 사용이란 의미에서 초험적(transzendent)이다. 실천 영역에서 자유 영역은 경험적으로 제약된 이

성의 관할 영역이 아니라 순수실천이성의 관할 영역이다. 만일 경험적 실천
이성이 순수실천이성의 관할 영역에 관여한다면 이 또한 '경험을 벗어난' 사
용이라는 점에서 초험적이라는 것이다. 요컨대 이론이성의 경험을 벗어난 사
용이나 경험에 제약된 이성의 도덕적 사용은 모두 자신의 관할 영역인 '경험'
을 부당하게 넘어섰다는 의미에서 초험적이라는 것이다.

제1편 제1권 제1장 순수실천이성의 원칙들

1) 에피쿠로스(Epikur, 기원전 342/341~기원전 271/270). 그리스 철학자. 에피쿠
   로스학파의 창시자. 『실천이성비판』에서 흄과 더불어 가장 많이 언급되는 철
   학자다. 그는 자연학에서는 세계의 사건은 텅 빈 공간에서 움직이는 원자들
   의 운동과 상호작용이라고 설명하는 원자론적 유물론을, 윤리학에서는 선과
   악의 기준은 쾌락과 고통이라고 가르치는 쾌락주의를 주장했다. 그의 쾌락은
   방탕한 환락이 아니라 고통과 혼란으로부터 해방되는 일종의 평정(아타락시
   아)을 말한다. 에피쿠로스의 사상은 칸트도 높이 평가한 라에르티우스의 『자
   연의 사물에 관하여』를 통해 전해진다.

2) 칸트가 보기에 에피쿠로스학파는 지성적 표상이 산출하는 즐거움을 인정하
   기에 주저하지 않았지만 덕은 즐거움 때문에 행해진다는 원칙을 일관되게 고
   수하여 지성적 표상이 낳은 즐거움이건 감각 능력의 표상이 산출하는 즐거움
   이건 덕의 원인이 된다는 점에서는 동일하다고 보았다. 이에 비해 칸트 시대
   의 도덕감정설은 칸트가 보기에, 지성의 표상이 낳은 즐거움과 감각 능력의
   표상이 낳은 즐거움을 질적으로 구별하면서도 실은 이 두 경우 다 즐거움이
   의지를 규정한다는 점을 애써 외면한다는 점에서 비일관적이다.

3) 프란츠 1세(Franz/François I, 1494~1547)는 1515~47년까지 프랑스를 다스린
   왕이다. 스페인의 왕 출신으로 신성로마제국 황제가 된 칼 5세(Karl/Carlos V,
   1500~58)와 영토 분쟁을 일으켰다. 밀라노를 두고 공방을 벌이던 프란츠 1세
   는 1525년 파비아 전투에서 칼 5세의 포로가 된다.

4) '도덕법칙'의 원어는 'das moralische Gesetz'.

5) '도덕법칙'의 원어는 'das Sittengesetz'.

6) '*sic volo, sic jubeo*'.

7) '신이 갖고 있는 것이 아닌 인간의 소관 사항에 속하는'이라는 의미다.

8) 앞의 단락과 연결해본다면 이 양보절이 의미하는 것은 '일상인들이 설령 원
   칙들이나 규칙들 사이의 논리적 갈등은 인지하지 못한다 하더라도'다. 손익
   계산의 규칙을 쉬 인지하지 못하는 일상인도 도덕적 문제에서는 쉽게 원칙들
   사이의 상충을 인지한다는 것이다.

9) 자기애의 원칙에 따르면 잘못이란 자기 행복을 손상하는 것에 있다. 그래서
   '잘못했기 때문에 벌 받는다'는 공식에 이렇게 정의된 잘못을 대입하면, '자
   기 행복을 손상했기(잘못했기) 때문에 자기 행복의 손상(이라는 벌)을 받는다'

라는 터무니없는 말이 된다는 것이다.

10) 몽테뉴(Michel de Montaigne, 1533~92). 프랑스의 수필가, 정치가, 철학자. 프랑스 르네상스의 중요한 인물 중 한 명이다. 문학에서 에세이라는 새로운 표현 형식을 발전시켰으며 철학에서는 자신의 회의주의를 통해 데카르트와 파스칼에게 영향을 주었다. 데카르트의 외부세계에 대한 의심은 몽테뉴의 회의주의에 대한 대답이라고 할 수 있다. 그의 저서로는 다음과 같은 것이 있다. 『수상록』(*Essais*, 1745, trans. J. Tietze, 1753~54)(칸트 소장본), 『잡다한 것에 대한 생각과 의견』(*Gedanken und Meinungen über allerley Gegenstände*, 1793~95)(독일어본 전 6권)(칸트 소장본).

11) 맨더빌(Bernard Mandeville, 1670~1733). 네덜란드 태생으로 영국에서 활동한 의사, 정치경제학자, 문필가. 1714년 『꿀벌의 우화』에서 사람들의 이기적 본성에 기반한 경제 질서 및 도덕 규범 정립을 주장하여 애덤 스미스와 칸트에게 영향을 미쳤다.

12) 허치슨(Francis Hutcheson, 1694~1746). 샤프츠베리학파의 아일랜드 도덕철학자. 스코틀랜드 계몽주의의 창시자. 로크의 사상을 계승하여 흄과 애덤 스미스 같은 계몽주의 사상가에게 영향을 주었다. 그는 도덕 감정이 인간 내면에 심어져 있으며 행위와 감정의 특징에 따라 본능적이고 즉각적으로 나타난다고 생각했다. 그의 저서는 다음과 같다. 『미와 덕의 관념의 기원에 대한 탐구』(*Enquiry into the original of our ideas of beauty and virtue*, 1725), 『우리의 아름다움과 덕의 개념을 고찰한 두 논문』(*Untersuchung unserer Begriffe von Schönheit und Tugend in zwo Abhandlungen*, 1762, trnas. J. Merck)(칸트 소장본).

13) 볼프(Christian Wolff, 1679~1754). 독일의 합리주의 철학자이자 계몽주의의 대표자로 근본적으로 라이프니츠에게 영향을 받았지만, 데카르트, 스콜라 철학, 아리스토텔레스 등에게도 영향을 받았다. 볼프 철학은 통상 '라이프니츠-볼프' 철학으로 불리지만 정작 그 자신은 라이프니츠와의 차별성을 강조한다. 볼프는 1721년 한 공개 연설에서 '공자의 도덕적 가르침이 종교 및 계시와 관계없이 도덕적 진리에 도달하기 위한 이성 능력의 증거'라고 주장함으로써 경건주의 신학자들로부터 격렬한 반감을 사게 되지만 역설적으로 이 사건을 계기로 독일 계몽주의의 영웅이 되었다. 그는 철학을 예비적인 논리학 이외에도 이론철학과 실천철학으로 구분한다. 이론철학 혹은 형이상학은 존재론, 우주론(자연 철학), 심리학, 자연(이성) 신학으로, 실천철학은 윤리학, 경제학, 정치학으로 구성된다. 그에 따르면, 이성적 지식은 그 원천과 사용이 경험적 지식과의 관계에서 검증되어야 한다. 그런 의미에서 볼프는 철학의 궁극 목적을 '이성과 경험의 결혼'(종합)이라는 비유적 표현을 사용해 말하기도 한다. 칸트는 볼프를 '이성주의적 독단론, 존재론'을 대표하는 인물로 평가하면서 그의 존재론 내지는 형이상학과 비판적으로 대결한다. 볼프의 저서는 다음과 같다. 『보편학의 원리』(*Elementa matheseos*

universae, Halle, 1715)(칸트 소장본),『신, 세계, 인간의 영혼 및 모든 사물 일
반에 관한 이성적 사고』(*Vernünftige Gedanken von Gott, der Welt und der Seele
des Menschen, auch allen Dingen überhaupt*, 1720),『이성적 철학, 혹은 논리학』
(*Philosophia rationalis, sive Logica*, 1728),『제1철학, 혹은 존재론』(*Philosophia
prima, sive Ontologia*, Frankfurt & Leipzig, 1730)(칸트 소장본),『일반적 우주
론』(*Cosmologia generalis*, 1731),『경험적 심리학』(*Psychologia empirica*, 1732),
『이성적 심리학』(*Psychologia rationalis*, 1734),『자연 신학』(*Theologia naturalis*,
1736~37),『보편적 실천철학』(*Philosophia practica universalis*, 1838~39),『모
든 수학적 학문들의 기초로부터 발췌』(*Auszug aus den Anfangs-Gründen
aller Mathematischen Wissenschaften*, Frankfurt & Leipzig, 1749)(칸트 소장
본),『모든 수학적 학문들의 기초』(*Der Anfangs-Gründe aller Mathematischen
Wissenschaften*, Frankfurt & Leipzig, Halle, 1750)(칸트 소장본).

14) 크루지우스(Christian Crusius, 1712~75). 독일 라이프치히대학의 철학 및 신
학 교수. 1750년대와 1760년대에 당시 독일 철학계를 지배하고 있던 라이
프니츠–볼프 철학에 반대하면서 명성을 얻었다. 그는 라이프니츠와 볼프
철학을 포함한 모든 결정론은 도덕적 악의 문제를 해결하지 못한다고 공격
하면서 의지의 자유를 옹호했다. 그는 관념적 실재와 현실적 실재를 구별하
지 못한다는 이유로 존재론적 신존재 증명을 거부했다. 그의 철학은 인간 인
식 능력의 한계를 설정하고 인간 본성의 비지성적인 면의 중요성을 강조했
다. 그의 볼프 비판은 칸트가 자신의 철학체계를 형성하던 시기에 깊은 영
향을 미쳤다. 칸트는『교수취임논문』과『실천이성비판』에서 그의 윤리 이
론과 인식론을 검토하고 있다. 그의 저서는 다음과 같다.『일반적으로 충족
이유율로 알려진, 이성결정의 원리의 한계와 사용에 관한 논문』(*Dissertatio
de usu et limitibus principii rationis determinatis vulgo sufficientis*, 1743),『인간 지
식의 확실성과 신뢰성을 위한 길』(*Weg zur Gewissheit und Zuverlässigkeit der
menschlichen Erkenntnis*, 1747),『자연 중의 사건에 대해 올바르고 신중하게
숙고하는 방법』(*Anleitung über natürliche Begebenheiten ordentlich und vorsichtig
nachzudenken*, 1749)(칸트 소장본),『이성적 삶의 지침』(*Anweisung vernünftig zu
leben*, 1751)(칸트 소장본),『우연적 진리에 대립하는 한에서의 필연적인 이
성진리의 개요』(*Entwurf der nothwendigen Vernunft-Wahrheiten, wiefern sie den
zufälligen entgegen gesetzt werden*, 1753)(칸트 소장본).

15) 이때 만일 목적이 실천적 규칙에 의한 의지규정 이후 온다면 이는 경험적 목
적이 아닐 것이다. 이 목적이 바로 칸트적 최고선이다. 이와 관련하여『실천
이성비판』V 109 이하;『칸트전집』6 282의 다음과 같은 발언을 참고하라.
"그러나 최고선 개념에 최상의 조건으로 이미 도덕법칙이 [행복과] 함께 포
함되어 있다면 최고선은 순전히 객관이기만 한 것은 아닐 것이다. 이 경우
최고선 개념도 그리고 우리 실천이성에 의해 가능한 최고선의 실존에 대한

표상도 동시에 순수의지의 규정근거일 것이다. 이것은 자명하다. 이 경우 최고선 개념에 포함되고 같이 사유된 도덕법칙이 자율 원리에 따라 실제로 의지를 규정하지, 어떤 다른 대상이 의지를 규정하지는 않기 때문이다." 그렇다면 칸트 이전의 최고선 논의 가운데 '도덕적 의지의 규정근거로서 (덕과 쾌의 통일로서) 최고선' 개념이 있는 기획이 있다면 칸트적 기획과 '원칙적으로' 양립 가능할 것이다. 이때 최고선을 구성하는 완전성도 (단순한 재능이나 숙련이 아니라) 칸트적 도덕성과 양립 가능할 것이다.

16) 여기서 말하는 타율로서 신의 의지는 행복을 주는 신이 의지의 규정근거가 될 때 신의 의지를 말한다. 신의 이념에 독립적으로 선행하는 실천적 원칙, 즉 도덕법칙을 준수하고 이후에 신의 의지에 의해 (도덕성에 비례하는) 행복이 주어진다면 이 신의 의지는 여기서 비판되는 타율이 아니다. 뒤의 변증론의 용어로 말하자면 여기서 비판되는 신의 의지는, 덕이라는 원인과 행복이라는 결과의 결합, 즉 최고선을 보장하는 그런 신의 의지가 아니다.

17) 『정초』 제3절 '도덕형이상학에서 순수실천이성비판으로 이행'.

18) 'natura archetypa'.

19) 'natura ectypa'.

20) 학술원판은 "(das moralische Gesetz) bestimmt unseren Willen die Form derselben der Sinnenwelt, als einem Ganzen vernünftiger Wesen, zu ertheilen" 이라고 되어 있는데, 바이셰델판은 "⋯⋯die Form der Sinnenwelt⋯⋯"으로 되어 있다. 여기서는 학술원판을 따르고 "die Form derselben der Sinnenwelt, als einem Ganzen vernünftiger Wesen"에서 derselben을 '이성적 존재자들의'로 해석한다. 그리고 '이성적 존재자들의 전체로서 감성계'는 이론이성의 대상인 감성계와 다른, '육체를 가진 이성적 존재자의 세계' 정도로 이해해야 할 것 같다.

21) 자유의지에 대해 모사 자연은 당위의 관계이지 사실의 관계가 아니라는 것이다.

22) 원칙들의 경험주의, 즉 수학(기하학)의 원칙들에서 경험주의라는 말로 칸트가 의미하는 것은 '어떤 것을 원칙으로 지각하는 일의 습관화'다. 그래서 만일 흄의 경험주의에 철두철미 동조하는 어떤 사람이 있어 수학의 원칙들이 갖는 필연성도 이런 습관의 결과, 즉 원칙들에 대한 빈번한 경험의 결과에 불과하다고 주장한다면, 흄이 수학을 동일성 명제들의 체계로 보아 경험주의의 예외로 두었던 것과 달리, 수학적 원칙 또한 그 필연성을 잃어버릴 거라는 것이다. 흄의 경험주의에 철두철미 동조하는 이 사람이 여기서 말하는 관찰자다. 이 관찰자라면 원리를 많이 경험하면 할수록 그만큼 더 필연성에 접근한다고 말할 것이라는 것이다.

23) '이성의 사실로서 도덕법칙'에서 '사실'이 경험적 원리에 근거를 두는 것이 아니라는 것이다.

제1편 제1권 제2장 순수실천이성의 대상 개념

1) '*nihil appetimus, nisi sub ratione boni; nihil aversamur, nisi sub ratione mali*'.

2) '*bonum*'.

3) '*malum*'.

4) 'κακον, *malum*'.

5) 예를 들어 이렇게 두들겨 맞음으로써 이 사람이 개과천선하는 일이 결과한다든지 하지 않더라도.

제1편 제1권 제3장 순수실천이성의 동기들

1) '*Philautia*'.

2) '*Arrogantia*'.

3) 퐁트넬(Bernard le Bovier de Fontenelle, 1657~1757). 프랑스의 비평가 및 작가이자 데카르트주의 철학자. 과학을 대중에게 쉽게 전달하는 작품을 썼다. 1686년에 쓴 『다수의 세계에 대한 대화』는 코페르니쿠스의 이론과 천문학의 어려운 문제를 쉽고 고상한 문체로 설명하고 있다. 고대와 근대에 대한 논쟁을 벌여 근대의 작가들이 고전적 작가보다 뛰어나다고 주장했다. 그는 『신탁의 역사』(1687)에서 미신과 환상에 이성적 비판을 가하여 계몽주의의 선구자가 되었다.

4) 볼테르(Voltaire, 1694~1778). 프랑스의 계몽주의자, 정의의 논객이자 교회 반대자였다. 성직자들과 끊임없이 싸워 교회와 결탁한 권력자들을 갖가지 풍자적인 시구로 조롱했으며 이로써 바스티유 감옥에 감금되기도 했다. 런던에 체류하면서 영국의 민주주의 제도에 공감했고 로크와 뉴턴의 영향을 받아 모든 독단론에 저항하며 무엇보다도 자유를 옹호했다. 특히 독단적인 종교야말로 모든 부자유와 억압, 불의의 원상이라고 비판하고 관용의 정신을 강조했다. 백과전서파에 가담하여 프랑스대혁명의 정신적 기반을 제공하기도 했다. "인간의 정신에 강한 자극을 주고 우리를 위해 자유를 준비했다"라는 말이 그의 묘비명으로 새겨져 있다. 그의 저서는 다음과 같다. 『새로운 철학자의 신탁』(*L'oracle des nouveaux philosophes*, Bern, 1760)(칸트 소장본), 『볼테르의 자연 종교』(*Des Herrn von Voltaire natürliche Religion in vier Abschnitten*, 1761)(칸트 소장본), 『볼테르의 질병, 고백 및 최후에 관한 소식』(*Nachricht von der Krankheit, Beichte und dem Ende des Herrn von Voltaire*, 1762)(칸트 소장본), 『모든 당국을 향한 청원』(*Requête à tous les magistrats*, 1769)(칸트 소장본).

5) 설령 정념적 원인이 방해하지 않는다 하더라도 도덕법칙을 인정해야만 실천이성의 작용이 행위로 표현된다는 의미다.

6) 자살 금지 의무를 말한다.

7) 라이프니츠(Gottfried Leibniz, 1646~1716). 독일의 철학자, 수학자, 신학자, 역사가, 외교관. 마인츠 선제후국의 외교사절로서 1672년 이후 파리에서 활동

하면서 호이겐스, 아르노, 말브랑슈 등과 교류했고, 런던을 방문하여 영국 왕
립학술원 회원이 되었다. 뉴턴과 별개로 미적분법을 발전시키고 미분 기호,
적분 기호 등을 창안하는 등 위상 해석학의 발달에 공헌했고 기계적 계산기
를 발명하기도 했다. 역학에서는 '활력'의 개념을 도입하여 데카르트의 운
동법칙을 비판하면서 운동보존을 운동에너지로 대체하는 동역학이라는 새
로운 분야를 만들었다. 철학에서는 데카르트의 이원론을 거부했으며 정신과
물질 둘 다의 근거인 모나드라는 불가분의 독립적 실체를 주장했고, 이 모나
드들은 서로 상호작용하지 않지만 육체와 영혼의 조화는 신에 의해 예정되
어 있다는 예정조화설을 주장했다. 그의 저서는 다음과 같다. 『새로운 물리학
의 가설』(*Hypothesis physica nova*, 1671), 『자연법칙에 관하여 데카르트 및 다른
사람들이 저지른 중대한 오류에 대한 간략한 논증』(*Brevis Demonstratio Erroris
memorabilis Cartesii*, 1686), 『역학의 검증』(*Specimen dynamicum*, 1695), 『변신론』
(*Essais de Theodicée*, 1710, trans. J.C. Gottsched, 1763).

8) '현상체'의 원어는 'Phänomen'.

9) '현상들'의 원어는 'Erscheinungen'.

10) 프리스틀리(Joseph Priestley, 1733~1804). 영국의 신학자, 철학자, 화학자(산
소의 발견자) 및 물리학자. 그는 자신이 합리주의적으로 근거짓는 유신론
을 정신물리학의 유물론 및 결정론과 결합한다. 그에 따르면 심적 사건은
두뇌과정의 기능이며, 심리학은 단지 생리학의 일부에 불과하다. 생리학
에서 영혼 혹은 마음은 두뇌와 하나인 반면, 형이상학과 종교에서는 불멸
의 실체다. 다음과 같은 저서가 있다. 『리드 박사의 인간 마음에 관한 탐구
의 검토』(*An examination of Dr. Reid's Inquiry into the human mind*, 1774), 『광
학의 현재 상황과 역사』(*Geschichte und gegenwärtiger Zustand der Optik*, trans.
G. Klügel, Leipzig, 1776), 『물질과 정신의 관계 연구』(*Disquisitions relating
to matter and spirit*, 1777), 『철학적 필연성에 관한 학설』(*The Doctrine of
philosophical Necessity*, 1777), 『유물론 학설에 대한 자유 토론』(*Free Discussions
of the Doctrines of Materialism*, 1778).

11) 보캉송(Jacques de Vaucanson, 1709~82)은 프랑스의 발명가로 자동방적기를
비롯한 여러 자동기계를 발명했다.

12) 멘델스존(Moses Mendelssohn, 1729~86). 독일의 유대계 철학자. 독일 계몽주
의의 중심인물 가운데 한 명이다. 라이프니츠, 볼프, 바움가르텐 등의 형이
상학을 계승하는 한편, 레싱(Gotthold Lessing), 니콜라이와 함께 문예비평 잡
지를 공동 편집했다. 유태인의 시민권을 위한 운동을 전개하고 모세오경과
시편을 독일어로 번역하기도 해서 '유대인 루터'라는 별명을 얻었으며 셰익
스피어를 비롯한 외국 문학의 수용과 비평을 통해 당대의 독일문학계에 오
랫동안 영향을 미쳤다. 레싱을 두고 야코비(Friedrich Jacobi)와 '스피노자 논
쟁'을 벌였다. 그는 미학에서 객관적이면서도 대상의 구조에 정향된 완전성

의 미학을, 심리학적이며 수용자의 주관적인 요인에 관심을 쏟는 자율성의 미학과 결합하려고 노력했다. 특히 독일어권에서 처음으로 숭고의 개념을 상세하게 분석했고 천재의 개념을 미학에 도입했다. 저서로 다음과 같은 것이 있다. 『감각론』(*Über die Empfindungen*, 1755), 『형이상학의 확실성에 관한 논문』(*Abhandlung über die Evidenz in Metaphysischen Wissenschaften*, 1764)(칸트 소장본), 『파이돈』(*Phädon*, 1767), 『철학논집』(*Philosophische Schriften*, 1771), 『영혼의 과학』(*Zur Seelennaturkunde im Magazin zur Erfahrungsseelenkunde*, 1783), 『예루살렘』(*Jerusalem*, 1783), 『시편』(*Die Psalmen*, 1783, trans. M. Mendelssohn), 『아침시간 혹은 신의 존재에 대한 강의』(*Morgenstunden oder Vorlesungen über das Daseyn Gottes. Erster Theil*, 1785)(칸트 소장본).

13) 무한자와 시공간의 관계에 대한 멘델스존의 언급은 『아침시간 혹은 신의 존재에 대한 강의』, Vorlesung XI에 나온다. 시간을 무한자에 속하는 조건으로 보지 않는다는 점에서 멘델스존은 칸트와 같다. 다만 칸트는 멘델스존이 (자신처럼 시공을 인간의 아프리오리한 감성형식으로 간주하면서 시간의 관념성을 지적하지는 않았다는 점에서) 미흡하다고 보는 것 같다.

14) 이상 칸트가 비판하는 세 입장은 스피노자적 숙명론, 시간·공간에 대한 멘델스존의 (칸트가 보기에 불충분한) 입장, 창조론이다.

15) 스피노자(Baruch de Spinoza, 1632~77). 암스테르담에서 태어난 네덜란드의 철학자. 부모는 종교적 박해를 피해 네덜란드로 이주하여 정착한 포르투갈 출신의 유대인 상인. 국가의 목적을 자유로 보아 학문과 신앙의 자유를 역설했지만, 유대인 공동체로부터 파문을 당했다. 그는 '자기의식적인 나'의 관념에서 출발하는 데카르트와 달리 '유일한 존재'의 관념에서 출발한다. 우리 인간은 유일한 실체인 신, 즉 자연 안의 인과적인 필연적 질서를 인식할 때 비로소 자유로워질 수 있다는 것이다. 훗날 이러한 그의 철학은 '모든 것이 신의 질서 안에 있다'는 범내재신론 혹은 범신론으로 해석되어 야코비와 멘델스존 사이에 (죽은) 레싱이 범신론적인 '스피노자주의자'인지 아닌지에 대한 이른바 '범신론 논쟁' 혹은 '스피노자 논쟁'을 불러일으키기도 했다. 칸트는 이 논쟁을 접한 후에 비로소 스피노자 철학에 주의를 기울이게 된다. 그의 저서는 다음과 같다. 『지성 개선론』(*Tractatus de intellectus emendatione*, 1662), 『데카르트 철학의 원리』(*Principles of Descartes' Philosophy*, 1763), 『신학 정치론』(*Tractatus theologico-politicus*, 1670), 『에티카』(*Ethica, ordine geometrica demonstrata*)(유작), 『정치론』(*Tractatus politicus*)(미완성 유고).

제1편 제2권 제2장 최고선 개념 규정에서 순수이성의 변증론

1) '*supremum*'.

2) '*consummatum*'.

3) 칸트에 따르면 감성계 내의 현존을 인간적·이성적 존재자가 실존하는 유일

한 방식으로 여기는 경우 덕과 행복의 결합은 우연적이다. 이러한 현상과 현상 사이의 결합을 사물 자체와 현상 사이의 결합이라고 오해하게 되면 결국 최고선에서 보이는 사물 자체와 현상 사이의 결합을 (필연적인 결합이 아니라) 우연적 결합으로 오해하게 된다는 것, 그래서 최고선과 관계하는 준칙의 객관적 실재성을 부정하게 된다는 것이다.

4) *'vitium subreptionis'*.

5) 감성은 만족을 모른다는 의미다.

6) *'conditio sine qua non'*.

7) 아낙사고라스(Anaxagoras, 기원전 500~기원전 428). 소크라테스 이전 자연철학자로 페리클레스의 스승이었다. 탈레스 이래의 이오니아학파와 파라메니데스로 대표되는 엘레아학파의 영향을 동시에 받았다. 각 사물에는 그 사물의 씨앗이 있으며 만물의 이합집산 운동은 누우스(nous)에 의해 이루어진다고 주장했다. 아낙사고라스의 누우스는 자연형이상학에서 나온 최초의 완전자 개념이었다. 그러나 아리스토텔레스는 아낙사고라스의 누우스에 윤리적 완전성이 결여되어 있다고 비판했다.

8) 비첸만(Thomas Wizenmann, 1759~87). 신학도였던 비첸만은 1783년 야코비를 만난이래 그를 통해 스피노자와 칸트 철학을 접한다. 비첸만은 1786년 합리주의와 범신론을 둘러싼 야코비와 멘델스존 사이의 '스피노자 논쟁'과 관련하여 익명으로 발표한 "Die Resultate der Jacobischen und Mendelssohnschen Philosophie"라는 글에서 대체로 멘델스존을 비정합적이라 비판하고 야코비를 지지했다. 칸트는 이 글에서 깊은 인상을 받았지만 이 글에 드러난 저자의 비합리주의를『월간 베를린』(*Berlinische Monatschrift*)에서 비판했다. 자신에게 씌워진 광신의 혐의에 맞서 비첸만은 1787년『독일 박물관』(*Deutsches Museum*)에 실명으로 발표한 "An den Herrn Professor Kant, von dem Verfasser der Resultate Jacobi'scher und Mendelssohn'scher Philosophie"에서 자신을 방어하면서, 또 칸트에 대한 (위에서 칸트가 언급하고 있는) 반론을 제시했다. 27세로 요절한 그의 마지막 글은 사후 1789년 발표된 "Die Geschichte Jesu nach dem Matthäus als Selbstbeweis ihrer Zuverlässigkeit betrachtet: nebst einem Vorbereitungsaufsatze über das Verhältniß der israelitischen Geschichte zur christlichen"이다.

제2편 순수실천이성의 방법론

1) 심정의 도덕성을 판정하는 내면적 재판관의 판정을 통과하지 못하는 '법칙에 적합한 행위'도 합법성에 따라서만 판정하는 경찰기제에서 보면 합법적 행위에서 오는 즐거움을 낳을 수 있다는 의미다.

2) 앤 불린(Anna von Bolen, 1501~36)은 영국 왕 헨리 8세의 둘째 왕비다. 왕은 첫째 부인 캐서린과 이혼하기 위해 가톨릭과 결별하고 이후 앤 불린을 왕비

로 맞이했다. 둘 사이에 엘리자베스 1세가 태어난 후 앤 불린은 왕과 멀어졌고 결국 왕의 무고로 간통, 반역 혐의를 뒤집어쓰고 참수당했다.

3) '도덕의 법칙'의 원어는 'Gesetz der Sitte'.

4) 유베날(Juvenal/Decimus Iunius Iuvenalis, 60?~127?)은 로마의 풍자 시인으로 5권 16편에 달하는 당시 사회 상태에 대한 날카로운 풍자시를 남겼다.

5) 팔라리스(Phalaris)는 기원전 570년부터 기원전 555년까지 고대 그리스 식민지 아크라가스(Akragas)를 지배한 폭군이다. 정적이나 이방인을 놋쇠로 만든 황소 안에서 구워 죽였다. 첫 희생자는 이 고문 도구를 만든 페릴라오스(Perilaos)였다고 전해진다.

6) Esto bonus miles, tutor bonus, arbiter ide.

Integer; ambiguae si quando citabere testi.

Incertaeque rei, Phalaris licet imperet, ut si.

Falsus, et admoto dictet periuria tauro.

Summum Crede nefas animam praeferre pudor.

Et propter vitam vivendi perdere causas.

7) '*leges obligandi a legibus obligantibus*'.

8) '*laudatur et alget*'. 만족을 낳는 어떤 것이지만 그 객체의 실존에 대해서는 우리가 무관심한 것을 가리킨다.

찾아보기

『도덕형이상학 정초』

『실천이성비판』

지은이

임마누엘 칸트

1724년 4월 22일 프로이센(Preußen) 쾨니히스베르크(Königsberg)에서 수공업자의 아들로 태어났다. 1730~32년까지 병원 부설 학교를, 1732~40년까지 오늘날 김나지움(Gymnasium)에 해당하는 콜레기움 프리데리키아눔(Collegium Fridericianum)을 다녔다. 1740년에 쾨니히스베르크대학교에 입학해 주로 철학, 수학, 자연과학을 공부했다. 1746년 대학 수업을 마친 후 10년 가까이 가정교사 생활을 했다.

1749년에 첫 저서 『살아 있는 힘의 참된 측정에 관한 사상』을 출판했다. 1755/56년도 겨울학기부터 사강사(Privatdozent)로 쾨니히스베르크대학교에서 강의를 시작했다. 『자연신학 원칙과 도덕 원칙의 명확성에 관한 연구』(1764)가 1763년 베를린 학술원 현상 공모에서 2등상을 받았다. 1766년 쾨니히스베르크 왕립 도서관의 부사서로 일하게 됨으로써 처음으로 고정 급여를 받는 직책을 얻었다. 1770년 쾨니히스베르크대학교의 논리학과 형이상학을 담당하는 정교수가 되었고, 교수취임 논문으로 『감성계와 지성계의 형식과 원리』를 발표했다.

그 뒤 『순수이성비판』(1781), 『도덕형이상학 정초』(1785), 『실천이성비판』(1788), 『판단력비판』(1790), 『도덕형이상학』(1797) 등을 출판했다.

1786년 여름학기와 1788년 여름학기에 대학 총장직을 맡았고, 1796년 여름학기까지 강의했다. 1804년 2월 12일 쾨니히스베르크에서 사망했고 2월 28일 대학 교회의 교수 묘지에 안장되었다.

칸트의 생애는 지극히 평범했다. 그의 생애에서 우리 관심을 끌 만한 사건을 굳이 들자면 『이성의 오롯한 한계 안의 종교』(1793) 때문에 검열 당국과 빚은 마찰을 언급할 수 있겠다. 더욱이 중년 이후 칸트는 일과표를 정확히 지키는 지극히 규칙적인 삶을 영위한다. 하지만 단조롭게 보이는 그의 삶은 의도적으로 노력한 결과였다. 그는 자기 삶에 방해가 되는 세인의 주목을 원하지 않았다. 세속적인 명예나 찬사는 그가 바라는 바가 아니었다.

옮긴이

김석수

그동안 칸트철학과 현대철학의 대화, 칸트철학과 현실 사이의 소통에 줄곧 관심을 기울여 왔다. 최근에는 칸트, 헤겔의 미학을 비롯한 현대미학 연구와 철학상담학 연구에 몰입하고 있다. 경북대학교에서 독일관념론, 인식론, 근대철학사, 비판이론, 철학상담 등을 강의하고 있다. 주요 저서로는『요청과 지양: 칸트와 헤겔을 중심으로』,『현실 속의 철학 철학 속의 현실』등이 있으며, 옮긴 책으로는『순수이성비판서문』,『정치윤리학의 합리적 모색』(공역) 등이 있다. 주요 논문으로는「아렌트 철학에서 기억, 상상, 그리고 판단」,「칸트철학과 초월적 토미즘」,「칸트 윤리학에서 판단력과 덕이론」등이 있다.

김종국

고려대학교 철학과에서 학사, 석사, 박사학위를 취득하고 독일 튀빙겐 대학교에서 포스트닥으로, 고려대학교에서 연구 교수로 일했다. 현재 경인교육대학교 윤리교육과 교수다. 주요 저서로는『논쟁을 통해 본 칸트 실천철학』,『책임인가 자율인가』등이 있고, 주요 논문으로는「기술공학 시대는 새로운 형이상학을 요구하는가?」,「생태 윤리와 공적 책임」, "Golden Rule in Eastern Philosophy", "Kants Lügenverbot in sozialethischer Perspektive" 등이 있다. 옮긴 책으로는『윤리학 사전』(공역),『물질·정신·창조: 우주의 기원과 진화에 관한 철학적 성찰』(공역)이 있다.

Immanuel Kant

Grundlegung zur Metaphysik der Sitten

Kritik der praktischen Vernunft

Translated by Kim Suksoo, Kim Jonggook

Published by Hangilsa Publishing Co., Ltd., Korea, 2019

칸트전집 6

도덕형이상학 정초
실천이성비판

지은이 임마누엘 칸트
옮긴이 김석수 김종국
펴낸이 김언호

펴낸곳 (주)도서출판 한길사
등록 1976년 12월 24일 제74호
주소 10881 경기도 파주시 광인사길 37
홈페이지 www.hangilsa.co.kr
전자우편 hangilsa@hangilsa.co.kr
전화 031-955-2000~3 **팩스** 031-955-2005

부사장 박관순 **총괄이사** 김서영 **관리이사** 곽명호
영업이사 이경호 **경영이사** 김관영
편집 김광연 백은숙 노유연 김지연 김대일 김지수 김명선
관리 이주환 김선희 문주상 이희문 원선아
디자인 창포 031-955-9933
CTP 출력·인쇄 예림인쇄 **제본** 경일제책사

제1판 제1쇄 2019년 2월 28일

값 35,000원
ISBN 978-89-356-6785-7 94160
ISBN 978-89-356-6781-9 (세트)

• 잘못 만들어진 책은 구입하신 서점에서 바꿔드립니다.

• 이 도서의 국립중앙도서관 출판예정도서목록(CIP)은
서지정보유통지원시스템 홈페이지(http://seoji.nl.go.kr)와
국가자료공동목록시스템(http://www.nl.go.kr/kolisnet)에서 이용하실 수 있습니다.
(CIP제어번호: CIP2019006444)

• 이 『칸트전집』 번역사업은 2013년부터 2016년까지 정부(교육부)의 재원으로
한국연구재단의 지원을 받아 수행된 연구임.
(NRF-2013S1A5B4A01044377)